Wolf von Siebenthal
Denkmann und Fühlfrau

WV

Wolf von Siebenthal

Denkmann und Fühlfrau

Fühlen wie sie –
Denken wie er

Walter Verlag
Zürich und Düsseldorf

Die Deutsche Bibliothek – CIP-Einheitsaufnahme

Siebenthal, Wolf von:
Denkmann und Fühlfrau : fühlen wie sie – denken wie er /
Wolf von Siebenthal. – 2. Aufl. – Zürich ; Düsseldorf : Walter, 1996
ISBN 3-530-81801-1

2. Auflage 1996

Satz und Umschlag: Jung Satzcentrum, Lahnau
Druck und Einband: Clausen & Bosse, Leck
Printed in Germany
ISBN 3-530-81801-1

Meiner Frau gewidmet

Inhalt

Denken und Fühlen in Konflikt und Ergänzung – Praktische Beispiele ihrer Begegnung

Die Frau als Fühl- und Triebobjekt des Mannes

Denkfrau und Fühlmann

Die dominante Fühlfunktion

Die Denkfunktion in der Öffentlichkeit

Anhang

Einführung

Allgemeine Bemerkungen

Schon lange fiel mir auf, wie viele Beziehungen aus weitgehend nichtigen Gründen scheitern. Sehr häufig sind es *Unbewußtheit* und *Unkenntnis,* welche das Scheitern verursachen. Wir sind technisch unglaublich weit fortgeschritten, aber die Besonderheiten und Strukturen der eigenen Seele und die unserer Partner kennen wir schlecht. Wir wissen kaum, warum wir Beziehungen suchen, und wir haben kein fundiertes Wissen darüber, warum sie scheitern oder woran es liegt, daß wir Konflikte so schlecht lösen können. Es ist die tägliche Erfahrung von diesen rein kognitiven Kenntnislücken, was die Beziehungen anbelangt, die mich dazu bewegte, dieses Buch zu schreiben. Meine Absicht ist es, eine *Wissensvermittlung* herzustellen und *Anregungen* zum eigenen Nachvollzug zu bieten.

Um dieses Ziel zu verwirklichen, habe ich mich bemüht, *verständlich* zu sein, weil ich mich an ein breites, gebildetes oder fortbildungsgeneigtes Publikum richte. Dabei möchte ich aber besonders Paare ansprechen, die in Krise stehen, obwohl sie sich lieben, oder Paare, die meinen, ihre Liebe sei ihnen abhanden gekommen, und die sich dennoch suchen, oder überhaupt an Menschen, die Orientierungen suchen in den Wirrnissen des Lebens. Nicht zuletzt möchte ich einen Beitrag dazu liefern, das *allgemeine Wissen von der Seele* zu fördern.

Im Mittelpunkt steht die Darstellung der *vier psychischen Wahrnehmungsfunktionen,* mit Hilfe derer wir uns in der äußeren und inneren Welt orientieren. Da jeder einzelne Mensch nur jeweils eine dieser Funktionen besonders entwickelt, die anderen drei aber weniger entwickelt oder (die minderwertige) völlig verdrängt bleiben, führt das zur Formierung bestimmter typischer Grundhaltungen, die im Prinzip lebenslang beibehalten werden. Deshalb kann man von *psychologischen Typen* sprechen, welche durch die jeweilige Hauptfunktion charakterisiert werden. Entsprechend der vier Wahrnehmungsfunktionen Denken, Fühlen, Empfinden, Intuition ergibt sich dann der Denk-, Fühl-, Empfindungs- und Intuitionstyp. Dabei bildet das Fühlen zum Denken, das Empfinden zur Intuition einen Gegensatz. Bei der Paarbildung treffen sich nun mehrheitlich gegensätzliche Typen. Es kommt vornehmlich zu Beziehungen zwischen Denk- und Fühltyp und Empfindungs- und Intuitionstyp. Die überwiegende Zahl der Beziehungskonflikte ist durch diese Verbindung von Gegensätzlichkeiten verursacht. Da nun die meisten Menschen keine klare Vorstellung oder überhaupt kein Wissen von diesen psychischen Gegensätzen haben, können die Paare schlecht miteinander umgehen, stehen sich oft verständnislos gegenüber und finden keine Konfliktlösungsstrategien, weil sie gar keine oder nur ungenügende Kenntnis von der natürlichen Gegensätzlichkeit der Typen haben. Genau deshalb kommt es zu schmerzlichen und enttäuschenden Trennungen und Scheidungen, die durch Erkenntnis- und Wissenserwerb bei beidseitiger Einsichtsbereitschaft durchaus vermieden werden könnten.

Aus Platzgründen ist es hier nicht möglich, alle Beziehungsbildungen darzulegen. Ich beschränke mich daher auf die Beschreibung der Beziehungen zwischen Denk- und Fühltyp, also der *Beziehung zwischen Denken und Fühlen,* während diejenige zwischen Empfinden und Intuition ausgespart wird. Für die Erfassung der einzelnen Funktionen (wie Denken oder/und Fühlen) ist es aber dennoch notwendig, die Charakteristik aller vier Funktionen herauszustellen, da nur die Heraushebung aller Unterschiede die klare Erfassung der einzelnen Funktionen gewährleistet und ein *Zusammenhangverständnis* erst ermöglicht. Die Einbettung einzelner Erkenntnisse in umfassendere Zusammenhänge ist ein Grundanliegen dieses Buches.

Es gibt heute einen eigentlichen «Psychomarkt», in dem sich zu oft eine sogenannte psychologische Literatur findet, die durch Abwesenheit von Qualität und Zusammenhangwissen charakterisiert ist. Es werden «Wahrheiten» vermarktet, die gewiß ihr Körnchen Wahrheit haben, jedoch durch eine ausgeprägte Verengung des Gesichtspunktes einseitig und tendenziös werden. Auch vermißt man sehr oft die Begründungen, die Vielfalt der Gesichtspunkte und entwicklungsgeschichtliche Aspekte, die für ein Zusammenhangverständnis unerläßlich sind.

Ich habe mich bemüht, diesen Einseitigkeiten des Psychomarktes zu begegnen. Insbesondere habe ich Sorge dafür getragen, durch Anwendung vieler Gesichtspunkte und Berücksichtigung unterschiedlicher Modellvorstellungen größere Zusammenhänge durchsichtig zu machen und entwicklungsgeschichtliche Hintergründe zu beleuchten. Deshalb sind auch gewisse *Wiederholungen* in diesem Buche unvermeidlich, insofern sie der Verdeutlichung dienen. Sie sind das Resultat der Aspektverschiedenheiten und der unterschiedlichen Ebenen und/oder Standpunkte. Die sorgfältige Umkreisung des Zentralthemas «Paarbeziehung» müßte notwendigerweise zur Einbeziehung einer weitreichenden Thematik, die unser ganzes seelisches Leben betrifft, führen. Fragen wie Gut und Böse, Gott und Teufel, Sinn und Sinnlosigkeit, Tod und Unsterblichkeit, Psyche und Materie würden genauso dazugehören wie Liebe und Haß, Angst und Vertrauen. Leider ist es aber aus Platzgründen notwendig, daß vieles nur am Rande vermerkt werden kann. Ich werde mich in einer weiteren Veröffentlichung eingehender mit der Empfindungsfunktion und vor allem der Intuition beschäftigen, auch um zum religiösen Kern der Psyche vordringen zu können.

Ich habe bei der Niederschrift fast völlig auf Zitate und Literaturhinweise verzichtet, andernfalls hätte ich eine willkürliche Auswahl treffen müssen, um eine Überflutung durch wissenschaftliche Literatur zu vermeiden. Die Wissenschaft von der Seele umgreift so viele Gebiete, daß Zitierungen nur zu Unübersichtlichkeit führen und der Verständigung Abbruch leisten würden.

Natürlich wäre dieses Buch nie zustandegekommen, könnte es nicht vor allem auf psychoanalytischen Kenntnissen und Erfahrungen aufruhen. Insbesondere ist es das Gedankengut *C. G. Jungs*, dem ich verpflichtet bin und von dem meine Darlegungen ausgehen. Weiterführungen *Jungs* oder Unterscheidungen von ihm werden bei der Lektüre ersichtlich. Im ganzen ist das Buch aber Resultat eigener und persönlicher Verarbeitung von Beobachtungen und Erfahrungen und insofern eigenständig.

Es war unausweichlich, zur Verdeutlichung insbesondere von Paarkonflikten konkrete *Beispiele* zu geben. Diese sind aus der Praxis entnommen und wörtlich niedergelegt worden (sie sind natürlich alle anonymisiert!). Dabei habe ich Wert darauf gelegt, Beispiele aus dem gewöhnlichen Alltagsleben auszuwählen. Jeder von uns hätte sich in der jeweiligen Situation des Beispiels befinden können. Sie entstammen also nicht aus der Psychopathologie oder aus besonderen neurotischen Verhältnissen.

Andere Beispiele entstammen aber dem (psychischen) Krankheitsgeschehen und betreffen Neurosen und Psychosen. Um die menschliche Seele zu verstehen, ist die Einbeziehung der mehr oder weniger großen Abweichungen von der sogenannten Norm, also der seelischen und psychosomatischen Krankheiten unerläßlich. Die durch Beziehungen und Trennungen provozierten Gleichgewichtsstörungen und durch Symptome sich manifestierenden Erkrankungen werden daher immer wieder angeführt oder doch angedeutet. Das menschliche Leben und die seelischen Vorgänge sind nicht unbedingt glückbringend und leidlos. Sie bergen auch Gefahren in sich, vor denen man die Augen nicht verschließen sollte. Eine Liebesbeziehung kann nicht nur zur Vollendung und Reifung, sondern auch zur Beinahe-Katastrophe oder gar Katastrophe führen. Bei aller Alltäglichkeit im Beziehungsleben gibt es doch dramatische Entwicklungen, die tief in die Dimension des Tragischen hineinreichen, wobei es allerdings nicht immer sicher ist, ab wann eine Komödie zur Tragödie und umgekehrt wird. Das Banale und das Erhabene, das Komische und das Tragische liegen oft dicht beieinander.

Grundsätzliches über die Entwicklung der Wahrnehmungsorgane

In meiner über 40jährigen ärztlichen und psychotherapeutischen Erfahrung konnte ich empirisch feststellen, daß eine Mehrzahl der Männer die Denkfunktion, eine Mehrzahl der Frauen die Fühlfunktion am besten ausgebildet hat. In der Typologie von *Carl Gustav Jung* (*Psychologische Typen,* Gesammelte Werke Bd. 6) gehören sowohl die Denk- als auch die Fühlfunktion zu den «rationalen» psychischen Wahrnehmungsfunktionen und liegen in schematischer Darstellung auf der vertikalen Achse.

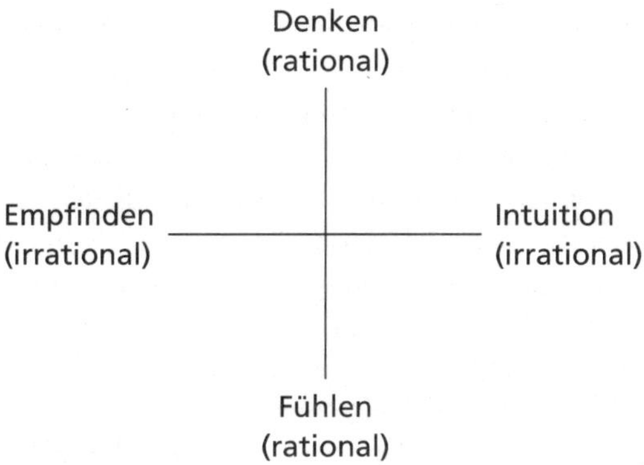

Die beiden anderen Funktionen, das Empfinden und die Intuition, sind auf der «irrationalen» Achse dargestellt.

In der Evolution des tierischen Lebens dürfte die *Intuition* die älteste Funktion sein, gefolgt von der zweitältesten, *dem Empfinden.* Bei den Wirbeltieren entwickelte sich dann auch die *Fühlfunktion.* Daß z. B. Hunde «Gefühle haben» und fühlend Zustände oder Vorhaben des Menschen wahrnehmen, ist für jedermann offensichtlich. Für die Entwicklung des *Denkens* gibt es zwar bei den Primaten einige Hinweise und Ansätze, aber den Entwicklungsdurchbruch erkennen wir erst beim Menschen. Vereinfachend können wir feststellen, daß sich der Mensch von seinen lebenden Mitgeschöpfen psychologisch dadurch unterscheidet, daß er denken kann.

Diese Fähigkeit ist für sein Überleben von entscheidender Bedeutung geworden. Die sehr hohe Bewertung einer psychischen Funktion hat geschichtlich zeitweise soweit geführt, daß das Denken mit Psyche bzw. Seele überhaupt gleichgesetzt wurde. *Descartes* sprach deshalb z. B. den Tieren eine Seele ab. Da vorwiegend Männer die Denkfunktion gut entwickeln, hat die damit verbundene Entwertung der anderen psychischen Funktionen geschichtlich auch zu einer Entwertung der Frau geführt, weil diese die Fühlfunktion am besten ausbildet. Die Errichtung des Patriarchats nach 100 000 Jahren des Matriarchats hängt mit dem Durchbruch des Denkprimates zusammen.

Vergleichbares finden wir nun auch in der *Ontogenese des Menschen.* Es besteht insbesondere aufgrund psychoanalytischer Erkenntnisse kein Zweifel mehr darüber, daß der menschliche Embryo sehr früh die Intuition, dann das Empfinden und in Ansätzen auch die Fühlfunktion bereits *vorgeburtlich* entwickelt hat, während die Denkfunktion sich erst nachgeburtlich entfaltet und mit der Entwicklung der Sprache in engem Zusammenhang steht. Der Einübung und Förderung der Denkfunktion dient das Hauptaugenmerk der frühen Erziehung und der späteren schulischen Ausbildung. Der Mensch betreibt also einen Riesenaufwand, um die Denkfunktion zu differenzieren und «hochzuzüchten», was letztlich vor allem auf Kosten der Intuition und Empfindung, aber auch des Fühlens geht.

Das Prinzip der Spezialisierung und die Geschlechter – Das Gegensatzprinzip

Die Natur wendet (in denkerischer Formulierung) verschiedene Prinzipien an, um das Leben zu gewährleisten und weiterzuentwickeln. Die Erhaltung der Arten ist das wichtigste Prinzip. Aber die Höherentwicklung, d. h. die Differenzierung zu immer größeren Organismen, ist ein weiteres und vielleicht sogar wichtigeres Prinzip. Es verwirklicht sich durch Spezialisierung und Funktionsteilung. Das ist auf biologischer Ebene allgemein bekannt. Auf sozialpsychologischer Ebene zeigt sich die Spezialisierung durch die Arbeitsteilung bis hin zur Ausbildung von Spezialisten mit Herausbildung hochspezialisierten Fachwissens und Fachkönnens – unter Vernachlässigung anderer Bereiche. Der Facharbeiter in der Fabrik wird eher selten Homer gelesen haben oder bei der Arbeit eine Arie von J. S. Bach vor sich hin summen.

Es scheint nun, daß die Entwicklung der psychischen Funktionen demselben Spezialisierungsprinzip unterliegt.

Männer haben sich auf die Hochzüchtung der Denkfunktion, Frauen auf die Differenzierung der Fühlfunktion spezialisiert. So sind insbesondere die Männer – mehr bewußt als unbewußt – der Auffassung, der Mann sei für das Denken (und *nur* dafür) zuständig, Frauen dagegen für das Fühlen. Frauen fühlen sich dadurch eingeschränkt und entwertet. Es gibt kaum einen Ehekonflikt, bei dem sich die Frauen nicht darüber heftig und zornig beklagen, daß ihr Mann keine Gefühle zeigt oder zeigen kann. Sehr viele Frauen ziehen daraus den Schluß, der Mann liebe sie nicht. «Würde er mich lieben, würde er doch Gefühle für mich zeigen.» Daraus folgt dann die Forderung, *er* solle gefühlshaft auf die Frau eingehen. Sie wolle nicht mehr allein die Gefühlstankstelle sein, woran er sich bediene, während sie immer leer ausgehe. «Wir wollen nicht mehr allein für Gefühle zuständig sein.» Die Spezialisierung in der Entwicklung der psychischen Funktionen führt in der Tat nahezu zwangsläufig zu diesem Konflikt.

Der sachliche und objektive Ausgangspunkt solcher und vieler anderer Konflikte liegt aber in der natürlichen Verschiedenheit, ja Gegensätzlichkeit der Funktionsweisen von Denken und Fühlen. Eine ähnliche Gegensätzlichkeit besteht auch zwischen Empfinden und Intuition. Die Gegensätzlichkeit bzw. Polarität ist nun ein Grundprinzip nicht nur im Bereich der Psyche, sondern auch im ganzen Kosmos. An diesen Grundtatsachen ist nicht zu rütteln, und wir müssen im psychischen Bereich und in den menschlichen Beziehungen sehen, wie wir damit umgehen und wie die daraus entstehenden Probleme und Konflikte bearbeitet werden können. *Die an Beispielen erläuterte Bearbeitung dieser Gegensätze – und damit der Gegensätze zwischen Mann und Frau – ist das Anliegen dieses Buches.*

1. Teil

Denkmann und Fühlfrau

Über den Gebrauch der Sprache bei Denk- und bei Fühldominanz

Die Sprache als Informations- und Gefühlsträgerin

Der Mann mit Denkdominanz, wie *das Denken überhaupt,* benutzt die Sprache, um die Frau über etwas zu informieren oder um etwas zu beurteilen, eine Ansicht oder Meinung zu äußern. Hat der Mann keine Information zu geben, gibt es nichts, wo sein Urteil gefordert oder seine Ansicht gefragt ist, hat er nichts zu sagen. Er redet dann nicht. Darin liegt die Hauptursache der männlichen Schweigsamkeit.

Unter gewöhnlichen Umständen schweigt der Mann nicht, um die Frau zu bestrafen (etwa vom Typ: «Ich beachte dich nicht!»). Der Entzug der Ansprache ist viel eher eine weibliche Eigenschaft bzw. eine solche des Fühlens. Vorwiegend Mütter bestrafen ihre Kinder, indem sie nicht mehr mit ihnen sprechen. Der Mann hingegen schweigt, weil er nichts mitzuteilen hat.

Die Frau mit Fühldominanz, wie *das Fühlen überhaupt,* benutzt die Sprache als Übermittler von Gefühlen. Die Sprache wird in erster Linie als Fühlorgan benutzt. Mit Hilfe des Redens sucht sie Kontakt und Nähe. Sie erwartet, daß auch der Partner das Reden als Kontaktorgan benutzt, gleichsam als *Gefühlsträger und Gefühlsvehikel.* Für das Denken ist es nicht unbedingt notwendig, zum Beispiel «Gute Nacht» oder «Guten Morgen» zu sagen, weil das einen gefühlten Wunsch ausdrückt. Dazu besteht keine Notwendigkeit, und eine solche Nähe ist dem Denken nicht unbedingt eigen. Für das (unverletzte) Fühlen hingegen ist es nahezu notwendig, «Guten Morgen» oder «Guten Tag» zu sagen, irgendeinen Kontakt herzustellen. Denkmänner begrüßen ihre Frau zum Beispiel morgens nur, weil es so Sitte ist und zum Anstand gehört, aber einen inneren Drang oder ein Bedürfnis zur Kontaktaufnahme besteht nicht. Sie nehmen gerne schweigend ihr Frühstück ein, lesen die Zeitung und hören die Nachrichten (da gibt es etwas zu denken, und es sind Informationen!), während die Frau bereits gekränkt ist, weil er wieder einmal keine Gefühle äußert. Sie ist vernachlässigt und fragt unter Umständen: «Bist du böse mit mir?»

Eine solche Frage erstaunt oder ärgert den Mann. Er ist erstaunt, weil er feststellen muß, daß sie anders ist als er. Er ist verärgert, weil er mißverstanden und weil er allein durch diese Frage «gestört» ist – nämlich in seinem Denkablauf und seinen Denk- und Informationsbedürfnissen. Er denkt jetzt nicht an sie, weil er unter anderem an den zu vollbringenden Tagesablauf denkt. Alles andere ist überflüssig, er braucht für sein Denken Ruhe. Sie aber braucht für ihr Fühlen an sie gerichtete Worte des Mannes, die ihr sein Gefühl übermitteln. Und so beginnt der Konflikt schon beim Frühstück, weil er zum Beispiel kein Wort sagt, oder weil sie mit ihrem «unnötigen» Gerede stört.

Der tägliche Sprachkonflikt

Würde er an sie denken, könnte er sagen: «Guten Morgen Liebling, wie hast du geschlafen? ... Ist es nicht ein schöner Tag heute? ... Diese Bluse steht dir gut ... Sei nicht traurig, wenn ich heute abend etwas später nach Hause komme, dafür mache ich ein verlängertes Wochenende ... usf.»

An die Frau denken heißt für den Mann, ihr sein Interesse bekunden. Dieses sein Denken ist nur notwendig auf dem Boden einer Interessenzuwendung. Ohne diese Zuwendung ist sein Denken für sie überflüssig, weil es für das Denken an sich nicht notwendig ist, sich nach dem Befinden der Frau zu erkundigen. «Wenn es ihr nicht gut geht, kann sie es ja sagen!»

In jeder Beziehung ist es notwendig, daß der Mann an die Frau denkt, ihr also sein Interesse zuwendet. Dabei ist es gleichgültig, was er ihr sagt, weil die Frau sein Reden mit ihr als Zuwendung erlebt und seine Worte als seine Gefühlsäußerung. Natürlich muß sein Reden *sie* betreffen und ihre Bedürfnisse. *Er muß wissen, was sie braucht.* Sein Reden mit ihr (insbesondere dann, wenn keine Probleme anstehen!) ist für sie dasselbe wie das tägliche Begossenwerden für die Zimmerpflanzen. Auf der anderen Seite muß die Frau wissen, daß die denkerische und sprachliche Zuwendung an sie für ihn sehr oft eine Anstrengung und eine Bemühung ist. Sie erfolgt durchaus nicht naturgegeben, weil es kein spontanes Bedürfnis des Denkens an und für sich darstellt. Ihre Forderung: «Er soll mit mir reden» muß sich also in Grenzen halten, um den Mann nicht zu überlasten. Sie muß lernen, sich mit wenigen Worten ihres Mannes, die für sie bestimmt sind, zu begnügen.

Die Worte der Frau als Gefühlsträger und Gefühlsübermittler an den Mann können diesem sehr bald lästig werden. So sehr er ihre Lebendigkeit mag und so sehr er erfreut ist, daß sie ihn damit einbezieht: es ist oft rasch der Punkt erreicht, wo er ihres «Geredes» überdrüssig wird. «Jetzt sei doch mal still!» «Jetzt halt endlich die Klappe!» «Jetzt rede doch keinen solchen Quatsch daher!» «Man müßte dir ein Heftpflaster aufs Maul kleben!» «Du mit deinem ewigen Geschwätz!» «Dein Plappern ist unerträglich!» So denkt er oft oder spricht es gar aus.

Das männliche Negativurteil über das weibliche Reden – Die Rolle der «Konversation»

Es gibt viele Bezeichnungen für das Reden der Frau: dieses Gewäsch, Schnattern, Gackern, dieses Bla-Bla-Bla. Sie ist ein Tratschweib, eine Klatschbase, ein Lästerweib. «Sie hat eine böse Zunge.» Sie zerft herum. Wird sie laut, dann keift sie, ist hysterisch, giftig, hinterhältig und gemein. Je weniger die Frau die Zuwendung ihres Mannes erhält und je unbotmäßiger ihre diesbezüglichen Anforderungen werden, desto größer ist die Gefahr des «Absackens» in negative, aggressive, verleumderische und «unsachliche» Gefühlsäußerungen, bis der «Hausdrache» perfekt ist. Dem steht der Mann immer hilfloser und mißtrauischer gegenüber, bis auch er laut und sehr böse wird. Wenn es so weitergeht, wird sie Prügel beziehen und er ein zerkratztes Gesicht («ich kratze dir die Augen aus!»), einen zerbissenen Arm und zertretene Unterschenkel in Kauf nehmen müssen. In der Tat hat das Fühlen fordernden und haftetenden Charakter und will Kontakt und recht haben um jeden Preis. Für das Denken ist all das nahezu absurd.

In der kulturellen und zivilisatorischen Entwicklung hat man versucht, diese Verhältnisse zu regeln, früher insbesondere in gehobenen Adelskreisen. Bei den Einladungen kam alles darauf an, daß alle Beteiligten in der *«Konversation»* geübt waren. Irgendwelche «Themen» wurden in ständigem Wechsel zum Vorwand genommen, um darüber zu sprechen. Je nichtssagender sie waren, um so besser. Man erkundigt sich nach dem Befinden irgendwelcher entfernter Cousinen und spekuliert darüber, wie lange man sie nicht mehr gesehen hat, diskutiert die Umstände, warum nicht, flicht nette oder besorgte Erinnerungen mit ein, um dann beim schrecklichen Regen von gestern zu enden, der so überraschend kam, daß man ohne Schirm dastand – ein Grund zu ungeheurer Heiterkeit. Kurz, man unterhält sich. Themen und Informationen sind nur Vorwände, über die man Worte verlieren kann. Je «angeregter» die Unterhaltung, je besser sie alle Anwesenden umfaßt, je weniger jemand dank der Umsicht der Gastgeberin ausgeschlossen war, desto wunderschöner und gelungener war der Abend. Das Fühlen (und auch das Empfinden) hat Triumphe gefeiert, zu denen die Herren mit Höflichkeit und Gewandtheit beitrugen – eine hohe Schule vorübergehender sprachlicher Fühlkontakte mit entsprechend geübter Einstellung des männlichen Denkens auf die Fühl- (und Empfindens-)bedürfnisse der Frauen.

Tante Luise ist gestorben – Ein Beispiel über das Sprechen bei Denkmännern und Fühlfrauen

Zur Verdeutlichung der Funktionsweise der Sprache bei Denk- und Fühldominanz ein Beispiel:

Rolf hat telegrafisch erfahren, daß seine Tante Luise in Australien gestorben ist. Er sah sie das letzte Mal vor zwölf Jahren. Briefkontakte waren eher spärlich und beschränkten sich auf Glückwünsche zu den Fest- und Geburtstagen. Er sagt zu seiner Frau Renate: «Tante Luise ist gestorben. Ich werde es meinem Bruder Horst mitteilen.»

«O Gott», sagt Renate betroffen.

Rolf ergreift das Telefon und spricht mit Horst: «Hallo Horst, hier ist Rolf!»

«Ah, Rolf, du bist es. Guten Tag, was gibt es?»

«Ich rufe an, um dir mitzuteilen, daß Tante Luise gestorben ist.»

«Ach, was du sagst, wann ist sie gestorben?»

«Vorgestern, im Krankenhaus.»

«Woran ist sie gestorben?»

«An Krebs. Man konnte sie nicht mehr operieren.»

«Hat man keine Chemotherapie mehr versucht?»

«Nein, Tante Luise wollte nicht.»

«Ja, das war wohl auch besser so. Wie alt ist sie eigentlich geworden?»

«Einundsiebzig.»

«Nun, an etwas müssen wir ja alle sterben!»

«Natürlich, da kann man nichts machen.»

«Gut, Rolf, danke für den Anruf... Übrigens, geht's dir gut?»

«Alles o. k. Grüß Helga (Horsts Frau) schön.»

«Werde ich tun. Und grüße auch Renate.»

«In Ordnung, tschüß.»

«Ade.»

Es ist offenbar ein Gespräch zwischen zwei «Denkern»: Es besteht aus Geben und Erfragen von Informationen und aus Beurteilungen der mitgeteilten Situation. Es fällt kein «überflüssiges» Wort. Erst zum Schluß und nebenbei ein Fragen nach dem Befinden und Grüße an die Ehefrauen, und das wär's dann. Es hätte auch ein geschäftliches Gespräch sein können, und es wäre im Prinzip genauso abgelaufen.

Eine halbe Stunde später hält es Renate nicht mehr aus. Sie ruft Helga an. Helga ist offenbar über den Anruf sehr froh und sagt: «Ach Renate, wie gut, daß du mich anrufst. Ich stand schon neben dem Telefon, um mit dir zu sprechen, und dann kamst du mir zuvor.»

«Ja, ich bin froh, daß ich mit dir reden kann. Der Tod von Tante Luise hat mich so betroffen.»

«Ja, mich hat die Nachricht auch ganz fertig gemacht. Schrecklich, dieser Krebs! Sie muß sehr gelitten haben.»

«Ich glaube schon, man kann nur hoffen, daß die Ärzte sie gut betäubt haben und sie weniger leiden mußte.»

«Ich mochte Tante Luise sehr und der Gedanke, sie nie mehr wiederzusehen, ist mir fast unerträglich.»

«Ich fand sie auch sehr nett, nur hätte sie sich besser anziehen müssen.»

«Ja, das ist wahr, sie lief immer in Trampelschuhen herum, und ihre Frisur war unmöglich.»

«Sie ging kaum zum Friseur, sie mochte die Haube nicht.»

«Ich vermute, sie hatte ein wenig Angst davor.»

«Das ist eigenartig, wie kann man nur vor einer Haube Angst haben?»

«Oh, das kommt häufiger vor. Meine Bekannte, Frau Kühn, hat beim Friseur auch Angst. Jetzt hat sie sich eine Haube gekauft, und die Friseuse kommt zu ihr nach Hause, und dann macht es ihr nichts aus.»

«Was du sagst. Ja und ihr Mann, ist der damit einverstanden?»

«Aber natürlich, der kümmert sich doch um so etwas nicht.»

«Da hat sie aber Glück. Der Mann von Frau Zeisig, weißt du, meine überübernächste Nachbarin, eine sehr liebe Frau, was wollte ich sagen, ach ja, ihr Mann also, war sehr böse mit ihr, weil sie sich einen neuen Staubsauger gekauft hat.»

«Aber hat sie es ihm denn nicht vorher gesagt?»

«Eben nicht. Und du weißt ja, die Männer wollen immer vorher gefragt sein.»

«Geht es denn ums Geld?»

«Natürlich, er verdient ja auch nicht so viel, und dann haben sie auch noch vier Kinder!»

«Ich finde es aber schön, daß es noch Familien mit viel Kindern gibt.»

«Mir genügen meine zwei. Übrigens, Bärbel hat in Englisch eine Fünf bekommen. Ich hatte dann erst mal vorgetastet, ob Rolf guter Laune ist, bevor ich es ihm sagte, und weißt du, was er gesagt hat?»

«Er wird sich aufgeregt haben!»

«Nein, überhaupt nicht. Gar nichts. Er hat nur gesagt, dann müsse sie eben Nachhilfestunden nehmen, und wenn sie zu dumm oder zu faul sei, soll sie eben von der Schule weggehen und eine Lehre anfangen. Also, ich finde ihn unmöglich.»

«Ja denkst du ...»

Man kann noch weiter fortfahren. Solche Gespräche unter «Fühlfrauen» können stundenlang dauern. Sie behandeln keine Probleme, bezwecken keine Problemlösung und zielen nicht darauf ab, irgend etwas zu ändern oder zu Schlußfolgerungen zu gelangen. Die beiden Frauen wollen sich eigentlich auch gar nicht mitteilen. Es war überflüssig, daß Renate Helga anrief, denn beide waren vom Tode Tante Luisens bereits informiert. Aber beide waren betroffen über den Tod und mußten etwas gegen die Betroffenheit tun. *Diese* muß mitgeteilt werden, und anschließend wird alles ausgeglichen durch ein wechselseitiges «Sich-Abtasten» durch Reden. Damit es kein Lallen bleibt oder sich in puren Exklamationen erschöpft, muß irgendein Thema her als Vorwand oder Leitfaden, an dem sich das Reden orientieren kann. Die Themata sind lose durch Assoziationen miteinander verbunden. Sie sind Brücken untereinander und von Person zu Person, wobei jede das «neue» Thema sofort aufgreift, darauf eingeht und es als willkommene Gesprächsbrücke benutzt. Wirklich wichtig ist hier nur, daß überhaupt geredet wird. Dadurch bleibt der Gefühlsfluß garantiert, und je länger er dauert, desto befriedigender ist er.

Das ist für den Denkmann nahezu unbegreiflich. Wenn er vom Nebenzimmer aus ein solches Gespräch mitbekommt, sagt er anschließend wohl: «Ich verstehe gar nicht, was ihr beide zwei Stunden lang zu bekafeln habt. Wie kann man nur so lange über eine Sache reden.»

Er merkt nicht, daß die beiden Frauen gar nicht über Sachen geredet haben. Es wurde gar nichts besprochen oder erörtert, sondern es fand lediglich ein sprachlicher Fühlkontakt statt, wobei Argumente, Themata, Inhalte des Gesprochenen nahezu nebensächlich sind, d. h., der Austausch der Informationen, der immerhin stattfindet, ist informativ unbedeutend und zum Vergessen verurteilt. Aber die Erfahrung, daß man *sich ausgetauscht hat,* die ist wichtig, sie zählt. Wenn Helga oder Renate wieder alleine und in Gefühlsbedrängnis sind, werden sie wieder telefonieren. So ist das durch männliches Denken entstandene Telefon zu einem der wichtigsten Mittel zur Bestätigung weiblichen Fühlens geworden. Es dient auf männlicher Seite der Information und dem Geschäft, auf weiblicher der Kontaktpflege und dem Fühlen. Eine ähnliche Funktion wie heute das Telefon, mag früher der Dorfbrunnen gespielt haben.

Erfolgen solche Telefonate unter Frauen nicht gerade in Gegenwart der Männer, und belasten sie die Kasse nicht allzusehr, werden sie von den Männern mehr oder minder kopfschüttelnd hingenommen («wie seltsam sind doch die Frauen»), manchmal auch positiv bewertet, weil die Männer dadurch doch erheblich entlastet werden. Müßten sie auf diese Weise mit ihrer Frau reden, wäre es sehr schwierig, zeitraubend und für ihr Empfinden überflüssig.

Das Verletzende der Denksprache – Zwei Beispiele

Mann und Frau gehen spazieren. Beide können den schönen Frühlingstag genießen. Er schweigt, sie möchte Kontakt zu ihm aufnehmen. Sie sagt: «Da ist ein wunderschöner Kirschbaum in voller Blüte.»

Er: «Das brauchst du mir nicht zu sagen, ich habe den Kirschbaum gesehen.» Er meint, sie wolle ihn informieren, was für ihn der einzige Grund ist zu sprechen. Er läßt sie wissen, daß er informiert ist («ich habe den Kirschbaum gesehen»), und folglich ist ihre Rede wertlos. Da er ihr Reden entwertet, ist damit automatisch auch ihr Fühlen entwertet. Das meint der Mann aber überhaupt nicht und will es auch nicht, aber faktisch entwertet er ihr Fühlen dennoch. Was gilt, ist nur das Denken. Er merkt nicht, daß seine Frau auf diese Weise unglücklich wird und sich minderwertig und unterlegen vorkommen muß.

Die Frau sagt zum Mann: «Meine Mutter hat Migräne und muß im Dunkeln liegen.»

Er: «Ja, das hat sie schon lange und öfters.»

Sie: «Ich finde das schlimm.»

Er: «Sie soll halt ihre Medikamente nehmen.»

Sie: «Das tut sie, aber die nützen nichts. Das tut mir leid.»

Er: «Dann soll sie den Arzt wechseln.» Mehr kann und will er nicht dazu sagen, er kann es ja auch nicht ändern. Damit ist die Sache für ihn erledigt. Es ist ihm unbegreiflich, daß seine Frau irgendwie getröstet werden will oder/und einen Fühlkontakt mit ihm sucht. Er hätte nur ein wenig «mitfühlend» mit ihr plaudern müssen, z. B.: «Es tut mir für dich und deine Mutter leid . . ., hoffen wir, daß es bald vorüber geht . . ., zum Glück ist deine Mutter eine tapfere Frau . . ., wir werden ihr morgen telefonieren und fragen, wie es ihr geht . . ., es ist schon schlimm, daß es soviel Leid auf der Welt gibt . . ., ich bin froh, daß wir beide keine Migräne haben», usf. Dieses Sprechen würde das Thema «Migräne, Leid, du und ich, die Mutter, den Kontakt zu ihr» sprachlich und in zugewandter Form umkreisen und die Denkenge von Ursache und Wirkung und Wahrheit wenigstens vorübergehend verlassen, sozusagen die Migräne «menschlich» behandeln.

«Menschlich» und «unmenschlich» in bezug auf die Fühl- und Denkfunktion

Im allgemeinen meint man mit «menschlich» etwas Gefühlhaftes, ein fühlendes Umgehen mit Menschen und Dingen. So findet man es beispielsweise oft «unmenschlich», wie der Betrieb in den Krankenhäusern verläuft: lauter Technik, Untersuchung, Sachlichkeit, Reden über Ursachen, Wirkung und Ursachenbeseitigung. Man sucht die Wahrheit. Was für eine Diagnose liegt vor? Hat man sie erkannt, kennt man dann auch oft die Ursachen und überlegt Maßnahmen, die diagnostizierte Krankheit zu beseitigen. Die Mittel, die das Denken erarbeitet hat, werden angewandt, der Patient wird «informiert». Die Wissenschaft, das liebste und wirkungsvollste Kind des Denkens, erzeugt wegen Gefühlsmangel Unbehagen, Kälte, Distanz, auch Rücksichtslosigkeit und macht sich im Haus des Leidens, nämlich im Spital, zwar sehr hilfreich aber eben auch furchteinflößend bemerkbar. Es fehlt ein «menschliches» Element inmitten all der Technik und Asepsis.

Die Wissenschaft und ihre Träger haben keine Gefühle zu übermitteln und sind nicht die Früchte des Fühlens. Faktisch sind es im Falle des Krankenhauses die Schwestern, sehr oft Frauen mit Fühldominanz, die das Spital überhaupt erst erträglich bzw. «menschlich» machen, insofern sie auch mit ihrem Sprechen zu den Kranken eine gewisse Fühlatmosphäre einführen. Es besteht kein Zweifel, daß die positive Fühlzuwendung zum Kranken den Heilungsprozeß fördert, in Ausnahmefällen vielleicht sogar erst möglich macht und die unerhörten Härten des Denkens mit seiner Kühle und Distanz nicht nur in ausweglosen und dem Tod geweihten Situationen abmildert. Wir sagen, daß dadurch das Krankenhaus und das Leiden überhaupt «menschlicher» wird. Die «Götter in Weiß» verdanken diese Position dem Denken und seiner Macht und dem Umstand, daß das Denken immer etwas «Überhebliches» und Distanzierendes hat, weshalb wir es nicht immer als besonders «menschlich» empfinden. Der sogenannte menschliche Arzt ist der, der sich auch fühlend dem Patienten zuwendet und auch mal kurz mit ihm plaudert, statt nur kurz und bündig wissenschaftlich-denkerisch zu forschen.

Das Fühlen als Gegensatz zum Denken ist letzterem durchaus nicht immer gut gesonnen. Zum Beispiel ist die Medizin als Wissenschaft und ihre an einzelnen Körpersymptomen orientierte Forschung auf der Anklagebank, weil sie angeblich nicht «den ganzen Menschen» sieht. Das stimmt so nicht, denn sie erforscht und beachtet alle physiologischen Prozesse, die im Menschen überhaupt vorkommen und ist nicht einfach nur auf einen lokalen Prozeß fixiert. Hingegen «fühlt» sie den ganzen Menschen nicht, auch nicht im einzelnen, weil Wissenschaft mit Fühlen nichts zu tun hat. Der Ruf nach einer «ganzheitlichen» Medizin entspricht dem Schrei des vernachlässigten Fühlens und fordert in diesem Sinne mehr «Menschlichkeit». Das Fühlen wehrt sich gegen die Tyrannei und Einseitigkeit des Denkens und der Wissenschaft, was sich auch im Bereich des Gesundheitswesens und der Krankheitskonzepte auswirkt. Menschen mit Fühldominanz werden z. B. die «künstlichen», d. h. die wissenschaftlich gefundenen, hergestellten und nach strengen Kriterien geprüften chemischen Mittel möglichst vermeiden und auf «natürliche» Mittel (Pflanzen) ausweichen. Oft steht der Heilpraktiker höher im Kurs, weil er der Wissenschaft und ihren strengen Forderungen nicht verpflichtet ist, sich mehr auf Fühlen und Intuition verläßt und über ein dem naturwissenschaftlichen Denken absurd erscheinendes homöopathisches Heilmittelarsenal verfügt, das auf jeden Fall keine Nebenwirkungen hat – also risikolos ist. Letzteres beruhigt das Fühlen außerordentlich, während das Denken gerade dadurch beunruhigt wird.

Das Denken als typisch menschliche Funktion Perfektionismus – Maximum und Optimum

Es ist eigenartig, daß gerade die Vorherrschaft des Denkens als «unmenschlich», die Vorherrschaft des Fühlens aber als «menschlich» erlebt wird. *Objektiv hingegen ist das Denken die menschlichste Funktion überhaupt, weil sie* (von spärlichen Ansätzen bei höherentwickelten Primaten, z. B. Schimpansen, abgesehen) *nur beim Menschen vorkommt* und auch da erst im Erwachsenenalter voll entwickelt wird. Entwicklungsgeschichtlich ist das Denken die jüngste psychische Wahrnehmungsfunktion. Sie war in den Urzeiten der Menschheit nahezu unwirksam. Über sehr viele Jahrtausende hin lebte die Menschheit unter der Vorherrschaft des Fühlens (und Empfindens) in Verbindung mit dem Matriarchat. Die Vorherrschaft des Denkens existiert also vergleichsweise erst seit sehr kurzer Zeit im Zusammenhang mit dem Patriarchat, so daß «in der Erinnerung» das Fühlen als wichtiger und «eigentlicher» und insofern als «menschlicher» erlebt wird.

Weil das Fühlen die eigentliche Kontaktfunktion darstellt, kann sie auf Urerfahrungen des gesamten Lebens zurückgreifen, die viele Millionen Jahre umgreifen. Besonders dann, wenn sich die Denkfunktion samt ihren Produkten in sehr einseitiger Form präsentiert, sei es individuell, sei es in öffentlichen kollektiven Formen, macht sich der *kompensatorische Druck* des Fühlens immer stärker bemerkbar. Je einseitiger, d. h. je perfekter die Denkfunktion und ihre Folgen werden, desto mehr werden sie besonders durch Fühlen (jedoch auch durch die anderen psychischen Wahrnehmungsfunktionen) in Frage gestellt und in ihrem Wert herabgemindert. *Der Perfektionismus* als Frucht eines übersteigerten und von Verstiegenheit bedrohten Denkens bringt das Fühlen zu verstärkter Wirkung, und insofern ist der Perfektionismus mehr eine Krankheit als eine Wohltat, mehr unmenschlich als menschlich. Würde er nicht durch Fühlen kompensiert und in seine Schranken gewiesen, stände es um den Menschen sehr schlecht. Einseitigkeit als *Maximum* ist nicht das Ziel der seelischen Entwicklung. Erst durch deren Abmilderung mittels anderer seelischer Funktionen kann ein erstrebenswertes *Optimum* im Sinne des Ausgleiches erreicht werden. Das ist das Ziel seelischer Entwicklung, und darin liegt sicher auch einer der Hauptgründe, weshalb Mann und Frau mit gegensätzlicher Funktionsdominanz ausgestattet sind.

Die kompromißlose Ehe

In manchen Ehen herrscht eine *Kompromißlosigkeit*, durch welche jede reale Beziehungsmöglichkeit zunichte gemacht wird. Beharrt der Mann auf der Ausschließlichkeit seines Denkens und die Frau auf der Ausschließlichkeit ihres Fühlens, entsteht nicht nur ein übles Nebeneinander. Vielmehr geschieht es, daß der Mann immer hartnäckiger auf seinem Denken besteht und die Frau immer zäher auf ihrem Fühlen. Beide erreichen sich nicht mehr: Die Frau ist durch die Denkkälte des Mannes derart verletzt, daß sie giftig und kalt, bisweilen heimtückisch und hinterhältig wird, ohne jedoch von diesem Mann loszukommen. Der Mann zieht sich immer mehr in die einsame und anspruchslose Burg seiner Logik zurück und verdrängt sorgsam, daß er eigentlich friert und in der Einöde seines widerspruchsfreien Denkens auf perfekteste Weise umkommt. Aufgrund seiner Denkprinzipien kommt auch er nicht von dieser Frau los. «Ich habe dich geheiratet und versprochen, bis zum Tod bei dir zu bleiben. Ich habe zur Ehe ja gesagt, und dabei bleibt es. Ich bleibe mir treu und lasse mich nicht scheiden, auch wenn du mich überhaupt nicht mehr magst und eine Giftkröte geworden bist.»

Er ist also aufgrund der Folgerichtigkeit seines Denkens der Starke und Überlegene. Er bleibt bei ihr, obwohl er eigentlich nichts mehr mit ihr zu tun hat. So kann sie morgens sagen: «Hast du gelesen, Mister O. ist in Amerika zum Tode verurteilt worden. Ich finde das ganz schrecklich.»

Er antwortet kalt: «Mister O. hat ein kleines Mädchen vergewaltigt und dann getötet. Dann hat er zweimal eine Frau vergewaltigt und sie dann getötet. Es ist logisch und gerecht, daß er auf den elektrischen Stuhl muß ... Die Bestrafung hat den Zweck erstens der Abschreckung, zweitens der Besserung und Förderung der Einsicht und drittens, daß der Täter wieder ein soziales Wesen wird. Ist aber ersichtlich, daß er ein Wiederholungstäter ist, muß die Gesellschaft vor ihm geschützt werden. Das ist erstens durch lebenslängliches Zuchthaus und zweitens durch seinen Tod zu erreichen. Da er bei «lebenslang» die Gesellschaft Geld kostet, ist es richtig, daß er hingerichtet wird. Was ist da Schreckliches dabei?»

Auf diese Weise hat er also bekundet, daß seine Frau dumm ist, die Zusammenhänge nicht sieht, das Prinzip von Ursache und Wirkung mißachtet und sie nur ihre dummen Gefühle hat. Er fährt fort: «Warum findest du denn die Vergewaltigungen der Frauen nicht auch schrecklich? Soll das ungeahndet bleiben?»

«Natürlich finde ich das auch ganz schrecklich, aber dadurch, daß Mister O. nun umgebracht wird, wird es doch nicht besser!»

«Dann soll Mister O. seine Untaten also weiter betreiben?»

«Natürlich nicht, aber man könnte ihn doch lebenslänglich verwahren. Man könnte ihm doch viel Liebe entgegenbringen, und dann würde er sich vielleicht ändern. Er hat doch vergewaltigt und getötet, weil er nicht geliebt wurde ...»

Er unterbricht: «Du bist wirklich die Dummheit in Person. Als ob deine Gefühle einen Verbrecher ändern würden. Das ist wieder deine blöde Gefühlsduselei. Verstehst du: Deine Gefühle haben überhaupt keinen Wert, weil sie wirkungslos und unlogisch sind. Sie sind unrealistisch. Du mit deinen Mama-Baby-Gefühlen.»

Spätestens an diesem Punkt könnte sie aufschreien vor Verletztheit und Entwertung, und sie merkt: Sie hat ihren Mann durch ihr Fühlen nicht nur kaltgelassen, sondern ihn in seinem Denken und seinen Denkprinzipien noch bestärkt. Da gilt nur erstens, zweitens, drittens, und «das Menschliche» ist nicht mehr vorhanden. Es hat keinen Wert. Sie kommt nicht gegen ihn an. Und so ist ihr Fühlen gegen ihn und sein Denken gegen sie. Durch Haß und Gift ist sie an ihn gebunden, durch überlegenes Denken und Prinzipienklarheit ist er an sie gefesselt. Die Situation ist grausig und ausweglos. Es gibt keine verbindende Brücke und keine Gemeinsamkeit mehr. Es bleibt ihr Haß und seine Überlegenheit, und genau das hält sie aneinandergekettet.

Mit ihrem Satz: «Ich finde das schrecklich», wollte die Frau eine Zuwendung von ihrem Mann erhalten. Es hätte genügt, daß er wenigstens kurz an ihre Gefühle gedacht und sie als Wert bestätigt hätte. Andererseits hätte sie auch sagen können: «Ich bin mit dir einig, daß es gerecht und folgerichtig ist, daß Herr O. hingerichtet wird. Aber obwohl es gerecht, folgerichtig und vielleicht unausweichlich ist, ist die Hinrichtung dennoch etwas sehr Böses.» Vielleicht hätte der Mann dann doch gemerkt, daß das Fühlen: «das ist böse!» eine große Berechtigung und einen hohen Stellenwert hat. Er hätte dann vielleicht gemerkt, daß die Welt und das Leben nicht nur in Denkkategorien aufgehen, und sie hätte gemerkt, daß die Fühlwerte nicht ein und alles sind. Beide hätten wahrnehmen können, daß ihr persönlicher Konflikt auch im Weltgeschehen immer wieder sichtbar wird und daß es Konflikte gibt, die nicht einfach lösbar sind wie eine Mathematikaufgabe. Auch für ihre Beziehung hätten sie viel lernen und abwägen können. Aber die Kompromißlosigkeit auf beiden Seiten beläßt alles beim alten.

Die Sprachverwirrung in der Paarbeziehung – Die Partner als wechselseitige «Objekte»

Das Reden des Mannes und das Reden der Frau geschieht zwar in der gleichen Sprache mit derselben Grammatik und den gleichen Worten. Das Reden des Mannes ist Werkzeug und Ausdrucksmittel des Denkens, das der Frau ist Werkzeug und Ausdrucksmittel des Fühlens. *Das Wort des Denkmannes ist Leib des Gedankens, das Wort der Fühlfrau ist die Gestalt des Fühlens. Deshalb sprechen Mann und Frau jeweils eine verschiedene Sprache.* Da sehr viele Menschen nicht wissen, daß Mann und Frau oft verschiedene Sprachen sprechen, wissen sie auch nicht, daß sie die Sprache des anderen wenigstens in Grenzen mühsam etwas erlernen müssen, wollen sie die Beziehung und damit die Entwicklung der eigenen Seele pflegen und fördern. Die Unkenntnis der Spezifität der Sprache des andern führt zu endlosen Mißverständnissen, immer neuen Verletzungen und Schädigungen des Selbstbewußtseins bis hin zur Mobilisierung neurotisierender, infantiler psychischer Inhalte. Dieses Nichtwissen ist meines Erachtens eine der Hauptursachen bzw. Hauptauslöser von Neurosen, Erschöpfungs- und Depressionszuständen und psychosomatischen Erkrankungen.

Unwissen, Lernunwilligkeit und mangelnde Flexibilität des Einstellungsvermögens des einen Partners verursachen die Erkrankung des anderen. Der erste bleibt dann unter Umständen symptomfrei, das heißt, er erkrankt nicht, während der zweite beim Arzt bzw. Psychotherapeuten landet. So ist es der Gesunde, der den anderen krank macht, und der «Gesunde» kann alles von sich schieben, denn ihm geht es ja gut, und dem verletzten Partner geht es schlecht. Dieser ist also «schuld». Meist ist es so, daß der Entwicklungsfähige beim Therapeuten ist, der Nicht-Entwicklungsfähige bleibt zu Hause und sonnt sich in seiner symptomfreien Unbeweglichkeit.

Die menschlichste Form der Beziehung ist das Reden, also das Miteinanderreden, und solange Partner miteinander «im Gespräch» bleiben, existiert Beziehung. Werden beide sprachlos, ist die menschlichste Beziehungsform entweder hinfällig oder als Ausdruck des gegenseitigen Bestrafens extrem negativ. Die Liebe jedenfalls, da nicht mehr geäußert und manifestiert, ist tot.

Nur der Mensch verfügt über die Sprache und die sie bildenden Worte. Das Hin und Her der Worte und die Bereitschaft, sie zu hören und zuzuhören auf beiden Seiten, konstituiert deshalb die menschlichste Form der Beziehung, ist die tragfähigste und wichtigste Brücke zwischen Frau und Mann. Das Sprechen hat deshalb auch schöpferische Kraft und erhält als Dialog das Leben. Der biblische Gott leitet die Schöpfung ein, wie geschrieben steht:

«Und Gott sprach.» Seinem Sprechen folgt die jeweilige Schöpfung. Im menschlichen Bereich ist es ähnlich, setzt aber voraus, daß die Partner sich auch sprachlich verstehen. Das geht nur, wenn sie die Sprache des anderen erlernen, *denn die Sprache des Denkens ist eine, die Sprache des Fühlens eine andere*. Folgendes Beispiel soll das erneut verdeutlichen.

Frau und Mann sind in Sorge um ihren ältesten Sohn Markus. Er ist in der Pubertät, und die Schulnoten werden immer schlechter. Der Mann (mit ausgeprägter Denkdominanz) erträgt ihn sehr schlecht. «Markus hüpft nur herum, er ist blöd und kindlich, albern, bockig und unruhig.» Er mag seinen Sohn nicht, zumindest so nicht. Es kommt zu heftigem Streit, und der Vater pocht darauf, daß der Sohn endlich lernt. Er soll sich ein ordentliches Zeugnis erarbeiten. Statt dessen hampelt er nur herum.

Die Mutter (eine Frau mit ausgeprägter Fühldominanz) versucht vergeblich zu vermitteln. Ihre Versuche ärgern den Mann und den Sohn gleichermaßen. Der jüngere Sohn Hermann profitiert von der Situation und legt ständig bessere Zeugnisse vor. Er benimmt sich bestens.

Mann und Frau führen lange und wiederholte Gespräche darüber, was zu tun ist. Sie suchen nach den Ursachen, die zu der gegenwärtigen Situation geführt haben, und nach Lösungen, wie der familiäre Konflikt gelöst bzw. abgepolstert werden kann. Sie kommen beide zum Schluß, daß Markus ins Internat soll. Dieses Urteil teilen sie Markus mit. Zunächst sagt er: «Ihr wollt mich abschieben», dann willigt er aber ein.

Nachdem Markus einen Tag im Internat war, sitzen seine Eltern zusammen. Er ist zufrieden, denn das Haus ist ruhig, und er ist nicht mehr gestört. Er genießt die Ruhe und sitzt schweigend da. Sie aber ist niedergedrückt. Er bemerkt es und ist von ihrer Trauer unangenehm berührt. Er sagt: «Jetzt haben wir doch das Problem gemeinsam und miteinander besprochen. Wir sind gemeinsam zu dem Entschluß gekommen, Markus ins Internat zu bringen. Auch du hast viel nachgedacht und gelangtest zum gleichen Ergebnis. Wir sind uns einig und haben die Lösung gefunden. Warum bist du denn jetzt traurig?»

Sie beginnt zu weinen, und er ist teils hilflos, teils zornig. Den Zorn will er ihr nicht zeigen, und so schweigt er. Er denkt: «Diese Frau ist nicht zu verstehen. Sie weint, obwohl sie selbst gedacht hat, daß Markus ins Internat muß. Was gibt es da zu weinen?»

Nach einiger Zeit sagt sie: «Wenn ich dich nicht lieben würde, hätte ich dich schon lange verlassen.»

Er denkt: «Ich bin in ihren Augen eigentlich nicht liebenswert, sondern würdig, verlassen zu werden. Sie bleibt nur deshalb bei mir, *weil sie Gefühle für mich hat, aber nicht, weil an mir etwas Liebenswertes wäre*. Das ist wieder eine ihrer Standpauken.» Er erduldet sie und schweigt.

Indessen trocknet die Frau ihre Tränen und sagt: «Wenn du nicht reden lernst, komme ich auch ohne dich aus.» Sie erhebt sich und zieht sich zurück.

Er versteht nichts mehr. Er denkt für sich: «Welch ein Widerspruch: Erst sagt sie, daß sie mich nicht verläßt, dann sagt sie, daß sie auch ohne mich auskommt.» Immerhin ist er wenigstens betroffen.

Er hat aber eine Sache erkannt, nämlich die, *daß er das Objekt ihres Fühlens ist*. Zugleich ist er unmutig, *weil er ihr Objekt ist*. Er verkennt die Unausweichlichkeit und Legitimität des Objektseins ganz analog dem Widerstand der Frauen, das Objekt der männlichen Sexualität zu sein. Er versteht nicht, daß er als Objekt liebenswert ist, und merkt nicht, daß er nie zum Objekt ihres Fühlens erwählt worden wäre, wenn nicht «objektiv» etwas für die Frau Liebenswertes in ihm stecken würde. Auch keine männliche Sexualität würde eine Frau zu ihrem Objekt machen, wenn in ihr nicht «objektiv» etwas Erstrebenswertes enthalten wäre. Das Fühlen der Frau *meint* diesen Mann, wenn er zum Objekt ihres Fühlens wird, und die Sexualität meint in dieser bestimmten Situation diese Frau, wenn sie eine (sexuelle) Beziehung herstellen will.

Offenbar haben sowohl der Mann als auch die Frau ganz ähnliche Schwierigkeiten, sobald sie ihr Objektsein wahrnehmen, weil sie im Objektsein das jeweilige spezifische Bezogen- und Gemeintsein nicht erkennen.

Vom Erlernen der Sprache des Partners

In unserem Beispiel meint der Mann irrtümlicherweise, sie wolle ihm eine «Standpauke» halten. Statt dessen hat sie ihm in hervorragender Weise klargemacht, was in ihr vorgeht und zugleich vermittelt, daß er ihr Bezogensein auf ihn überhaupt nicht würdigt. Statt es zu würdigen, ist er nur gekränkt, obwohl er wirklich allen Anlaß hat, seine Frau in dieser Situation zu schätzen. Es ist ihm nämlich völlig entgangen, *daß sie* in langen und für sie äußerst mühsamen Erörterungen *wie er gedacht hat.* Das Sprechen über das Problem Markus erfolgte bei beiden unter Benutzung und gemäß den Strukturen bzw. Kategorien des Denkens. Sie hat mit ihm gedacht und *in der Sprache des Denkens das Problem behandelt.* Sie hat also mindestens ein Stück weit seine Sprache gelernt, das heißt eine Funktion betätigt, die bei ihr minderentwickelt ist (nämlich das Denken), und er hat nicht einmal ihre Anstrengung bemerkt.

Er nimmt es nämlich als selbstverständlich und «natürlich» hin, daß sie (in dieser Situation) denkt wie er, also etwas tut, was ihr mit Sicherheit nicht leicht fällt. Für ihn ist mit Beendigung des Denkprozesses in puncto Markus das ganze Problem «erledigt» und zum Abschluß gebracht. So ist es recht, und damit ist für das Denken mit der schlußendlichen Entscheidung: «Markus geht ins Internat» die Angelegenheit befriedigend «abgehakt». Folglich ist es für sein Denken unbegreiflich, daß es für die Frau keineswegs erledigt ist. Und so resümiert er, laut Denken: «Jetzt haben wir doch das Problem gemeinsam miteinander besprochen ... wir sind uns einig und haben die Lösung gefunden. Warum bist du denn jetzt traurig?»

Es ist also er, der auf die Pauke haut und nicht sie. Sein Reden bildet keine Brücke zu ihr, weil er weder ihre Sprache spricht noch überhaupt wahrnimmt, daß sie anders ist als er. Er verkennt völlig, daß sie fühlt und daß ihr Fühlen logischerweise und objektiv begründbar im Gegensatz zu seinem (und ihrem eigenen) Denken steht. Sie hat nämlich mit großer Anstrengung ihre Fühldominanz relativiert, sie zurückgestellt und gewissermaßen geopfert, damit das Denken besser funktioniert. Außerdem hat sie durch diesen Prozeß des Fühlverzichtes ein wichtiges Fühlobjekt (ihren Sohn Markus) zumindest zeitweise verloren. Markus ist im Internat nicht mehr so nah und so konkret da, wie wenn er zu Hause wäre. Die Entfernung wirkt wie ein partieller Objektverlust für das Fühlen, was notwendigerweise mit Niedergeschlagenheit und Trauer beantwortet wird.

Von all dem hat nun unser Mann im Beispiel nicht das geringste verstanden. Vor allem hat er es auch denkerisch nicht erfaßt. Ihr Fühlen existiert für ihn überhaupt nicht, und die Sprache des Fühlens ist für ihn nicht einmal in ihrem nonverbalen Ausdruck (Trauer, Tränen) positiv wahrnehmbar. Er ist nur gereizt und irritiert darüber, daß sie nicht einfach so fortfährt zu denken wie bei der Problemerörterung über Markus (was sie Mühe genug kostete), sondern daß sie es sich sogar erlaubt, wieder mit ihrer Hauptfunktion, dem Fühlen, zu existieren. Für das Denken war «richtig», Markus ins Internat zu bringen. Für das Fühlen ist es aber eine ungute und schmerzliche Angelegenheit. Er aber ist weder in der Lage, an ihr Fühlen zu denken, noch fähig, ein Stück weit mit ihr zu fühlen. Nicht einmal ein nonverbaler Gefühlsausdruck ist da (etwa eine Umarmung, ein etwas betroffenes Mitfühlen). Er hatte nur die Denksprache zur Verfügung und keine hier angemessene Fühlsprache, und dann sagt er schließlich gar nichts.

Die Reaktion der Frau ist bewundernswert: «Wenn du nicht reden lernst, komme ich auch ohne dich aus.» Mit fast instinktiver Sicherheit stellt die Frau fest, *daß er die Fühlsprache lernen muß,* soll und will er in der Beziehung einen Platz einnehmen und Gewicht haben. Die Frau will bekunden: Nicht nur ich muß mich bemühen, deine (Denk-)Sprache zu lernen, sondern auch du mußt lernen, meine (Fühl-)Sprache zu sprechen. Sie verweigert mit vollem Recht die Einbahnstraße.

Es kann keinem Zweifel unterliegen, daß es für jede Beziehung unerläßlich ist, daß der «Denkmann» die Fühlsprache lernen muß. Diese Forderung und Erwartung der Frau ist nicht nur legitim, sondern für den Mann auch zumutbar. In dieser Hinsicht verdient er weder Schonung noch Entgegenkommen bzw. Verzicht der Frau. Er kann sich auf Dauer unter keinen Umständen auf seine Bequemlichkeit zurückziehen und entschuldigend vorbringen, er könne das nicht, oder sich hinter seiner Denküberheblichkeit verschanzen und signalisieren, er brauche nichts hinzuzulernen. Er kann nicht rechtens vorbringen, er argumentiere gut, er sei logisch und sachlich, und folglich brauche er nichts mehr in die Beziehung einbringen. *Sie* solle gefälligst so wie er argumentieren und denken lernen und seine Sprache sprechen, mehr brauche es nicht. Denn dann läuft er Gefahr, seine Rolle in der Beziehung zu verlieren. Die Frau kommt dann (unter neuer Verzichtanstrengung) auch ohne ihn aus. Sein einseitiges Verharren in der Denkfunktion und in der Denksprache beraubt ihn einer wesentlichen, ausgeglichenen und entspannenden Kommunikationsfähigkeit und der partiellen kompensatorischen Entwicklung der eigenen Fühlfunktion und verurteilt ihn zu Erstarrung und Minderung der Lebensqualität und des Lebendigseins überhaupt.

So ist es kein Widerspruch, wenn die Frau bekundet, sie verlasse ihn nicht, weil sie ihn fühlt, und daß sie ohne ihn auskommen muß, wenn er ihre Sprache nicht lernt, bzw. das ihr entsprechende Reden nicht lernt. Die Frau hat ihm klar zu verstehen gegeben: «Ich liebe (fühle) dich, und insofern ich in dieser Weise aktiv bin, gehe ich nicht weg. Du lernst es nicht, mich zu fühlen (lieben), und insofern du in dieser Hinsicht nicht aktiv wirst, muß ich – da du ja so nicht vorhanden bist – ohne dich auskommen.» Es ist selbstverständlich, daß die Frau in unserem Beispiel es zwar für richtig erachtet, daß Markus ins Internat kommt, aber es ist trotzdem auch selbstverständlich, daß ihr die Trennung in dem Maße weh tut, je ausgeprägter ihre Fühldominanz ist.

Ich habe in einer sehr langen Erfahrung den Eindruck gewonnen, daß die Frau erheblich mehr Lernbereitschaft für die Denksprache als der Mann für die Fühlsprache hat. Obwohl ihr aufgrund ihrer Fühldominanz das logische, distanzierte und sachliche Argumentieren im Rahmen der Kategorien von Grund und Folge nicht unbedingt liegt und sie es nur mit Anstrengung realisieren kann, scheut sie solche Versuche letztendlich nicht. Ihr Bedürfnis zur sprachlichen Kontaktaufnahme drängt sie dazu, nunmehr die Beziehung zum Mann nicht nur durch Fühlen mittels der Fühlsprache aufzunehmen, sondern durch Denken, also in der Sprache des Mannes. Dies geschieht besonders dann, wenn vorher viele Versuche, durch die Fühlsprache zu ihm Kontakt aufzunehmen, gescheitert sind. Dadurch, daß sie jetzt ihre «Fühlantennen» gleichsam zurückzieht, wird sie kühler und sachlicher. Sie kann sogar «eiskalt» werden und den Mann dann erheblich erschrecken. «Du bist – wie eine Schlange – eiskalt geworden.» Diese ihre «Unterkühlung» ist sozusagen die Voraussetzung ihres klaren Argumentierens. Der Mann hingegen braucht sich nicht derart abzukühlen, um sein Denken zum Ausdruck zu bringen.

Zur weiteren Verdeutlichung des «Sprachkonfliktes» bzw. des Sprachmißverständnisses zwischen Mann und Frau und wie die Frau die dadurch existierende objektive Beziehungskrise angehen kann, gebe ich ein weiteres Beispiel und schildere zwei Szenen.

Ein gutes Gespräch unter Initiative der Frau

Horst kommt vom Geschäft nach Hause. Lena hat ihm das Abendbrot hingestellt. Weil er meist später heimkommt, hat sie mit den Kindern schon vorher gegessen. «Nun, wie war's heute im Geschäft?»

«Das Übliche.»

«Schmeckt die Wurst? Sie ist von einem anderen Metzger.»

«Ja ja, ist schon recht.»

«Nachbars Katze ist weggelaufen. Frau Meyer macht sich Sorgen, ob sie nicht von einem Auto überfahren wurde.»

«Da kann man nichts machen.» Er kaut vor sich hin. Sie spürt, daß sie ihm mit ihrem Reden (es ist offensichtlich ein «Fühlreden») auf die Nerven geht. Sie bleibt aber sitzen, obwohl sie sich überflüssig vorkommt. Er ist desinteressiert an allem, was um ihn herum vorgeht, aber es ist ihm sehr recht, wenn Lena still neben ihm sitzt.

Sie ist diese Szene gewöhnt, fühlt sich aber in ihrem Innersten doch mißachtet. Sie räumen dann wortlos den Tisch gemeinsam ab. Dann setzt er sich vor den Fernseher. Nach den Nachrichten kommt ein Film. Er läßt die Bilder vor sich abrollen. Sie regen ihn nicht an. Sie beruhigen ihn viel mehr und wirken wie ein Schlafliedchen der Mutter. Er schläft ein, und der Film läuft weiter. Schließlich kommt Lena, weckt ihn sanft auf: «Komm Horst, du mußt ins Bett.» Er folgt ihr willig, legt sich hin, sagt «Gute Nacht» und schläft ein.

Einige Zeit später. Horst kommt vom Geschäft nach Hause. Er findet sein Abendbrot. Lena setzt sich zu ihm und spricht kein Wort. Gegen Ende der Mahlzeit sagt Lena: «Horst, ich muß mit dir sprechen.»

Er blickt auf: «Warum? Gibt es ein Problem?»

«Ja, es gibt ein Problem.»

«Worum handelt es sich?»

«Komm, wir setzen uns ins Wohnzimmer.»

Beide lassen sich nieder, und Horst fragt: «Ist etwas passiert?»

«Ja, es passiert schon lange etwas.»

«Was soll denn schon passiert sein?»

«Das Problem ist, daß in unserer Ehe nichts passiert.»

«Schlafen wir denn zu wenig miteinander?»

«Das ist es nicht, Horst. Ich leide darunter, daß du mit mir nicht sprichst. Wenn du abends von der Arbeit kommst, ißt du dein

Abendbrot, siehst deine Nachrichten und dann schläfst du vor dem Fernseher ein. Am Samstag betreibst du deinen Sport, und am Sonntag schläfst du aus und sprichst ein wenig mit den Kindern. Am Nachmittag liegst du auf der Couch, siehst Sport oder schläfst. Du trinkst dein Bier und bist schlecht gelaunt, wenn die Kinder etwas von dir wollen. Am Abend schimpfst du, weil du am Montag wieder zur Arbeit mußt und gehst verstimmt ins Bett. Ist es wahr, was ich dir da sage?»

Er zögert, jedoch sind die Informationen, die ihm Lena über seine Lebensführung gibt, zutreffend. Deshalb kann er sagen: «Ja, es ist wahr.»

«Gut. Kannst du mir vorwerfen, daß ich deinen Lebensstil mit mir und der Familie nicht akzeptiert habe? Habe ich dir in den letzten Jahren deswegen Vorwürfe gemacht?»

«Nein, das hast du nicht. Ich bin ja auch zufrieden mit dir. Wie kommst du darauf, daß ich an dir etwas auszusetzen habe?»

«Das meine ich gar nicht. Ich wollte von dir nur hören, daß ich dir gegenüber keinen Fehler gemacht habe und daß es dir so recht ist.»

«Aber natürlich ist es mir so recht, sonst hätte ich es dir doch gesagt. Ich sehe da gar keine Probleme. Es ist doch alles in Ordnung.»

«Ja Horst, für dich ist es in Ordnung. Ich muß dir jetzt aber mitteilen, daß es für mich nicht in Ordnung ist.»

Er ist erstaunt. «Warum ist es nach deiner Ansicht nicht in Ordnung?»

«Ich sagte dir schon, und du hast es bestätigt, daß du mit mir nicht sprichst.»

«Aber wir haben doch darüber gesprochen, wenn es Probleme gab.»

«Das ist wahr. *Du hast zwar mit mir über die Probleme gesprochen, aber du hast nicht mit mir gesprochen.* Darin liegt der Unterschied.»

«Aber ich habe mich doch an dich gewandt, als wir zum Beispiel vor ein paar Tagen durchdiskutierten, ob die Tochter Karin an einem Malkurs teilnehmen soll oder nicht!»

«Genau das meine ich, Horst. Du sprichst mit mir über Karin und darüber, welche Problemlösung wir für Karin finden sollen. Du wendest dich an mich wegen Karin, aber du wendest dich nicht an mich wegen mir. Das meine ich, wenn ich sage: Du sprichst nicht mit mir.»

«Du möchtest also, daß ich mit dir über dich sprechen soll? Warum ist das nötig, wo du doch gar kein Problem hast?»

«Nein Horst, das ist es nicht. Ich möchte nicht, daß du nur dann mit mir sprichst, wenn es ein Problem zu lösen gibt, sei es ein Problem, was andere, sei es ein solches, was mich betrifft. Ich bin sicher, daß du das tust, wenn ich dich daraufhin anspreche. Es ist aber eine Tatsache, daß du mich gerade dann nicht ansprichst, wenn es kein Problem gibt! Ich möchte, daß du nicht nur Probleme besprichst, sondern in erster Linie, daß du mit mir redest.»

«Aber Lena, was soll ich denn reden? Ein solches Reden hat doch weder Hand noch Fuß. Das wäre doch Bla-bla, es wäre unwichtig und bedeutungslos, irgendwie unsachlich.»

«Ja Horst, für dich ist das unwichtig. Kannst du dir vorstellen, daß es für mich wichtig ist? Kannst du nachfühlen, daß für mich etwas wichtig ist, was für dich unwichtig ist?»

«Ich kann es mir denken.»

«Gut Horst. Dann bitte ich dich, einmal eingehender darüber nachzudenken, daß es für mich sehr wichtig ist, *daß du ganz einfache Worte an mich richtest.* Daß du ein wenig mit mir plauderst.»

«Das fällt mir schwer, mit liegt dieses Reden nicht, *so einfach sprechen ohne Grund.*»

«Der Grund für dieses Sprechen bin ich Horst. Wenn *ich* dir wichtig bin, dann ist das der Grund, warum ich erwarte, daß du mit mir sprichst.»

«Aber du weißt doch, daß du mir wichtig bist.»

«Das weiß ich schon, aber ich fühle es nicht! Du läßt es mich nicht spüren. Das Wissen, daß du mich magst, genügt mir einfach nicht, ich muß es fühlen. *Ich fühle, daß ich dich liebe, aber ich fühle nicht, daß du mich liebst, weil du nicht mit mir redest.*»

«Möchtest du denn jeden Tag eine Liebeserklärung von mir?»

«In gewisser Weise ja. Aber es geht natürlich nicht, daß du mir täglich sagst: ‹Hallo Liebling, ich liebe dich› und dann für den Rest des Tages schweigst und fernsiehst.»

«Was soll ich denn dann machen?»

Lena lächelt über seine Unbeholfenheit und sagt: «Ich finde es schön, daß wir überhaupt so miteinander haben reden können, auch wenn es sich noch um ein Problemreden gehandelt hat. Ich habe gute Hoffnung, daß du die Sprache meines Fühlens ein wenig lernst. Weißt du, dann könnte ich dich noch viel mehr liebhaben.»

«Wirklich? Weißt du Lena, ich habe mich schon immer darüber gewundert, warum Frauen mehr reden als Männer, aber daß es so wichtig ist, wie du es mir mitgeteilt hast, das hätte ich nicht gedacht.»

Die Begrenztheit dieses Buches hinsichtlich der denkerischen Darstellung einer individuellen Fühlsprache

Ich gehe davon aus, daß dieses Beispiel für sich deutlich macht, worum es der Frau beim Reden geht und welche zentrale Bedeutung es für die Lebendigkeit jeder Beziehung hat. Dabei möchte ich noch auf folgendes aufmerksam machen: Die Niederschrift dieses Buches ist die Frucht der Denkfunktion und geschieht in der Sprache der Denkfunktion. Aus diesem Grund ist es sehr schwierig, die Fühlsprache mit denkerischen Mitteln darzustellen und zu beschreiben. So wird man im letzten Beispiel die genaue Beschreibung, wie der Mann Horst zu seiner Frau Lena nun täglich in der Fühlsprache reden soll, vermissen. Es wird zwar allgemein und grundsätzlich klar, was gemeint ist, aber eben nicht konkret.

Die Denksprache ist vorwiegend abstrahierend, die Fühlsprache konkretisierend und strikt auf den Einzelfall bezogen. Sollte

Horst die Fühlsprache lernen, wäre sie auf Lena bezogen und nur für diesen Fall «richtig». Man könnte sie nicht auf alle Beziehungen abstrahierend übertragen. Man kann nur sagen: Grundsätzlich ist sie eine Art von Plaudern, aber eben nur grundsätzlich und im Einzelfall wieder ganz anders. Wenn Lena zu Horst sagt, er möge ganz einfache Worte an sie richten, so ist damit die Fühlsprache gekennzeichnet, aber es wird nicht ersichtlich, welcher Art denn nun die «einfachen Worte» sind, die auf Lena zugeschnitten und von Horst «erlernbar» sind. So erweist auch dieses Buch die Beschränktheit des sprachlichen Ausdruckes von Denk- und Fühlfunktion.

Dies könnte sich auch darin widerspiegeln, daß manche Fühlfrau, die vielleicht persönlich unter der Denkdominanz ihres Mannes leidet und die dieses Buch liest, allein dadurch an manchen Stellen irritiert wird und sich mißverstanden fühlt, so wie mancher männliche Leser über negative Urteile über das männliche Denken und seine Folgen brüskiert sein wird. Das sich wirklich oder vermeintlich Nichtverstanden-Fühlen, z. B. bei der Lektüre dieses Buches, erweist erneut, wie leicht Kränkungen (des Selbstbewußtseins) zustande kommen, sobald die Beziehungsschwierigkeiten zwischen Mann und Frau ernsthaft erörtert und dargelegt werden. Allein schon Hinweise darauf, wer wo wann «entgegenkommen» sollte oder müßte oder wo und in welcher Situation eine Kraftanstrengung, ein Nachgeben oder Akzeptieren gefordert wird, kann eine störende Wirkung entfalten. Aber vielleicht ist das dann ein Anlaß, daß der gestörte Leser oder die gestörte Leserin sich mit ihrer Gestörtheit beschäftigt – und das kann nur gut sein.

Es ist erfahrungsgemäß mehrheitlich die Frau, die aufgrund des kontaktsuchenden Druckes der Fühlfunktion das Gespräch und das Miteinander-Reden fordert und gegebenenfalls durchsetzt. Das liegt in der Natur der Sache. Wie bereits angedeutet, erlernt sie zuerst die «Denksprache» und übt sich in der Argumentation und im logischen Denken. Da sie weiß, daß der Mann dann redet und ohne weiteres reden kann, wenn es sich um Probleme handelt, rückt sie ihm auf diese Weise zu Leibe, nicht selten mit gutem Erfolg.

Das weibliche Bedürfnis nach endloser Problembesprechung

Da nun viele Dinge des Lebens auch problemlos verlaufen, geschieht es häufig, daß den Frauen ein echtes Problem mangelt. Dann entwickeln sie eine unglaubliche Fähigkeit, Probleme zu schaffen, die letztendlich keine sind, um den Gesprächsstoff nicht ausgehen zu lassen. Insbesondere Frauen mit psychologischen Interessen entdecken dann immer neue Beziehungsprobleme, die es in immer neuen Anläufen zu «besprechen» gilt. Solche «Besprechungen» mit dem männlichen Partner geschehen mit Vorliebe abends und ziehen sich bis in die tiefe Nacht hinein. Sie entarten nicht selten in zermürbende «Seelenmühlen», die die Frauen mit großer Energie in Bewegung halten, die Männer aber erschöpfen.

Auf diese Weise erzwingen sie zwar das Reden des Mannes, aber sie verfehlen dabei das eigentliche Ziel und verrennen sich. Die Männer reden dann zwar mit ihren Frauen, aber sie lernen die Fühlsprache überhaupt nicht, da nur die Denksprache gefordert und überfordert ist. Der echte Anspruch der Frau, daß der Mann sie in der Fühlsprache anspricht, wird auf diese Weise nie erfüllt, und die Frauen selbst verhindern die Erfüllung. Die Beziehung leidet großen Schaden, wird zur unerfreulichen und unersprießlichen «Beziehungskiste» mit endlosen Diskussionen um des Kaisers Bart, nur damit überhaupt geredet wird. Die Frauen haben nur einen Sieg errungen, weil sie die Männer darauf festgenagelt haben, sich für psychische Angelegenheiten zu interessieren.

Im Schnitt halten Denkmänner nichts oder nur wenig von der Psychologie, der Psyche überhaupt und der weiblichen Seele im besonderen. Für sich selbst können sie keine seelischen Schwierigkeiten erkennen, sie denken vielmehr, daß die Frauen die Schwierigkeiten machen. Wenn die Frauen ihnen dann (auch noch in der Denksprache!) ein Problem nach dem anderen auftischen und sie darin verwickeln, sind sie wenigstens von ihrem hohen Sessel (nämlich dem, daß sie keine seelischen Probleme haben oder daß es sie eigentlich gar nicht gibt) heruntergeholt und in ein psychisches Handgemenge sui generis verwickelt worden. Nur müßte der *Ver*wicklung eine *Ent*wicklung folgen. Das kann nur geschehen, wenn diese Art des Problemdenkens auf beiden Seiten aufhört und die Frau sich auf ihr eigentliches Anliegen besinnt, nämlich: «Sprich mit mir in der Fühlsprache, diskutiere und argumentiere nicht, sondern rede mit mir, sei mir im Reden nahe. Sprich warme Worte!»

Negative und positive «Animusfrau» – Ihre positive Rolle für den Mann

Hat die Frau sich aber einmal ins Problemsprechen mit dem Mann verwickelt, verdrängt sie mehr und mehr ihre eigenen Fühlbedürfnisse. Sie wird eine sogenannte «Animusfrau» und nähert sich einer psychischen «Vermännlichung», die als Durchgang positiv, als Endresultat aber negativ ist. Wie so oft fühlen sich die Männer für diesen psychischen Prozeß nicht zuständig, oder sie wollen ihn gar nicht wahrnehmen. Sie müßten dann nämlich in solchen Fällen die Frau intellektuell und denkerisch in die Schranken weisen, um es ihr zu ermöglichen, zu ihrem verschütteten Fühlen zurückzufinden. Ohne das Fühlen der Frau und das Fühlen überhaupt wäre die Menschheit zur unerträglichen Kälte der Denkmaschinerie verdammt. Der intellektuell-denkerische Widerstand des Mannes gegen die Animusfrau ist dann legitim und richtig, wenn er den hohen Wert der Fühlfunktion erkannt hat und will, daß die Frau ihn wieder bereichert zurückgewinnt. *Durch Denken bewältigen wir das Leben, durch Fühlen leben wir es.*

In unserem Beispiel von Lena und Horst ist ein Gespräch dargestellt, wie es faktisch nicht sehr häufig vorkommt. Lena ist eine außergewöhnliche Frau, weil sie einerseits ihrem Mann durch Freundlichkeit und Zuwendung entgegenkommt, ihm aber andererseits auch klar und distanziert sehr wichtige Informationen gibt und ihm deutlich macht, was ihr fehlt und was sie von ihm verlangen kann. Offenbar hat Lena über ihre Verletzungen, die das Schweigen Horsts ihr über Jahre zugefügt hat, *nachgedacht*. Sie hat sich überlegt, woran das liegt, hat also ihre Denkfunktion geübt und deren Sprache gelernt unter Bewahrung der Funktionstüchtigkeit ihres Fühlens. Sie wendet sich zuerst an ihren Mann, obwohl sie von ihm ständig verletzt wird. Sie hat zuerst ein die Beziehung betreffendes Problembewußtsein entwickelt, und sie hat zuerst die Denksprache erlernt.

Er hingegen hat weder etwas gelernt noch überhaupt etwas gemerkt. Und so ist es in der überwiegenden Mehrzahl der Fälle. Die Tatsache, daß auch der Mann sich der Frau (in für ihre Fühlfunktion adäquater Weise) zuwenden muß, ist ihm völlig unbewußt. Wenn die Frau das nicht erkennt und für Abhilfe sorgt, wird die Unbewußtheit des Mannes bestehen bleiben, und die Beziehung stirbt ab. *Denn von sich aus kommt der Mann aus dieser seiner Unbewußtheit nicht heraus. Das heißt, er wird weiterhin nichts merken!* Unter natürlichen Bedingungen ist es die Frau, die durch ihre Intervention (wie Lena) versuchen kann, dem Mann aus seiner Unbewußtheit zu helfen, zur Erweiterung seines Bewußtseins beizutragen und die Beziehung schöpferisch zu gestalten.

Um dieses Werk zu vollbringen, ist eine Verbindung von Freundlichkeit und Festigkeit das Optimum. Wenn der Mann erfährt, daß die Frau ihm freundlich gesinnt bleibt, aber dennoch (in seiner Sprache) etwas Wichtiges verlangt, nämlich daß er merken soll (!), kann er kaum noch anders als ihr zuzuhören und sie besser wahrzunehmen. Fehlt die freundliche Zuwendung der Frau, dann greift sie ihn an (oder zumindest fühlt er es so), er geht in Widerstand und wendet sich ab. Gibt die Frau ihm aber nicht zugleich klare, präzise und differenzierte Informationen und bleibt sie darin nicht unbeirrbar, dann bleibt es bei der puren Freundlichkeit, und der Mann lernt nichts.

Der Mann ist dann, wenn er sich mit seiner brillanten Denkfunktion völlig identifiziert, in ständiger Gefahr, sich grundsätzlich überlegen zu fühlen. Das Resultat ist jene männliche, oft moralisch garnierte Überheblichkeit und Borniertheit, die vielen Frauen sattsam bekannt sind. Solche Männer sind dann nur noch zu retten, wenn ihre Frauen sie verlassen.

Der Mann Horst ist ein Beispiel für grundsätzliche Lernfähigkeit, insofern er sich dem Gespräch der Frau stellt und insofern sie optimale Bedingungen herstellt, damit er das auch kann. Er akzeptiert dann auch die objektive Überlegenheit seiner Frau, die weit entfernt ist von jedem «Gehabe», ja, ihre Überlegenheit beruhigt ihn sogar, weil er sich auf sie verlassen kann. Er hat gemerkt: Sie will mir helfen, sie ist mir gut gesonnen, und damit das so bleibt, werde ich mir Mühe geben. Er hat gemerkt, daß auch sie ihn braucht.

Manchen Frauen sind diese Verhältnisse und Zusammenhänge jedoch unbewußt. Sie sind lange Zeit immer freundlich und geduldig, sagen kaum etwas von ihrer vielleicht nur schlecht wahrgenommenen eigenen Verletztheit oder warten jahrelang darauf, daß er von sich aus etwas merkt. Es gibt sehr viele Männer wie Horst. Sie tun nichts Böses, und man kann ihnen sozusagen nichts nachsagen. Aber sie sind nicht «frau-gerecht» auf die Frau bezogen. Da kann es leicht geschehen, daß die Frau zum Beispiel anläßlich einer Kur einen anderen Mann kennenlernt, der wirklich oder vermeintlich besser auf sie eingeht (als «Kurschatten» hat er ja auch Ferien). Bei dieser Gelegenheit merkt die Frau, daß ihr eigener Mann durch seine Desinteressiertheit sie ständig verletzt hat, und sie verläßt ihn gleichsam aus heiterem Himmel. Sie geht einfach, und der Mann fällt aus allen Wolken. Er weiß nicht, wie ihm geschieht, bittet um «Erklärungen» und wäre sogar bereit, mit ihr zu streiten. Oft aber ist der Zug bereits abgefahren und die Scheidung fällig.

Die Frau als mögliche «Bewußtseinshelferin» für den Mann – Ihr häufiges Scheitern mit folgender Ehescheidung

Andere Frauen sind bewußter und wissen um ihre Rolle als «Bewußtseinshelferin» für den Mann, unternehmen auch konkrete Schritte in dieser Richtung, stoßen dann aber dauernd auf Widerstände meist fadenscheiniger Art. Dann müssen sie erkennen, daß sie bei *diesem Mann* auf ihr Helferinnenmandat verzichten müssen, wollen sie nicht fortfahren, «Perlen vor die Säue zu werfen», um es biblisch auszudrücken. In diesem Fall ist die Scheidung notwendig und auch moralisch geboten. Überheblichkeit, Machtaufblähungen und diktatorische Borniertheiten können nicht durch Freundlichkeit und Liebe kuriert werden, sondern nur durch das Hinzufügen von einem klaren: «So nicht!»

Manche Frauen leben in der heimlichen Illusion, ihr despotischer Mann sei durch pure Hingabe nicht nur zu befriedigen, sondern sogar zu ändern. Faktisch hatten vielen Frauen bei dem Ausbruch des Golfkrieges die Phantasie, zu Sadam Hussein zu eilen und durch ihre liebende Hingabe den Krieg zu verhindern! Sie merken und überlegen nicht, daß die pure Hingabe das Despotentum gerade noch festigt. Sie provozieren und verstärken dadurch direkt die Erfahrung des Despoten: «Alle Frauen lieben mich, alle unterwerfen sich mir. Ich bin darin bestätigt, daß mein großes Herrschertum richtig und liebenswert ist.» Die große Kontakt- und Wärmesuche und Wärmevermittlung der Fühldominanz endet häufig in kurzschlüssiger Hingabe, in der totalen Unterwerfung der Frau, um der sexuellen und psychischen Zuneigung des Mannes gewiß zu sein. Das sind unter jedem Gesichtspunkt aber verhängnisvolle und extrem neurotische Beziehungen, in welchen infantile Machtansprüche in sado-masochistischer Verteilung gelebt und immer wieder neu befriedigt werden.

In der Bundesrepublik wird die Mehrzahl der Ehescheidungen von Frauen eingereicht. Das ist verständlich und im Grunde «naturgemäß». Die Ursachen möchte ich kurz wie folgt zusammenfassen:

1. Ein Teil der Frauen ist sich nicht bewußt, daß sie aufgrund ihrer Fühldominanz und aufgrund des daraus resultierenden starken Kontaktdranges die Hüterinnen der Beziehung, vor allem aber die Helferinnen für die notwendige Bewußtseinserweiterung des Mannes sind. Insofern sind sie von Natur aus die aktiveren. Sie bleiben auf dem Standpunkt: «Er muß von allein merken, was ich brauche». Er merkt es aber auf keinen Fall von alleine, und so bleibt alles beim alten, auch weil ihm nichts fehlt und seine Bequemlichkeit ohnehin Stabilität anstrebt. Es ist daher folgerichtig, daß sie sich von ihm trennt.
2. Ein anderer Teil der Frauen ist sich aber bewußt, daß sie den Mann aktiv dazu bringen müssen, daß er etwas merkt. Sie greifen dann aber den Mann an und überhäufen ihn mit Vorwürfen. Auf diese Weise lernt er in der Regel gar nichts. Sie rennt gegen ihn an, er weist sie zurück, und so bleibt nur die Scheidung übrig. Weil er nichts lernt, geht sie weg.
3. Ein anderer Teil der Frauen hat das Optimum wie Lena geleistet, scheitert aber an der männlichen Borniertheit und Uneinsichtigkeit (im Gegensatz zu Horst). Dann ist die Scheidung von jedem Gesichtspunkt aus unausweichlich.

Auf jeden Fall ist die Beziehung zwischen Mann und Frau beendet, «wenn man sich nichts mehr zu sagen hat». Es gibt dann natürlich noch die neurotischen Beziehungen oder Primitivbeziehungen, Beziehungen sexueller Natur, die zwar auch menschlich sind, weil sie den Menschen passieren.

Eigentlich menschliche Beziehungen sind aber dort verwirklicht, wo die Partner miteinander reden, und wo jeder zumindest ein wenig die Sprache des anderen gelernt hat. Nur so können die Mißverständnisse ausgeräumt bzw. gelöst werden. Hat der Mann die Fühlsprache gelernt und die Frau die Denksprache, kann die Beziehung optimal gestaltet werden. Aber nicht nur die Beziehung: Die beiden Partner als Individuen gewinnen dadurch Bewußtseinserweiterungen, insofern sie den Wert ihres Fühlens und Denkens als sehr groß erleben, denn, wie schon gesagt, durch Denken bewältigen wir das Leben, durch Fühlen leben wir es.

Das Muttermal oder «Aller Anfang ist schwer» – Das sprachliche Sich-Suchen

Wie mühsam und auch rührend das sprachliche Sich-Suchen in der Paarbeziehung sein kann, möge ein Beispiel darlegen.

Die Fühlfrau, mit einem Denkmann verheiratet, fühlt sich von ihm vernachlässigt. Beide unternehmen viel gemeinsam, und jeder geht seinem Beruf nach. Sie haben zwar Zeit miteinander, aber keine füreinander. Schließlich sagt sie: «Ich fühle mich so allein.»

Er ist erstaunt: «Aber wir sind doch oft zusammen.»

«Ich fühle mich aber dennoch allein.»

«Mache ich denn etwas falsch?»

Sie kann sich nicht recht ausdrücken und wirkt unsicher und betreten.

Er sagt: «Dann sage mir doch, was ich tun soll!»

«Ich hätte gerne, daß du mich öfters in den Arm nimmst.»

Er tut es sofort. Dabei sieht er ein winziges Muttermal an der Schläfe seiner Frau, das er aber seit langem bereits kennt. Er sagt: «Ja, dieses Muttermal! Ich glaube, es wäre besser, du würdest es operieren lassen.»

Für die Frau ist damit die eben hergestellte Gefühlsbeziehung gestört. Er hat ihr nicht irgend etwas Liebes, Warmes oder Nettes gesagt, was sie erwartet und irgendwie eingefordert hatte. Statt dessen richtet sich seine Aufmerksamkeit nicht auf sie und ihr Gefühl, sondern auf das winzige Muttermal, und er schlägt vor, es wegoperieren zu lassen. Sein Denken hat sofort wieder die Oberhand und signalisiert ihr, daß er sich Sorgen um sie macht und eine mögliche Gefahr von ihr abwenden will (was ja heißt, daß sie und ihr Leben ihm viel wert sind). Das aber verhindert das Aussprechen direkter «Fühlworte».

Im Grunde mußte er einen «liebevollen» Ansatzpunkt für sein Denken finden, weil er einfach nicht wußte, wie man gefühlshaft mit seiner Frau spricht. Er wich daher auf ein Problem aus, dessen Lösung er wußte, und da er ihr die Problemlösung vor Augen hielt (obwohl es gar kein akutes Problem war), erlebte er es als Liebeszuwendung zu ihr. Er merkte nicht, daß zwischen dem Muttermal einerseits und der Frau andererseits ein wesentlicher Unterschied besteht.

Seine Frau verblieb daraufhin sehr zwiespältig. Sie erkannte, daß er sich, so gut er eben konnte, um sie kümmern wollte und ja auch gefragt hatte, was er für sie tun konnte. Jedoch merkte sie, daß sie das, was sie erhofft, wiederum nicht erhalten hatte. Die Herstellung einer wenn auch nur vorübergehenden guten Gefühlsbeziehung war trotz bester Absichten gescheitert.

Aber auch die Frau war nicht in der Lage, sich ihrem Mann verständlich zu machen. Sie meinte, die Aufforderung, er möge sie umarmen, würde ihn dazu veranlassen, auch eine verbale Gefühlsäußerung zu tätigen. Das tat er zwar, aber in purer Denkmanier. Dies wiederum kam schlecht bei ihr an.

Es wäre einfach für ihn gewesen, hätte er die Fühlsprache ein wenig gelernt. Er hätte während der Umarmung dann etwa sagen können: «Dein Muttermal ist immer noch süß. Weißt du noch, daß ich ganz davon entzückt war, als ich dich kennenlernte?» Er hätte es küssen und dann vielleicht noch hinzufügen können: «Hoffentlich muß man es nie wegoperieren!»

Sie hätte dann gespürt: «Er liebt mich samt meinem Defekt und zum Teil gerade deswegen.» Er hätte damit nichts Neues unternommen, sondern eher alte «Dinge» wieder aufgefrischt. Es wäre nichts Besonderes gewesen. Gerade darin aber zeigt sich die *Neubelebung* durch sehr einfache (für den Denker, aber nicht für die Frau überflüssige) Worte und verbal vermittelte Erinnerungen ursprünglicher Zuneigung.

Es ist also sehr wichtig, *daß der Mann eine dem Denken auf-*

ruhende Fühlsprache entwickelt. Er sollte lernen, Worte als Gefühlsträger zu benutzen. Umgekehrt ist es für die Beziehung bedeutsam und wichtig, *daß die Frau eine dem Fühlen aufruhende Denksprache entwickelt.* Sie sollte Worte als Informationsträger benutzen. Sie darf mit Recht ihre Furcht verlieren, ihr Mann könnte durch klare Informationen verletzt werden. Er wird dadurch nämlich nicht oder kaum verletzt. Ganz im Gegenteil: Unser Mann im Beispiel spürt ja, daß er etwas falsch macht und fordert seine Frau geradezu auf, ihm doch zu sagen, was er tun soll und wie er es richtig machen kann. Aber auch der Mann darf gewiß sein, daß seine klaren *und* gefühlshaften Worte seine Frau nicht verletzen. Es kommt mehr darauf an, *wie* die Partner miteinander reden als *was* sie sagen.

Die Kindersprache

Manchmal verwenden die Paare, wenn sie sich im Alltag und so nebenbei kontaktieren wollen, inhaltlich und formal eine Art von *Kindersprache.* Das erleichtert ungemein den einfachen und schlichten Umgang miteinander, mildert Probleme ab oder klammert sie aus und schafft eine Atmosphäre der offenen Unbeschwertheit und des kindlichen Urvertrauens, in der jeder ein wenig das Kind des anderen wird. Das ist eine durchaus positive vorübergehende Regression, aus welcher beide neue Kräfte schöpfen können. Sie beinhaltet faktisch ein «Weißt-du-noch», so als ob beide eine gemeinsame Kindheit gehabt hätten. Instinktiv handeln beide nach dem Wort Jesu: «Wenn ihr nicht werdet wie die Kinder, könnt ihr nicht ins Himmelreich kommen.»

Das heißt natürlich nicht, man müsse kindisch werden, um sich zu verstehen. Die beiden bleiben ja durchaus erwachsen, benutzen aber als Kontaktorgan die Kindersprache ganz bewußt. Gerade das grammatikalisch Falsche oder Halbrichtige der Kindersprache und die Naivität ihres Ausdrucks gewährleisten den Fühlkontakt. Das ist für die Frau sehr bedeutsam und heilsam. Beim Mann kommt diese Art des Sprechens seinem Bedürfnis nach Kindsein sehr entgegen und erleichtert ihn etwas von der Last des Denkens. Hier darf er «Ruhe» finden und muß nicht immer denken und nachdenken.

Die Fühlfunktion des Denkmannes und der Fühlfrau – Die Denkfunktion der Fühlfrau

Der Wutanfall des Mannes – Seine Überwältigung durch die Gegenfunktion

Das Denken, sofern es wirklich spezialisiert ist, kann nur bestehen, wenn das Fühlen entwertet, d. h. verdrängt wird. Da das Denken entwicklungsgeschichtlich die jüngste Funktion ist, ist es immer und besonders in Gefahr, zumindest vorübergehend seine hochwertige Vorzugsstellung einzubüßen. Die psychische Energie, die die Denkfunktion ernährt und erhält, fließt dann ab und belebt die Gegensatzfunktion, das Fühlen, das unterentwickelt und in diesem Sinne minderwertig ist. In diesem Fall hört der Mann zwar nicht auf zu denken, aber er wird überwältigt von Gefühlen, die *qualitativ auf primitivstem Niveau* stehen.

Im Fall der *negativen Gefühlsreaktion* wird der Mann von Zorn- und Wutausbrüchen überschwemmt. «Er ist nicht mehr Herr im eigenen Hause.» Er schreit, tobt, wütet, wirft mit Gegenständen um sich, zerstört, wird blind aggressiv und verletzt auch handgreiflich und oft brutal. Geht dann alles einigermaßen glimpflich ab, wird er als «Choleriker» eingestuft, wenn nicht, ist er brutal. Er läßt den Dampf meist an Frau und Kindern ab. Langsam kehrt die Suprematie des Denkens wieder zurück. Er wird dann noch von Scham- und Schuldgefühlen geplagt. Ist er auch diese los, wird er wieder der kühle und sachliche Denker, der hochgebildete Fachmann und der Mann, der die Dinge und das Leben denkerisch im Griff hat. So kann jedermann, besonders aber die Partnerin erfahren, was es heißt, wenn ein Mann «seine Gefühle zeigen kann». Es wäre vielleicht besser gewesen, er hätte sie nicht gezeigt.

Aber auch der Hinweis, er habe endlich Zugang zu seinen Gefühlen gefunden, ist zwar an sich richtig, aber auf Dauer wohl kaum erträglich, weder für ihn selbst noch für seine Umgebung. Ist ein solcher Mann zumutbar? Er hat die Spannung, welche die Aufrechterhaltung der Suprematie der Denkfunktion erheischt, auf ungünstige Weise zugunsten verdrängter Gefühle aufgegeben und sich dadurch entlastet. Seine verdrängte Gefühlsfunktion wurde mobilisiert. *Aber sie fühlt ausgesprochen primitiv* und minderwertig, und sie garantiert in keiner Weise sein Überleben in zivilisierter Umgebung, noch ist sie in der Lage, ersprießliche Kontakte herzustellen. Jedermann ist froh, wenn er wieder «zur Vernunft» kommt und besonnen wird. Dann denkt er wieder vorzüglich, aber er ist erneut kühl und distanziert, zeigt keine Gefühle, und die Beziehungsschwierigkeiten zur Frau beginnen von neuem. Schließlich kann es sein, daß seine Partnerin zum Schluß kommt: «Er liebt mich nicht, denn er ist kühl und distanziert», und/oder «er liebt mich nicht, denn er ist brutal», und trennt sich von ihm.

Daraufhin kann der Mann *«positiv» mit der Fühlfunktion reagieren.* Er ist zunächst betroffen und gekränkt. Er fühlt sich total unverstanden. «Du weißt doch, daß ich dich liebe.» Er denkt: «Obwohl du weißt, daß ich dich liebe, verläßt du mich.» Er fängt an zu weinen. «Es tut mir leid, daß ich so oft zornig war... es war doch gar nicht so gemeint.»

Sie antwortet: «Du vergißt, daß du mich geschlagen hast, du vergißt, daß du abweisend und kalt warst. Immer wolltest du deine Ruhe haben... und Mutters Teekanne hast du auch zerschlagen!» Fast hätte er das vergessen. «Und daß ich an meinem Geburtstag ein neues Kleid anhatte, das hast du auch nicht gesehen.» Er ist zerknirscht. Er merkt, daß er alles falsch macht. Er fühlt, daß er ihr nicht genügen kann. Er fühlt sich als Versager. Er wird hilflos, deprimiert, auch resigniert. War die Hochzüchtung der Denkfunktion besonders extrem, wird der Mann weinend zu Boden sinken, der Frau die Füße küssen und sie erbärmlich anflehen, ihn nicht zu verlassen. Er wird Besserung und Änderung beschwören und, falls die Frau *noch* bei ihm bleibt (sozusagen «auf Probe»), sie verwöhnen. Er wird ihr Aufmerksamkeit widmen, ihr Blumen überreichen und das Geschirr waschen. Er wird babysitten und den Staubsauger in die Hand nehmen.

Zwischenzeitlich aber wird er beruflich nachlassen, beim Chef um Nachsicht und Schonung bitten. Er denkt zwar immer noch, aber nicht mehr konsequent und aktiv. Er denkt routinemäßig, sozusagen auf Sparflamme. Er ist doppelt bedroht: *Sie* kann ihn jederzeit verlassen und hat ihn in der Hand, im Beruf kann er jederzeit «fliegen», und seine Existenz steht auf dem Spiel. Und von innen kommt die größte Bedrohung: Er verliert seine Denkkräfte und erliegt demütigenden Gefühlen, die deutlich kindlichen und mitunter extrem infantilen Charakter haben.

Relative Akzeptanz der nicht tätlichen Wut des Mannes seitens der Frau

Im ganzen ist es erstaunlich, wie viele Frauen im allgemeinen die Wutausbrüche ihrer Männer ertragen. Solange der Mann die Frau nicht tätlich und mit physischer Gewalt angreift oder bedroht und solange er nur Gegenstände zertrümmert, wird er oft über Jahrzehnte hin von der Fühlfrau geduldet. Ja, etliche Frauen sind sogar erfreut bis belustigt darüber, daß ihr Mann im Wutanfall *Gefühle zeigt*. Für die Frauen ist das ein Signal: «Er hat tatsächlich Gefühle», die sie «normalerweise» nicht wahrnimmt. Im Durchschnitt ist der Mann eben als Denkmann tätig und als solcher weitgehend gefühllos.

Wird er zornig, reagiert er mit Fühlen und mit Gefühlen und begibt sich auf die Ebene der Fühlfrau, die ja auch fühlt und sich ewig beklagt, daß er nicht fühlt und bloß denkt. Sie genießt heimlich seinen (nicht tätlichen) Zorn und ist erleichtert, weil er erstens doch (Gott sei Dank!) Gefühle hat und zeigt und weil er zweitens *unter* das Fühlniveau der Frau absinkt. Das Fühlen der Fühlfrau ist entwickelt, und die Hauptfunktion, das Fühlen des Denkmannes ist unterentwickelt und die Gegenfunktion, weshalb die Frau einen geheimen Triumph erlebt, denn der zornige Mann ist der Frau deutlich unterlegen.

Ich habe den Eindruck, daß die Frau durch das distanzierte Denken des Mannes *mehr verletzt* wird als durch seine (nicht tätlichen) Wutanfälle. Dann nämlich erweist er sich als «Fühler» und als verletzbar, entspricht also in gewisser Weise ihren Antennen. Da er aufgrund der Unterentwicklung seiner Fühlfunktion primitive Gefühle äußert, ist er ihr unterlegen, und wenn er dann noch später weint und um Verzeihen bittet, wird er zu ihrem Kind, und sie fühlt: «Ich habe Macht über ihn.» In vielen Fällen wird die Frau dies aber als Dauerzustand kaum akzeptieren können, weil sie ja nicht unbedingt ein plärrendes Kind, sondern einen Mann will. Nur verletzt er sie, einmal wieder «bei Sinnen» und «vernünftig», erneut durch die Kälte seines Denkens.

Der vorprogrammierte Konflikt zwischen Mann und Frau

Nur selten empfindet die Frau diese Veränderung als positiv. Seine kindlichen Liebesdienste gehen ihr letztendlich genauso auf die Nerven wie seine frühere Distanz und Brutalität. Sie hat zwar gesiegt und einen Machtkampf gewonnen, dafür aber doch irgendwie einen Mann verloren. Ihr Fühlen merkt, daß es so auch nicht geht. Entweder bleibt es eine schale Ehe, oder die Frau trennt sich. Oder aber der Mann «ermannt» sich und setzt seine Denkfunktion wieder in Gang. Das beginnt damit, daß er ihr zu verstehen gibt (mit klaren Argumenten und heftigen Gefühlsausbrüchen), daß *sie* ihn runterzieht und ihn hindert, seinen Pflichten nachzukommen, und daß sie es ist, die sein Gleichgewicht gestört hat und ihn zugrunde richten will. Jetzt sagt er: «Ich liebe dich nicht mehr, und du kannst gehen. Ich lasse mich von dir nicht so behandeln. Sieh du zu, wie du ohne mich zurechtkommst, und wenn ich es dir nicht recht machen kann, dann geh ... und zwar sofort.» Spätestens jetzt fühlt die Frau, daß er sie nicht mehr versteht und auch nicht mehr verstehen will. Und mit so einem Mann will sie auch nicht mehr zusammenleben. Die Beziehung ist geplatzt, der Scheidungsrichter gefordert. Beide sind schwer enttäuscht. In ihren Augen ist er unmöglich, in seinen Augen ist sie unerträglich und eine Gefahr für seine Existenz. Die Feindseligkeiten vor dem Richter enden in einem Kampf fürs materielle Überleben. Je nach Rechtslage muß jeder sehen, wie er glimpflich davonkommt.

Wenn die Frau sagt: «Du interessierst dich nicht für mich, du willst nur deine Ruhe haben, was mit meinen Gefühlen ist, erscheint dir unwichtig, und meine Probleme sind dir gleichgültig», dann reagiert der Mann sauer, empfindlich bis gereizt, und seine gute Laune ist dahin. Schlechte Gefühle kommen in ihm auf: «Was verlangst du eigentlich noch von mir? Ich denke an meine Arbeit und daran, wie ich dich und die Kinder durchbringe. Was fehlt dir eigentlich noch? Du hast doch alles, und die Abzahlungen leiste ich regelmäßig. Nach zehn oder zwölf Stunden Arbeit bin ich müde. Ich brauche meine Ruhe. Aber das erkennst du nicht. Oder meinst du, wenn ich dich nicht lieben würde, würde ich das alles für dich tun?»

Sie: «Dann gehe ich eben arbeiten, und du brauchst nicht mehr für mich zu sorgen.»

Er: «Und wer ist dann bei den Kindern?»

Sie: «Von dem Geld, das ich verdiene, kann ich eine Kinderfrau bezahlen.»

Er: «Ach, und du findest es gut, daß die Kinder von einer fremden Frau betreut werden, obwohl sie eine Mutter haben? Ist das das Ergebnis deiner Psychologie, die du von deiner Frauengruppe übernommen hast? Eh, wenn die Frauen anfangen, unter sich zu denken, dann kommt so ein Unsinn raus!»

Die Frau merkt: «Er hat etwas gegen Frauen. Ja, die Frauengruppe, das ist sein schwacher Punkt. Er denkt immer so erhaben, so logisch und unwiderlegbar, so kühl und sachlich von oben herab. Aber daß ich etwas für mich tue, das ärgert ihn und zwingt ihn, von seinem logischen Argumentiersockel herunterzukommen. *Er* verlangt immer, daß ich für ihn da bin. Ich hingegen kann nicht verlangen, daß er einmal für mich da ist. Tue ich es, wird er schlecht gelaunt und gereizt.»

Die Frau möchte also, daß er Gefühle für sie zeigt, so wie sie ihm ständig ihre Gefühle für ihn zeigt. Der Mann aber denkt: «Ich tue doch schon alles für sie. *Daher weiß sie doch, daß ich sie liebe.* Schon vor zwei Jahren habe ich ihr klar und unzweideutig gesagt, daß ich sie liebe. Das ist die Wahrheit, und die gilt.» – Nun weiß die Frau schon, daß er sie liebt, aber sie *fühlt es nicht mehr,* weil er keine Gefühle zeigt. Er verlangt von der Frau, daß sie weiß und daß sie daran denkt, daß er sie liebt. *Sie soll denken wie er. Sie aber verlangt, er soll fühlen wie sie.*

Unvereinbare Extremforderungen von Mann und Frau

Es ist offensichtlich, daß beide Partner vom anderen etwas verlangen, was so und so direkt unter keinen Umständen erfüllbar ist. Er will, daß sie denkt wie ein Mann, und sie will, daß er fühlt wie eine Frau. Beide haben von der Psychologie der Beziehungen wenig oder nichts verstanden.

Es ist völlig unmöglich, daß ein Mann gut denkt, wenn er von Gefühlen des Mißmutes, der Gereiztheit, des Zornes, der Hilflosigkeit, des Verlassenseins, des Unverstandenseins bis hin zur Verzweiflung überwältigt ist. Seine Denkfunktion – das Beste und Spezialisierteste, das er hat und womit er lebt und das Leben bewältigt – ist zumindest vorübergehend funktionsuntüchtig geworden, weil seine unterentwickelte und minderwertige Fühlfunktion herausgefordert, provoziert oder konstelliert wurde.

Es ist völlig unmöglich, daß eine Frau noch gut fühlt, wenn sie von Gedanken des Argwohnes, des Mißtrauens, des Rechthabens und der «Erkenntnis», daß er sie nicht liebt, weil er keine Gefühle zeigt und zudem von der fast unwiderruflichen Überzeugung, daß sie die Wahrheit über ihn endlich erkannt hat, überwältigt ist. Ihre Fühlfunktion – das Beste und Spezialisierteste, das sie hat und womit sie lebt und das Leben bewältigt – ist zumindest vorübergehend funktionsuntüchtig geworden, weil ihre unterentwickelte und minderwertige Denkfunktion herausgefordert, provoziert oder konstelliert wurde. Sie denkt dann genauso miserabel wie der Mann miserabel fühlt. Sie kann nicht mehr für ihn fühlen, und er kann nicht mehr für sie denken. Beide befinden sich in einem krankhaften Zustand, der sie erschöpft.

Solche Zustände und Verwicklungen können auch dann eintreten, wenn keine nennenswerten «kindlichen Traumen» versteckt ihr Unwesen treiben. Die Ursache liegt einfach darin, daß der Mann als psychische Hauptfunktion das Denken, die Frau als psychische Hauptfunktion das Fühlen entwickelt hat und daß sie fordert, er müsse mehr fühlen. *Sie* ist faktisch die «Schuldige», *weil sie zuerst etwas verlangt. Er* wird nachträglich zum «Schuldigen», weil er dann auch verlangt, sie solle nun «vernünftig» sein und nicht mit Gefühlen reagieren.

Psychische Wahrnehmungsfunktionen sind seelische Organe, die mit Objekten – z. B. einem Partner – eine Verbindung herzustellen vermögen. Wenn ein psychisches Wahrnehmungsorgan eine solche Beziehung herstellt, dann ist es in Tätigkeit, in Funktion. Je höher entwickelt und je besser es differenziert ist, um so genauer nimmt es das Objekt wahr, wobei die Genauigkeit unter anderem davon abhängt, ob die wahrnehmende Person bei der Wahrnehmung nicht gestört wird. Nur wenn das Wahrnehmungsorgan optimal entwickelt ist, ist innerhalb gewisser Grenzen ungestörtes Funktionieren gewährleistet.

«Ich habe mir überlegt» – Vom denkenden Fühlen

Wir haben bereits gesehen, daß der Mann, kaum beginnt er zu fühlen, in Gefahr gerät, weil bei Denkdominanz das Fühlen naturgemäß als Gegenfunktion minderwertig ist, und wir werden noch sehen, daß die Frau, kaum beginnt sie zu denken, in Gefahr gerät, weil bei Fühldominanz das Denken naturgemäß als Gegenfunktion minderwertig ist. Es scheint daraus zu folgen, daß sich beide in einem Dilemma befinden, aus dem heraus es keinen gangbaren, das heißt ungefährlichen Weg gibt. Unter «ungefährlich» verstehe ich hier einen Weg, der es gestattet, daß bei der Frau, die zu denken beginnt, dieses Denken nicht minderwertig ist und ihr zugleich das voll entwickelte Fühlen funktionstüchtig und vollwertig beläßt. Und daß beim Mann, der zu fühlen beginnt, dieses Fühlen nicht minderwertig ist und ihm zugleich das voll entwickelte Denken funktionstüchtig und vollwertig beläßt. Wir werden uns zunächst mit der Frau (mit Fühldominanz) beschäftigen.

Die Erfahrung lehrt, daß das Denken der Frau nur vollwertig ist, wenn es von ihrem Fühlen in Dienst genommen wird. *Solange ihr Denken dem Fühlen aufruht, ist es vollwertig. Sie betrachtet dann ihr Fühlen denkerisch.* Diesen anstrengenden Vorgang nennt die Frau selbst *überlegen.* Man könnte es auch als ein Nach-denken ansehen. Ich möchte mich aber vorwiegend an den Sprachgebrauch der Frau halten und versuchen, den Vorgang des Überlegens an einem Beispiel zu erörtern.

Mann und Frau haben vereinbart, heute abend um acht Uhr gemeinsam zum Essen auszugehen. Sie macht sich schön, wählt das passende Kleid aus. Sie schmückt sich und freut sich auf den Abend. Aber der Mann ist um acht Uhr nicht zu Hause. Er hat auf dem Heimweg einen Freund getroffen, der ihm dringend eine wichtige Angelegenheit mitteilen möchte. Sie gehen in eine Kneipe und verwickeln sich in ein ernstes Gespräch. Der Mann vergißt sein ursprüngliches Vorhaben und seine Vereinbarung mit der Frau und beschäftigt sich mit dem Freund. Das Gespräch kommt um 9.20 Uhr zum Abschluß. Der Mann erinnert sich, daß er mit seiner Frau ausgehen wollte, und eilt mit schlechtem Gewissen nach Hause. Er findet eine wütende Frau vor und sieht, daß sie geweint hat.

Sie schreit: «Es ist immer dasselbe mit dir! Immer kommst du zu spät ... hör auf, dich zu rechtfertigen, andere sind dir immer wichtiger als ich. Du denkst nicht an mich, und es ist dir gleichgültig, daß ich hier sitze, nicht weiß, wo du bist, und auf dich warte. Nicht einmal einen Telefonanruf bin ich wert.»

Er: «Aber laß dir doch erklären, ich traf meinen Freund ...»

Sie: «Du brauchst mir nichts zu erklären, ich will auch gar keine Erklärung hören. Du bist ein Egoist und rücksichtslos. Du denkst nur an dich. Was ich mache und wie es mir geht, ist dir völlig egal. Du denkst, du kannst machen, was du willst.»

Er: «Aber jetzt beruhige dich doch!»

Sie: «Warum soll ich mich denn jetzt beruhigen, nur weil dir das in den Kram passen würde? Ich soll mich immer nach deinen Wünschen richten, aber meine Wünsche sind dir so egal wie nur etwas. Warum soll ich immer nach deiner Pfeife tanzen? Nur weil du ein Mann bist und deshalb meinst, du kannst machen, wie du allein es gerade für richtig hältst?»

Er: «Aber wegen diesem einen Mal ...»

Sie: «Was sagst du da? Wegen diesem einen Mal? Wie war das denn vor drei Monaten? Wir hatten uns im Café Herbst verabredet. Ich saß dort eine geschlagene Stunde, bis du ankamst. Und vor genau fünf Monaten? Damals hattest du mich gebeten, dich bei der Arbeit abzuholen, um daraufhin deine Schuhe zu kaufen. Und du? Nichts, der Herr war verhindert. Ich stehe mir die Beine in den Bauch, und der Herr geht seinen Interessen nach. Vor zwei Jahren hattest du mir versprochen, einmal montags ins Konzert zu gehen. Und wann sind wir gegangen? Bis heute? Nie, nie, kein einziges Mal. Du denkst einfach nicht an mich. Du versprichst und vergißt. Soll ich fortfahren? Wie war es denn einen Tag nach unserer Hochzeit? Vor 15 Jahren? Ach, du weißt es nicht mehr. Ja ja, alles was dir unangenehm ist, das vergißt du. Wir wollten damals zusammen spazierengehen. Es war ein wunderschöner Tag. Ich war glücklich. Ich wollte einfach mit dir über die Felder gehen, die Blumen sehen und den Himmel. Aber was tatest du? Du wolltest noch schnell vorher Zigaretten besorgen. «Liebling, ich bin gleich wieder da», hattest du gesagt. Und wann kamst du wieder? Nach genau 2 Stunden und 12 Minuten! Und weshalb? Weil du deine alte Bekannte getroffen hast. Sie lud dich zum Tee ein. Sie wußte nicht, daß du frisch verheiratest warst. Du hattest es ihr erst zum Schluß erzählt, und *sie* war es, die dich daran erinnert hat, daß vielleicht deine Frau auf dich wartet.»

Er stammelt: «Woher weißt du das?»

«Sie hat mir telefoniert und mir alles erzählt. Du hattest mir damals vorgelogen, deinen Onkel getroffen zu haben, der dringend geschäftlich mit dir reden wollte.»

Er: «Warum hast du mir verschwiegen, daß du alles weißt?»

Sie: «Weil ich ein dummes Weib bin, das immer geglaubt hat, es müsse dich unter allen Umständen schonen und dich nicht verletzen. Aber das kann ich dir garantieren, ab heute werde ich dich nicht mehr schonen.»

Die Frau wird immer erregter und wütender. Sie schreit ihn an. «Hast du verstanden? Ich werde keine Rücksicht mehr auf dich nehmen!» Sie schleudert ihm die Handtasche ins Gesicht.

Er: «Jetzt bist du aber hysterisch.» Sie kehrt ihm abrupt den Rücken zu, eilt in ihr Zimmer, schlägt die Tür hinter sich zu und schließt von innen ab.

Verfolgen wir genauer, was die Frau gesagt hat. Von Anfang bis zu Ende äußert sie mit großer Präzision ihre Gefühle. Sie sagt nicht, was sie denkt, sondern was sie fühlt! Ihr Fühlen hat klar wahrgenommen: «Er denkt nicht an mich!» Sie verlangt nicht von ihm, er solle *immer* an sie denken. Aber ihr Fühlen ist verletzt, wenn er auch dann nicht an sie denkt, wenn es vereinbart ist, auch dann nicht, wenn es sozusagen selbstverständlich ist. Ihr verletztes Fühlen läßt auch nicht mehr zu, daß er versucht, mit rechtfertigenden Erklärungen die Klarheit ihres Fühlens in Frage zu stellen («Ich will auch gar keine Erklärung hören!»). Die *Logik des Fühlens* läßt keine Abschweifungen zu. Es bleibt strikt – und sozusagen rational – beim Thema. Und das Thema ist das, was sie fühlt. «Er denkt auch dann nicht an mich, wenn es gleichsam vertraglich (vereinbarungsgemäß) festgelegt ist.»

Aus dieser gefühlshaft festgestellten Tatsache kommt der «logische» Schluß: «Du bist ein Egoist.» Wenn er in den für die Frau entscheidenden Augenblicken nicht an sie denkt, dann denkt er eben *nur* an sich. Das stimmt zwar denkerisch nicht, aber gefühlsmäßig eben doch! Er will ihre Wut beschwichtigen mit Ausreden (Ablenkungen vom Thema): «Wegen diesem einen Mal?»

Da aber hat er die Stärke des Fühlens völlig unterschätzt, bzw. er weiß gar nicht, was die Fühlfunktion alles kann und wodurch sie sich auszeichnet. Er ist blind für den Wert des Fühlens (wie viele einseitige «Denker») und ist immer wieder erstaunt über das mit dem Fühlen unabdingbar verknüpfte Gedächtnis, was Gefühlsverletzungen anbelangt. Mit einem Schlag erinnert sie sich an alle sinngemäßen Verletzungen, die er ihrem Fühlen zugemutet hat. Sinngemäß heißt hier: Verletzungen, die durch «Nicht-an-sie-Denken» in wesentlichen Situationen zustande gekommen sind. Unerbittlich erfolgt die Auflistung der diesbezüglichen Vergangenheit.

Dabei beobachten wir etwas Faszinierendes: *Im Laufe* (und ich würde sagen: *auf der Basis) ihrer Wut* erkennt sie einen entscheidenden Fehler, den sie gemacht hat. Er sagt perplex: «Warum hast du mir solange verschwiegen, daß du alles weißt?» nämlich, daß er sie bereits nach der Hochzeit angelogen bzw. «Ausflüchte» gesucht hat (er habe sich mit dem Onkel getroffen statt mit der Bekannten). Auch jetzt ist ihre Antwort unerbittlich: «Weil ich ein dummes Weib bin, das immer geglaubt hat, ich müsse dich unter allen Umständen schonen und dich nicht verletzen.»

Das heißt im Klartext: Sie hat über Jahre nicht oder zu wenig auf ihr Fühlen gehört. Sie hatte es selbst entwertet und ihre Verletzungen hinuntergeschluckt bzw. verdrängt. *Im Gefolge der Wut kommt das Verdrängte abrupt zu Bewußtsein* und damit zugleich der mögliche Ausweg, die Veränderung der Einstellung zu sich selbst und dem Mann gegenüber: «Ich werde keine Rücksicht mehr auf dich nehmen.» Wir möchten hinzufügen: «Keine falschen Rücksichten mehr.»

Die Frau stellt sich sozusagen selbst in den Senkel im Sinne von: «Ich habe von Anfang an etwas falsch gemacht. Das habe ich jetzt erkannt, und ich werde denselben Fehler nicht noch einmal wiederholen.» Und wem hat die Frau diese Erkenntnisse zu verdanken? Nun, ihrer eigenen Wut.

Die männliche und die weibliche Wut

Ich möchte dies als die *typische weibliche Wut* ansehen. Sie ist in vieler Hinsicht grundverschieden von den männlichen Wutanfällen. Diese letzteren haben fast immer etwas Pathologisches an sich: Eine Sicherung fällt aus. Er ist irgendwie «von Sinnen», fällt völlig aus dem Rahmen und kann daraus nichts lernen. Die männlichen Wutanfälle werden (auch von den einseitigen Männern) als etwas sehr Negatives empfunden. Sie gehen relativ schnell vorüber, und danach ist der einigermaßen entwickelte Mann beschämt und erniedrigt. Er kann (genauso wie seine Umgebung) nichts Positives damit anfangen und würde am liebsten alles ungeschehen machen. Die männlichen Wutanfälle sind wie zerstörerische Orkane. Sie reinigen keine Luft, klären nichts, verführen den Mann insgeheim zur Wiederholung, und so geht's ins Endlose weiter. Die Aussage: «Er ist halt ein Choleriker» ist die resignierte euphemistische (schönmacherische) Feststellung: «Der Arme, er hat einen schlechten (krankhaften) Charakter.» Es ist, als ob er einen Splitter im Gehirn hat.

So dürfte das aber nur sehr selten stimmen. In Wirklichkeit ist der Mann zu bequem, sich damit zu beschäftigen und ernsthaft auseinanderzusetzen und zu feige, sich *denkerisch* im Spiegel zu betrachten. Er neigt auch zur Überheblichkeit und meint, man müsse ihn so ertragen, er könne nichts dafür. Er will so akzeptiert sein, wie er ist (nämlich immer wieder zornig). Er erwartet tatsächlich, daß die Frau ihn ein Leben lang so zu ertragen hat und ist beleidigt, wenn die Frau sich schließlich von ihm scheiden läßt.

Nur selten läßt er sich helfen. «Ich soll zum Psychotherapeuten, nur weil ich gelegentlich Wutanfälle habe? Soll doch die Frau zu ihm, wenn sie nicht einmal das ertragen kann. Wenn ich wütend werde, habe ich meine guten Gründe. Würden die anderen – und vor allem meine Frau – mich so behandeln, daß ich nicht wütend werden muß, wäre ich der friedlichste Mensch. Aber sie reizt mich immer wieder zur Weißglut.» So denkt der Mann oft und fährt fort, sich gerade in seinem Denken nicht anzustrengen, so wie unser Mann im Beispiel sich keine Mühe gibt, wenigstens dann an sie zu denken, wenn es wirklich darauf ankommt.

Die typische weibliche Wut dagegen ist offensichtlich völlig anders. Sie dauert länger, kann über Tage und Wochen anhalten. Sie bringt die Frau kaum «aus der Fassung». Sie läßt vielmehr etwas «gären». Sie nagt so lange an der Frau herum, bis diese zu Schlußfolgerungen gelangt. Die Frau fragt sich: «Was ist es denn, was mich so ärgert, so wütend macht?» Sie geht ihrer Wut auf den Grund. *Sie macht sich* lange Zeit *Gedanken über ihre Wut* (im Gegensatz zum Mann). Die Wut der Frau wird zur Veranlassung, ja zur Trägerin *von Überlegungen, die die Frau eben deshalb anstellt,* und ich glaube, daß es gerade der Schmerz der Wut ist, welcher hauptsächlich das Überlegen der Frau in Gang bringt. Zwar führt auch das unverletzte Fühlen der Frau zu Überlegungen, aber diese sind nicht so lebenswichtig, nicht so einschneidend wie die Überlegungen, zu denen sie wegen Wut gezwungen wird. Dabei ist die *Wut der Frau völlig normal.* Sie ist das Ergebnis eines intakten, Negatives erfassenden Fühlens und ist dem physiologischen Schmerz vergleichbar, der anzeigt, daß etwas nicht in Ordnung ist.

Natürlich wird die Frau zunächst fühlen, daß *er* sie wütend macht, so wie das Kind zunächst den Tisch für schuldig erklärt, wenn es seinen Kopf daran gestoßen hat. Dann wird sie aber erkennen, daß etwas an ihrer Einstellung falsch war, und daß sie diese zwecks Schmerz-(Wut-)Vermeidung unbedingt ändern muß. Sie wird erkennen, daß sie gerade die Stimme ihres Fühlens überhört hat, wenn sie immer wieder durch dieselben Ereignisse wütend gemacht wird. Je länger sie die durch Fühlen wahrgenommenen Verletzungen verdrängt und so tut, als ob ihr bestentwickeltes psychisches Wahrnehmungssystem schlecht funktioniert, um so stärker und heftiger wird schlußendlich ihre Wut, und dies veranlaßt dann den Mann, sie als «hysterisch» einzustufen.

Das griechische Wort Hystera heißt Gebärmutter, und der Ausdruck «hysterisch» heißt eigentlich «auf weibliche Art» und meint nur in der Psychiatrie etwas Krankhaftes. Die Wut der Frau und der damit verbundene Gefühlsausbruch ist eben etwas typisch Weibliches und hängt mit dem extrem guten Funktionieren der Fühlfunktionen zusammen. Erst wenn die Frau auch ihre Wut definitiv verdrängt, bekommt sie «Schwächeanfälle», Lähmungen, Erschöpfungen, Migräne und Magenulcera usf. Da diese Leiden psychisch bedingt sind, hat man sie früher mit «hysterisch» bezeichnet, um solche Störungen von organisch bedingten Leiden abzugrenzen.

Wenn also der Mann zur Frau sagt: «Du bist hysterisch», aberkennt er den Wert ihrer Weiblichkeit und mißachtet die Fühlfunktion, die ihre Stärke ausmacht. Die wütende Frau ist die verletzte Frau. Es ist für sie lebensnotwendig, diese Verletzungen zu vermeiden, und das kann sie nur, wenn sie in *Funktion von ihrer Wut* (ihrer Fühlfunktion) *nach-denkt, also überlegt. Es ist also ein Denken, das am konkreten Fühlen haftet.* Und insofern ist es nicht minderwertig, sondern sofort voll entwickelt – eben aufgrund eines bereits entwickelten Fühlens. Es ist sozusagen ein «denkendes Fühlen». Dieses Denken der Frau stört ihr Fühlen überhaupt nicht, im Gegenteil, es tritt in den Dienst des Fühlens. Erst das drängende Überlegen der Frau garantiert weitgehend ihre psychische Integrität und führt sie zu entsprechenden Entschlüssen.

Das Überlegen (Denken) der Frau fügt dem Gefühlsurteil: «Es ist gut» ein neues Urteil hinzu: «Es ist wahr.» Das ist also ein Denkurteil.

Es gibt (auch bei der Frau) kein Denken, das ohne Ursachenforschung vollständig wäre. Sie hat mit der *Fühlfunktion* wahrgenommen: «*Es ist nicht gut,* daß er nicht an mich denkt, weil mich das verletzt.» Ihr *Überlegen* hat zu Tage gefördert: «*Es ist wahr,* daß er nicht an mich denkt.» Damit setzt automatisch die Ursachenforschung ein: «Woher kommt es, daß er nicht an mich denkt?» Die erste Ursache ist bald gefunden: «Er denkt nicht an mich, weil ich ihn nie darauf aufmerksam gemacht habe, daß er nicht an mich denkt. Hätte ich ihm meine Verletzung gezeigt, hätte er auch an mich gedacht.» Dieser denkerische Schluß der Frau ist sicher richtig. Aber ist das die ganze Wahrheit? Ist sie sicher? Keineswegs. Die Frau muß in ihrer Wahrheitssuche (Ursachenforschung) fortfahren. «*Warum* denkt er nicht an mich? Vielleicht, weil er mich nicht (mehr) liebt?» Das kann nicht die ganze Wahrheit sein. Er hat sich bei ihr immer wohlgefühlt. Er hat sie nie absichtlich schlecht behandelt. Er vertraut ihr sein Geld an. Er ist nie fremdgegangen und hat nie Trennungsabsichten geäußert. Er hat nie gesagt: «Ich wollte, du wärest anders, eine andere Frau wäre mir lieber.» Daran also kann es nicht liegen.

Sie sagte: «Du bist ein Egoist, weil du nur an dich und nicht an mich denkst.» Stimmt das wirklich? Ist das genau erfaßt und formuliert? Ist er ein Egoist, wenn ihn die Probleme des Freundes für den Moment mehr interessieren als ihre Bedürfnisse? Ist er ein Egoist, weil er eine Vereinbarung mit ihr platzen läßt, weil er eine unvorhergesehene Chefbesprechung hat? Ist er egoistisch, wenn er dem Wunsch seiner Bekannten, mit ihm Tee zu trinken, Folge leistet und dabei den Spaziergang mit der neugebackenen Ehefrau vergißt? Ist dieser Mann egoistisch, weil er sie dann anlügt, um sie zu schonen? Die Frau merkt: Das stimmt so nicht ganz.

Das minderwertige Denken der Fühlfrau

Wir wollen hier einhalten. Die korrekten Überlegungen dieser Frau können und müssen noch viel weitergehen, um große Einsichten vermitteln zu können. Dies geschieht aber nicht immer. Das hat in der Regel negative Folgen. Häufig enden nämlich die vom Fühlen der Frau geleiteten Überlegungen in der *Bildung von festen Meinungen und Überzeugungen,* die den Überlegungen die Beweglichkeit nehmen. Da das Fühlen natürlicherweise am Objekt «haftet», «klebt» es besonders an den eigenen gedanklichen

Überlegungen. Dadurch werden der Gedankenablauf und die gedankliche Weiterverarbeitung schwerfällig und stockend und verfestigen sich zu mehr oder weniger starren gedanklichen Überzeugungen, die natürlich mit gefühlshafter Inbrunst in Form von Meinungen vertreten werden. Das ist der Grund, warum das Denken der Fühlfrau leicht minderwertig wird.

In unserem Beispiel wäre der gedankliche Überlegensprozeß vorzeitig zu seinem Ende angelangt, wäre die Frau bei der vorläufigen Erkenntnis: «Du bist ein Egoist» stehengeblieben. Sie hätte dann zu sich sagen können: «So, jetzt habe ich es endlich, endlich habe ich dein wahres Gesicht erkannt.» In ihrem Kopf hätte sich festsetzen können: «Mein Mann ist ein Egoist... alle Männer sind Egoisten... nur wir Frauen sind keine Egoisten.» Sie hätte sich bei anderen Frauen ohne Mühe Zustimmung erwirken können. *Die* «Wahrheit» hätte Triumphe feiern können. Ein Buch über diese Wahrheit wäre schnell geschrieben, es wäre vielleicht auch zum Bestseller geworden. Seminare wären entstanden, und die Frauen, die das bis anhin noch nicht begriffen hatten, hätten an der neuen befreienden Wahrheit teilhaben können.

Der glücklich angelaufene *Differenzierungsprozeß des weiblichen Denkens* wäre auf diese Weise zum vorzeitigen Stillstand gekommen. Die Frau wäre dem zum Opfer gefallen, was sie beim Mann schon längst entdeckt hatte, nämlich der Bequemlichkeit. Es ist sehr schön, wenn man eine Wahrheit hat, sie dann in eine Überzeugung einbetoniert und damit hausieren geht. Diese «Wahrheit» ist dann das liebste Kind der Frau, und sie wird sie unter allen Umständen hüten wie eine heilige Kuh, das heißt, die denkerische und geistige Entwicklung der Frau wäre dann zum Stillstand gekommen, die Denkfunktion bliebe unterentwickelt, was vor allem bei Männern *peinliche Betretenheit* auslöst und *deren (entwickelte) Denkfunktion irritiert.* Das Gerittensein der Frau von ihrer als Wahrheit verkauften Meinung verletzt das intakte Denken des Mannes, und dieses Mal wird er es sein, der an Scheidung denkt.

Die Verletzung des Fühlens der Frau geschieht allein schon durch das Vorhandensein der puren Denkdominanz des Mannes. Diese nämlich schafft automatisch Distanz, während das Fühlen (der Frau) Fühlkontakte und Fühlnähe herzustellen versucht. So ist sie zu fühlender Näheherstellung bestimmt, während er in denkerischer Distanz verharrt. *Das schafft Konflikte, ohne daß jemand einen Konflikt will.* Solange das Fühlen der Frau vom Mann nichts will, geht noch alles in Ordnung. Er fühlt sich wohl dabei, ist in Ruhe gelassen, ist von Wärme umhegt. Auch seine infantilen Mutterbedürfnisse sind befriedigt. Er kann ungestört seinen Gedanken und Geschäften nachgehen und ist geborgen. Es genügt ihm, daß sie mit ihrem Fühlen bei ihm und auf ihn allein orientiert ist. Da sie gewissermaßen an ihm «hängt», ist für ihn auch die Beziehung in Ordnung. Er braucht sich daher mit ihr nicht zu befassen, denn sie sorgt für den Bestand der Beziehung.

Nun kann ein solcher Zustand nicht lange gutgehen, da es sich um eine Einbahnstraße handelt, wobei die Frau die Brücke schlägt und der Mann die Brücke schlagen läßt, ohne selbst eine Gegenleistung zu erbringen. Eine Beantwortung der Beziehungsaufnahme der Frau (die dem Fühlen naturgemäß innewohnt) seitens des Mannes erfolgt aber nicht naturgemäß, *es sei denn, die Frau werde zum Denkobjekt des Mannes*. In der Tat verlangt die Frau zunächst, er möge an sie denken.

Leider ist das Fühlen ein sehr schwieriges Objekt des Denkens, weil es naturgemäß mit den logischen Kriterien des Denkens kaum einzufangen ist. Der Vorwurf des Denkmannes gegenüber der Fühlfrau ist ja ständig: «Du bist unlogisch, ihr Frauen seid alle unlogisch, wenn ihr nur mal in Ruhe (das heißt: nicht emotional) denken bzw. nachdenken würdet. Aber ihr seid ja hysterisch.» Jedoch will die Frau natürlich ihr Fühlen nicht aufgeben, so wenig wie der Mann sein Denken über Bord werfen will. Würde er es tun, hätte er die Achtung der Frau verloren. Wie soll nun aber der Konflikt ausgetragen werden?

Zunächst muß der Mann überhaupt erst merken, daß ein Konflikt vorhanden ist. Solange er nur im positiven Einbahngefühl der Frau eingebettet ist, merkt er überhaupt keine Spannung. Erst wenn die Frau, verletzt durch die distanzierte Mißachtung durch das Denken des Mannes, in Wut gerät, diese Wut überlegt und dann den Mann von ihren Überlegungen darüber informiert, daß sie durch ihn verletzt wird, kann er des Konfliktes bewußt werden. *Je klarer die Informationen der Frau sind, um so besser kann der Mann sie annehmen,* denkerisch nachvollziehen und die Konfliktsituation akzeptieren.

Die erste Voraussetzung dazu ist aber, daß die Frau rebelliert, diese Rebellion formuliert und zur Sprache bringt, und das nicht nur einmal, sondern immer wieder. Je sachlicher sie dabei wird, um so größere Aussicht auf Erfolg besteht. Etwaige bequeme Beschwichtigungs- und Beruhigungsmanöver des Mannes muß sie konsequent abweisen, weil der Mann sich dadurch vor seiner Aufgabe drücken und den vorhergehenden Zustand wiederherstellen will. *Er* mag keine Konflikte, weil sie ihn zu einer Änderung zwingen. Diese Änderung aber ist anstrengend. Er liebt es nicht, von seiner Frau in dieser Hinsicht beansprucht zu werden.

«Sie will etwas von mir! ... Was will sie eigentlich von mir? ... Ich tue doch schon alles.» Er fühlt sich einesteils bedroht, andererseits überfordert. Seine Ruhe ist dahin. Seine Frau rebelliert und stellt Ansprüche, und zwar *keine sexuellen Ansprüche!* Auch keine zusätzlichen Dienstleistungen. Er versteht tatsächlich nicht, was er eigentlich soll. «Wie kann ich meine Frau zufriedenstellen und verhindern, daß sie hysterisch wird?» Das ist die Frage.

Zunächst erscheint die Lösung einfach: Die Frau verlangt, er solle an sie denken. Denken kann er schließlich, und es müßte ihm leichtfallen. Sie bringt ihm das auch klar zum Ausdruck. Der Mann, dem an seiner Frau etwas liegt, wird sich prinzipiell damit einverstanden erklären und versuchen, an seine Frau zu denken. Jedoch entdeckt er, daß dieser Vorsatz sich nur schwer in die Tat umsetzen läßt. Die Frau ist nämlich als pures Denkobjekt recht ungeeignet, zumal sie nur zum Teil berechenbar ist. Zudem ist ihr

Fühlen ein unlogischer Faktor. Wie schwierig das Unterfangen ist, soll ein weiteres Beispiel erläutern.

«Die Strümpfe» – Das überfühlte Denken des Mannes

Hans merkt mit Unbehagen, daß Weihnachten vor der Tür steht. Er weiß nicht recht, was er seiner Frau Inge zum Fest schenken soll. Immerhin hat er denkerisch erkannt, daß sie gerne etwas zum Anziehen möchte. Aber was will sie, was wünscht sie? Unmöglich, sie zu überraschen. Er wird ihr ein paar Bücher schenken. Das entspricht seinem Denken, und er weiß in etwa, wofür sie sich interessiert. Damit kann er sie auch überraschen.

Da kommt ihm die Idee: «Ich könnte ihr ein Paar Strümpfe schenken.» Es ist nicht so schwer, sie auszusuchen wie etwa einen Rock oder eine Bluse. Aber nun entdeckt Hans, daß er die Strumpfgröße seiner Frau nicht weiß, und auch nicht, welche Farbe sie bevorzugt. So faßt er sich ein Herz und fragt sie, welche Größe ihre Strümpfe haben und welche Farbe sie bevorzugt. Sie ist erfreut, daß er überhaupt an sie denkt und über die an sich etwas kränkende Tatsache, daß er nach fünfzehn Jahren Ehe immer noch nicht weiß, welche Strumpfgröße sie trägt und welche Farbe sie bevorzugt, geht sie hinweg. Sie kann eben nicht zuviel von ihm verlangen. Ihre Information ist klar: Größe 18 und anthrazitfarben. Vorsorglich schreibt Hans alle Daten auf.

Er geht ins Geschäft, findet die Strümpfe, die richtige Größe und die Anthrazitfarbe. Er ist erleichtert und nimmt den Strumpf. Da sieht er den Preis: DM 4,50. Ein Unbehagen steigt in ihm auf. DM 4,50, das ist auch bei bescheidenem Einkommen nun doch zu wenig. Der Wert des Strumpfes, ausgedrückt in klingender Münze, spielt bei Inge sicher eine Rolle. Sie würde sagen: «Wie, bin ich dir nur 4 Mark 50 wert?» Nein, seine Frau ist ihm mehr wert, und so bestellt er 4 Paar Strümpfe. 18 Mark, damit kann er sich sehen lassen.

Am Heiligen Abend übergibt er ihr die Bücher, welche Inge

gerne annimmt. Dann packt sie die Strümpfe aus und betrachtet sie. Sie erkennt die billige Qualität: «Aber das sind ja Strümpfe für Türkinnen! Türkenstrümpfe schenkst du mir, und dann auch noch gleich viermal!»

Er merkt, er hat es wieder falsch gemacht. Statt seine Frau zu erfreuen, hat er sie erniedrigt, sie (gemäß ihrer Klischeevorstellung) wie eine Türkin behandelt. Der Abend ist verdorben, und am folgenden Weihnachtstag liegt Inge im Bett und pflegt ihre Erniedrigung. Er geht seiner Lektüre nach und resigniert. Alle Bemühungen um sie, alles Denken an sie hat nichts genutzt. Auch sein Denken war in ihren Augen verkehrt.

Die Reaktion Inges verdeutlicht ein sehr häufig auftretendes Verhalten der verletzten Fühlfrau: Sie umdüstert sich, verstrickt sich in eine Art von trotziger und halb hinuntergeschluckter Wut. Sie hüllt sich in Schweigen, zieht sich zurück und *bockt.* Damit bestraft sie ihre Umgebung. Ist die Frau der natürliche Mittel- und Sammelpunkt der Familie, trifft es sie durch ihr vorwurfsvolles Bocken besonders. Inge vermittelt: Wegen euch geht es mir schlecht!» Inge hatte von ihrem Mann erwartet, daß er wenigstens zu Weihnachten ihr Fühlen berücksichtigt. Ihr Strümpfe für 4 Mark 50 zuzumuten, kam einer Herabqualifizierung ihrer Person gleich vom Typ: «Mir müssen Strümpfe für 4 Mark 50 genügen ... so wenig schätzt er mich, und so niedrig stuft er mich ein.» Sie denkt jetzt minderwertig (!): «Es ist wahr, daß er mich nicht liebt. Würde er mich lieben, hätte er mir nicht solche Strümpfe zugemutet. Ich habe allen Grund, verletzt zu sein und es der ganzen Familie zu zeigen.»

Aufgrund solcher «Schlußfolgerungen» verdirbt sie auch den Kindern das Weihnachtsfest und schätzt die Leistung des Mannes überhaupt nicht als solche richtig ein. Sie hat denkerisch nicht erfaßt, daß ihr Mann sich große Mühe gegeben hat. Die Konsequenz ihres langen Bockens könnte sein, daß er sich innerlich von ihr abwendet und zu sich selbst sagt: «Das nächste Mal werde ich gar nichts schenken, dann kann ich auch nichts falsch machen.» Das aber wäre noch schlimmer, denn dann könnte die Frau sagen: «Er denkt wirklich nicht an mich. Er hält es nicht einmal für nötig, mir ein kleines Geschenk zu machen.» In unserem Beispiel ist es Inge nicht gelungen, ihre Wut gut zu überlegen. Ihr Denken blieb minderwertig und unvollständig und in einer *kurzschlüssigen Meinungsbildung* stecken.

Was Hans anbelangt, können wir feststellen: Er hat die Forderung der Frau, er möge an sie denken, wirklich erfüllt. Er hat versucht, mit Hilfe seines Denkens und der unterstützenden Information Inges, von seiner Seite her eine Beziehung aufzubauen – zumindest für das Weihnachtsfest. Er hat auch völlig korrekt und logisch gedacht und hat erkannt, daß der Preis von DM 4,50 zu gering ist. Soweit hat er seine Frau denkerisch richtig eingeschätzt. Was ihm aber völlig fehlt, ist die *Einfühlung in seine Frau*. Sie wäre nämlich völlig zufrieden gewesen, hätte er ihr *ein* Paar Strümpfe für DM 18,– gekauft. Er hat ihre entscheidende Gefühlslage nicht erkannt. Denkerisch ist es völlig korrekt, aus dem geringen Wert von DM 4,50 einen größeren zu machen, indem das Ganze mit 4 multipliziert wird. Man muß also sagen, daß Hans die Forderung seiner Frau, er solle an sie denken, rundum erfüllt hat.

Die Feinheit besteht nun darin, daß die Frau zwar sagt, er möge (endlich) an sie denken. Wendet er sich ihr aber nur und ausschließlich *denkend* zu, wird die Frau unbefriedigt bleiben müssen. Sie erwartet von ihm nämlich nicht nur sein auf sie bezogenes Denken. Vielmehr soll dieses sein Denken ein *fühlendes Denken* sein, also kein purer Denkakt mehr. So wie es notwendig ist, *daß die Frau ihr Fühlen überlegt, überdenkt, nachdenkt,* so ist es offenbar notwendig, *daß der Mann sein Denken überfühlt, nachfühlt.* So wie bei der Frau die Basis des Überdenkens das Gefühl bleibt, so muß beim Mann die Basis seines Überfühlens und Einfühlens das Denken bleiben. Geschieht das, garantiert die Gefühlsbasis dem Denken der Frau volle Gültigkeit.

Überfühlen und überdenken (überlegen)

Beim Mann garantiert die Denkbasis dem Fühlen (Nachfühlen, Einfühlen, Überfühlen) die Vollgültigkeit seines Fühlens. Das heißt, unter diesen gegebenen Bedingungen ist die Frau in der Lage, ein gut entwickeltes Denken, und der Mann ist in der Lage, ein gut entwickeltes Fühlen in Gang zu setzen. Hätte der Mann beim Denken an seine Frau *aufgrund* seines Denkens sich nicht nur gesagt: «Es ist wahr, meine Frau liebt diese Strümpfe», sondern sich auch einfühlend gefragt: «Ist es gut (oder sympathisch), ihr 4 Strümpfe zu DM 4,50 zu schenken», dann hätte er gemerkt, daß sein Denken zwar immer wahr, aber eben nicht gut war. Die Wahrheit ist dem Denken, das Gutsein dem Fühlen zugeordnet. *Das Überfühlen des wahren Gedankens* garantiert, daß der Gedanke nicht nur richtig, sondern auch gut ist. Die Frau will, daß der Mann nicht nur an sie denkt, sondern gut und sympathisch an sie denkt. Der Mann erwartet von der Frau nicht nur, daß sie (gut) für ihn fühlt, sondern daß dieses Fühlen die denkerische Wahrheit gleichsam auf dem Rücken trägt. *Das Wahre und das Gute, das Richtige und das Sympathische sind die Modi, mit denen sich Denken und Fühlen verbinden können,* ohne daß die eine oder andere Wahrnehmungsfunktion beeinträchtigt und minderwertig würde trotz ihrer Gegensätzlichkeit.

Wenn die Frau dem Mann sagt: «Ich bin krank», wird der Denkmann antworten: «Dann geh doch zum Arzt, und man wird feststellen, was du hast.» Dieses Denken ist *nicht überfühlt.* Der Mann hätte sagen müssen: «Ich denke, daß es gut ist, einmal zum Arzt zu gehen.» Auf dem Boden des Denkens darf das Fühlen den Gedanken begleiten. Es wird die Kühle des Denkens abmildern. Das Fühlen wird auch modifizierend eingreifen können, zum Beispiel: «Es ist nicht gut, wenn ich diese Wahrheit jetzt sage, sie würde zu sehr verletzen.»

Umgekehrt darf auf dem Boden des Fühlens ein gewisses überlegendes Denken Platz greifen. Es wird seine Wärme abkühlen, wird modifizierend eingreifen können: «Diese meine Gefühle sind, wenn ich sie überdenke, nicht wahr, wenn ich sie jetzt ausspreche. Sie würden zu sehr verletzen.»

Der Mann, der sein Denken überfühlt, und die Frau, die ihre Gefühle überlegt, werden immer die Möglichkeit haben, trotz der Gegensätzlichkeiten ihrer dominanten Funktionen zueinander zu finden. Das vom Denken geleitete Einfühlen in die Frau und das vom Fühlen geleitete Nachdenken über den Mann in der jeweiligen Situation beinhaltet in beiden Partnern die Möglichkeit eines tieferen Verständnisses *trotz und aufgrund* der Gegensätzlichkeit von Fühlen und Denken, insofern die tragende Dominanzfunktion die gegensätzliche gleichsam in ihren Dienst nimmt, sie dadurch ein wenig einschränkt und sich zugleich durch eine zusätzliche Qualität bereichert.

Versucht es hingegen der Mann, durch Ausschalten seines Denkens einfach nur zu fühlen, und die Frau durch Wegwerfen ihres Fühlens nur noch zu denken, begegnen sich zwei minderwertige Funktionen, und die Katastrophe ist da.

Das Überlegen (Überdenken) besagt, daß das Denken sich am Fühlen orientiert und auf ihm aufruht. Das Überfühlen (Einfühlen, Nachfühlen) besagt, daß das Fühlen sich am Denken orientiert und auf ihm aufruht. Geschieht dies bei Mann und Frau synchron und jeweils situationsbedingt, sind bei aller Anstrengung sehr beglückende und reifende Partnerschaften realisierbar. Allerdings ist das nicht ohne ein gewisses Grundlagenwissen möglich.

Denken und Fühlen in Konflikt und Ergänzung Praktische Beispiele ihrer Begegnung

Das schreiende Kind – Zur Einführung

Teilen wir die Denkfunktion dem Mann, die Fühlfunktion der Frau zu. Das Kind schreit. Die Frau fühlt: «Das arme Kind, es leidet. Das ist nicht gut.» Der Mann hingegen ist gestört. Er denkt: «Was hat es nur, es muß doch etwas haben, daß es so schreit.» Er sucht nach der Wahrheit, sie «will» wahrnehmen, was gut und böse ist. Er stellt richtig fest: «Das Kind hat Hunger!» Er ist befriedigt. Die Frau stillt das Kind, das Böse ist weg, und deshalb ist sie befriedigt. Schreit das Kind aber weiter, ist der Mann, von der Störung abgesehen, völlig unbefriedigt, weil sein Denken nicht weiß, welche Ursache das Schreien hat. Die Frau aber ist unbefriedigt, weil das Ungute andauert.

Im Vergleich zum Fühlen ist das Denken wertblind. In sich aber trägt es dennoch eine Wertung: Die Wahrheit ist der Wert, das Falsche der Unwert. Die Wahrheit bedarf beim Denken der Bestätigung, des «Beweises», sie soll sichere Wahrheit sein. Daher ist der gelungene Bau der Atombombe und deren Explosion als bestätigendes Experiment für das Denken von höchstem Wert. Für das Fühlen hingegen von größtem Unwert. Die Bewertungen der beiden Gegensatzfunktionen können also (müssen aber nicht) im Gegensatz zueinander stehen.

Ich rechne das Denken den Fern- oder Distanzfunktionen, das Fühlen den Nahfunktionen zu.

Fühlen und Denken als Ergänzung

Unter dem Aspekt der Vervollständigung und dem des gegensätzlichen Aufbaues der Welt *ergänzen sich Denken und Fühlen* in geradezu idealer Weise, obwohl deren Gleichzeitigkeit in einem Individuum das *gute* Funktionieren beider ausschließt und es praktisch nicht möglich ist, daß beide Funktionen gleichzeitig im selben Individuum zu derselben Hochspezialisierung gelangen. Natürlich ist letztendlich ein Kompromiß möglich. Es ist aber gefährlich, wenn die Hauptfunktion sich zugunsten der Gegenfunktion sozusagen zur Hälfte reduziert oder sich selbst gar aufgibt. Das Individuum büßt dann regelmäßig an Kontur und Charakteristik ein, oder es führt gar zur Katastrophe. Im Film «Der blaue Engel» ist hervorragend dargestellt, was geschieht, wenn zum Beispiel der Mann (Denkfunktion) sich der minderwertigen Fühlfunktion überläßt. Statt Latein zu lehren, schreit er dann nur noch Kikeriki. Es bleibt der Suizid als Ausweg.

Vergleichen wir das Denken mit dem Sehen, das Fühlen mit dem Hören. Dann «sieht» der Mann sehr gut, aber er hört nichts. Die Frau hingegen «hört» sehr gut, aber sie sieht nichts. Könnten sie miteinander verschmelzen, gäbe es einen neuen psychischen Organismus mit hervorragend funktionierenden Gegensätzlichkeiten, aber dennoch sich ergänzenden Wahrnehmungsorganen (Funktionen).

Das Programm der Verliebtheit – Gegensatzspiegelung

Das ist einer der Hauptgründe, weshalb Mann und Frau sich ineinander verlieben und das hohe Glück der Ergänzung und Erweiterung erleben. Über die Frau (und dank ihr) kann der Mann fühlen und sein Fühlen annehmen. Über den Mann (und dank ihm) kann die Frau denken und ihr Denken annehmen. Leider dauert dieser vielversprechende Zustand so nicht an. Das hängt mit den *Individuationstendenzen der Einzelpsyche* zusammen. Sie erfordern letztlich *Unterscheidung*, zumindest eine gewisse erneute Trennung bzw. eine relative Aufhebung der psychischen Verschmelzung mit dem Resultat, daß der Mann erkennt: «sie denkt nicht wie ich» und die Frau merkt: «Er fühlt nicht wie ich.» Und beide fragen einander: «Liebst du mich nicht mehr?» Es ist letztlich die Akzeptanz beider Individuen von ihrer Verschiedenheit und die konstruktive Einstellung darauf, welche das weitere Auseinanderdriften beider zu verhindern vermag.

Die verschmelzende Verliebtheit ist nämlich in Wirklichkeit ein Programm in der Psyche beider. Dieses Programm kann zur Lebensaufgabe werden. Offenbar soll der Mann seine als weiblich erlebte Gegensatzfunktion sozusagen kompensatorisch in sich selber mitentwickeln und die Frau ihre als männlich erlebte Gegensatzfunktion. Ein solches Programm ist von Natur aus in der Psyche enthalten. Seine Verwirklichung ist die *Individuation* oder auch *Selbstverwirklichung*. Deren Realisierung ist in der Regel mühsam und oft auch nicht ungefährlich. Weder die definitive Trennung noch das Zusammenbleiben garantieren den Erfolg. Der Mann bedarf nämlich der Frau, insofern sie sein *Gegensatzspiegel* ist und umgekehrt. Ist die lebendige und gegenseitige Spiegelfunktion – aus welchen Gründen auch immer – nicht oder nicht mehr möglich, kommt diese bestimmte Paarbeziehung zu ihrem natürlichen Ende. Bleibt die «Spiegelfunktion» aber erhalten, wird diese bestimmte Paarbeziehung natürlicherweise nie zu Ende kommen.

«Das leere Rößle» – Das Mißverständnis zwischen Mann und Frau – Spiegelung und Unvereinbarkeit

Mann und Frau waren in der Stadt, und sie wollen in einem Lokal essen gehen. Jedoch sind alle Restaurants überfüllt.

Sie sagt: «Dann gehen wir eben nach Hause, um dort zu essen.» Er ist einverstanden, und sie machen sich zu Fuß auf den Heimweg. Sie kommen an einem kleinen Lokal vorbei.

Sie sagt: «Da im Rößle sind fast keine Leute drin.»

Er nickt und sie gehen weiter. Dann merkt er, daß sie nicht mehr bei ihm eingehakt ist und nichts mehr spricht.

«Was hast du denn jetzt?»

«Ach du verstehst mich überhaupt nicht.»

Er ist erstaunt. «Was soll ich denn verstehen?»

«Ich habe dir doch gesagt, daß im Rößle fast keine Leute drin sind.»

Er begreift plötzlich, daß sie dort essen wollte. «Aber du hast doch gesagt, daß wir nach Hause essen gehen.» Für ihn ist die Erkenntnis «wir gehen nach Hause essen» sozusagen eine Wahrheit, und die bleibt eben für das Denken bestehen.

Sie: «Ich wollte doch nur nach Hause gehen, weil es keinen Platz im Restaurant gab. Dann sah ich das leere Rößle, und damit habe ich meinen Entschluß geändert. Ich habe dich doch darauf aufmerksam gemacht, daß dort fast keine Leute waren. Aber du denkst eben nicht an mich, und was ich dir sage, ist dir gleichgültig.»

Er: «Du hättest mir sagen können, daß du nun doch essen gehen willst.»

«Du hast wirklich kein Feingefühl, sonst hättest du gemerkt, daß ich dort essen gehen wollte. Aber jetzt ist alles sowieso zu spät, ich mag jetzt überhaupt nicht mehr essen.»

Mißmutig und gekränkt geht das Paar nach Hause.

Haben sich die beiden gespiegelt? Offenbar war die Spiegelung schlecht. Er hat zwar an sie gedacht. «Sie will nach Hause.» Er war also deutlich auf sie bezogen. Aber er hat nicht gründlich gedacht. Er vergaß, unter welcher Voraussetzung der Entschluß, nach Hause zu gehen, zustande kam. Ändern sich die Prämissen, ändert sich die Schlußfolgerung. Er hat nicht mit einer Änderung im Konkreten gerechnet. Er hat davon abstrahiert: die vorhergehenden Restaurants waren voll, «folglich» sind alle Restaurants voll, und deshalb geht man nach Hause.

Sie hingegen hat gefühlt: «Es ist nicht gut, in einem vollen Restaurant zu sitzen, darum gehen wir nach Hause.» «Jetzt ist da ein leeres Lokal, und es ist gut, dort zu essen.» Sie hat ihm ihr gutes Gefühl mitgeteilt, nämlich «da ist es leer», und kam damit nicht an.

Die Frau ist in unserem Beispiel schlechter auf ihn bezogen als er auf sie. Sie hat sich nämlich nur auf ihr Fühlen gestützt und vernachlässigt, daß er nicht so fühlt wie sie. «Er muß doch so fühlen wie ich», hat sie erwartet, und er: «Sie muß doch so denken wie ich.» Und schon ist das Paar «auseinander» im Sinne von «wir verstehen uns nicht». Repetiert sich das tausendmal und mehr in verschiedenen Situationen, sind sie geschiedene Leute. Sie haben sich zwar «gespiegelt» (als Gegensätze), aber nichts daraus gelernt.

Welches ist der *Fehler der Frau?* Offensichtlich der, daß sie sich nicht klar äußert. Der Mann versteht nämlich nur dann etwas, wenn es klar und unmißverständlich zutage tritt, weil es seiner Denkfunktion so entspricht. Sie hätte sagen sollen: «Schau, dieses Lokal ist leer, jetzt können wir doch noch essen gehen. Ich hätte Lust darauf, wäre dir das auch recht?» D. h. mit anderen Worten: Die Frau muß klar äußern, was sie will. Diese *Klarheit der Gefühlsäußerung der Frau* ist absolut notwendig. Dies ist genau ihr Beitrag, damit sie von ihm verstanden werden kann. Sie muß in dieser Hinsicht auf ihn eingehen. Sie soll ihm die Möglichkeit und Chance geben, damit er sie verstehen kann. Mit anderen Worten: Es ist notwendig, daß er *klare Informationen* von ihr in ihrer Gefühlslage erhält. Sie muß sich vom Vorurteil befreien, daß er wie eine Frau fühlt. Sie muß sich damit abfinden, daß er ein Mann und keine Frau ist und daß er denkt. (Von den eventuellen infantilen Vorstellungen, daß der Mann eine alles und wortlos verstehende Mutter ist, wollen wir hier absehen).

Welches ist der *Fehler des Mannes?* Offensichtlich der, daß er *denkerisch ungenügend* auf die Frau bezogen ist. Sein Satz: «Du hast doch gesagt, daß wir nach Hause essen gehen» beweist es. Auf männliche Art nimmt er diesen Satz als eine unstrittige Wahrheit, die auch dann zu gelten hat, wenn andere Umstände, also konkrete Änderungen eintreten. Er hat nicht erkannt, daß eine veränderte Gefühlslage die Wahrheit relativiert. Das Denken fürchtet in der Tat Gefühls- und dementsprechende Situationsänderungen, insofern neue Gefühle das Denken relativieren. Daher ist er schlecht auf sie bezogen, so wie sie schlecht auf ihn bezogen war. Beide haben eigentlich in der jeweiligen Relativierung ihrer Hauptwahrnehmungsfunktionen versagt.

Wenn die Frau sich klar äußert, deutlich formulierte Informationen gibt, relativiert sie ihre Fühlfunktion. Wenn der Mann im Auge behält, daß er mit einer Gefühlsänderung rechnen muß, die seine bisherige Wahrheit umstößt, und wenn er die Furcht verliert, sich darauf einzulassen, relativiert er seine Denkfunktion. Natürlich muß auch die Frau die Furcht vor klarer Information überwinden.

In der Tat hätte der Mann unter Umständen auf den Satz: «Schau, dieses Lokal ist leer, jetzt könnten wir doch noch essen gehen» sehr irritiert und auf sein Denken pochend reagieren können, etwa: «Ach, ihr Frauen seid unmöglich, ihr wißt nicht, was ihr wollt! Jetzt haben wir abgemacht nach Hause zu gehen, und dabei bleibt es.»

Daraufhin hätte sich die Frau vielleicht schuldig gefühlt und sich eingestanden: «Ich bin wirklich wankelmütig» und hätte die Festigkeit des Mannes bewundert. Sie hätte aber auch sagen können: «Ich bin gar nicht wankelmütig. Ich habe mich nur, im Gegensatz zu dir, auf eine neue Situation eingestellt, während du stur bleibst. Außerdem habe ich nicht nur gewußt, was ich will, sondern es dir auch noch gesagt.» Damit hätte sie nämlich den Mann und sein Denken entwaffnet. Er hätte dann sagen müssen: «Ja, das stimmt eigentlich», und sie wären ins leere Lokal gegangen. Die wechselseitige «Spiegelung» wäre geglückt, beide hätten etwas geleistet und hätten ein Stück Furcht voreinander abgebaut. Beide hätten sagen können: «Es ist schön mit dir.» Solange aber der Mann sein pures Denken aufrechterhält und die Frau ihr pures Fühlen, ist es um das Paar schlecht bestellt, auch dann, wenn keine nennenswerten infantilen Traumen «mitmischen».

Ich hoffe, bislang nicht den Eindruck erweckt zu haben, daß die

Frau mit Fühldominanz überhaupt nicht denken kann, nicht intelligent und grundsätzlich ohne Geist ist oder daß der Mann mit Denkdominanz grundsätzlich keine Gefühle, kein Feingefühl oder überhaupt kein Gemüt hat. Wäre dem so, wäre jedes Paar zum Scheitern verurteilt. Unter der Voraussetzung *der Fühldominanz der Frau* bleibt es dennoch wahr, daß sie nicht denkt wie der Mann und daß es ihr auch nach einer sehr mühsamen Entwicklung über Jahrzehnte hin nicht gelingen kann, nahezu wie ein Mann zu denken. Unter der Voraussetzung *der Denkdominanz des Mannes* bleibt es ebenso wahr, daß er nicht fühlt wie die Frau und daß es ihm nach einer sehr mühsamen Entwicklung über Jahrzehnte hin nicht gelingen kann, wie eine Frau zu fühlen.

«Der Supermarkt» – Das zielstrebige Denken und das schauende Fühlen

Mann und Frau gehen Lebensmittel einkaufen. Beide wissen, was sie einkaufen wollen. Er geht, Einkaufswagen zur Hand, zielstrebig auf die einzelnen Nahrungsmittel zu. Er erledigt sozusagen eine Aufgabe. Er denkt: «Wir brauchen das und das, und jetzt gehe ich das und das einkaufen.» Es besteht also keine Unklarheit. Sie bleibt vor einem originell verpackten Früchtekorb stehen.

Er fragt: «Brauchst du das?»

Sie: «Nein.»

Er: «Ja warum schaust du dann?»

Sie: «Und warum soll ich nicht schauen?»

An solch einer Kleinigkeit läßt sich die Verschiedenheit von Mann und Frau ablesen und, was wichtiger ist, erkennen, daß sich jeder über das Anderssein des Partners wundert und es offensichtlich schwer versteht. Er als «Denker» hat die situative Wahrheit bereits klar erkannt: Wir brauchen dieses und jenes Lebensmittel. Damit ist für ihn das Kapitel abgeschlossen, und er erwartet, daß es so auch für sie ist.

Sie als «Fühlerin» hingegen ist auch von dem angesprochen, was sie nicht braucht. Sie fühlt, daß es noch mehr Gutes gibt als das, was man gerade braucht. Er aber fühlt das gar nicht, und das Nichtgebrauchte existiert nicht. Man muß nur an das denken, was man braucht. Warum soll man überhaupt hinschauen, wenn man es nicht braucht? Für ihn verschwendet die Frau Zeit und Mühe, und sie läßt sich ablenken.

Er denkt: «Sie hat keine klaren Gedanken, und ihre Gefühle sind eigentlich überflüssig, wenn nicht sogar schädlich.»

Sie wundert sich, daß er gar nicht «schaut» und sich nicht wohlfühlt, wenn er sich mit dem Nichtgebrauchten beschäftigen soll.

Sie merkt: «Er hat kein Gefühl für die Sachen, und er wundert sich, daß ich Gefühle habe. Ja warum soll ich sie denn nicht haben? Er sollte doch auch Gefühle haben. Statt dessen folgt er stur seinen Gedanken und versteht mich nicht.»

Und so ist und bleibt er für sie und sie für ihn «komisch», irgendwie fremdartig. Beide finden es kaum für nötig, sich mit der Verschiedenartigkeit des anderen zu beschäftigen. Bestenfalls halten sie es für bemerkenswert oder nehmen es als ungereimte Tatsache hin. Und da es ja keinen Streit gegeben hat, machen sie achselzukkend in ihrem alten Trott weiter.

Das Verschiedensein von Mann und Frau auch in sonstiger Hinsicht scheint die Frauen mehr zu beunruhigen als die Männer. In einer Filmszene setzt sich die Frau unbesehen auf die Klotasse und merkt zu spät, daß die Brille nicht heruntergeklappt ist. Sie steht wütend auf, klappt die Brille herunter und sagt scharf vor sich hin: «Ach, Männer!» Sie ist gereizt, daß Männer anders sind. Sie sollten sein wie sie.

Der Mann hingegen würde angesichts der herabgeklappten Brille diese stillschweigend emporklappen und sein kleines Geschäft verrichten. Allerdings würde er die Brille oben lassen. In einem Zweierhaushalt dürfte es kaum vorkommen, daß der Mann (in Gedanken an sie) die Brille wieder nach unten legt, und die Frau fühlt sich nicht veranlaßt, an ihn zu denken, indem sie die Brille wieder aufklappt. Täten sie es, wären sie auch im Kleinsten in Rücksichtnahme aufeinander bezogen und würden ein Zeichen setzen für die voll erkannte Andersartigkeit der Partner.

«Der Christbaum» – Die relative Intoleranz der Frau gegenüber dem männlichen Denken

Folgendes Beispiel soll unter anderem auch die stärkere Ungehaltenheit der Frau gegenüber dem Anderssein des Mannes darlegen.

Frau und Mann beenden gerade ihr gemeinsames Frühstück. Sie sagt zu ihm: «Könntest du heute in der Stadt einen Christbaum kaufen?» Er: «Ja, das geht in Ordnung.» Er liebt klare Anweisungen und Informationen über ihre Wünsche. Kein Problem. Er kauft einen Christbaum und geht zur Arbeit.

Gegen Mittag ruft sie ihn an: «Hast du den Christbaum gekauft?»

Er: «Ja.»

Sie: «Wie ist er?»

Er ist perplex und denkt: «Ja wie soll er denn sein?» Dann sagt er: «Grün natürlich!»

Nun ist sie gereizt: «Der hält mich wohl für dumm» und sagt: «Nein ich will wissen, *wie* er ist!»

«Was willst du eigentlich? Ein Baum ist ein Stecken mit Ästen drum rum.»

Jetzt ist sie wütend, keift «Idiot» ins Telefon und hängt auf. Er legt dann auch kopfschüttelnd den Hörer auf und geht seiner Arbeit nach. Sie aber bleibt gereizt und wütend. Es ist unerhört. Sie wird darüber einer Freundin berichten.

Er ist offensichtlich ein «Denker». Er hat den abstrakten Baum im Kopf und nicht den konkreten. Er macht dann sogar eine Konzession an das Konkrete: «Er ist grün.» Nicht alle Bäume sind im Winter grün. Aber dann soll er vom Denken überhaupt loskommen und sich ganz einer ihm kaum bekannten Fühl- und Anschauungsweise überlassen und detailliert diesen speziellen Baum beschreiben, und das kann er (insbesondere in wenigen Worten am Telefon) natürlich nicht. Deshalb beharrt er auf dem abstrakten «Ein Baum ist ein Stecken mit Ästen drum rum». Alle Bäume sind Stecken mit Ästen. Er hofft vergeblich, ihr beizubringen, was abstraktes Denken ist. Und weil er abstrakt denkt, statt konkret zu fühlen, wird er zum Idioten.

Weil sie den Unterschied von Mann und Frau hinsichtlich der Wahrnehmung weder erfaßt hat noch wahrhaben will, degradiert sie sein Denken. Sie ist fassungslos, daß es so etwas überhaupt gibt, und sie findet sich damit nicht zurecht. Sie muß das Vorkommnis der Freundin mitteilen, sozusagen als Orientierungshilfe. Er hingegen findet nicht, daß sie deswegen ein Idiot ist, weil sie wissen will, wie der Baum ist. Er nimmt ihr Anderssein gelassener hin – «Sie ist halt so» – und geht wieder seiner Arbeit nach.

Für sie ist es sehr wichtig, daß der Christbaum so ist, daß sie sich dabei wohlfühlen kann. Von einem solchen Baum hat sie auch eine konkrete Vorstellung. Eine solche Vorstellung kann die Frau genau beschreiben. Sie muß nur ihre Vorstellung «Christbaum» mit ihrem Fühlen abtasten und das Erfühlte verbalisieren. Für sie ist das die einfachste Sache der Welt.

Er hingegen kommt von seinem Denken «ein Baum» nicht los, und selbst wenn er sich den konkreten Baum vorstellt, kann er dieses Bild gefühlsmäßig nicht abtasten, und so kann er es nicht beschreiben. Er müßte – mit großer Anstrengung – sich denkerisch (fast wie ein Botaniker) auf jedes Detail *eines Baumes* einlassen. Aber auch dann wäre die Frau etwas unbefriedigt, weil es ein gedachter Baum und kein erfühlter Baum ist. Sein Baum wäre dennoch «blaß und kalt» gegenüber ihrem farberfüllten und warmen.

Begründungen der relativen Intoleranz der Frau

Die relative Intoleranz der fühlenden Frau gegenüber dem denkenden Mann hängt normalerweise mit dem Alter der beiden

Wahrnehmungsfunktionen zusammen. Zweifellos ist das Fühlen in der Phylogenese sehr viel älter als das Denken. Bis etwa zehntausend vor Christus dürfte die Denkfunktion noch kaum in Ansätzen entwickelt worden sein, und das Überleben basierte auf der damals am besten entwickelten Funktion, dem Fühlen, natürlich im Verein mit der Empfindungs- und der noch älteren Intuitionsfunktion.

Ich denke, daß der entwicklungsgeschichtliche Durchbruch der Denkfunktion mit dem Umbruch vom Matriarchat zum Patriarchat etwa parallel läuft. Die jahrhundertelange und aus Entwicklungsgründen notwendige Unterdrückung der Frau (Fühlfunktion) durch den Mann (Denkfunktion) und die damit zusammenhängende relative Entwertung der Fühlfunktion scheint heute durch die Emanzipationsbewegung der Frau eine Relativierung zu erfahren. Gerade sie wird genährt durch die deutlich erkennbare Sensibilisierung der Frau gegenüber patriarchalen Ansprüchen, was praktisch zur relativen Intoleranz führen muß. Das kann man offenbar nicht ändern.

Besagte Intoleranz läßt sich aber auch alleine durch die *verschiedene Artung des Funktionierens von Denken und Fühlen* verständlich machen. Das Denken schafft Distanz, hat entwertende Tendenzen, ist an sich unberührt vom fühlenden Erleben und schafft Kälte und Überlegenheit. Die Tatsache, daß die Frau sich dieser ihr überheblich erscheinenden Funktion beugen und sie anerkennen muß, verstärkt in ihr den Eindruck patriarchaler Despotie, die sie nicht mehr tolerieren will.

Die relative Intoleranz des Mannes gegenüber dem weiblichen Fühlen – Ihre Begründung

Mann und Frau sind erneut in Streit geraten. Sie haben drei Kinder zwischen eineinhalb und fünf Jahren zu versorgen. Die Kinder sind lebhaft und anstrengend. Er leitet den Außendienst einer Firma. Er muß morgens um 6 Uhr aufstehen und kommt abends nach 19 Uhr nach Hause. Er hat klar zu verstehen gegeben, daß er, wenn er nach Hause kommt, erschöpft ist und seine Ruhe braucht. Er verteilt die Gute-Nacht-Küsse an die Kinder, und sie sorgt dafür, daß sie ins Bett kommen. Am Freitagabend muß er noch geschäftlichen Papierkram erledigen. Ab 22 Uhr beginnt das Wochenende. Er ist erledigt, hat die Arbeit leid und will nur noch schlafen. Am Samstagmorgen will er ausschlafen, baden, in Ruhe frühstücken, nachmittags bummeln, basteln und die Sportereignisse am Fernseher verfolgen. Abends will er mit ihr schlafen. Am Sonntag hingegen kümmert er sich vereinbarungsgemäß um die Kinder. Er geht (oft zusammen mit ihr) mit den Kindern spazieren oder spielt mit ihnen. Er deckt den Tisch und räumt wieder ab. Sie soll am Sonntag «frei haben».

Der Streit bricht wie gewohnt am Freitagabend 22 Uhr aus:

Sie: «Bist du jetzt fertig mit der Arbeit?» Sie ist gereizt und den Tränen nahe. «Merkst du eigentlich nicht, daß du nie für mich da bist? Ich kann nie mit dir reden. Wie es mir geht, ist dir egal. Was ich fühle, interessiert dich überhaupt nicht. Ich muß die ganze Woche über die Kinder versorgen, muß kochen, waschen, putzen, bügeln und das Haus in Ordnung halten. Ich muß einkaufen und an alles denken. Ich habe keine Ruhepause.»

Er: «Das stimmt nicht. Abends, wenn die Kinder im Bett sind, brauchst du nichts mehr zu tun und kannst dich erholen.»

Sie: «Ich will aber dann mit dir reden. Wem soll ich denn mitteilen, was mich bewegt?»

Er: «Auch ich brauche abends meine Ruhe, ich arbeite den ganzen Tag, und wenn ich mich abends nicht erhole, kann ich nicht mehr arbeiten. Und wer verdient dann das Geld?»

Sie: «Aber du könntest dich noch abends ein wenig um meine Probleme kümmern!»

Er: «Ich belästige dich doch auch nicht mit meinen Problemen. Oder glaubst du, ich hätte keine Sorgen, und nur du hast sie?»

Sie: «Nein, das meine ich gar nicht. Ich verstehe ja, daß du deine Ruhe brauchst. Aber ich kann einfach nicht so beziehungslos neben dir herleben. Wann soll ich mich denn einbringen? Ja, am

Samstagabend, dann suchst du mich, weil ich dann mit dir ins Bett soll. Dabei will ich doch etwas ganz anderes.»

Er: «Ja, du bist gut! Wann sollen wir uns denn lieben?»

Sie: «Ja, was du schon Liebe nennst. Ich soll dazu dasein, deine Sexualbedürfnisse zu befriedigen.»

Er: «Hast du denn keine sexuellen Bedürfnisse? Du bist doch nicht frigide? Ich denke, wir brauchen es beide. Du weißt genau, daß ich nicht nur Sex von dir will und daß ich immer sehr zärtlich zu dir bin. Hast du mich nicht geheiratet, weil ich ein sehr guter Liebhaber bin?»

Sie: «Ja, das stimmt schon, aber ich habe Probleme, über die ich mit dir reden muß.»

Er: «Wenn ernste Probleme anstehen, habe ich dich immer angehört und zu ihrer Lösung beigetragen. Und am Sonntag fanden wir auch mit den Kindern Zeit, diese oder jene deiner Sorgen zu besprechen. Dabei geht es fast immer nur um deine Anliegen.»

Sie (weinend): «Das ist mir einfach zu wenig, ich verkümmere neben dir, ich habe einfach zu wenig Ansprache, das halte ich nicht mehr aus.»

Er: «Jetzt höre mir einmal gut zu. Wir haben gut durchdacht, wie wir die Aufgaben des Alltags bewältigen können. Wir haben dementsprechend die Arbeit recht gut verteilt. Es ist mir nicht möglich, dir noch mehr von deinen Aufgaben abzunehmen. Ich beklage mich nicht und werde mit dem Leben fertig. Aber du bist immer die Unzufriedene und wirst mit dir selber nicht fertig. Drei Kinder sind eine Last. Ich wollte nur ein Kind. Aber du wolltest eine große Familie. Ich hatte mich damit einverstanden erklärt und bin dir sehr entgegengekommen. Jetzt mußt du aber mit den Konsequenzen selber fertigwerden. Du wolltest Mutter von drei Kindern werden, nun gut, dann sei es auch, und akzeptiere die Belastungen. Auch ich muß die Belastungen annehmen und bewältigen. Ich liebe dich, und ich will keine andere Frau. Aber es ist unmöglich, daß ich von früh bis spät an dich denke und darüber nachdenke, welche Bedürfnisse du nun gerade hast. Ich bin weder dein Papa noch deine Mutter, aber ich bin dein Mann und will es auch bleiben. So, und jetzt sei vernünftig und passe dich den Gegebenheiten an. Wenn du selbst über alles gut nachdenkst, wirst du zum selben Ergebnis kommen.» Also sprach er und ging ins Bett. Sie aber ist zerknirscht und sagt zu sich: «Er hat recht, es ist alles logisch. Dagegen komme ich nicht an. Es ist wahr, was er sagt.»

Sie ist aber doch gedemütigt. Sie ist bei ihm nicht «angekommen». Ich habe das Beispiel verwendet, um aufzuzeigen, wie das pure Denken funktioniert. Die Frau wird von seiner Argumentation und der Klarheit des Denkens geradezu erdrückt. Sie muß ihm recht geben, denn sein Denken ist überlegen. Immerhin scheint *er* die Problemlösungen zu bestimmen, und sei es einvernehmlich. Es hat eine «gerechte» Arbeitsteilung stattgefunden. Er ist in der Kinderfrage ihren Wünschen entgegengekommen. Er läßt sich nicht dazu verführen, Vater- und Mutterrollen zu übernehmen. Er verteidigt auch seine eigenen Ansprüche. Er braucht zu Hause «Ruhe», steht aber bei allen fälligen Problemen seiner Frau zur Verfügung. Er weiß sie zu ordnen: «Nicht nur du mußt meine Sexualbedürfnisse befriedigen, sondern du vergißt, daß auch du sexuelle Lustansprüche stellst. Du bist doch nicht frigide!» Zudem ist er ein guter Liebhaber. Er belastet sie nicht mit seinen Sorgen. Er bekräftigt seine Liebe für sie und seine Solidarität. Offenbar ist er auch der Mann, den die Frau liebt. Sie will ja die Beziehung zu ihm. Sie will sich in die Beziehung «einbringen»: «Ich kann einfach nicht so beziehungslos neben dir herleben.»

Das pure Denken wirkt unterdrückend auf die Frau, obwohl er als Mann sie gar nicht unterdrücken will. Er wird sozusagen gegen seinen erklärten Willen zum Tyrann. Das rührt daher, daß er *nur* denkerisch auf sie eingeht. Man merkt das spätestens nach dem übrigens von ihm bestimmten Ende der Auseinandersetzung. Er sagt zu ihr: «Jetzt sei vernünftig!» Sie soll denken! Nachdenken! Weil sie nicht gut denkt, kommt der Streit zustande. Sie ist sozusagen schuld am Streit. Der schwarze Peter bleibt bei ihr.

Nun ist es aber offensichtlich gerade ihr Anliegen, daß sie nicht denken will, sondern fühlen. Bei seiner denkbedingten Kälte und

Distanz kommt ihr Fühlen überhaupt nicht an und ist auch nicht gefragt, da sie ja denken soll. Der Mann hat also gar nicht begriffen, worum es ihr geht.

Man kann akzeptieren, daß er seinen Denkstandpunkt durchsetzen muß, aber man hätte auch erwarten können, daß er sie nach dem Disput in den Arm genommen hätte, statt sie einfach in ihrer Niederlage sitzen zu lassen. Er hätte auch noch zehn Minuten über Belangloses mit ihr plaudern oder sie trösten können. Er hat nicht daran gedacht, daß seine Frau nicht nur vom Denken lebt und eine Denkbeziehung zu ihm will, sondern daß sie vorwiegend vom Fühlen lebt und eine Fühlbeziehung von ihm will. Gerade er mit seiner vollentwickelten Denkfunktion hätte daran denken müssen, wie es ihr zumute ist, was sie in solchen und anderen Momenten berührt und was sie braucht. Genau das ist aber oft überhaupt nicht realisierbar, weil es dazu einer besonderen Anstrengung des Mannes bedarf (die er scheut, weil er ja «Ruhe» braucht). Der Mann in unserem Beispiel hat also nach dem Streit nichts unternommen, ein Klima herzustellen, in dem die zarte Pflanze des Fühlens wieder gedeihen kann. Er sprach und ging zu Bett.

Die ständige Gefahr der Beziehungslosigkeit zwischen Frau und Mann

Der Mann im Beispiel verlangt also, daß sie denkt wie er, und sie verlangt, daß er fühlt wie sie. Dies ist zunächst ein scheinbar unlösbares Dilemma, zumal beiden ihre Verschiedenheit aufgrund der gegensätzlichen Hauptwahrnehmungsfunktionen weder bekannt noch überhaupt bewußt ist. *Nur die Bewußtwerdung dieser strukturellen Verschiedenheiten zwischen Denkmann und Fühlfrau* bietet Aussicht darauf, daß das wechselseitige Verstehen gefördert wird und die ständigen Mißverständnisse eingegrenzt werden. Das Verharren bzw. Gefangenbleiben in einer einzigen puren Wahrnehmungsfunktion beider Partner führt notwendigerweise zur Beziehungslosigkeit, zu einer Krustenehe bzw. einer

«Wrackgemeinschaft», in welcher die Unerfülltheit und Mühsal des Daseins möglichst verdrängt wird.

Es gibt einen alten schweizerischen Witz, der mehr aufdeckt als manches gelehrte Buch. Dieser Witz lautet folgendermaßen: Mann und Frau «feiern» ihren diamantenen Hochzeitstag. Beide sind arme Bergbauern im Kanton Appenzell. Beim gemeinsamen Frühstück sagt sie: «Ja, jetzt sage mir doch einmal ein einziges süßes Wörtlein.»

Er: «Hung!» (Honig).

Sie hat also in ihrer langen Ehe von ihm noch nie ein «süßes», also ein gefühltes und liebes Wort gehört. Er hat dem nie entsprochen. Er hat immer nur gedacht, aber natürlich nicht an sie. Auch jetzt versteht er überhaupt nichts von ihr, und seine Denkassoziationen beschränken sich auf eine «süße *Sache*» und nicht auf eine liebenswerte Person. Auch an diesem Hochzeitstag, an dem sie nun wirklich wenig verlangt, erfährt sie eine neue Enttäuschung. Sie erbettelt ein Zeichen und eine Beziehung zu ihm, aber er ist nicht in der Lage, diese herzustellen. Auch das Umgekehrte ist oft der Fall.

«Der Blumenstrauß» – Die Demütigung des Mannes durch das pure Fühlen der Frau

Die Frau beklagt sich beim Mann: «Du hast mir schon so lange keinen Blumenstrauß mehr mitgebracht.» Er wirkt etwas betreten. Noch am gleichen Tag bringt er ihr einen etwas unbeholfenen Strauß mit und überreicht ihn ihr mit einem kleinen Lächeln. Sie: «Aber doch nicht *so* einen!» Sie nimmt ihn und wirft ihn zornig auf den Küchentisch. «Und außerdem denkst du nur an mich, wenn ich dich dazu auffordere. Von alleine kommt dir so etwas natürlich nicht in den Sinn.»

Er hat den Fehler begangen, zu wenig an seine Frau gedacht zu haben. Sie informiert ihn (richtigerweise) darüber. Er sieht den

Fehler ein und will ihn sofort wiedergutmachen. Jetzt denkt er an sie und beschafft sich den Strauß. Sie aber entwertet ihn und seine Geste sofort und demütigt ihn. «Nicht doch *so* einen (schäbigen) Strauß!» Für ihn ist ein Blumenstrauß eben eine Blumenstrauß (etwas Abstraktes). Er will damit seinen guten Willen zeigen, daß er an sie denkt und denken will, und kauft den Strauß zum Zeichen seines guten Willens.

Sie aber will kein «Zeichen» und kein Symbol, sondern sie will einen Strauß, bei dessen Anblick sie sich wohlfühlen kann. Und bei diesem Strauß kann sie sich nicht wohlfühlen. Weil er das nicht so fühlt wie sie, muß er gedemütigt werden. Er soll fühlen wie sie. Er soll denkerisch erfassen, wie sie genau fühlt. Und das ist so kaum möglich. Es ist ihr nicht möglich, erste Gehversuche in der richtigen Richtung richtig einzuschätzen und als solche zu begrüßen und anzuerkennen. Nein, er muß sofort die großen Schritte tun.

Aber selbst wenn er den «richtigen» Blumenstrauß gebracht hätte, wäre es nicht recht gewesen. Sie hätte gesagt: «Ja jetzt kommst du damit, jetzt ist es zu spät. Dein Strauß erfreut mich nicht, denn du hast ihn ja nur gebracht, weil ich es dir gesagt habe. Wenn du nicht von dir aus daran denkst, ist mir dein Strauß nichts wert.» Sie kann nicht erfassen, daß er mühsam lernen muß, weil sie meint, er müsse doch von Natur aus so fühlen wie sie. Ist das dann nicht der Fall, dann liebt er sie eben nicht. Sie ist in unserem Beispiel also völlig in ihrer eigenen Funktion verstrickt und letztlich nicht auf ihn bezogen. Er hat keine Chance, sie toleriert ihn nicht.

Der Kleiderkauf – Ein Dilemma

Sie sagt zu ihm: «Es wird allerhöchste Zeit, daß du dir einen neuen Anzug kaufst. Morgen ist langer Donnerstag, da könntest du das gut erledigen.» Er denkt für sich: «Aber mein Anzug tut es doch noch. Er ist noch kaum abgetragen. Ob ich nun diesen oder einen anderen Anzug anhabe, ist doch gleichgültig. Warum die Frauen nur immer so ein Getue um die Kleider machen.» Dann erinnert er sich aber an eine frühere unangenehme Auseinandersetzung mit seiner Frau wegen Anzügen. Die will er sich jetzt ersparen. Daher stimmt er zögernd zu und verkneift es sich, sie zu bitten, mitzugehen. Anderntags fragt er sie, noch bevor er geht: «Was für eine Farbe soll er denn haben?»

«Braun steht dir am besten. Und du weißt doch, du hast Größe 48.» (Wußte er das wirklich?)

Das merkt er sich und geht ins Kleidergeschäft. Dort ist niemand, der ihn erwartet, und so geht er zu den Kleiderständern und tut so, als ob ihn diese wirklich interessieren. Er fühlt sich unwohl, bis eine Verkäuferin kommt und ihn freundlich fragt: «Kann ich Ihnen behilflich sein?»

Er ist erleichtert und antwortet: «Ich suche einen braunen Anzug.»

«Das haben wir schnell.» Sie mustert ihn: «Sie brauchen Größe 48 bis 50. Ich lege Ihnen denselben Anzug in beiden Größen raus. Dann werden wir sehen, welche Größe besser ist.»

Er nickt sehr liebenswert. Hatte sie nicht gesagt «*wir* werden sehen?» Das heißt, *sie* wird sehen und dann beurteilen, was gut für ihn ist. Jetzt ist ihm wohler. Er probiert beide Anzüge. Sie: «Also die Größe 48 ist ein wenig eng. Sie steht Ihnen aber sehr gut.» Er betrachtet sich im Spiegel. Ja, er sieht gut darin aus. Aber ein ganz klein wenig eng ist die Jacke um die Schultern, und die Hose drückt etwas auf den Bauch.

Sie: «Gell, um den Bauch ist sie doch etwas eng.» In der Tat, die Hose drückt. Sie: «Sie sollten Größe 50 nehmen, da sind Sie viel bequemer drin. Auch wenn Sie noch etwas zunehmen sollten, so um den Bauch herum, dann ist es besser, und Sie können den Anzug länger tragen.»

Wie recht sie hat! Welch eine kluge Frau! Sie merkt, daß ihm die Größe 50 bequemer ist. Sie: «Sie haben jetzt den hellbraunen Anzug an. Vielleicht steht Ihnen aber dieser dunkelbraune noch besser. Er ist zwar etwas teurer, aber wir können ja sehen.» Er kleidet sich in Dunkelbraun und beschaut sich im Spiegel. Er kann keinen Unterschied entdecken zwischen hellbraun und dunkelbraun vom Aussehen her. Er denkt: «Ich nehme den teureren, das kann nie falsch sein.»

Die Verkäuferin mustert ihn: «Ich glaube, der dunkelbraune ist besser für Sie. Mir gefällt er auf jeden Fall besser. Aber Sie können natürlich auch den hellbraunen nehmen.» Nein, das wird er nicht. Hatte sie nicht eben gesagt, der Dunkelbraune gefalle ihr besser? Er bedankt sich. Sie ist wirklich eine nette Frau, und beglückt geht er nach Hause.

Dort will seine Frau sehen, wie der neue Anzug ist. «Sei so gut und ziehe dir ausnahmsweise den neuen Anzug an, damit ich ihn sehen kann.» Als er sich im neuen Gewand präsentiert, entfährt es ihr: «Aber Liebling, doch nicht diese Farbe!»

Er: «Du sagtest doch braun.»

Sie: «Aber doch nicht dunkelbraun, das steht dir überhaupt nicht. Ich meinte natürlich hellbraun. Hat dir denn nicht wenigstens die Verkäuferin gesagt, daß dir dunkelbraun nicht steht? Und hat sie nicht gesehen, daß dir der Anzug etwas zu groß ist? Laß mich sehen: Ach, das ist ja Größe 50! Kein Wunder, daß du darin nicht gut aussiehst.»

Jetzt wird er unwirsch: «Also die Verkäuferin war sehr nett, sehr sehr nett sogar. Sie hat mich gut bedient und hat ausdrücklich gesagt, dunkelbraun gefalle ihr besser als hellbraun. Zudem hat sie gesehen, daß mir Größe 50 bequemer als Größe 48 ist. Sie hat sogar vorhergesehen, daß mein Bauch dicker wird.»

Sie (gereizt): «Also der Anzug muß schließlich mir gefallen und nicht deiner Verkäuferin. Aber wahrscheinlich ist der dunkelbraune teurer, und wohl deshalb wollte sie ihn dir andrehen. Aber so was merkt ihr Männer ja nicht. Und was deinen Bauch angeht: Es muß nicht sein, daß du dicker wirst. Du mußt nur mehr Salat und weniger Nudeln essen und morgens Margarine statt Butter, und am Sonntag ein Bier weniger trinken, dann bekommst du keinen Bauch. Ich mag keine Männer mit dicken Bäuchen. Ich meine, bis jetzt geht es ja noch. Also, nun geh zu deiner Verkäuferin zurück und tausche den dunklen Anzug gegen den hellen um. Du kannst ihr ruhig sagen, daß mir dunkelbraun nicht gefällt.»

Er denkt: «Wenn es so weitergeht, bin ich bald ganz unter dem Pantoffel» und sagt: «Also gut, dir zuliebe gehe ich zum Umtausch» und fügt dann etwas drohend hinzu: «Aber damit du es gleich weißt, ich werde Größe 50 nehmen. Ich muß den Anzug schließlich tragen, und mir soll er bequem sein. Ich bin schließlich nicht dein Hampelmann. Und das nächste Mal drück dich gefälligst vorher klar aus, was du willst. Ich kann nicht wissen, was alles in deinem Kopf umgeht. Und übrigens: Warum gehst du eigentlich nicht mit, wenn ich einen Anzug kaufen muß?»

Sie: «Du bist erwachsen genug, um selber deine Sachen einkaufen zu können. Du bist doch kein Kind mehr, dem man ständig hinterherlaufen muß.»

Er: «Einverstanden, aber dann will ich kein Wort mehr hören, wenn ich mir etwas kaufe, was mir gefällt, und was dir dann nicht so in den Kram paßt.»

Der Mann geht also und tauscht seinen Anzug um. Er hat sich zwar bei der Größe durchgesetzt (war er dadurch erwachsen geworden?), gehorcht seiner Frau aber bei der Farbe (war er dadurch wieder Kind?). Jedenfalls hat er einen Kompromiß geschlossen, was seine Frau anbelangt. Bei der Verkäuferin aber schloß er keine Kompromisse: Sie kam seiner Unbeholfenheit völlig entgegen, half ihm geschickt, und er fand sie sofort nett. Seine Frau aber fand er gar nicht nett. Er hatte versucht, sich nach ihr, ihrem Fühlen, ihrem Geschmack zu richten. Sie fühlt sich wohl, wenn er hellbraun gekleidet ist. Für sein Denken aber ist es gleichgültig, was er anhat. Man kauft sich einen Anzug, weil man ihn eben braucht. Gäbe es nur uniforme Kleider, wäre es ihm auch recht, ja sogar noch lieber, denn dann müßte er nicht mühsam herausfinden, bei welchem Anzug sie sich wohlfühlt. Ganz klare Informationen von seiner Frau hätten seine Wahl erleichtert. Im Zweifelsfall (hell- oder dunkelbraun) erleichtert die Verkäuferin die Wahl. Ihr gefällt dunkelbraun, folglich kauft er dunkelbraun, auch wenn es teurer ist.

Man ersieht aus diesem Beispiel erneut, welche praktischen Schwierigkeiten entstehen aus der deutlichen Einengung, die durch die gegensätzliche Verschiedenheit von Denken und Fühlen erwächst. Wir entdecken aber auch eine *eigentümliche Abhängigkeit des Mannes von der Frau,* die sofort dann sichtbar wird, wenn er sich auf ihr Fühlen einlassen will oder muß. Es scheint auch, daß er durch die Frau in eine Art von Dilemma gerät: Geht er strikt auf ihre exakt formulierten Wünsche ein, dann «gehorcht» er ihr und wird wie ein Kind, das eben gehorcht. Das ist einfach für ihn, weil er dann nicht denken muß und nicht an etwas denken muß, was sich denkerisch nur sehr mühsam und unvollkommen erfassen läßt (nämlich das Fühlen der Frau). *Er braucht die Frau,* wenn er wissen will, was für ihr Fühlen richtig ist. Und wieder ist er abhängig. Stört er sich aber überhaupt nicht an ihr und denkt an sich, dann kommt die Frau und sagt: «Du denkst nicht an mich, du bist ein Egoist, du kümmerst dich nicht um mich, du läßt dich nicht auf die Beziehung ein, du machst – typisch Mann – was du willst.»

Müht er sich aber mit ihrer Hilfe (klare Information) um sie, ist es ihr wieder nicht recht: «Man muß dir wirklich ein und alles sagen. An nichts denkst du von allein. Ich muß wie mit einem Kind mit dir einkaufen gehen. Wann bist du endlich erwachsen und ein Mann?» und so fort. Wir werden uns noch eingehender mit dieser Sachlage beschäftigen.

Die weibliche Klugheit – Ein Ausweg aus dem Dilemma

Ich fragte einmal eine Patientin so nebenbei: «Denkt Ihr Mann an euren Hochzeitstag?» Sie antwortete lächelnd: «Wissen Sie, darauf lasse ich es gar nicht ankommen. So drei bis vier Wochen vor dem Hochzeitstag sage ich zu meinem Mann: ‹Liebling, wie du weißt, feiern wir am 4. 7. unseren Hochzeitstag. Da habe ich mir überlegt, daß wir uns zu diesem Anlaß einen Plattenspieler schenken könnten.»

Diese Frau tut also so, als ob sie sicher wäre, ihr Mann denke an den Hochzeitstag. Ihre Einleitung: «Liebling, wie du weißt!» setzt das ja voraus. Sie will ihn keinesfalls demütigen für den Fall, daß er tatsächlich von sich aus nicht daran gedacht hätte. Jetzt jedenfalls weiß er es, und sie wird sich hüten, ihn zu fragen, ob er auch von sich aus an den Tag gedacht hätte. Verständlich, daß dieser Mann von seiner Frau begeistert und innerlich von ihrer Klugheit angetan ist. Sie kennt die «Schwächen» des Mannes, sie schont ihn und hilft ihm zugleich auf die Beine. Kein Wunder, daß er auf ihre Überlegung sofort eingeht, und kein Zweifel, daß er das Hochzeitstagsgeschenk allein bezahlen wird. Jetzt kann er stolz von sich sagen: «Ich habe daran gedacht.» Sollte er wirklich von sich aus nicht daran gedacht haben, wird er vielleicht künftig Geburtstag seiner Frau und Hochzeitstag in seinem Terminkalender so deutlich vermerken, daß er sie nicht mehr vergessen kann.

Übrigens vertragen auch das nicht alle Frauen: «Es ist ja traurig genug, daß ich dir so wenig wert bin, daß du nicht von alleine an meine Festtage denkst und es nötig hast, diese in einem Terminkalender zu vermerken. Du liebst mich eben doch nicht!» Die Tatsache, daß der Mann wirklich oft Krücken oder Eselsbrücken braucht, um sich der Fühlwelt der Frau etwas anpassen zu können, wird von etlichen Frauen einfach negiert. «Das darf doch nicht sein!» Sie meinen, sie brauchten ihre Intelligenz nicht einzusetzen, um dem bemühten Mann zu helfen, ja, viele meinen, sie hätten diese Intelligenz nicht, oder es sei einer Frau unwürdig, die weibliche Klugheit als hohen Wert anzuerkennen und auch davon Gebrauch zu machen.

Den Spruch «Wie sage ich es meinem Kinde?» wollen sie nicht beim Mann anwenden. Er darf ja kein «Kind» sein und soll «von sich aus» wissen, worauf es ankommt. Sie haben sich kaum mit der männlichen Natur befaßt und sind nicht darauf eingestellt. Will sich die Frau aber auf den Mann einstellen, also einen Beitrag zur Schaffung einer echten Beziehung zu ihm leisten, ist es wirklich notwendig, daß sie das, was ich die weibliche Klugheit nenne, in sich entwickelt. Sie *entspringt* nämlich einer *Differenzierung der Fühlfunktion* und ist insofern der Frau natürlicherweise als Anlage mitgegeben. Ihr Fühlen kann ihr mitteilen: «Dieser mein Mann ist unbeholfen, aber er bemüht sich. Es ist zu seinem und meinem Vorteil richtig, daß ich ihn dabei unterstütze. Es ist klug, das zu tun.»

Eine Frau, die meint, sie brauche weder intelligent zu sein noch ihre Intelligenz zu entwickeln oder anzuwenden, verzichtet auf die Differenzierung ihres Fühlens und sägt sich den Ast ab, auf dem sie sitzt. Sie muß auf das schiefe Vorurteil verzichten, zu denken: «Wenn ich seiner Schwäche (oder seinem Unvermögen) durch mein Einfühlen entgegenkomme, dann bediene ich ihn ja wieder und leiste seiner Bequemlichkeit nur Vorschub.» Das mag im Einzelfall auch richtig sein, jedoch bedeutet «Differenzierung» ja nicht, allgemeine Grundsätze anzuwenden, sondern die spezielle und konkrete Lage jeweils abzutasten. Und das ist – im Gegensatz zur lehrsatzmäßigen Besserwisserei – eben Klugheit, weibliche Klugheit. Dazu gehört durchaus ein Schuß «Ich-tue-so-als-ob» (obwohl er sich zum Beispiel an den Geburtstag erinnert), eine Unterform von *liebenswürdigem Betrug*.

Darin aber liegt verborgen eine tiefere Art von *Verführungskunst:* Sie baut ihm goldene Brücken, damit er zu ihr findet. Und das ist *Weiblichkeit per excellence,* und der ist letzten Endes kein Mann gewachsen. Er läßt sich gerne verführen, ihre Verführung kann ihn begeistern. Er lernt durch sie. Selbst wenn er ihre Verführung als solche durchschaut, ist sie ihm lieb. «Meine Frau hat es wieder so geschickt angestellt, daß ich gar nicht anders kann. Sie ist wirklich eine kluge Frau.» Sie hat in seinen Augen enorm an Wert gewonnen, und er wird daher immer besser auf sie bezogen bleiben. *Je differenzierter das Fühlen der Frau ist, um so mehr wird der Mann auf sie bezogen sein können.* Dieses differenzierte Fühlen ist mit dem Bewußtwerden der eigenen Verführungskunst in der Frau engstens verknüpft. Ich werde darauf später zurückkommen.

Die Frau als Fühl- und Triebobjekt des Mannes

Projektion (Delegation) des männlichen Fühlens auf die Frau

Der Mann mit Denkdominanz hat seine Fühlfunktion notwendigerweise weitgehend verdrängt. Sie ist von seinem Bewußtsein abgespalten und daher unbewußt. Seine Fühlfunktion ist unterentwickelt und trägt deshalb teils primitive, teile infantile Züge. Da sie unbewußt ist, wird sie *projiziert*. Nur Unbewußtes projiziert sich. Der Projektionsvorgang und die Projektion selbst sind ebenfalls unbewußt. *Das Objekt dieser unbewußten Gefühlsübertragung des Mannes ist in der Regel die Frau (Partnerin) mit Fühldominanz.* Allein wegen ihrer guten Fühlentwickung zieht sie solche Projektionen geradezu an. Dadurch kommt eine relativ stabile und zunächst für beide Partner unbewußte Beziehung zustande, welche Frau und Mann aneinander bindet.

Ist die Phase der Verliebtheit vorüber, wird das Fühlen des Mannes immer unbewußter. Er ist wieder in seiner Denkfunktion heimisch und zieht sich auf sie zurück. *Sein Fühlen delegiert er gleichsam an die Frau.* Sie soll für ihn fühlen, und er wird für sie denken. Spezialisierung und «Arbeitsteilung» sind wieder voll in Geltung. Er *deponiert* sozusagen sein Fühlen in die Frau. Negativ betrachtet entmündigt er sich gewissermaßen, da sie und nur sie in Fühlsachen zuständig wird. Positiv betrachtet vertraut er auf ihre Gefühlssicherheit und stützt sich auf sie ab. Ein gut eingespieltes Paar wird in schwierigen äußeren Situationen beide Funktionen einsetzen und sich beraten. Er wird denkerisch abwägen, ob diese oder jene Lösung vorzuziehen ist. Dann wird er sich an seine Frau wenden und sie fragen: «Was meinst du dazu?» und wird ihre (vom Fühlen bestimmten) Ansichten anhören. Oft folgt er dann seiner Frau, denn er vertraut ihr gleichsam von Natur aus. Auf solche und ähnliche Gegebenheiten ist wohl auch der Spruch zugeschnitten: «Ein kluger Mann hört auf den Rat seiner Frau.»

Der Mann verlegt sein männliches Fühlen durch Projektion in die Frau; sie soll es auf Dauer übernehmen, die Stabilität zu gewährleisten. Die Folge ist, daß er meint, jetzt sei alles in Ordnung. Er hat ein Gefühl der Sicherheit, denn die Frau kann ja viel besser fühlen. Sie schützt ihn vor seinen eigenen Gefühlen, die er als Denker lieber abwehrt. Die Übertragung seiner minderwertigen Fühlfunktion auf die Frau garantiert ihm die Stabilität seines Denkens. Das bedeutet aber, daß die Frau als Projektionsträgerin sich auch so verhalten sollte, wie es dem Mann entspricht. Dazu gehört, daß sie sozusagen «unauffällig», also unter Respektierung einer gewissen Distanz, gleichmäßig konstant und gleichbleibend, ruhig – freundlich dasein und vorhanden sein muß. Dadurch bestätigt sie ihm die Ungefährlichkeit und «Ruhe» seiner eigenen Gefühle und den sicheren Bestand seines Denkens. *Sie wird zum Garanten seines Gleichgewichtes.* Er hängt also in fataler Weise von so einem Wohlverhalten der Frau (in seinem Sinn) ab, und letztlich bestimmt sie (und nicht er), ob es ihm gutgeht oder nicht, denn sie repräsentiert sein Fühlen.

Diese seine Projektion kann so intensiv sein, daß die Frau *vollständig zu seinem Fühlobjekt* wird. Er vergißt dann, daß die Frau nicht nur Objekt sondern auch Projektionsträger seines Fühlens ist und daß sie faktisch auch ein eigenes und von ihm unabhängiges, evtl. auch andersartiges und zudem besser entwickeltes Fühlen hat. Bringt sie das zum Ausdruck, ist die Harmonie und Sicherheit des Mannes bereits gestört, und er ist zugleich gekränkt, daß sie anders als er fühlt, also seiner Projektion nicht ganz oder gar überhaupt nicht mehr entspricht... und schon hängt der Haussegen schief.

Mann und Frau führen eine gute und stabile Ehe. Er geht morgens zur Arbeit, kommt abends wieder und sagt: «Hallo, hier bin ich.» Er meldet sich bei ihr zurück. Sie fühlt und weiß, was er braucht: das Essen, ein Bier, die Sportzeitung. Sie plaudern ein wenig über dies und jenes. Er beteiligt sich nur halbherzig daran und gibt dazu auch den einen oder anderen kurzen Kommentar. Sie erzählt von diesem und jenem Ereignis ihres Tages, was ihn in der Regel wenig interessiert. Es ist ihm unwichtig, was die Nachbarn gesagt haben und daß sie in der Stadt ein neues Möbelgeschäft gesehen hat. Er braucht keine Möbel. Sie fragt, wie es ihm im Geschäft ergangen sei, und er antwortet: «Das Übliche.» Dazwischen erzählt die 14jährige Tochter von ihren Schulproblemen, von der fiesen Lehrerin und ihrer Freundin, die wieder mit einem anderen geht. Er hört kaum zu und fragt nur nach den Noten der letzten Klassenarbeit. Die Tochter: «Eine drei.»

«Ich denke, du hast in Deutsch eine zwei?» Dann strebt er dem Bett zu: «Ich bin müde, kommst du mit?» Sie kommt mit. Im Bett verplanen sie das kommende Wochenende. Wie gewohnt sagen sie sich «gute Nacht». Und so verlaufen die Monate und Jahre gleichförmig und fast störungsfrei. Sie hat sich anscheinend völlig an ihn angepaßt.

Eines Tages kommt er abends nach Hause. Er ruft «hallo» und erhält keine Antwort. Er sucht in der ganzen Wohnung und stellt fest: «Die Frau ist nicht da!» Er ist verdutzt und schaut nach der Uhr: 19.30 Uhr. Er denkt: «Seltsam.» Er zwingt sich, die Sportzeitung zu lesen. Aber er kann sich kaum konzentrieren. Sie ist uninteressant geworden. Ein seltsames Unbehagen macht sich breit, das sich zu einer schwer faßbaren Unruhe steigert.

Die Tochter kommt nach Hause: «Hey Papa!»

«Weißt du wo die Mama ist?»

«Mama ist weggegangen.»

«Was heißt das, sie ist weggegangen?»

«Nun, sie wollte zuerst zur Monika, um etwas zu besprechen.»

«Wann ist sie denn außer Haus gegangen?»

«Etwa um 2 Uhr herum.»

«Hat sie nicht gesagt, wann sie wiederkommt?»

«Nein, warum sollte sie auch, sie wollte später auch noch Gaby besuchen.» Mit Gaby und ihrem Mann waren er und seine Frau befreundet.

«Du weißt nicht, wie lange sie bei Monika bleiben wollte und wann sie zu Gaby gehen wollte?»

«Natürlich nicht, ist es denn so wichtig?»

«Natürlich ist das wichtig. Was wollte sie überhaupt bei Monika und Gaby?»

«Das weiß ich doch nicht. Vielleicht wollten sie miteinander reden oder etwas zusammen unternehmen.»

Der Mann wird immer sprachloser: «Ja, was wollten sie denn unternehmen? Und hat sie dir denn nicht gesagt, wann sie wieder zurückkommt?»

«Nein, das ist doch gar nicht wichtig. Sie wird schon zurückkommen.»

«Natürlich, aber wann? Und um wieviel Uhr? Kommt sie heute oder vielleicht sogar erst morgen oder erst in einer Woche?« Er ist deutlich erregt und äußerst unmutig.

«Aber Papa, warum regst du dich eigentlich so auf? Du kümmerst dich doch sonst nicht um Mama!»

«Natürlich nicht, *denn sonst ist sie ja da!*»

Der Mann verträgt also eindeutig nicht, daß sie nicht da ist. Es ist so, als habe sie ein Stück von ihm mitgenommen, und dieses Stück ist nicht mehr handgreiflich da. Der Mann ist deutlich aus dem Gleichgewicht, und schlimme Gedanken tauchen in ihm auf. Gegen 24 Uhr kommt dann seine Frau froh gestimmt zurück. «Hallo Liebling. Es war ein wunderbarer Abend. Ich war zuerst bei Monika.» Sie erzählt, über was sie alles miteinander geredet hatten. «Dann ging ich zu Gaby, aber die nahm an einem Klassentreffen teil, und ich fand nur Klaus, ihren Mann, vor. Er sagte, er fühle sich ein wenig allein und schlug mir vor, ins Kino zu gehen. Das war mir gerade recht. Wir sahen einen Film. Er war ganz nett.

Und anschließend gingen wir etwas trinken und haben auch eine Kleinigkeit gegessen. Es war sehr schön. Wir sprachen ein wenig über unsere Probleme.»

«Ja, hast du Probleme? Und warum mußt du sie mit Klaus besprechen? Bin ich dir nicht genug, daß du sie nicht mit mir besprechen kannst?»

«Natürlich nicht. Nur bist du abends immer müde und möchtest das tun, was dir gefällt. Ich kann dich auch nicht mit meinen Problemen belasten.»

«Habe ich das je so gesagt? Wenn etwas nicht stimmt, dann kommst du zu mir, und ich werde mich darum kümmern. Muß das sein, daß du dein Herz beim Klaus ausschüttest?»

«Nein, das hat sich nur so ergeben. Übrigens: warum regst du dich so darüber auf, nur weil ich abends *einmal* nicht da war? Du gehst doch auch gelegentlich abends fort und triffst deine Freunde, ohne mir etwas zu sagen. Warum darf ich das nicht auch einmal tun?»

«Das ist nicht dasselbe!»

«Ach nein? Und warum ist es nicht dasselbe? Was du für dich in Anspruch nimmst, muß doch auch für mich gelten.»

«Nein, das ist nicht dasselbe!»

Spätestens hier bemerkt unser Mann, daß er in Verdacht gerät, er habe Sonderrechte zu beanspruchen vom Typ: «Was *er* darf, darf *sie* noch lange nicht!» Die Sache mit der Gleichberechtigung der Frau wird ihm unangenehm. Er hat keine Argumente mehr, mit denen er darlegen könnte, daß es nicht dasselbe ist, ob sie abends ausgeht oder er. Er will kein Macho sein. Aber wenn er spürt, «daß es nicht dasselbe ist», ist er vielleicht doch einer. Er fühlt sich überführt und gedemütigt.

Sie hingegen kann überhaupt nicht einsehen, warum ständig mit zweierlei Maß gemessen werden soll und immer zu Ungunsten der Frau. Sie fühlt: «Was dem einen recht ist, ist dem anderen billig. Es ist an der Zeit, mit den gesellschaftlichen Vorurteilen aufzuräumen. Die Benachteiligung der Frau muß aufhören!» Warum soll sie sich ihm zuliebe einschränken und seinem Willen gehorchen? Ihr Gewissen ist völlig ruhig: Er muß sich ändern, er muß etwas lernen und nicht sie. Es ist vor aller Welt klar: Sie hat recht.

Nun ist der Standpunkt unserer Frau gewiß richtig, jedoch nur unter *der Voraussetzung, der psychologischen Gleichheit von Frau und Mann*. Gerade diese Voraussetzung ist nun aber mit Sicherheit nicht gegeben. Nur die Tatsache des «Ausgehens» ist als solche gleich, aber die gefühlsmäßigen Auswirkungen auf den jeweils zurückgebliebenen Partner sind völlig ungleich. Der Grund liegt in erster Linie darin, daß der Mann seine Gefühle an die Frau delegiert und dort deponiert hat, während die Frau, die über eine voll entwickelte Fühlfunktion verfügt, ihr Fühlen nicht an ihn delegieren bzw. in ihm deponieren muß. Wenn sie ausgeht, nimmt sie alle ihre frei verfügbaren Gefühle mit sich und kann bewußt und komplikationslos Beziehungen aufnehmen und wieder abbrechen. Wenn der Mann ausgeht, bleiben seine überwiegend unbewußten Gefühle bei der zu Hause gebliebenen Frau liegen. «Sie ist da», und solange sie da (zu Hause) ist, geht alles in Ordnung, das heißt, er wird nicht gestört. Maximal kann er noch ertragen, daß sie alleine ausgeht, wenn er weiß, wo sie ist, und wann sie wiederkommmt. Dann bleibt seine Gefühlsdelegation noch sicher. Weiß er aber nicht, wo sie ist und wann sie heimkommt, klappt die «Delegation» nicht mehr, und er ist in seinem Gleichgewicht gestört.

Wenn der Mann ausgeht, ohne zu sagen wohin und wann er wiederkommt, gerät die Frau nicht in gleicher Weise aus dem Gleichgewicht, weil sie ihre Fühlfunktion nicht auf ihn zu projizieren braucht, also nicht delegieren muß. Die tiefe Störung des Mannes kommt also *natürlicherweise* in der Frau nicht vor, eben aufgrund der verschiedenartigen Entwicklung gegensätzlicher Wahrnehmungsfunktionen. Der Mann verliert leicht die Orientierung, die Frau nicht. *Es besteht kein Zweifel, daß die Frau in dieser Hinsicht dem Mann weit überlegen ist und immer überlegen sein wird.*

Die unangemeldeten abendlichen Ausgänge des Mannes sind für die Frau «nur» in anderer Hinsicht ärgerlich. Der Mann nimmt nämlich das Fühlen der Frau (und ihr Fühlen für ihn) als selbstverständlich und sozusagen «natürlich». In der Tat: Das Fühlen der Frau ist hochentwickelt, und insofern ist die Sicherheit des Mannes: «Sie fühlt sowieso für mich» ein unverrückbarer, von den Gegebenheiten sanktionierter Tatbestand. Die durch die Fühldominanz der Frau konstituierte *Einbahnstraße des sicheren Gefühlsflusses* von ihr zu ihm besteht ja faktisch, während der Fühlrückfluß seitens des Mannes aufgrund der Gefühlsverdrängung (weil bei ihm Denkdominanz vorliegt) ganz einfach ausbleibt. Und so kommt der Ärger der Frau zustande: «Ich fühle für dich, aber von dir kommt nichts zurück.» Tatsächlich kommt von ihm nichts, denn er hat sein Fühlen in den Grüften des Unbewußten bei der Frau deponiert, das heißt, man sieht und merkt sein Fühlen nicht.

Er merkt fühlend überhaupt nicht, daß die bewußte Beziehungsfunktion des Fühlens der Frau zwar natürlich ist, daß aber *so* eine Einbahnstraße der Beziehung vorherrscht. Auf diese Weise ist dann die Frau nicht nur für die Gefühle zuständig, sondern auch noch für die Beziehung überhaupt. Der Mann meint stillschweigend, die Frau allein sei für die Beziehung verantwortlich, und er brauche dafür überhaupt nichts zu tun. «Männer lassen lieben» ist der Titel eines Buches. Daß Männer die Frauen fühlen lassen, liegt in der Natur von Mann und Frau (falls die Verteilung der Wahrnehmungsfunktion in Denken und Fühlen so ist, wie hier beschrieben, was natürlich nicht immer der Fall ist) und läßt sich so einfach auch nicht ändern. Deswegen den Männern einen Vorwurf zu machen ist von der «Sache» her nicht gerechtfertigt. Ein Schwarzer ist ein Schwarzer, und ein Weißer ist ein Weißer. Soll man den einen odern anderen wegen seiner Hautfarbe verurteilen?

Das echte, aber auch grundsätzlich lösbare Problem liegt nicht darin, daß Frauen fühlen und Männer denken, sondern darin, daß

Frauen für ihre Männer fühlen, die Männer aber nicht an ihre Frauen denken. Das große Defizit des Mannes ist die Tatsache, daß er an alles nur Mögliche denkt, nur nicht an seine Frau. Solange ihr Fühlfluß konstant ist, meint er, das reiche aus. Sie garantiert die Beziehung und hält sie am Leben. Die bewußte Beziehung kommt aber durch zwei bewußte Gegensatzfunktionen zustande und nicht einfach nur durch eine. Zur Beziehung gehören zwei und nicht einer allein. Sie ist durch Geben und Nehmen charakterisiert.

Jede Einbahnstraße ist über kurz oder lang der Ruin jeder bewußten Beziehung. Die bewußte Brücke, die von der Frau zum Mann geschlagen wird, ist das (ihr) Fühlen. Die bewußte Brücke, die vom Mann zur Frau geschlagen wird, ist das (sein) Denken. Sie erfaßt ihn durch Fühlen, er erfaßt sie durch Denken. Die Frau verlangt also zu Recht, daß er an sie denkt, soll die Beziehung bestehen, und er verlangt zu Recht, daß sie für ihn fühlt. Diese *bewußte Beziehungsebene* und ihre aufmerksame bewußte Pflege seitens beider Partner ist die Voraussetzung, daß eine Beziehung Bestand haben kann, trotz, ja sogar wegen der Verschiedenartigkeit der dominanten Wahrnehmungsfunktionen. Das setzt aber das Wissen um und die Akzeptanz der psychischen Verschiedenheit von Mann und Frau voraus. Wenn bei einer vorübergehenden Trennung die Frau sagt: «Ich bin mit dem Herzen (mit meinen Gedanken) bei dir», und der Mann sagt: «Ich denke an dich», ist die Beziehung in Ordnung, die Einbahnstraße ist weg, es gibt einen Austausch und jeder gibt das, womit ihn die Natur gut ausgestattet hat.

Wenn der Mann nicht lernt, an seine Frau zu denken, ist das Ende der Beziehung vorprogrammiert. Wenn er sich nicht die Mühe gibt, der Frau zu sagen, wann und wohin er abends ausgeht, macht er die Beziehung zur Einbahnstraße. Auf Dauer gesehen geht die Beziehung langsam in die Brüche. Wenn die Frau dem Mann nicht sagt, wann und wo sie hingeht, ist die Beziehung sofort und heftig erschüttert, insofern sie auch *aus unbewußten Elementen besteht*. Die Delegation des Fühlens des Mannes an die

Frau ist ein für ihn unbewußter Vorgang. Ist sie gestört («wo ist meine Frau?»), wird der Mann durch minder- bzw. unterentwikkelte, auch primitive Gefühle bedroht. Er regrediert in einen infantilen Zustand.

Geschlechtsspezifische Nachteile des Mannes gegenüber der Frau

Der Mann befindet sich grundsätzlich in einem sehr erheblichen Nachteil gegenüber der Frau. Die «Deposition» seines ohnehin minderwertigen Fühlens bei der Frau ist nie ganz frei von einer Projektion seines Fühlens auf die Mutter. Allein schon aus der Tatsache, daß der die Frau liebende Mann zumindest unbewußt erwartet, *daß sie da ist* (sie braucht gar nichts Spezielles zu tun, Hauptsache sie ist da und er weiß, wo sie ist und wann sie zurückkommt), zeigt, daß er sie immer und ausnahmslos irgendwie als seine Mutter ansieht, ohne deren Vorhandensein er schlechterdings nicht leben kann. Es stört ihn, daß seine Frau weg ist. Selbst dann, wenn er sie selbst wegschickt, um etwas für ihn zu erledigen, ist er etwas mißgestimmt, wenn sie zurückkommt. Sie war weg, und das stört ihn. Ist seine Liebe noch frisch, will er sie «ganz für sich». Sie soll nur für ihn dasein. Am liebsten würde er sie überallhin begleiten.

Sehr viele Frauen mißverstehen diese seine für eine Frau reichlich seltsamen Bedürfnisse. Sie denken, er habe *kein Vertrauen* in sie, er wolle sie überwachen, er gönne ihr keine Freiheit usf. Das mag in Extremfällen so stimmen, in der Regel ist es aber nicht so. Er will durchaus, daß es ihr gutgeht, daß sie sich bei ihm wohlfühlt und ihn deshalb liebt. Er respektiert ihre Bedürfnisse. Aber er gerät in Konflikt, weil sie dann unter Umständen nicht immer da ist, bei ihm ist. Einerseits ist er froh, wenn er nicht an sie zu denken braucht, und fühlt sich durch diese ihre Abwesenheit entlastet, sozusagen «frei». Er kann «machen was er will». Aber insgeheim fehlt sie ihm. Dies nicht, weil er eine Zeitlang nicht versorgt ist und er sich sein Essen selber zubereiten muß, sondern ganz einfach, weil sie nicht da ist. *Die Mutter ist weg*, und damit ist seine Gefühlsprojektion auf sie in Frage gestellt. Er braucht sie als fühlende Mutter immer. *Ich habe noch nie einen Mann kennengelernt, der diese Mutterbedürfnisse nicht hätte.*

Lebt der Mann in einer Beziehung zu einer Frau, wird er diese seine Grundbedürfnisse immer auf sie übertragen. Er ist sehr froh, wenn die Frau ihm in dieser Hinsicht entgegenkommt und ihn in dieser seiner männlichen Eigenheit versteht. Nun gibt es nicht wenige Frauen, die dafür – in der Regel aus Unwissenheit – kein wirkliches Verständnis haben, also auf den Mann als Mann orientiert sind. Es hat sich zwar herumgesprochen, daß in jedem Mann ein Kind steckt. Im konkreten Fall wollen viele Frauen davon überhaupt nichts wissen. Er soll gefälligst seine infantilen Ansprüche fallenlassen. Er soll aufhören, sie zu «vereinnahmen», ihre Gegenwart zu fordern und ihre sogenannte «legitime Freiheit» beschneiden zu wollen. Genau dies aber fällt ihm besonders in jungen Jahren schwer. Dennoch ist es notwendig, daß er mit seiner jeweiligen Partnerin einen Kompromiß findet.

Der Mutterkomplex des Mannes

Dieser hier angedeutete *Mutterkomplex des Mannes* ist unvergleichlich schwerwiegender und lebensbestimmender als der möglicherweise analoge Mutterkomplex der Frau. Er ist für die Frau wesentlich leichter aufzuarbeiten, weil sie selbst, wie die Mutter, eine Frau ist und selbst Mutter sein kann. *Hier sind positive Identifizierungen möglich aufgrund der Gleichgeschlechtlichkeit.* Genau das aber ist dem Manne nicht möglich, auch dann nicht, wenn er bestimmte «weibliche Anteile» seiner Seele in seinem Bewußtsein «integriert» und selber mütterliche Eigenschaften entwickelt. Die Mutter als Frau ist ihm unerreichbar, weil *keine positive Identifizierung möglich ist aufgrund der Gegengeschlechtlichkeit.*

Nie kann ihm seine Männlichkeit jene Geborgenheit, jenes Getragensein und jenes «Umgreifende» vermitteln, den mütterlichen Uterus, aus dem er hervorgegangen ist und nach dem er sich immer wieder sehnt, auch und besonders in der geschlechtlichen Vereinigung, vor allem aber in der bewußten und unbewußt projektiven Alltagsbeziehung zu seiner Partnerin. In dieser Hinsicht gehört der Mann grundsätzlich zum abhängigen und damit schwächeren Geschlecht. Insofern sind zum Beispiel auch Sexualstörungen nicht selten, sei es in Form der Impotenz beziehungsweise Ejaculatio praecox, sei es in Form von sexueller Unersättlichkeit.

Für den Mann und seine Beziehungsfähigkeit zur Frau ist es unerläßlich, daß er sich seiner infantilen Mutterbedürfnisse bewußt wird. Es ist notwendig, daß er ihre Natur kennt und sie auch akzeptiert. Nur so und nur dann kann er hoffen, daß auch seine Partnerin ihn anzunehmen und in seiner oft auffälligen kindlichen Art etwas Liebenswertes zu erblicken vermag. Es ist objektiv und naturgemäß so, daß die Frau dem Mann in dieser Hinsicht wirklich überlegen ist, und es ist notwendig, daß die Frau von dieser ihrer Überlegenheit selbst Kenntnis nimmt und sich der Vorteile, die die Natur ihr gegenüber dem Manne gibt, bewußt wird. Allein diese Bewußtheit kann es der Frau erlauben, durch die «kindlichen» Ansprüche des Mannes nicht ständig frustriert zu sein, sondern sich als Starke und Überlegene zu fühlen. Innerhalb gewisser Grenzen ist es ihr dann leichter möglich, dem Mann, «diesem großen Kind», entgegenzukommen, solange es sich in Grenzen hält und nicht unerträglich tyrannisch wird.

Das minderwertige Fühlen hat nämlich despotische, sture und «fordernde» Züge. Das minderwertige Fühlen hat immer etwas vorzuwerfen. Es gibt Männer, die tagelang «beleidigt» sind, weil die Mutter-Frau nicht gesehen hat, daß ihnen ein Knopf fehlt, oder weil das Essen 5 Minuten zu spät auf dem Tisch steht. Der Mann «meint» dann, die «Mutter» müsse von sich aus sehen, was ihm fehlt, und er brauche seinen Mangel nicht sprachlich zum Ausdruck zu bringen. Der ausgeprägte Kind-Mann hat unausgesprochene Forderungen, die die «Mutter» zu erraten hat. Tut sie das nicht, ist es ein kränkender «Liebesverlust». In seinen Augen wird die Frau zur «bösen» Mutter (denn sonst hätte sie doch gesehen, daß ihm die Zahnpasta ausgegangen ist und hätte stillschweigend für Ersatz gesorgt), und er bestraft sie dann durch Beleidigtsein, Mißmut und versteckten Groll, den er *allerdings denkerisch oft leugnet.*

Als Mann mit Denkdominanz muß er das störende und minderwertige Fühlen abwehren und verdrängen. Dazu gehört auch die Leugnung. Selbst wenn die Frau sagt: «Gell, du bist verstimmt, weil ich nicht gesehen habe, daß du keine Zahnpasta mehr hast», wird er kühl und distanziert antworten: «Nein, deswegen bin ich natürlich nicht verstimmt, ich habe überhaupt nichts, und laß mich jetzt in Ruhe.» Er schämt sich unbewußt, daß er so mutterabhängig ist und demonstriert erhabene Unabhängigkeit.

Läßt die Frau ihn tatsächlich «in Ruhe», wird es noch schlimmer, denn jetzt verläßt sie ihn ja in seiner Not tatsächlich. Sie ist eine noch bösere Mutter als ohnehin schon. Insistiert die Frau aber darauf: «Doch, du bist mir böse wegen der Zahnpaste», wird der Kind-Mann noch widerspenstiger, weil die Frau ihn in seiner unsäglichen Schwäche bedrängt. Wie sie es auch macht, es ist auf jeden Fall verkehrt. Einen Ausweg gibt es erst dann, wenn der Mann seine Schwäche ertragen kann. Dann wird sie bewußt, und er kann vielleicht sogar sagen: «Es ist unglaublich, wie abhängig ich von dir und deinem mütterlichen Wohlwollen bin, ich bin ein richtiger Kindskopf.» Er wird sich dann vielleicht einmal über seine eigene Mutter Gedanken machen und erkennen, wie schlimm die ursprüngliche Beziehung zu seiner Mutter war, denn sonst würde ihn ja nicht jede kleine Vernachlässigung seiner Frau derartig umwerfen. Er wird merken müssen, wie er den kindlichen Konflikt ständig auf seine Frau projiziert und wird eine harte psychologische Arbeit (z.B. mit Hilfe eines Psychotherapeuten) leisten müssen, um seine kindlich bedingten Abhängigkeiten zu mildern.

Geschieht das nicht oder verläßt ihn seine Frau, besteht die Gefahr, daß der Mann nach Art des Don Juan auf «Muttersuche» geht, immer wieder neue Beziehungen knüpft, auf der Suche des absoluten Verstandenwerdens. Keine Frau wird es ihm recht machen können, an allen wird er etwas auszusetzen haben. Oder er wird zum «Single», befriedigt seine elementaren Bedürfnisse selbst, holt sich Gelegenheitsfrauen vorübergehend ins Haus, um sie wieder fallenzulassen. Er kann auch heimtückisch werden und liebesbedürftige Frauen anlocken. Er weiß mittlerweile, was solche Frauen benötigen. Er gibt ihnen alles und macht sie abhängig von sich – um sie dann von sich zu stoßen. Er ist zum raffinierten Frauenverächter geworden und steht in Gefahr, kriminell zu werden. Für solche Entwicklungen gibt es natürlich tausend Varianten und Abstufungen und sehr viele Ebenen, auf denen sich derartige infantile Beziehungsstörungen auswirken können.

Dennoch möchte ich bekräftigen, daß der Mann auch dann, wenn ihm die Befreiung von seiner kindlichen Mutter-Fixierung gelingt, aufgrund seiner unstillbaren Muttersehnsucht gegenüber der Frau auf jeden Fall der Schwächere bleibt und sich mit dieser seiner von der Natur vorgegebenen Position abfinden muß. Seine Muttersuche bzw. seine Muttersehnsucht ist auch dann, wenn sie bewußt wird, zum weitgehenden Verzicht verurteilt, *weil der Mann keine Frau ist wie seine Mutter.* Die Frau hat dieses Problem nicht, weil sie, wie die Mutter, eine Frau ist.

Der triebspezifische Unterschied zwischen Mann und Frau – Typische Anklagen der Frau

Sehr viele Klagen der Frauen über die Männer beziehen sich auf das sexuelle Verhalten. Auf der Anklagebank steht die männliche Sexualität. Die Anklagen der Frauen, im folgenden kurz als «der Chor der Frauen» gekennzeichnet, sind im wesentlichen folgende:

1. «Mein Mann kann nicht zärtlich sein und einfach nur kuscheln. Jedesmal, wenn er zärtlich ist, endet alles im Sex. Er ist nur zärtlich und gefühlvoll zu mir, *weil* er sexuell etwas von mir will. Alle Männer sind gleich, *sie wollen alle immer nur das.*»
2. «Mein Mann kuschelt nur ganz kurz oder ist fast gar nicht zärtlich zu mir. Er zielt sofort auf Sex. Er will also *nur das*. Unmittelbar nach dem Verkehr wendet er sich ab, kehrt sich um und schläft ein.»
3. «Warum fühlt sich mein Mann nicht in meine Bedürfnisse ein? Warum ist er nicht lange zärtlich zu mir? Warum bleibt es nicht dabei, und warum muß es denn immer zum Sex kommen? Das heißt doch nichts anderes, als daß wir Frauen nur das Sexualobjekt der Männer sind. *Ich will aber kein Sexualobjekt sein.* Soll ich immer nur dazu dienen, seinen Sexualtrieb zu befriedigen? Ich will nicht sein Lustobjekt sein. Das ist widerlich und unter meiner Würde. Ich will, daß er Gefühle für mich hat. Aber die hat er gar nicht, sonst würde er doch nicht immer wieder Sex fordern.»
4. «Wenn ich einmal keine Lust auf Sex habe, ist mein Mann gleich beleidigt. Er sagt, ich sei frigide. Er meint, ich würde ihn nicht lieben, wenn ich mal keinen Sex will. Er sagt, daß ich doch genauso gierig auf Sex Lust haben müsse wie er. Ist es nicht der Fall, würde ich ihn nicht lieben oder abartig, eben frigide, sein. Dabei liebt er mich doch nicht, wenn er immer nur Sex von mir will.»

Nun hat es sich zwar herumgesprochen und ist durch die Medien und Zeitschriften publik geworden, daß es in sexueller Hinsicht Unterschiede zwischen Mann und Frau gibt. Im konkreten Fall aber ist es immer wieder augenfällig, wie wenig Frau und Mann voneinander wissen, was Sexualität und die damit verbundenen Empfindungen und Gefühle anbelangt. Es ist *dieser Mangel an Bewußtheit,* der ständig neue Konflikte zwischen Mann und Frau schafft.

Objektiv gesehen ist es auch sehr schwierig für den Mann, sich ein anderes Geschlechtswesen vorzustellen, als er selber ist, und es ist ebenso schwierig für die Frau, sich ein anders geartetes Geschlechtswesen vorzustellen, als sie selber ist. Ein jeder geht immer wieder nur von sich aus und ist enttäuscht und gekränkt, daß der andere *wirklich und grundsätzlich anders ist.*

In der Entwicklung der Arten ist es aus biologischer Sicht *absolut notwendig,* daß das Leben weitergegeben wird und nicht mit dem Individuum stirbt. Bei tierischen Arten mit Geschlechtsdifferenzierung ist es von *fundamentaler Wichtigkeit,* daß die Befruchtung zustande kommt, ohne die die Art zugrunde gehen muß. Die Natur mußte eine Einrichtung erfinden, um den Fortbestand geschlechtsdifferenzierter Arten zu garantieren. Der *Garant der Fortpflanzung ist* nun *der Geschlechtstrieb, beim Menschen in erster Linie die männliche Sexualität.* Sie muß in gewisser Weise *unwiderstehlich* sein, denn nur dann, wenn es keine endgültigen Hindernisse für sie gibt, ist die Fortpflanzung garantiert. Die dauerhafte Nicht-Befriedigung des Sexualtriebes soll und muß zu solchen Spannungen führen, daß die «Abfuhr» der Triebenergie im Geschlechtsakt unausweichlich und mit einer hohen «Prämie» an Genuß, Lust und Entspannung ausgestattet wird. Insofern ist und bleibt der Mann ein Triebwesen hinsichtlich seiner Sexualität, weil es seine biologische Natur so vorschreibt.

Der biologischen Schicht gleichsam aufgelagert, entspricht die *psychische Triebstruktur* im Verein mit den sexuellen Phantasien und Vorstellungen weitgehend der biologischen. Normalerweise ist die «Männchen-Sexualität» triebhaft auf das Weibchen orientiert und drängt wie sonst kein Trieb auf die geschlechtliche Vereinigung. So bleibt es dabei, daß das Triebziel die Frau bzw. deren Geschlechtsorgan ist. Auf psychischer Ebene bedeutet das, *daß die Frau normalerweise das Sexualobjekt ist.*

Die Natur hat sich doppelt abgesichert: Sie verbindet mit der Sexualbefriedigung eine sehr hohe, rauschhafte, überschwemmende und letztlich geheimnisvolle und nicht weiter beschreibbare Lust, ein ungeheures Verschmelzungserleben. Zu diesem

Lusterleben gesellt sich vorwiegend beim Mann ein *Macht- und Gewalterleben* besonderer Art, das nach vollzogenem Geschlechtsakt sehr rasch wieder abflaut. Es ist sehr schwierig, zwischen Sexual- und Machttrieb gültige Grenzen zu ziehen. Sie verschmelzen weitgehend, und es ist die Vereinigung von Macht-, Besitz- und Überwältigungstendenzen mit dem Bestreben nach abgründiger Lust, die den Vollzug des Geschlechtaktes mit der Frau garantieren. Ohne den männlichen Sexualtrieb würde sich kein Mann um eine Frau als Sexualobjekt kümmern.

Die Tatsache, daß «er immer *das* will», daß er *es* verlangt, fordert und es sich notfalls mit mehr oder weniger Gewalt «verschafft», weist dem Manne die *aktive Geschlechtsrolle* zu. Grundsätzlich will *er* etwas und nicht die Frau. Das hängt unter anderem mit der verschiedenen Anatomie und Physiologie bei Mann und Frau zusammen. *Er* muß bestimmen, wann und wie etwas Sexuelles zu geschehen hat. Der Penis muß nämlich «stehen», also in Erektion sein, damit überhaupt eine Kopulation erfolgen kann. *Er* erlebt und empfindet, wann er «stehen» kann, und folglich muß *er* es sein, der bestimmt, wann und ob überhaupt eine Geschlechtstätigkeit stattfinden kann.

Es ist durchaus nicht sicher, wann und ob «er» überhaupt steht. Ist Erektion vorhanden, *drängt sie zu Aktivitäten, die zur Ejakulation führen.* Es hängt vom Gebenden ab, ob und wann er geben kann und will, und nicht vom Empfangenden. Der Arbeitgeber gibt das Geld, und er bestimmt weitgehend, wann und wie er zum Geben bereit ist. Verweigert er es oder kann er es nicht, gibt es kein Geld. Dieser Vergleich hinkt natürlich, aber er kann helfen, die Verhältnisse zu klären.

Die sexuelle Kraft oder Ohnmacht ist gleichsam öffentlich und sichtbar. Ist keine Erektion möglich, «sieht» und merkt es jede Frau. Er kann also nicht immer, während die Frau (und sei es mit großem Ungemach) immer «kann» und auch vortäuschen kann, es sei schön gewesen. Ihre Geschlechtsorgane sind ins Innere des Körpers gelegt, während die des Mannes exponiert und dementsprechend auch empfindlich und gefährdet sind. Daher rührt es, von der Physiologie her gesehen, daß der Mann, besteht erst eine Erektion, *rasch und entschieden zum Zuge kommen muß*, weil die Gefahr des Abschlaffens jederzeit lauert. Im Falle der Erektionseinbuße gelangt der Mann nicht zur Entspannung, er verfehlt sein Ziel, und auf psychologischer Ebene hat er «schlappgemacht», d. h. er ist gedemütigt und fühlt sich unmännlich. Er hat versagt.

Die Frau nimmt das allerdings nicht unbedingt tragisch. Oft sagt sie: «Na siehst du, du magst auch nicht immer.» Für den Mann aber ist es ein erniedrigendes Ereignis. Häuft es sich, wird er depressiv und fühlt sich minderwertig. Die Frau akzeptiert den Mangel an Erektion besser und kann den Mann wie ein unfähiges Kind behandeln und trösten. Die entwickelte Frau wird jedoch unzufrieden. Sie protestiert zwar oft gegen die männliche Sexualität. Bleibt sie aber ganz aus, ist es ihr dann doch nicht recht.

Das männliche Aktivsein und Zum-Ziel-Gelangen-Wollen ist schon den Spermatozoen grundgelegt. Nach jeder Samenausstoßung drängen Millionen von bewegten Spermatozoen hin zum wartenden Ovulum in der Höhle des Uterus. Es beginnt ein Wettlauf ohnegleichen. Wer den Wettkampf gewinnt, darf ins Ei eindringen.

Das weibliche Ovulum hingegen wird passiv aus dem Eierstock in den Eileiter geschleudert und dort passiv durch Flimmerbewegung bis in den Uterus verfrachtet, wo es sich einnistet. Hier *wartet* es auf Empfängnis. Auch in der seelischen Dimension werden viele Charakteristika der physiologischen Gegebenheiten neu etabliert. Der Trieb zur Frau als natürliches Sexualobjekt findet hier seine Begründung und Rechtfertigung. Eine Änderung dieser natürlichen Grundlagen ist nur mit großen Aufwänden und schwierigen Umstellungen möglich. Naturgesetzlich ist es grundsätzlich und normalerweise aber doch so, daß die Frau das Objekt der männlichen Sexualität ist und bleibt. Keine Emanzipation kann daran etwas ändern.

Handelt es sich also um die *Aktualisierung der puren männlichen Sexualität, wird die Frau naturnotwendigerweise zum Objekt dieser Triebkraft*. Natürlich ist es dem Mann möglich (und oft wird er dazu gezwungen), das Sexualspiel zu ändern, die Frau als Sexualobjekt aufzugeben und die *Sexualenergie auf andere Objekte zu verschieben.* Er kann Tiere, Kinder, Gegenstände oder phantastische Objekte zum Sexualobjekt machen. Er kann sich masturbieren, auf Knaben und Männer «stehen» oder einfach durch große Erregung zum Samenerguß gelangen, z. B. bei Gewaltszenen oder sonstigen starken Emotionen. Selbst die Erregung des Sterbens kann zur Erektion führen. So ist auch die Erektion bei Kindern und Knaben nicht Ausdruck eines sexuellen Geschehens, sondern zeigt lediglich einen heftigen Erregungszustand an.

Grundsätzlich also ist die Frau das biologisch vorgegebene Objekt der Sexualität. Von diesen Grundtatsachen haben Mann und Frau Kenntnis zu nehmen, wollen sie eine Beziehung aufbauen. Eine Frau, die sich darüber beklagt, sie sei das Sexualobjekt des Mannes und diene seiner Befriedigung, kann das zwar individuell vortragen und dagegen protestieren, aber ändern kann sie es nicht. Lediglich der Umgang von Mann und Frau mit der männlichen Sexualität kann innerhalb gewisser Grenzen modifiziert und verfeinert werden. Jedoch muß die Frau, will sie sich auf den Mann einstellen und will sie sich *auf ihn als Mann orientieren,* zur Sexualität des Mannes eine verbesserte Einstellung gewinnen. Die Tatsache, daß sie *auch* das Sexualobjekt ihres Mannes ist, entspricht der männlichen Natur und ist als solches durchaus nicht entwürdigend.

Zur Prostitution

Nun haben aber offenbar faktisch viele Frauen große Schwierigkeiten, sich mit dieser Tatsache abzufinden oder gar ein gutes Verhältnis dazu zu gewinnen. Man sagt, daß die *Prostitution* das «älteste Gewerbe» der Menschheit ist. In diesem Beruf mit seinen vielgestaltigen Manifestationen stellt sich die Frau völlig auf die männliche Sexualität ein. Es hat mich immer wieder verwundert, daß es einer solchen Institution überhaupt bedarf, wo es doch genügend Frauen gibt. Das heißt doch unter anderem dies, daß die Frau mit der männlichen Sexualität nicht immer zurechtkommt und daß die Männer ihr Sexualziel unter natürlichen Gegebenheiten nicht immer erreichen. Offenbar wird es den Frauen irgendwie «zuviel», auf die Triebbedürfnisse des Mannes ständig eingehen zu müssen. Sie sind wesentlich weniger «sexualfreudig» als die Männer. Dadurch entstand die «älteste Marktlücke», will man dem Satz vom «ältesten Gewerbe» Folge leisten. Durch die Einrichtung der Prostitution konnten offenbar die sich nicht prostituierenden Frauen geschont und die Männer befriedigt werden. Da die meisten Prostituierten bei ihren Klienten geschlechtlich nichts empfinden, kommt als Gegenleistung nur Bezahlung in Frage.

Die Prostituierte stellt sich ganz auf die männliche Sexualität ein, ja, sie fordert sie. Sie tut alles, um ein gutes Sexualobjekt für den Mann zu sein und kommt in Grenzen auch speziellen Wünschen der Klienten entgegen. Sie fordert, daß der Sexualakt rasch und zügig vor sich geht, was der reifen männlichen Sexualität entgegenkommt. Dabei hilft sie dem Mann im Prinzip nicht, indem sie ihn durch Gefühlsäußerungen erwärmt. Sie liebt den Klienten nicht, aber sie spielt, falls sie ihren Beruf versteht, die Rolle als Objekt, wie der Mann es sich vorstellt. Er darf sie haben, besitzen, «vergewaltigen», er darf abspritzen. Sie regt ihn an, lobt seinen schönen Schwanz und seine Geilheit. Sie macht ihm vor, daß sie selber geil ist und daß er ein tolles Sexualwesen ist, daß er «kann». Sie meidet persönliche Anknüpfungspunkte und vermeidet den Zärtlichkeitsaustausch. Sie will ihn als Sexualklienten behalten, aber er wird nicht zum Objekt ihres Fühlens. Bleibt er impotent, schickt sie ihn weg und tröstet ihn kaum. Scheitern mehrere Versuche, will sie den Klienten nicht mehr sehen und schickt ihn zur Kollegin, die vielleicht geschickter ist. So ist sie eine pure Sexualhelferin. Viele Klienten, die mit ihren Frauen sexuell nicht zurechtkommen, finden hier Genugtuung und Befriedigung. Für spezielle Dienste oder länger dauernde erotische Sitzungen wird der Preis erhöht. Die Prostituierte ist auf keinen Fall die «Mutter» des Klienten, die etwas gratis oder «aus Liebe» liefert. Nur in seltenen Fällen, unter besonderen Umständen, wird die Prostituierte «mitschwingen» und mitgenießen können. Wohl nur dann, wenn der Klient ihr eine Wohnung schenkt und sie großzügig unterhält, sie also zu seiner «Privatnutte» macht, mögen sich einige Dankbarkeits- und Geborgenheitsgefühle in ihr etablieren.

Allein die Tatsache, daß sich die Prostituierte bewußt und absichtlich darauf einstellt, ein Sexualobjekt zu sein, zeigt, daß die Frauen von jeher Schwierigkeiten hatten, sich positiv als Sexualobjekt zu fühlen und insofern mit der männlichen Sexualität offenbar nur schwer zurechtkommen. Der männliche Sexualtrieb als etwas sehr Drängendes und im Hinblick auf die Versagensmöglichkeit noch mehr zu schnellem Vollzug Neigendes kann sich allzuviel Gefühle und allzulange Vorbereitungsspiele und Zärtlichkeiten nicht leisten. Es muß relativ schnell gehen.

Dieser relative Gefühlsmangel, die Ungeduld und Zielstrebigkeit der männlichen Sexualität entsprechen grundsätzlich nicht dem Empfinden und den Erwartungen der Frau. Die vom Mann initiierten Zärtlichkeiten, selbst wenn sie ohne bewußte sexuelle Hintergründe eingeleitet werden, verwickeln sich in kurzer Zeit mit Sexualität. Wenn – besonders der junge Mann – seine Frau kurz streicheln möchte, kommt sofort eine Erektion, ob er will oder nicht, und die so aktualisierte Sexualität drängt sofort nach sexueller Vereinigung oder/und Befriedigung. Dafür, daß das so ist, kann der Mann nichts, weil es seine Natur ist, und die Frauen, die das beklagen, rennen gegen Naturgesetze an, die weder sie noch die Männer ändern können.

«Ich liebe dich, weil du meine Sexualität liebst» – Das an die Sexualität gekoppelte Fühlen des Mannes

Diese Liebeserklärung macht der Mann. Ein Beispiel soll das verdeutlichen. Ein Mann Mitte fünfzig ist seit dreißig Jahren verheiratet. Seine Frau klagt seit sehr vielen Jahren, daß er von ihr immer nur Sex wolle. Vergeblich hat er sich bemüht, ihr seine sexuellen Bedürfnisse klarzumachen. Vor und während der Ejakulation hatte er ihr immer wieder ausgedrückt, daß er sie liebte. Sie ließ sich aber nicht darauf ein. Im Gegenteil, sie wertete seine an die Sexualität gekoppelten Gefühle regelmäßig ab: «Das ist doch nur triebhaft, und davon habe ich nichts!» Sie kam ihm dann aber praktisch entgegen: «Wenn du das halt brauchst – ich brauche es nicht –, und da ich mit dir verheiratet bin, darfst du alle zwei Wochen einmal kommen.» Sie ließ «Es» also pflichtgemäß und widerwillig in geregelten Abständen über sich ergehen. Sie atmete auf, wenn Es vorüber war und ihr Unmut nahm zu, wenn «der Termin» wieder anstand. So würgten sie sich durch die Jahre.

Dann lernte er eine «freie» Prostituierte kennen, die er zu Hause immer häufiger besuchte. Sie stellte sich offenbar sehr gut auf ihn ein und war auch sonst nett zu ihm. Hatte er sie anfangs nur als «Nutte» benutzt, so gewann er sie im Laufe der Monate immer lieber. Er begann – neben der Bezahlung – um sie zu werben, sie mit Geschenken zu überhäufen, und er schlief nur mit ihr, nachdem er ihr Liebeserklärungen machte und seine Gefühle vor ihr ausbreitete. Auch darin ließ sie ihn gewähren. Er verliebte sich immer mehr in sie und ließ verlauten, er wolle sie heiraten. Das wollte sie aber nicht. Er sei zwar ein besonders netter Kunde, aber zum Heiraten reichten ihre Gefühle für ihn nicht aus.

Indessen kam ihm seine Frau auf die Schliche («er wollte schon so lange nichts von mir!») und erzwang sein Geständnis, auch weil die Kasse nicht mehr stimmte. Sie regte sich maßlos über seine Unmoral auf und verachtete ihn, weil er so weit heruntergekommen war, nicht nur zu einer Nutte zu gehen, sondern sich auch noch in sie zu verlieben! Das war für sie der Gipfel des Tiefstandes. War sie ihm nicht dreißig Jahre lang treu geblieben? Ihr wäre so etwas nie passiert. Von da an war sie ein einziger Vorwurf. Die sexuellen Gefühle ihres Mannes aber existierten für sie überhaupt nicht mehr, und es kam zu getrennten Schlafzimmern.

Dieses Beispiel veranschaulicht, wie relativ einfach es für eine Frau ist, die Gefühle des Mannes (und nicht nur unmittelbar an die Sexualität gekoppelte Gefühle) wachzurufen. Es genügte hier eine sogar nur professionelle Zuwendung zur Sexualität des Mannes, um seine Liebesgefühle zu wecken. Unsere Prostituierte hatte allerdings leichtes Spiel, da die Ehefrau ihres Klienten über dreißig Jahre lang absolut nichts in dieser Hinsicht getan hatte. Immerhin hat die Prostituierte ein Minimum an auch gefühlsmäßiger Akzeptanz seiner Sexualität leisten müssen, um seine Liebesgefühle und seine Verliebtheit zu provozieren. Das tat sie natürlich nicht absichtlich. Dennoch kann man generell formulieren: Wird ein Mann in seinen sexuellen Bedürfnissen und in seinen der Sexualität inhärenten Gefühlen positiv angenommen, kann er sich verlieben und/oder ist er in der Lage, auch bei Denkdominanz für seine Frau zu fühlen. Wenn die Frau für sein an die Sexualität gekoppeltes Fühlen eine positive Einstellung hat, kann der Mann sie lieben.

Sexualität als Wert in der Paarbeziehung

Eine reife Frau wird dann zur Geschlechtspartnerin des Mannes, *wenn sie auf den Mann als Mann eingestellt ist durch ein Fühlen, das seine Sexualität als Wert erfühlt.* Hinter diesem ihrem sexualorientierten Fühlen hängt sich dann ihre eigene Sexualität gleichsam an. *Im nachhinein wird ihr Fühlen sexualisiert.*

Beim Mann ist es umgekehrt: Er begehrt die Frau zuerst sexuell. Hinter diesem Begehren hängt sich dann sein sonstiges Fühlen (lieben) gleichsam an. *Im nachhinein wird seine Sexualität mit Gefühl erfüllt.* Das gilt vor allem für den reifen Mann. Bei einem sehr gut aufeinander eingespielten Paar verwischen sich dann in der sexualerotischen Situation Fühlen, Empfindungen und Sexualität derartig gut miteinander, daß die Unterschiede zwischen «nachher» und «vorher» sich fast völlig aufheben. Ein solches Paar hat dann natürlich keinerlei Sexualprobleme. Hier ist der Mann glücklich, daß die Frau seine Sexualität erfreut erwartet, und die Frau ist glücklich, daß er sie auch sexuell begehrt. Ja, die eindeutige sexuelle Orientierung des Mannes auf seine Frau ist für sie gewissermaßen Garantie und Bezeugung, daß er sie liebt, und die Erwartung der Frau, er möge sie auch sexuell begehren, ist für ihn Garantie und Bezeugung, daß sie ihn liebt.

Solche Verständnisse sind nicht nur ideale Vorstellungen, das heißt, sie sind durchaus realisierbar und kommen wohl faktisch häufiger vor, als man erwartet. Natürlich gelingt auch bei einem «eingespielten» Paar nicht jeder «Tanz», und es gibt selbstverständlich eine Menge sonstiger äußerer und innerer Faktoren, welche das gute sexualerotische Eingespieltsein der Partner aufeinander stören und die Verwirklichung der sexualerotischen Beziehung immer wieder oder auf längere Zeit wirksam hindern können. Die gute Einschätzung und Anerkennung der physiologischen und psychologischen Voraussetzungen in der Verschiedenheit von Mann und Frau sind aber eine günstige Voraussetzung für das Grundverstehen der Geschlechter füreinander. Es ist die Erkenntnis des Soseins des anderen, welche die Beziehung im menschlichen Sinne schrittweise und vermittels eines Reifungsprozesses in beiden Partnern ermöglicht und realisieren hilft.

Die Herabwürdigung des Mannes durch die weibliche Sexualverunglimpfung

Nun bleibt aber als Tatsache bestehen, daß die Männer weithin bei den Frauen in schlechtem Rufe stehen wegen ihrer sexuellen Begehrlichkeiten, wollen sie doch «immer nur das». Selbst dann, wenn Männer in der Begegnung mit Frauen «sich anständig aufführen» (also betreffs Sex größte Zurückhaltung üben), bricht schlußendlich das Sexualbegehren in irgendeiner Form auch dann durch, wenn es nicht ausagiert wird. Daraufhin kann der «Chor der Frauen» wiederum sagen: «Wir haben es ja gewußt, es läuft immer alles auf Sex hinaus!» «Wir Frauen brauchen den Sex nicht, ihr Männer aber braucht das, und alles, was ihr in bezug auf uns unternehmt, hat zum Endziel *das.*»

Nun ist es eigentlich kein Problem der Männer und normalerweise auch kein besonderes Problem für die Männer, daß sie eine triebhafte Sexualität haben, deren Objekt meist Frauen sind. Sie haben eigentlich nur ein Problem: eine Frau zu finden, die ihre Sexualität als gut akzeptiert. Die Frauen mit ihrem Konzept: «Ihr wollt immer nur das!» können sich offenbar nicht mit gewissen naturgegebenen Tatsachen abfinden und sich schon gar nicht positiv darauf einstellen. Faktisch sagen sie nämlich: «Eure Natur sollte so nicht sein.» Und im Grunde verkünden sie im Chor: «Pfui, pfui, ihr habt einen Schwanz, und den wollt ihr in uns reinstecken. Wir sind nicht die Objekte eurer Schwänze. Die gehören weder zu uns noch in uns hinein. Ihr wollt nur eure Lust auf unsere Kosten. Ihr seid alle potentielle Gewalttäter, denn um ans Ziel zu kommen, sind euch alle Mittel recht. Täglich werden Frauen vergewaltigt!» Doch gibt es auch vereinzelte Stimmen, wenn «die Männer nichts von Frauen wollen»: «Schau dir diese Softis an, lauter Schlappschwänze (!), ihr habt nichts in den Hosen, da rührt sich nichts, das ist doch kein Mann!»

Das weckt erhebliche Verunsicherung im Mann: Einerseits ist es «pfui», wenn er einen erigierten Penis hat, der dann natürlich grundsätzlich auch etwas will, andererseits ist es lächerlich, wenn er ihn nicht hat. Da der Mann von der Frau abhängt, wagt er nur heimliche Proteste: «Wir sind doch keine Kinder mehr und pure Pipimacher, und wir lassen uns von den Frauen nicht vorschreiben, wie wir zu sein haben.» Aber es schleicht sich dann doch ein schlechtes Gewissen ein: «Sind wir vielleicht doch im Sex gewalttätig? Wäre es nicht doch besser, wir hätten keinen Sex?» Das vom «Chor der Frauen» geweckte und unterhaltene schlechte Gewissen wegen dem «bösen Trieb» kann durchaus zur Folge haben, daß der Mann eine Impotenz entwickelt. Dann ist er vor den Frauen wieder gut, ungefährlich und nicht mehr «pfui», dafür aber ein wenig lächerlich oder bedauernswert, weil er kein «richtiger» Mann mehr ist.

Es kann aber unmöglich nur an den Frauen und ihrer mangelnden positiven Einstellung zum Mann liegen, wenn dieser wegen seiner Sexualität in einen so schlechten Ruf geraten ist, weil ja an und für sich auch die Natur der Frau auf der sexuellerotischen Ebene auf den Mann hin geordnet ist. Ich glaube auch nicht, daß es vorwiegend an der aggressiven und machterheischenden Komponente der Sexualität liegt, welche die Frauen verabscheuen.

Die Infantilität des Mannes und ihre Sexualisierung

Die Ursache der Ablehnung der Frauen liegt vielmehr in der *Infantilität* vieler Männer und ihrer *schlecht entwickelten Fühlfunktion*. Ihr Fühlen ist weitgehend in den Kinderschuhen steckengeblieben und ist dadurch charakterisiert, daß es ständig etwas will, etwas haben will, etwas für sich will und (wie es dem Fühlen eigen ist) haftet, klebt und Nähe will – was dann ganz im Gegensatz zum Denken steht. Bricht dieses infantile Fühlen durch, nimmt es den Denkmann mit in Beschlag. Dann wird auch das Denken «billig» und minderwertig.

Das unterentwickelte Fühlen produziert kindliche Vorstellungen von Habenwollen, Vereinnahmenwollen und kann artikuliert werden: «Mama, Mama gib mir, gib mir! Steh mir immer zur Verfügung, du mußt für mich dasein, so wie ich es will. Ich dulde es nicht, daß du dich mir entziehst, und notfalls werde ich mir mit Gewalt nehmen, was ich brauche. Du darfst zwar selbständig sein (stark sein), damit ich nie etwas für dich tun muß und bequem bleiben (dein Kind bleiben) kann, aber du darfst mich nicht verlassen.» Der Mann, der gefühlsmäßig *nur* verlangt: «Sie muß dasein», ist schon relativ hoch entwickelt.

Viele Frauen würden sich mit solchen kindlichen Verhältnissen abfinden, einige würden es sogar eher als positiv werten, etliche könnten sogar ihre eigenen (mütterlichen) Machtgelüste heimlich befriedigen, wenn nicht ein neuer und in diesem Zusammenhang tatsächlich fremder Faktor hinzukäme. Da die kindlichen und weitgehend unbewußten Phantasien des Mannes auch energiereich sind und da ihre Träger ja objektiv und körperlich erwachsen sind, mobilisieren sie auch wegen der Nähe zum Unbewußten ihrer Psyche die erwachsene Sexualität. Das heißt: *Kindliches wird nachträglich sexualisiert und ins Ausdrucksfeld der Sexualität eingebunden und eingezwängt.* Die Sexualität selbst regrediert auf infantile Ebenen, wo sie an und für sich gar nichts zu tun hat. Das Kind hat keine Sexualität, und die Erregtheit der Geschlechtsorgane der Kinder ist einfach «Erregung», aber nicht Sexualität im nachpubertären Sinn. In gewisser Weise hat eine *Verfälschung der Sexualität* stattgefunden, weil sie nicht nur in infantiler Weise funktioniert, sondern auch das der erwachsenen Sexualität eigene Objekt, nämlich die erwachsene Frau, verfehlt. Diese regredierte Sexualität will die Mama und nicht die erwachsene Frau. Es sind unterentwickelte (weil kindliche) Gefühle, welche die Sexualität in ihren Dienst genommen haben.

Die erwachsene «Struktur», in die Gefühl und Sexualität beim Mann eingebettet sind, nämlich *zuerst Sex, dann Gefühl,* hat sich umgekehrt: *Erst Fühlen und dann Sex,* was einer psychologisch kindlichen Struktur entspricht. Genau das aber kann die Frauen irritieren. Wird dann auch noch das Denken minderwertig, insofern es ins Schlepptau infantiler Gefühle geraten ist und damit seine Männlichkeit eingebüßt hat, *wird jede gesunde Frau solche Männer ablehnen,* weil sie auch ihr autonomes Denken nicht nur vorübergehend, sondern auf lange Zeiträume hin eingebüßt haben. Dann wird es wahr, was «der Chor der Frauen» sagt: «Ihr habt nur Sex im Kopf!» Das heißt: *Ihr denkt nicht mehr gut.* Und das trifft den Nagel auf den Kopf.

Grapschen und Tapschen – Der kindliche Mann

Diese kindlichen Männer sind allgemein bekannt: Wo sie hinkommen, wirken sie begehrlich. Sie ziehen die Frauen, eine nach der anderen, mit den Augen aus und nehmen sie sozusagen in Besitz. Überall wollen sie «etwas haben». Im engen Kreis rutschen sie zufällig oder augenfällig neben die Frauen, legen wie unbeabsichtigt die Hände auf deren Knie, verteilen begehrliche Küßchen. Wo auch immer sie hinkommen, tapschen sie herum und suchen zudringlichen Hautkontakt. Sie müssen «haben», «in Besitz nehmen», «aufreißen» und spielen sich als unwiderstehlich auf: «Alle Frauen sind mein.» Auch vor den Partnerinnen von Freunden machen sie – gibt es nur eine Gelegenheit – nicht halt. Anzüglichkeiten und Unterstellungen sind an der Tagesordnung. Überall vermitteln sie: «Na, wir wär's mit uns zwei?» – «Du bist doch sicher geil?» – «Jetzt, wo wir so schön und lustig zusammen sind, könnten wir doch!» – «Habt ihr schon gesehen, wie schön meine Nachbarin ist?« usf.

Diese Männer sind außerstande, in eine gute erotische Beziehung zu einer Frau zu kommen. Sie können sich nicht an einer schönen oder Gefühl ausstrahlenden Frau auf erwachsene Weise erfreuen oder sich beleben lassen, weil sie sofort wieder «haben» müssen und gleich mit offenen oder angedeuteten Obszönitäten bei der Hand sind. Sie halten kein Niveau, mischen in jede Sympathie Begehrlichkeit und nehmen jeden Frauenblick als Einladung und Zustimmung zu Sexualität. «Oh, du bist aber süß ... zum Anknabbern.» Und auf der Party: «Erika, ich glaube, dein Mann vernachlässigt dich. Das täte ich aber nicht. Sieht er überhaupt, was du für einen schönen Hals hast?» Schon ist er der Tausendsassa, der alles besser kann und sieht und weiß, daß der Körper dieser Frau nicht gesättigt ist. *Er* kann ihn sättigen, denn er hat Lust darauf. Und spielerisch berührt er den Hals und küßt ihn. Vielleicht geht es Erika wirklich schlecht, und sie wurde seit Jahren nicht gesehen, vielleicht verbringt sie deswegen eine Nacht mit ihm oder ist versucht, in seinen Armen zu genießen. In der Regel liegen die Dinge aber ganz anders. Dann muß Erika, der Höflichkeit oder Freundschaft wegen, die Zudringlichkeiten erdulden, oder aber sie erteilt ihm eine Lektion und nimmt eine klare Position ein und unterläßt es, ihn noch einmal einzuladen. Und das wäre die gute Lösung.

Er hätte schließlich (theoretisch) auch sagen können: «Erika, heute abend bist du sehr schön, du siehst gut aus, und dein Kleid steht dir. Ich bin froh, daß es dir gutgeht, und ich fühle mich in deiner Gesellschaft sehr wohl.» Er hätte ihr offen ins Gesicht sehen und an einem erotischen Austausch teilnehmen können, der niemandem etwas wegnimmt, die Erotik auch nicht verleugnet und das Wohlbehagen der Sympathie als Geschenk annimmt, ohne ständig etwas zu stehlen.

Das Betapschen, Mit-den-Augen-Entkleiden und die Anzüglichkeiten bedeuten ein ständiges *Stehlen von Sexualität* und entspringen einer unmännlichen oder unmännlich gewordenen Sexualität. Diese infantilen Männer merken noch nicht einmal, wie widerlich sie für die Frauen sind und wie sehr sie von erwachsenen Männern letzten Endes verachtet werden.

Das Schlimme daran ist letztlich gerade dieses Nichtmerken ihrer Situation. Niemand kann etwas dafür, daß kindliches Fühlen vorhanden ist und die Oberhand gewinnt, kein Mann ist schuldig, weil er Sexualität hat, und man kann ihn nicht deswegen verurteilen, weil seine Sexualität regrediert. Es ist die Unbewußtheit, die es mit sich bringt, daß keine Entwicklung, Änderung und Einsicht mehr möglich sind.

Das Gefährliche in diesen Infantilmännern ist der weitgehende *Mangel an Leiden*. Durch den Hinzutritt von Sexualität zu den infantilen Phantasien, Vorstellungen und Gefühlen ist der Lustgewinn beträchtlich und der Widerstand gegen eine Änderung groß. Das dürfte mit ein Grund dafür sein, daß der «Chor der Frauen» so unerbittlich ist und in punkto Sexualität nicht mit sich spaßen läßt. Erst das Leiden, das durch die Nichtakzeptanz der habituellen Infantilsexualität des Mannes seitens der Frauen wachgerufen wird, kann zur Besinnung des Mannes anregen und es ihm gestatten zu sehen, wo in ihm etwas nicht in Ordnung ist. Ich glaube nicht, daß gesunde Frauen etwas gegen die erwachsene Sexualität des Mannes einzuwenden haben. Aber die schmierige Sexualschmuddelei wird nie offizielle Anerkennung finden, auch nicht seitens der reifen Männer.

Denkfrau und Fühlmann

Die Denkfrau

Mehrheitlich gehören Frauen dem Fühl- beziehungsweise Empfindungstyp an. Eine Minderheit entwickelt jedoch die Denkfunktion besonders. Wird sie zur habituellen Hauptfunktion, sprechen wir von einer Denkfrau. Ihre Haltung, Einstellung und Lebensorientierung und ihre Reaktionsweise in typischen Situationen ähnelt dann weitgehend denen des Denkmannes, und wären nicht die typischen anatomischen und physiologischen Eigenschaften der Frau vorhanden, könnte man sie als «männlich» bezeichnen, insofern die Mehrzahl der Männer Denkmänner sind. Von der Physiognomie her brauchen sie aber keine besonderen männlichen Züge aufzuweisen. Sie wirken in ihrem Erscheinungsbild mehrheitlich durchaus weiblich und erst beim näheren Kennenlernen merkt man, daß Denkfrauen hauptsächlich denken und daß dann, wenn sie fühlen, gewisse Komplikationen auftreten, ganz ähnlich wie bei Denkmännern, weil das Fühlen der Denkfrau unterentwickelt beziehungsweise verdrängt ist. Ein Beispiel soll das verdeutlichen.

Johanna galt schon immer als «sehr vernünftiges Kind». Sie war zwar lebhaft und spielte gerne mit Jungens, fand es aber unter ihrer Würde, an deren Raufereien teilzunehmen. Sie war eine sehr gute Schülerin und interessierte sich vorwiegend für naturwissenschaftliche Fächer und für Philosophie. Zu den Klassenkameradinnen hielt sie Distanz, kam aber mit allen ordentlich zurecht. Auch die Beziehung zur Mutter war durch höfliche und wohlerzogene Distanz gekennzeichnet. Mit dem «klugen» Vater pflegte sie

Gespräche und verstand sich gut mit ihm. Sie wollte Biologie oder Physik studieren, was aber nach dem Krieg aus finanziellen Gründen nicht möglich war. So wurde sie Beamtin. Eine schnell geschlossene Ehe wurde ebenso schnell wieder aufgelöst, und Johanna zog ihre Tochter alleine auf.

Bei den Beziehungen zu Männern suchte Johanna vorwiegend geistige Gespräche und Anregungen. Zu Intimitäten ließ sie sich zwar verführen, aber sie bestimmte den Zeitpunkt und die Dauer. Da sie attraktiv war, hatte sie viele Verehrer. Es kam aber nie zu längeren Beziehungen, weil die Männer Sexualität und auch Wärme suchten und erwarteten. Damit konnte Johanna wenig anfangen. Sie bestimmte, wann ein Flirt beginnen konnte. Je mehr Nähe und Wärme die Männer suchten, um so abweisender wurde sie, und schlußendlich benutzte sie die Männer vorwiegend, um gelegentliche sexuelle Bedürfnisse zu befriedigen. Im Urteil der Männer war sie überheblich, unzugänglich bis arrogant, worüber Johanna immer wieder überrascht war.

Eigentliche Schwierigkeiten bekam Johanna aber erst nach ihrer Pensionierung. Sie hatte nun Zeit und suchte Kontakte. Sie wollte Gesprächspartner auf höherem Niveau haben. Sie wollte diskutieren und philosophieren, religionspsychologische Themata behandeln. Entsprechende männliche Gesprächspartner fanden sich aber nicht. So schloß sie Freundschaften auch mit jüngeren Frauen, die Johanna als sehr intelligent und überlegen einschätzten. Sie meinten aber auch, Johanna sei zu einsam und bedürfe der Einbindung in Gruppen, um sich wohlzufühlen. So kam sie in verschiedene Frauengruppen, welche Tanzen, Meditation, Yoga oder Malen übten oder über Esoterik und ungewöhnliche Ereignisse berichteten. Da Johanna gut zuhören konnte, erfuhr sie von den enttäuschten oder beglückten Gefühlen ihrer Freundinnen und von ihren Erwartungen. Die Freundinnen wußten alle besser als Johanna, was ihr not tat und was für ihr Glück nötig war. Sie wurde in viele Intimitäten aus Ehen, Scheidungen und Liebschaften eingeweiht. Dabei wurde es Johanna immer unwohler. Sie fühlte sich verwirrt und desorientiert. Erschöpft suchte sie schließlich ärztliche Hilfe auf.

«Heute früh am Morgen hat mich Sybille schon wieder angerufen. Wissen Sie, diese Frau denkt überhaupt nicht daran, daß ich um diese Zeit meine Ruhe brauche. Und dann erzählt sie stundenlang über ihren neuen Freund. Er sei ganz verrückt nach ihr und warte nur darauf, daß sie mit ihm Verbindung aufnähme. Ich fragte dann, woher sie denn wisse, daß er sie so liebe.» «Ja, so was fühlt man!», hat sie geantwortet. «Also das ist doch Unsinn, und eigentlich interessiere ich mich überhaupt nicht für die Gefühle Sybilles. Was soll das alles! Mag sie doch fühlen was sie will, aber sie soll *mich* damit in Ruhe lassen.»

Der Therapeut: «Warum halten Sie dann die Beziehung zu Sybille aufrecht, wenn Sie sich gar nicht für sie interessieren?»

«Weil ich immer gedacht habe, Sybille würde endlich vernünftig werden. Aber ich merke jetzt, daß sie nichts im Kopf hat.»

«Was heißt das, nichts im Kopf haben?»

«Sie denkt nichts, und sie geht nur mit ihren Gefühlen hausieren.»

«Sind Gefühle denn nicht auch wertvoll?»

«Also für mich nicht. Mir sind sie lästig. Sie sind so dumm, und das ganze Gehabe und Gequatsche ohne Sinn und Verstand ist mir unbegreiflich.»

«Unter diesen Umständen werden Sie aber die meisten Freundschaften verlieren.»

«Also unter diesen Umständen ist es mir viel lieber, gar keine Beziehungen zu haben. Ich brauche jemanden, mit dem ich reden, diskutieren und Gedanken austauschen kann.»

«Ich glaube, mit Sybille können Sie nur Gefühle, aber keine Gedanken austauschen.»

«Sybille sagte, sie wolle mir ihre Erfahrungen – ihre Selbsterfahrungen mitteilen. Aber was nützen denn alle Erfahrungen, wenn Sybille nicht gelernt hat, daraus ihre Schlußfolgerungen zu ziehen? Dann ist doch der ganze Erfahrungsaustausch nur Blablabla.»

«Haben Sie denn Sybille *Ihre* Erfahrungen mitgeteilt?»

«Meine? Aber nein, das heißt, gelegentlich habe ich kurze Mitteilungen darüber gemacht, aber natürlich nicht bis in alle Einzelheiten. Die sind doch ganz uninteressant.»

«Sie sagten, Sie hätten einige Male an einer Tanzgruppe teilgenommen. Wie haben Sie sich denn da gefühlt?»

«Sehr komisch, ja, komisch. Ich fühlte mich fehl am Platz.»

«Haben Sie selber nie getanzt?»

«Aber sicher, ich habe sogar gerne getanzt, aber natürlich mit einem Mann.»

«Und ohne Mann?»

«Wie ohne Mann?»

«Zum Beispiel vor dem Spiegel oder ganz einfach sich tänzerisch durchs Zimmer bewegen.»

«Ach, sie meinen, um mich zu sehen oder um etwas auszudrükken? Nein, das nicht. Was soll ich denn ausdrücken, wenn niemand den Ausdruck sieht? Wenn ich etwas ausdrücke, kann ich das, wenn ich es klar ausspreche und begründe. Das kann man doch kurz und bündig machen.»

«Können Sie sich nicht vorstellen, daß es einen nicht-verbalen Ausdruck gibt?»

«Natürlich, aber das doch nur bei gewissen Höhepunkten.»

«?»

«Ja, kürzlich hat meine Nachbarin ein Kettchen, das ich wohl im Treppenhaus verloren hatte und an dem ich hing, gefunden und es mir gebracht. Ich war überrascht und der Nachbarin dankbar. Da habe ich sie ganz kurz umarmt, weil ich gerührt war und keine Worte fand.»

«Können Sie sich vorstellen, daß es Gefühle und Empfinden gibt, die man überhaupt nicht in Worte fassen kann und für die es keinen unmittelbaren Grund gibt, warum sie da sind?»

«Ich sagte doch schon, es gibt sie nur bei gewissen Höhepunkten. Aber normalerweise kann man jedes Gefühl in Worte fassen, man kann es begründen, beschreiben und mitteilen. Das ist doch der richtige Ausdruck.»

«War die Umarmung der Nachbarin nicht auch richtig?»

«Das ging ganz schnell, und ich hatte mich auch gleich wieder gefaßt. Das Gefühl hat mich überwältigt, ich hatte es nicht vorhergesehen, und ich war davon überrascht. Vielleicht war es für die Nachbarin etwas zudringlich. Normalerweise mache ich das nicht.»

«In der Tanzgruppe berühren sich die einzelnen Frauen doch auch gelegentlich kurz.»

«Das ist nicht dasselbe, das machen sie doch absichtlich, und es besteht gar kein Grund dafür.»

«Das ist aber Ausdruck eines Fühlkontaktes.»

«Damit kann ich nichts anfangen. Als die Frauen mich berührten, wußte ich nicht, was das soll. Das ist überflüssig und nichtssagend, eigentlich kindisch, dieser programmierte Ringelreihen ... Übrigens, Herr Doktor, ich brauche Sie doch auch nicht mit dem Finger zu berühren, wenn ich einen gedanklichen Kontakt zu Ihnen habe. Also, mich würde das stören.»

Es ist ersichtlich geworden, daß Johanna eine Denkfrau ist, die folglich durch Gefühle gestört wird. Mit ihrer Berentung hatte sie versucht, eine gewisse Lücke, die durch den Wegfall der Kontakte am Arbeitsplatz entstand, aufzufüllen. Sie hatte zunächst versucht, andere Personen zu finden, mit denen sie diskutieren und Gedanken austauschen wollte. Das hätte ihr und ihrem Denken bestens entsprochen. Das gelang aber nicht. Johanna suchte nun Kontakte zu Frauen, in der Erwartung, denkerisch mit ihnen umgehen zu können. Das scheiterte daran, daß sie auf lauter Fühlfrauen stieß, welche das denkerische Distanzbedürfnis nicht erkannten und nicht respektierten. Außerdem meinten sie, Johanna durch deren Einbeziehung in ihre Fühlwelt etwas Gutes zu tun, weil eben fast jeder meint, daß das, was für ihn gut ist, auch für den anderen gut ist.

Johanna interessiert sich nicht für die Gefühle der anderen, wohl aber für deren Denken und ihre Gedanken. Letzteres entspricht der Denkposition Johannas, ersteres entspricht ihr überhaupt nicht. Johanna bezeichnet starke Gefühlseinbrüche zwar als «Höhepunkte», aber eben nicht als etwas Normales. Der «Höhepunkt» macht sie sprachlos, das heißt, ihr Denken ist für Augenblicke außer Kraft gesetzt. Ihre Sprache ist Werkzeug und Ausdruck des Denkens und nicht des Fühlens. Sie schätzt die Ausrufe «ah» und «oh» ihrer Freundinnen überhaupt nicht und empfindet sie irgendwie unecht, gestellt oder zumeist kindisch. Sie fürchtet, ihr Gefühlsausdruck (Umarmung) könne zudringlich sein. In der Tat erlebt sie die Gefühlsäußerungen der Fühlfrauen allesamt als störend und deren Berührung als «zudringlich». Sie wertet das Fühlen anderer und ihr eigenes ab, wie es die Denkposition erheischt. Die Pflege des Fühlens und seines Ausdruckes in der Frauengruppe wird von Johanna als «Gehabe», als «dumm» (die Frauen denken dabei nicht), als «überflüssig» (weil es dafür keinen Grund im denkerischen Sinn gibt), als «komisch» (weil es Johanna befremdet, es ihr fremd ist) und als «kindisch» (weil das eigene Fühlen Johannas infantil geblieben, unterentwickelt und für den denkerischen Standpunkt des Bewußtseins nicht erträglich bzw. interpretierbar ist) beurteilt. Bezeichnend ist die plötzliche Zuwendung der Patientin zum Arzt am Schluß des Gespräches: Johanna braucht keine Berührung für den gedanklichen Kontakt! Die Berührung als Gefühlsausdruck würde ihren Denkstandpunkt stören.

Damit hat Johanna auch die Diagnose ihrer Krise (Erschöpfung) indirekt ausgesprochen: «Ich wurde durch Gefühle gestört und habe darum meinen Standort und meinen ‹seelischen› Standpunkt verloren. Ich muß ihn wiedergewinnen durch erneute Festigung des Denkens und *seiner* Pflege. Wenn ich meine, ich müsse *hauptsächlich* fühlen und Gefühle zeigen, werde ich krank.» Fühlfrauen (und Fühlmänner) werden durch die Pflege ihres Fühlens nicht krank, Denkfrauen (und Denkmänner) aber wohl, weil sie nämlich ihren seelischen Halt, eben ihren dominanten psychischen Standpunkt aufgegeben haben.

Mehrheitlich gehören Männer dem Denktyp bzw. Intuitionstyp an. Eine Minderheit entwickelt jedoch die Fühlfunktion besonders. Wird sie zur habituellen Hauptfunktion, sprechen wir von einem Fühlmann. Sein Verhalten, seine Lebensorientierung und seine Einstellung ähneln dann weitgehend denen der Fühlfrau, und wären nicht die typischen anatomischen und physiologischen Eigenschaften des Mannes vorhanden, könnte man sie als «weiblich» bezeichnen, insofern die Mehrzahl der Frauen Fühlfrauen sind. Fühlmänner wirken aber in ihrem Erscheinungsbild mehrheitlich durchaus männlich. Erst wenn man sie näher kennenlernt, merkt man, daß Fühlmänner hauptsächlich fühlen und daß sie durch das pure Denken gestört werden, ganz ähnlich, wie es den Fühlfrauen geschieht. Nimmt der Fühlmann Beziehungen zu einer Denkfrau auf, sind typische Konflikte vorprogrammiert. Zur Verdeutlichung ein Beispiel:

Erwin ist Betriebsleiter. Er hat ein warmes und herzliches Verhältnis zu seinen Untergebenen, die er auch vor Vorgesetzten verteidigt. «Auf die lasse ich nichts kommen!» Er ist beliebt, von einigen aber nicht geschätzt, weil er schlecht «durchgreifen» kann und zu wenig «hart» ist. Erwin war schon einmal kurz verheiratet mit der Leiterin eines Großbetriebes. Der Therapeut fragt ihn, warum es zur Scheidung kam.

«Ich habe die Scheidung eingereicht. Ich hatte mich so in meiner Frau getäuscht. Ich hatte sie wirklich geliebt, aber dann hat es sich herausgestellt, daß sie mich nicht wirklich liebte.»

«Woran haben Sie das gemerkt?»

«Woran? Im Bett. Wissen Sie, ich hatte am Abend immer so ein starkes Bedürfnis, mich an sie zu schmiegen und sie zu streicheln. Ich wollte einfach nur kuscheln. Sex ist ja schon wichtig, aber für mich ist eigentlich die Wärme und das Schmusen viel wichtiger.»

«Und für Ihre Ex-Frau?»

«Oh, ich glaube, der war das gar nicht wichtig. Ja, am Anfang, da schmuste sie auch gerne. Aber dann wurde ihr das alles zu viel. Wenn ich noch weiter einfach kuscheln wollte, sagte sie drängend: ‹Na, nun komm schon›, ja, gerade so hat sie es gesagt.»

«Hat Ihre Ex-Frau Sie denn nicht auch gestreichelt?»

«Ach, das konnte sie gar nicht recht. Da strich sie mir ein paarmal über den Rücken, manchmal so gefühllos wie ein Reibeisen. Wissen Sie, so einfach über den Rücken hin- und hergestrichen. Das ist doch nicht zärtlich. Das hat sie nur gemacht, damit ich schnell steif werde. Sie wollte, daß ich schnell zu ihr komme, damit sie zu ihrer Sache kommt.»

«Kam Ihre Frau so zum Höhepunkt?»

«Die, die kam immer zum Höhepunkt. Und wenn es ihr nicht schnell genug ging, hat sie sich auf mich gesetzt, hat ihn reingesteckt und hat mich, wie man halt so sagt, durchgefickt.»

«Kamen Sie denn zum Höhepunkt?»

«Eine Zeitlang schon. Aber dann kam sie viel früher als ich.»

«Und dann?»

«Dann hat sie mich manchmal mit der Hand befriedigt, aber das wollte ich dann gar nicht mehr.»

«Hat Ihre Frau denn nicht schmusen wollen, nachdem sie zum Höhepunkt gekommen war?»

«Fast nie. Meistens legte sie sich auf die Seite und schlief ein. Manchmal habe ich mich noch an sie gekuschelt.»

«War ihr das recht?»

«Nein, sie hat es nur über sich ergehen lassen. Sie liebte mich einfach nicht.»

«Aber sie hat Sie doch begehrt?»

«Ja, das schon, und wie, die war ja ganz wild auf mich. Aber das war nur sexuell. Sie wollte immer nur Sex. Die hat mich nur ausgenutzt, und sie hat mich nur geheiratet, weil sie Sex brauchte.»

«Aber Sie haben sie doch auch geheiratet?»

«Nein, eigentlich *hat sie mich geheiratet.* Ich sagte doch, sie wollte Sex.»

«Wollen Sie denn keinen?»

«Natürlich auch. Ich bin ja ein Mann. Aber sie hat meine Gefühle nicht gewollt! Sie hat mir oft gesagt, daß ich zu viel Gefühl habe und daß sie das nicht brauchen könne. Sie hat meine Gefühle zurückgestoßen. Hätte sie mich geliebt, dann hätte sie doch meine Wärme und Nähe gewollt.»

«War Ihre Ex-Frau denn nicht auch sonst einmal zärtlich, zum Beispiel tagsüber?»

«Ja schon, aber das war immer nur kurz und viel zu wenig. Sie gab mir schon mal so einen Kuß oder strich mir über den Kopf. Das war aber nur so nebenher.»

«Wolltet Ihr Kinder?»

«Oh ja, ich hätte gerne Kinder gehabt. Aber meine Ex-Frau sagte, sie könne jetzt nichts mit Kindern anfangen. Sie wolle erst beruflich ihre Position ausbauen. Sie nahm die Pille, und so konnte ich nichts machen. Dabei hätte ich für das Kind gesorgt. Sie hätte ruhig weiterarbeiten können. Heute bin ich natürlich froh darum, daß es so kam. Das Kind hätte unter ihrer Gefühlskälte genauso oder noch mehr gelitten als ich.»

«Habt Ihr denn sonst mal Gespräche geführt, zum Beispiel abends?»

«Nein, fast nie. Wenn sie von der Arbeit kam, wollte sie ihre Ruhe. Ich fragte sie, ob wir denn nicht mal plaudern könnten, nachdem sie die Zeitung gelesen hatte. Aber sie hielt nur wenig davon. Sie sagte, man könne mit mir nicht reden, weil ich nicht logisch denken könne. Manchmal glaube ich selbst daran. Wenn wir uns gestritten haben, saß sie immer am längeren Hebel. Sie argumentierte so gut, daß ich zum Schluß unrecht hatte.»

«Trotz allem müssen Sie Ihre Frau doch geliebt haben?»

«Ich habe sie sehr geliebt. Ich habe sie auch ein wenig bewundert. Sie war selbstbewußt, sie war chic, sie pflegte sich, sie war sehr attraktiv, und im Betrieb war sie hochgeschätzt. Sie war immer so klar in ihren Gedanken und wie sie sich ausdrückte. In wenigen Worten sagte sie das Wesentliche. Ich mußte da immer mehr ausholen. Ich war viel weitschweifiger.»

«Sie hat Ihnen also doch zugehört?»

«Gewiß, nur war ihre Geduld bald am Ende. Sie meinte immer, ich solle mich kürzer fassen. Sie sagte mir immer wieder: ‹Erwin, du redest viel zu viel. Du denkst laut, und dann redest du nur so heraus. Du denkst über das nicht nach, was du sagen willst.› Sie meinte damit, ich würde nur schwätzen.»

«War Ihre Frau Ihnen treu?»

«Ich glaube ja. Sie liebte klare Verhältnisse. Sie hatte, wie soll ich sagen, ich meine, sie hatte Prinzipien. Irgendwie war sie moralisch. Sie hatte mich geheiratet und damit, ja, damit war sie eben verheiratet. Außerdem hatte ich sie im Bett ja immer befriedigt, so oft sie wollte.»

«Und waren Sie treu?»

«Ich bin eigentlich ein treuer Mensch. Ich meine, ich fühle mich nicht zur Untreue getrieben.»

«Waren Sie nun wirklich treu?»

«Eigentlich ja. Nur hatte mich meine Frau einmal so gedemütigt, ja, sie war wieder so von oben herab, wie sagt man, herablassend. Da habe ich am nächsten Tag mit einer älteren Mitarbeiterin gesprochen. Ich bat sie, mich doch einmal anzuhören. Sie lud mich zu sich nach Hause ein. Sie war so verständnisvoll, wie soll ich sagen, einfach lieb und warm zu mir. Sie nahm mich lange in den Arm, und sie streichelte mich. Wir lagen dann zusammen auf dem Sofa, einfach nur so umschlungen, und liebkosten uns. Verstehen Sie, es ist nichts passiert, aber ich fühlte mich so wohl wie schon lange nicht mehr. Ich vergaß ganz, daß es spät wurde. Als ich nach Hause kam, erwartete mich meine Frau. Sie war sehr zornig, ich glaube, sie hätte mich am liebsten verprügelt.»

«Und wie ging es dann weiter?»

«Nun, ich ging immer häufiger zu meiner älteren Freundin. Sie müssen nicht meinen, sie habe mich verführt, nein, nein, sie war nicht schön, sie war gar nicht attraktiv. Sie wollte keinen Sex. Sie sagte mir immer, daß sie meine gutmütige Art möge, ich sei so zärtlich. Es dauerte Monate, bis wir dann auch sexuell zusammen waren.»

«Und dann?»

«Dann spionierte meine Frau hinter mir her. Sie hat sogar einen Privatdetektiv auf mich angesetzt.»

«Sie hatten Ihrer Frau nichts von Ihrer neuen Liebe gesagt?»

«Nein, natürlich nicht, das hätte sie doch zu sehr verletzt.»

«Aber Ihre Frau wurde mißtrauisch?»

«Und wie. Sie stellte richtige Kreuzverhöre mit mir an. Sie trieb mich so lange in die Enge, bis ich ihr alles gestehen mußte.»

«Und dann?»

«Ja, wissen Sie, dann jagte sie mich aus dem Haus. Sie schrie, daß sie mit einem Lügner und Betrüger nicht zusammenleben wolle. Sie sagte, ich sei geschmacklos und ihrer nicht würdig. ‹Geh zu deiner alten Schlampe›, sagte sie mir. Sie beschimpfte mich eiskalt. Ich sei strohdumm und würde auf jede Gefühlsduselei hereinfallen. Ich sei ohne Prinzipien und würdelos. Ich hätte keine Klasse und sei nicht anpassungsfähig.»

«Sind Sie dann gegangen?»

«Natürlich bin ich gegangen. Schließlich war ich ja schuldig. Ich wohnte dann allerdings nicht bei meiner älteren Freundin. Irgendwie liebte ich meine Frau immer noch. Aber ich konnte auch nicht mehr zu ihr zurück. Das wäre für meine Frau wie ein Sieg gewesen. Sie hätte noch mehr auf mich herabgeguckt und hätte mich weiter verletzt.»

Erwin wurde später von der Firma aus an einen anderen Ort versetzt. Hier lernte er eine Gymnasiallehrerin kennen, in die er sich verliebte, und mit der er bald zusammenzog. Im Laufe der Jahre merkte Erwin, daß seine neue Freundin ähnliche Charakterzüge hatte wie seine Ex-Frau, vielleicht in abgemilderter Form. Aber im Bett verhielt sie sich ganz ähnlich, und Erwin war erneut in der Überzeugung bestärkt, daß die Frauen nur Sex wollen. Während einer kurzen Trennung besuchte er wieder seine ältere Mitarbeiterin und schlief mit ihr. Als er zurückkam und seine Freundin mit ihm schlafen wollte, erwies er sich wiederholt als impotent, weshalb er den Arzt aufsuchte. Er sagte ihm nach mehreren Sitzungen: «Ich glaube, daß ich meine

Impotenz verstehe. Sie sagt mir, daß ich mich von den Weibern nicht mehr sexuell ausnützen lassen soll und will.»

«Hat Sie denn Ihre ältere Freundin auch sexuell ausgenutzt?»

«Nein, die nicht.»

«Und warum gehen Sie denn nicht zu ihr, zu einer Frau, die Sie nicht ausnutzt?»

«Ja, das ist schwer zu sagen, ich glaube, daß ich meine Freundin liebe, obwohl sie mich sexuell ausnützt, und obwohl sie meine Gefühle nicht befriedigt.»

«Aber Sie leiden doch unter ihr?»

«Schon. Aber manchmal will ich glauben, daß sie mich vielleicht doch nicht ausnutzt. Vielleicht ist sie einfach nur anders, und ich kann es nicht recht begreifen.»

Die Paarbeziehung Denkfrau – Fühlmann

Uwe betreibt in einem Vorort in Frankfurt ein Malergeschäft, Ingrid arbeitet in einer Großfirma mitten in der Stadt. Sie sahen sich mehrfach in einem Restaurant. Ingrid war immer von Männern umgeben, mit denen sie lebhaft diskutierte. Uwe dachte: «Die hat viele Verehrer.» Ingrid lächelte ihm öfters zu. Uwe dachte: «Ich möchte sie fragen, warum sie mich beobachtet.» Als Uwe gegangen war, hörte er einmal, wie jemand hinter ihm her pfiff. Es war Ingrid. Sie kam auf ihn zu und sagte: «Ich habe mich in dich verliebt.» Worauf Uwe antwortete: «Schön für dich!» Darauf ging Ingrid wieder zu ihren Freunden, und alle lachten. Uwe fragte sich selbst plötzlich: «Bin ich attraktiv?»

Die beiden jungen Menschen trafen sich dann aber doch öfters und kamen sich näher. Uwe wollte ständig über seine Gefühle mit ihr reden und verlangte, sie müsse ihm immer wieder sagen, daß sie ihn liebe.

Sie: «Ich habe dir doch gesagt, daß ich dich liebe. Habe ich dir nicht von Anfang an eine Liebeserklärung gemacht? Habe ich dir nicht von mir aus kürzlich gesagt, ich wolle dich heiraten?»

Er: «Trotzdem zweifle ich manchmal, ob du meine Gefühle verstehst. Du trägst immer noch Fotos von einigen deiner Freunde in der Handtasche herum.»

Sie: «Das werde ich auch weiter tun. Ich werde nicht alte Freundschaften aufkündigen, weil ich dich liebe. Die beiden Sachen haben nichts miteinander zu tun.»

Er: «Aber du hast mit einigen auch zusammen geschlafen!»

Sie: «Das weißt du. Ich habe nicht wie eine Nonne gelebt. Das ist nun vorbei.»

Er: «Wenn es vorbei ist, kannst du die Fotos doch wegtun.»

Sie: «Nun sei doch mal logisch. Fotos sind Erinnerungen an etwas Schönes, was einmal war, als es dich für mich noch nicht gab, und das heute nicht mehr ist.»

Er: «Dann bin ich ein Ersatz für sie.»

Sie: «Du bist wieder nicht logisch. Wenn du ein Ersatz für meine Freunde wärest, dann brauchte ich sie nicht mehr, weil du an ihre Stelle trittst. Du bist für mich aber etwas anderes und Neues, und du hast nichts mit ihnen zu tun.»

Er: «Du verstehst meine Gefühle nicht. Das verletzt mich, du denkst mehr an deine Freunde als an mich. Überhaupt interessieren dich die Probleme deiner Freunde mehr als meine.»

Sie: «Du hast keinen Grund, eifersüchtig zu sein.»

Er: «Vielleicht habe ich keinen Grund. Ich mag deine Freunde aber trotzdem nicht»

Sie: «Du brauchst sie auch nicht zu mögen, aber für mich sind schöne Erinnerungen wertvoll, und ich habe gute Gründe, sie nicht wegzuwerfen.»

Widerstrebend zog Uwe in eine gemeinsame Wohnung, widerstrebend stimmte er der Hochzeit zu, die Ingrid bestens organisiert hatte. Die Hochzeitsreise war wunderbar, und Uwe fühlte sich glücklich. Später im Alltag gab es dann Probleme. Uwe sagte zu Ingrid, sie möge ihn doch hie und da streicheln. Als sie das am nächsten Tag auch tat, war Uwe gekränkt und wehrte sie ab: «Das tust du nur, weil ich es dir gesagt habe», worauf Ingrid ihm erneut seine mangelnde Logik vorwarf.

Einmal sagte Uwe: «Du gehst nie mehr an mir vorbei und kneifst mir in den Hintern.»

Ingrid: «Wenn ich etwas von dir will, dann werde ich es schon tun. Warum soll ich es tun, wenn ich in dem Moment gar nichts von dir will?»

Uwe: «Es wäre doch ein Zeichen dafür, daß du an mich denkst und du mich liebst.»

Ingrid: «Du mit deinen Gefühlen! Du hast viel zuviel Gefühle, Sie erdrücken mich.»

Uwe: «Ja, und du rennst hinter deinen Freunden her, die keine Gefühle für dich haben. Du weißt gar nicht, was du an mir hast.»

Ingrid: «Ich sage dir noch einmal: Du engst mich ein, deine Gefühle vereinnahmen mich, ich kann das nicht gebrauchen. Du gibst mir zuviel!»

Uwe: «Nein, du gibst mir zu wenig. Du gebrauchst mich nur!»

Ingrid klebt ihm eine Ohrfeige. «Ich will und werde nie abhängig von dir sein. Ich liebe dich zwar, aber ich will nicht, daß du mir ständig zu nahe kommst, Liebesforderungen stellst und verlangst, ich solle nur an dich denken und immerzu Gefühle für dich entwickeln.»

Uwe ist sehr betroffen und merkt: «Ich liebe sie wohl zu sehr, ich könnte tief fallen. Sie ist manchmal eiskalt und abweisend. Warum ist sie nur so kalt und hart? Sie ist aber sehr gut im Bett, aber sie will schnell zur Sache kommen. Ich komme dabei zu kurz. Eigentlich bin ich ein Trottel.» Er blickt auf und sieht, daß Ingrid in einem Buch liest. Er zieht sich zurück und spürt: «Ich muß meine Gefühle zurücknehmen, sonst verletzt sie mich viel zu sehr.» Er beginnt zu leiden, so still vor sich her. Zugleich verbirgt er vor ihr, daß er leidet. Nachts wartet er voller Sehnsucht, daß sie sich ihm zärtlich zuwendet. Aber das tut sie nur, wenn sie etwas will. Er hat immer weniger sexuelles Verlangen nach ihr. Er merkt: «Ich kann sie nicht mehr fühlen. *Ich tue es, damit sie zufrieden ist.* Ich kann mich nicht mehr auf sie konzentrieren. Ich halte hin, und es ist alles mechanisch. Soll doch sie sagen, wann Sex gemacht wird.»

Meist liegt er nachts schlaflos. Er kommt, wenn sie schläft, zu ihr, von Kuschelsehnsucht getrieben. Der Magen tut ihm weh (der ganze Körper ist ein Schmerz). Er weint. «Es sind meine Gefühle, die mir weh tun, weil sie das Ziel nicht erreichen. Sie hat mich wohl nur gebraucht und verarscht.»

Uwe erinnert sich daran, daß sie zu ihm öfters gesagt hatte: «Du Mimöschen! Du Sensibelchen!» Ingrid schreibt nach Auseinandersetzungen gerne Briefe an ihn, in welchen sie ihre Liebe für ihn erklärt und den vorangegangenen Streit analysiert. Sie schlägt darin auch Kompromisse vor. Er soll sich ein wenig zurücknehmen, sie will sich bemühen, ihm entgegenzukommen. Er kann aber mit den Briefen wenig anfangen. Sie sind für ihn «aufgesetzt», zwar gut durchdacht, aber eben nicht romantisch oder gefühlsdurchtränkt.

Einmal kommt es zu einer Diskussion. Uwe vertritt die Meinung, eine Frau, die schon zwei Kinder habe, könne die Schmerzen einer Gebärenden besser verstehen als ein Frauenarzt. Dem widerspricht Ingrid: «Der Frauenarzt versteht die Schmerzen der Gebärenden besser, *weil er das ja studiert hat!*» Uwe ist erneut fassungslos. Das erfahrene Gefühl einer Frau soll weniger wert sein als der studierte Verstand eines Mannes, wenn es ums Kinderkriegen geht?

Typische Konflikte mit umgekehrtem Vorzeichen

Gehen Denkfrau und Fühlmann eine Beziehung ein, dann tauchen dieselben Probleme auf wie bei der Verbindung Denkmann – Fühlfrau. Nur die Rollen sind vertauscht. Die Klagen Erwins und Uwes über das Sexualverhalten ihrer Frauen sind nahezu identisch: Die Frauen wollen hauptsächlich nur Sex. Sie wollen keine langen Zärtlichkeiten und Schmusereien. Sie wollen bestimmen, wann Sex gemacht wird. Da sie nicht in erster Linie Gefühle wollen, sondern eben Sex, wollen sie immer nur «das», und sie nehmen keine Rücksicht auf die Gefühle ihrer Partner. Unsere Fühlmänner könnten sich dem «Chor der Frauen» ohne weiteres anschließen, um Anklage zu erheben, nunmehr allerdings gegen die Frauen, von welchen sie ausgenützt und zum Objekt von deren sexuellen Begehrlichkeiten gemacht werden.

Natürlich gibt es dann immer noch rein geschlechtsspezifische Unterschiede zwischen Mann und Frau. Jedoch hängt das intime Sexualverhalten dennoch zu einem sehr großen Teil davon ab, welches die psychische Hauptfunktion ist. Die Denkfrau kommt in ihrem Verhalten und ihrer Lebenseinstellung dem Denkmann auch in sexueller Hinsicht sehr nahe. Verlangt der Denkmann von seiner Frau, sie möge denken wie er, so tut das die Denkfrau ihrem Fühlmann gegenüber auch («nun sei doch logisch!»). Der Fühlmann erwartet von seiner Denkfrau ebenfalls, sie solle fühlen wie er und nicht mehr so «kalt und hart» sein, wie es die Fühlfrauen ihren Denkmännern gegenüber tun. Wir finden mit anderen Worten in der Beziehung zwischen Denkfrau und Fühlmann genau dieselben Mißverständnisse und leidvollen Konflikte wieder wie bei der Beziehung zwischen Denkmann und Fühlfrau. *Es ist offenbar nicht in erster Linie die Differenz und der Gegensatz der Geschlechter, sondern vor allem die Differenz und der Gegensatz zwischen den psychischen Hauptfunktionen Denken – Fühlen, welche diese Problematik heraufbeschwören. Sie ist also geschlechtsübergreifend.*

Die verallgemeinernden Urteile, welche Männer und Frauen gegenseitig leichtfertig anbieten, müssen gründlich revidiert werden. Der «Chor der Frauen» ist Ausdruck der Fühlfunktion, die durch das Denken verletzt wird und sich an die männlichen Vertreter des Denkens richtet. Der «Chor der (Fühl-)Männer» ist ebenfalls Ausdruck der verletzten Fühlfunktion, der sich an die weiblichen Vertreter des Denkens richtet. Geschlechtsübergreifend beschuldigen beide «Chöre» den andersgeschlechtlichen Partner der sexuellen Rücksichtslosigkeit, der Überheblichkeit und Arroganz und der Mißachtung von Gefühlen, und beide «Chöre» erwarten, die Andersgeschlechtlichen mögen doch so werden wie sie.

Mit der Erwartung: «Werde so wie ich» wird nun aber niemand das Problem lösen noch überhaupt verstehen können. Das Beispiel von Erwin zeigt wohl allgemeingültig, *daß es die psychische Hauptfunktion ist, die ihren Gegensatz sucht.* Erwin geht zu seiner älteren Freundin, weil er Entlastung sucht (und findet), insofern diese Freundin ebenfalls ein Fühltyp ist wie er. Seine Liebe hingegen bleibt an seiner Denkfrau hängen, obwohl sie ihn schwer verletzt. Seine spätere neue Freundin ist offensichtlich wiederum ein Denktyp, vielleicht in abgemilderterer Form als seine erste Frau. Obwohl er wiederum mit seiner älteren Freundin (Fühlfrau) schläft, kehrt er dennoch wieder zu seiner Freundin zurück. Er wird dann vor sein eigenes Problem gestellt.

Seine Impotenz interpretiert er so, daß er sich von seiner Freundin sexuell nicht mehr ausnützen lassen, nicht mehr benutzen lassen soll. Er schließt sich dem «Chor der Frauen» an: «Wir lassen uns nicht mehr benutzen!» Allerdings wird Erwin bald merken müssen, daß er sein Fühlen besser differenzieren, sein Fühlen also höher entwickeln muß. Er interpretiert das Sexualverhalten seiner Freundin eben zu primitiv und deshalb falsch. Seine Denkfreundin will ihn gar nicht benutzen und «ausnutzen», sondern sie folgt nur der Natur ihrer denkerischen Hauptfunktion. Würde Erwin die dadurch geprägten Sexualbedürfnisse seiner Freundin besser annehmen, würde er auch mehr Gefühle von seiner Denkfrau bekommen. Weder muß er werden wie sie, noch sie wie er. Im letzten Gespräch dämmert es Erwin, daß er vielleicht an sich etwas ändern muß und nicht an der Freundin, wenn er sagt: «Manchmal will ich glauben, daß sie mich doch nicht ausnützt. Vielleicht ist sie einfach nur anders, und ich kann es nicht recht begreifen.»

Mangelnde Schätzung und Pflege der Gefühlswelt durch das Denken

Bei Johanna finden wir ein besonders großes Unverständnis dafür, daß es Menschen gibt, bei denen das Fühlen das wichtigste ist. Sie verachtet den «Ringelreihen» ihrer Fühlfreundinnen. Sie meint zwar nicht, sie sei etwas Besonderes, empfindet aber deutlich, daß sie anders ist und daß sie als Denkfrau in einem erheblichen Gegensatz zu den Fühlfrauen steht. Offenbar erlebt sie ihr eigenes verdrängtes Fühlen als bedrohlich und minderwertig. Hätte sie eine Freundin gefunden, deren Denken mehr entwickelt gewesen wäre, hätte es einen Brückenschlag geben können. Andererseits hätte Johanna vielleicht mehr Verständnis aufbringen können, hätte sie eine Mutter gehabt, die fähig war, Gefühle zu pflegen. Je mehr in Kindheit und Jugend Gefühle abgewertet und nicht gepflegt werden, um so eher muß die Denkfunktion hochgezüchtet werden, und um so öder wird das spätere Leben.

In den Industriestaaten erlebt man besonders anläßlich der offiziellen Feste wie Ostern und Weihnachten eine Verrohung der Gefühlswerte. Zwar werden die Empfindungsbedürfnisse überbefriedigt durch anziehende Verpackung und Überangebot an Geschenken. Für das Fühlen bleibt aber kaum mehr ein Raum wegen der Reklameüberflutung und dem Geschenkzwang. Selten beachten Eltern, daß *ein* kindgerechtes Geschenk das Fühlen von Eltern und Kindern wesentlich besser fördert als eine Flut mehr oder weniger mechanischer Spielzeuge. Der Weihnachtsmann, der Nikolaus, das Christkind, der Osterhase und ähnliches mehr vermögen kaum mehr tiefere Gefühlsregungen auszulösen, zumal etliche Eltern, die glauben, gut zu denken, der Auffassung sind, da es den Weihnachtsmann ja gar nicht gebe, sollten Kinder nicht mit Unwahrheiten abgespeist werden. Auf die Idee, daß der Weihnachtsmann oder der Osterhase *Gefühlswerte* ersten Ranges darstellen, kommt kaum noch jemand. Gefühlswerte und die intuitiv vermittelten religiösen Werte sind zwar keine «Wahrheiten» im denkerischen Sinn, aber es sind Wirklichkeiten für die Gefühlswelt. Das könnte gut auch vom Denken erfaßt werden. Bleibt das Denken aber banal, verharrt es auf seiner arroganten Position, fährt es fort, sich mit seiner «Wahrheit» zu brüsten, entwertet es alles, was nicht ist wie es selbst.

Johanna ist ein Beispiel für dieses oberflächliche Denken. *Es in-*

teressiert sie überhaupt nicht, wie Gefühle aussehen, das heißt, sie verweigert auch die denkerische Zuwendung zur Welt des Fühlens. Sie kann zwar griffig und gewandt denken, aber sie denkt nicht gut, weil sie auch das Fühlen für das Gute als Wert nicht zuläßt. Dadurch findet ihr Denken keinen ruhenden Pol und wird nicht als verläßlich erlebt. Es bleibt rastlos. Das aber muß durchaus nicht so sein.

Die Entwicklung des Denkens bei der Fühlfrau als Folge der Fühlverletzung

Maria ist eine Fühlfrau, sehr warmherzig, zum Mitfühlen und Mitleiden gedrängt und zuverlässig. Sie hat, einmal der Obhut der Mutter entwichen, den Verkehr mit Denkmännern gepflegt, von denen sie sehr angezogen war. In dieser Zeit hat sie einen Beruf ergriffen, der nur unter weitgehender Ausschaltung des Fühlens ausgeübt werden kann. Diese Abschaltung des Fühlens vollzog sich immer dann – zum Schluß völlig automatisch – sobald ihr Fühlen insbesondere von Denkmännern verletzt wurde. So waren es vor allem die schmerzlichen Gefühle, welche die Entwicklung ihres Denkens in Gang gebracht hatten. Dieses Denken war äußerst scharf und treffsicher. Jeder Mann wurde von ihrem Denken mit seinen eigenen Waffen geschlagen. Ihr Denken ruhte aber wieder auf dem verletzten Gefühl auf. Dieses diktierte die denkerische Argumentation. War ihr Denken «ausgeschaltet», bewegte sich Maria frei, gefühlvoll und warmherzig, kontaktfreudig und überströmte nur so von herzlicher Wärme und Spontaneität.

Kaum war Maria im Gefühl verletzt worden, setzte das Denken ein. Sie wurde dann eiskalt und distanziert. Die Stimme wurde immer leiser, die Worte immer präziser und kristallklarer. Der verletzende Denkmann mußte zurückweichen. Maria war in gewisser Weise unangreifbar geworden. Kaum war die Verletzungssituation vorbei, fand Maria wieder zu ihrer «wahren Natur» zurück und wurde erneut von Wärme durchflutet. Maria war zunächst erschreckt über sich und noch lange Zeit befremdet über die «Kälte», die sie an sich erlebte. Sie konnte dann aber von den «zwei Naturen in mir» sprechen und verstehen lernen, daß die beiden psychischen Wahrnehmungsfunktionen Denken und Fühlen eben gegensätzlicher Natur sind und daß sie das Glück hatte, beide in sich entwickeln zu können, ohne ihren Hauptstandpunkt, das Fühlen, dauernd aufgeben zu müssen. Sie merkte zwar, daß ihr Denken hervorragend war, verstand aber anfänglich nicht, daß Denken nur bei Gefühlsabwesenheit und Distanz funktioniert und daß es in ihrem Falle völlig richtig war, wenn ihr Denken auf dem verletzten Fühlen aufruhte.

Bei der Fühlfrau ist ein hochentwickeltes Denken nur auf dem Boden des verletzten Fühlens und der Ausschaltung des positiven Fühlpoles möglich, also bei (meist vorübergehender) Gefühlskälte. *Bei der Denkfrau ist ein hochentwickeltes Denken ohne eine solche Gefühlskälte möglich,* da ihr Denken (wie beim Denkmann) nicht auf dem Fühlen aufruht. Sie ist dann zwar nicht gefühlshaft, aber auch nicht ohne jede Fühlbeteiligung, insofern das Fühlen ihr Denken nicht stört. In letzterem Fall muß sie es allerdings abwehren.

Die introvertierte Denkfrau – Eine Entwicklung auf dem Boden kindlicher Beziehungsstörungen

Friderike ist eine introvertierte Denkfrau. Die Beziehung zu ihrer Mutter war schlecht. Die Mutter selbst lebte in der Enge patriarchaler Moralprinzipien und dominierte die Familie. Jede Gefühlsäußerung erstickte im nach Vorschrift und Gesetz sich abwickelnden Alltagsleben. Übertretungen dieser Gesetze wurden nachhaltig geahndet. Friderike schützte sich dagegen durch systematisch durchdachte Lügen und vermied dadurch in der Regel Bestrafung. Sie heiratete den ersten besten Mann, um mit dem Segen der Mutter außer Haus zu kommen. Sie wurde Dozentin für Mathematik an einer Hochschule.

Kaum verheiratet, verliebte sie sich in Joseph, einen in der Sozialarbeit tätigen Fühlmann. Eine Zeitlang gelang es ihr, das Dreiecksverhältnis durch mehr oder weniger lügnerisches Hin- und Herjonglieren vor dem Ehemann zu verheimlichen. Das paßte Joseph nun überhaupt nicht. Er wollte klare Verhältnisse und die Gründung einer Familie. Er stellte sich auch dem Ehemann und sagte ihm, daß er seine Frau liebe und sie heiraten wolle. Daraufhin zog der Ehemann ins Ausland, im Vertrauen darauf, daß Friderike schlußendlich bei ihm bleiben werde.

Nach Abflauen der Verliebtheitsphase bemerkte Friderike, daß sie sich ihrer Gefühle gar nicht sicher war. Sie wußte zwar, daß sie ihren Ehemann nicht liebte, aber schließlich war da ein Ehevertrag. Sie hatte sich für ihn entschieden, und ihr Denken forderte die Einhaltung des Vertrages. Im Laufe der Monate und Jahre verlangte Joseph von ihr, sich endlich scheiden zu lassen. Friderike aber suchte immer neue Ausflüchte und Lügen, um zu begründen, warum sie sich nicht scheiden lassen könne. Sie speiste Joseph mit immer neuen Terminen ab, bis wann die Scheidung vollzogen sein werde und warum es immer noch nicht möglich sei. Immer fehlten noch Dokumente für die Scheidung; sie gab vor, ihr Mann sei für Monate verreist oder er habe einen unauffindbaren Wohnsitz. In Wirklichkeit war Friderike noch nie bei einem Anwalt.

Joseph hing sehr an ihr, jedoch schob Friderike das Zusammenleben (auch ohne Scheidung) immer wieder hinaus. Sie versicherte Joseph ihre Liebe für ihn und daß aus ihrer Beziehung etwas werde. Er möge Geduld üben. *Sie merkte aber, daß seine Nähe sie störte, obwohl sie ihn liebte.* In guten Augenblicken griff sie zum Telefon und bat Joseph, am selben Abend zu ihr zu kommen. Diese Abende waren wunderschön, und manchmal durfte Joseph auch bei ihr übernachten. Jedoch spätestens am Morgen merkte Joseph, daß Friderike in Ruhe gelassen sein wollte. Gekränkt und frustriert zog er dann wieder ab. Manchmal telefonierte sie ihm, um ihn für den nächsten Tag zum Treff einzuladen. Oft aber teilte sie ihm bereits am anderen Morgen mit, es gehe jetzt doch nicht; und erfand Ausreden und Lügen warum nicht. Auf diese Weise fiel auch mancher Urlaub ins Wasser oder mußte vorzeitig abgebrochen werden. Für den Fühlmann Joseph war das ganze unbegreiflich, zumal Friderike auch leidenschaftlich sein konnte, ihm ihre Liebe bekannte, um ihm Stunden später zu bedeuten, er möge jetzt doch besser gehen.

Joseph wünschte einen Schlüssel zu ihrer Wohnung, um sie auch einmal überraschend besuchen zu können. Friderike meinte, das könne sie nicht, sie ertrage den Gedanken, er könne jederzeit kommen, nicht. Sie brauche ihren Freiraum und volle Verfügbarkeit über ihn. Friderike mußte offenbar ihr Denken dadurch stützen, indem sie ihre Gefühle abwehrte und damit sich auch Joseph, sofern er in ihre Nähe rückte, so liebenswürdig als möglich, vom Hals hielt.

Friderike war auch sehr erstaunt über ihre eigenen plötzlichen Verliebtheiten in irgendeinen wildfremden Mann, von dem sie äußerst kindliche und primitive Phantasien entwickelte, welche sie störten. All das spielte sich fast immer nur in ihrem Kopf ab. Sie brauchte dann Ruhe und Ungestörtheit, um damit fertigzuwerden, oder sie mußte sehen, wie sie den Mann real wieder los wurde, falls sie ihre Phantasie doch einmal auslebte.

Joseph wurde in seinem Fühlen immer mehr verletzt und zog sich nach und nach zurück. Sie trafen sich noch gelegentlich in längeren Abständen, und das war Friderike eigentlich am liebsten. Joseph sagte zum neuen Jahresbeginn:

«Na, wann glaubst du, wird die Scheidung stattfinden?»

«Ich denke, daß es dieses Jahr sein wird.»

«Ja, ja, dieses Jahr», meinte Joseph dann ein wenig ironisch lächelnd.

Friderike ist ein Extremfall einer introvertierten Denkfrau. Ihre Liebe zu Joseph ist mehr eine Idee als ein Gefühl. Um diese ihre Idee kreist das Leben dieser Frau. Aufgrund ihrer Introversion wehrt sie die reale Umsetzung aber konsequent ab. So wie der introvertierte Denkmann die Frau fürchtet, hat Friderike vor den Männern Angst. Auch sie wird gelegentlich von infantilen Sexualphantasien geplagt, mit denen sie sich in ihren vier Wänden insgeheim herumschlägt. Die Distanz zu den Männern wird vom Denken *und* von der Introversion durchgesetzt. Der Ehemann Friderikes ist wohl auch ein introvertierter Denkmann, und die Eheführung von beiden entspricht dann bestens der psychischen Struktur beider: Sie sind (und bleiben) verheiratet, sehen sich einmal im Jahr wie Geschwister und trennen sich wieder befriedigt. Keiner stört die Kreise des anderen, und der Ehevertrag wird eingehalten. Auf diese Weise können beide den Status quo erhalten und vermeiden die Gefährlichkeit psychischer Entwicklung.

Bedeutung der Gegensatzbeziehung im Vergleich mit Beziehungen zwischen zwei gleichen Hauptfunktionen – Narziß

Die überwiegende Mehrzahl der Paare gründet ihre Beziehung, zunächst völlig unbewußt, auf der Gegensätzlichkeit ihrer psychischen Hauptfunktionen. Der Denkmann sucht sich eine Fühlfrau aus und die Denkfrau einen Fühlmann. Beziehungsaufnahmen zum gleichen Strukturtypus sind meistens Übergangsbeziehungen, vergleichbar mit den leicht homoerotischen Beziehungen Pubertierender zum gleichen Geschlecht. Sie dienen der Selbstbestätigung: «Du bist wie ich» und der Entlastung bei konfliktreichen Gegensatzbeziehungen.

Der Fühlmann Erwin liebt eigentlich immer seinen Gegensatz, die Denkfrau, «gerät» an sie und bleibt an diesem Typus auch hängen. Seine ältere Mitarbeiterin dient der Entlastung, aber es kommt nicht zu einer eigentlichen Paarbeziehung. Gleich und gleich «gesellt» sich zwar gerne, aber «anziehen» tun die Gegensätze. Das Sich-zueinander-Gesellen macht deshalb noch kein Paar aus, weil erst die aus der Tiefe heraus sich entfaltende Anziehung das Paar konstituiert und offenbar erst die gegensätzlichen Pole ein differenziertes Ganzes unter Wahrung des Verschiedenen und Unterschiedenen möglich macht. Beim «Sich-zueinander-

Gesellen» sieht der eine im anderen immer nur sein eigenes Spiegelbild, so, daß jeder in sich selbst beschränkt bleibt. In der Paarbeziehung aber kann der eine im anderen eben das andere gewahr werden und dadurch aus der *Beschränktheit des Ich wenigstens in Ansätzen herauskommen*. Das Gegensatzpaar *kann* zur Ausweitung führen und das narzißtische Nur-um-sich-selbst-Kreisen durchbrechen. Als Narziß in das stille Wasser schaute, sah er sein eigenes Bild. Er war seiner selbst sicher. Das Ereignis ging positiv aus: Er konnte sich selber lieben, und das Schicksal vieler Menschen, die sich selber nicht leiden können und sich daher selbst quälen, blieb ihm erspart. Wenn zwei Menschen mit derselben Hauptfunktion, zum Beispiel Denkfrau – Denkmann oder Fühlmann – Fühlfrau, sich zueinander gesellen, lernen beide sich selber lieben. Wie zwischen Zwillingen können dann daraus lebenslange Freundschaften entstehen.

Bleibt jedoch Narziß an sein eigenes Bild von sich selbst fixiert, dann meint er zunächst, alle anderen Menschen seien so wie er, und erwartet und fordert vom anderen: «Du sollst so sein wie ich.» Ist die narzißtische Fixierung sehr ausgeprägt, sind solche Menschen nicht in der Lage, eine Beziehung zu andersartigen und/oder gegensätzlich strukturierten Menschen einzugehen. Im Extremfall werden sie total beziehungsunfähig. Sie können sich das Anderssein eines Partners kaum vorstellen, nur sehr schlecht akzeptieren und es schon gar nicht lieben. Sie werden nur gekränkt und ziehen sich in sich selbst zurück.

Es besteht, wie erwähnt, die Erfahrungstatsache, daß sich die Menschen hauptsächlich in ihre Gegensätze verlieben. Gerade dadurch werden sie in ihren narzißtischen Anteilen immer wieder verletzt. Es scheint nun die geheime Absicht der Natur vorzuliegen, einen Teil des Narzißmus abzubauen, von sich selber ein Stück weit loszukommen, sich dadurch zu erweitern und fähig zu werden, das Anderssein des Partners schätzen- und sogar liebenzulernen. Geschieht das in beiden Partnern, erfolgt ein *Prozeß der Vervollständigung*, zumindest besteht eine Tendenz in diese Richtung, obwohl das Eigene bewahrt werden muß. Aus diesem

Grunde ist wohl die Gegensatzbeziehung höher einzuschätzen als die zwischen gleich und gleich.

Familiäre Faktoren, die für die Entwicklung verschiedener Hauptfunktionen verantwortlich sind

Die Frage, weshalb ein Mensch dazu geführt wird, eine bestimmte psychische Funktion zur habituellen Hauptfunktion zu entwikkeln, ist kaum eindeutig zu beantworten. Als *erbliche Disposition* können wohl grundsätzlich alle vier Funktionen zur Hauptfunktion werden. Wir gehen davon aus, daß es *vorwiegend* Umwelteinflüsse sind, welche die «Wahl» der Hauptfunktion bestimmen. Es sind schwere kindliche Traumata, welche die Abwehr der Außenwelt und die Zuwendung zur Innenwelt verursacht haben. In ähnlicher Weise dürften es chronische kindliche Verletzungen sein, die bestimmen, ob die Denk- oder die Fühlfunktion dominant wird.

Bei der Charakterisierung der beiden Funktionen sagten wir bildlich, das Denken entwickle sich gut in der Arktis, das Fühlen in den Tropen. Die mangelnde kindgerechte Pflege der Gefühle wird das Kind dazu veranlassen, das Denken zu entwickeln. Ein gefühlsarmes Nest oder/und eine «gefühllose» (daher «unmütterliche») Mutter kann durch Entwicklung des distanten und kühlen Denkens am besten verkraftet werden, da das Denken beziehungsweise die sogenannte «Vernunft» erst den Abstand zur Mutter schafft, dessen der heranwachsende Mensch bedarf. Es ist das Denken, das sich schlußendlich die Herrschaft über eine unentwickelte Fühlwelt sichert durch ihre Verdrängung. Bei schweren Gefühlsverletzungen in der Kindheit kann nur das Denken, das traumatisierte und leidende Gefühlschaos beherrschen und nach und nach Ordnung und Stabilität schaffen, auch dem eigenen Unbewußten gegenüber. Wenn der mythische babylonische Gott Marduk seine Mutter, die allmächtige und ungeheuerliche Göttin Thiamat, mit seinem Schwert in vier Stücke teilt und daraus die bewohnbare Erde erschafft, wird eben eine aufgewühlte und primitive Gefühlswelt *durch unterscheidendes und trennendes Denken* zwar schmerzlich, aber im kulturellen und zivilisatorischen Sinn erfolgreich gebändigt. Gefühlshafte Wehleidigkeit oder ewiges Mitgefühl ist nicht gefragt.

Das Denken bei Denkmann und Denkfrau als «unmütterliche» Funktion

Der uralte Mythos von Marduk und Thiamat legt aber wohl überhaupt nahe, daß es besonders für den Mann (Sohn) wichtig ist, sich von seiner Mutter und der inneren mütterlichen Welt trennen beziehungsweise «ablösen» zu können, will er nicht ein ewiger Kindskopf und ein Muttersöhnchen bleiben. Das ist besser möglich durch energisches Kämpfen und Bekämpfen von Gefühlen als durch Vertiefung und Bearbeitung der Fühlfunktion. Ich glaube daher, daß es nicht nur traumatische kindliche Situationen sind, welche zur Hochzüchtung der Denkfunktion führen, sondern auch allgemeine Entwicklungstendenzen und Notwendigkeiten speziell im Mann, weshalb es mehrheitlich Männer sind, welche die Denkfunktion dominant entwickeln. In gewisser Weise *ist das Denken dementsprechend «antimütterlich», eigentlich a-mütterlich, beziehungsweise unmütterlich.*

Nach meinen Erfahrungen haben alle *Denkfrauen* eine schlechte Mutter-Kind-Beziehung hinter sich. Das ist zwar noch kein Beweis dafür, daß die ursprüngliche schlechte Beziehung zur Mutter die alleinige Ursache für die spätere Denkdominanz ist (wir können das nicht durch Experiment verifizieren, um zu sehen, was aus diesen Frauen geworden wäre, hätten sie eine andere Mutter gehabt), aber ein entscheidender Faktor für das Zustandekommen der Denkdominanz bei Frauen ist die schlechte Mutter-Kind-Beziehung sicherlich.

Beim Mann dürfte in ähnlicher Weise eine schlechte Beziehung zur Mutter in der Kindheit der späteren Denkdominanz zugrundeliegen, insbesondere dann, wenn die dadurch bedingten Gefühlsverletzungen frühzeitig bewußt werden.

Umgekehrt ist die Entwicklung zur *Fühldominanz beim Mann* meines Erachtens nicht nur oder nicht in erster Linie durch eine gute oder warme Beziehung zur Mutter determiniert. Wie bereits mehrfach dargelegt, ist es für den Mann und sein Mannsein auch bei einer «guten Mutter» dennoch notwendig – und hier sogar erst recht vonnöten –, daß er sich von ihr löst, ein Stück weit «unmütterlich» und damit zum Denken gedrängt wird. Beim Fühlmann spielt aber der schwache, abwesende oder überhaupt fehlende Vater eine viel größere Rolle. Der junge Mann kann sich nicht mit dem gleichgeschlechtlichen Elternteil identifizieren und bleibt gewissermaßen «mütterlich» und der Fühlwelt verhaftet, so daß sich ein das Fühlen verdrängendes Denken nicht gut entwickeln kann.

Bei der *Denkfrau* ist es, was die Ausprägung der Denkdominanz anbelangt, eindeutig die negative Mutter, die bestimmend ist. Die Rolle des Vaters ist sekundär. Ist die Beziehung zu ihm gut und ist er selbst ein Denker, *kann* das die Formation des Denkens noch fördern. Liegt keine gute Vaterbeziehung vor, hindert es die Bildung der Denkdominanz nicht.

Die bislang erörterten individuellen und familiären Bedingungen, welche die spätere Entwicklung der Hauptfunktion angehen, bleiben unbefriedigend. Selbst wenn ihnen ein größeres Gewicht zukommt, sind sie nicht die einzigen Faktoren hinsichtlich der späteren Dominanzen. Die Existenz von Fühlmännern zum Beispiel nur auf einen mangelnden Vater zurückführen zu wollen, ist unzureichend, denn es gibt sicher auch Fühlmänner, bei denen Väter vorhanden sind. Es muß noch andere, überindividuelle und außerfamiliäre Faktoren geben, durch welche die Fühldominanz bestimmt wird. Ich möchte sie kurz erwähnen.

Geopsychische Faktoren

Die schon um die Jahrhundertwende beschriebenen geographischen und landschaftlichen Einflüsse auf die Artung der menschlichen Psyche haben auch heute volle Gültigkeit. Wir haben gegenwärtig einen neuen, wenn auch negativen Beweis dafür: Die vom Menschen verursachte geschädigte Umwelt hat einen deutlichen Einfluß auf den Menschen selbst. Sie erschreckt und bedroht ihn und zwingt ihn zum Umdenken. Die Zerstörung und willkürliche Umgestaltung der Natur als Umwelt des Menschen alarmiert sein Fühlen, Empfinden und Denken, und das nicht nur, weil seine Lebensgrundlage im biologischen Sinn gefährdet ist. Sie beeinflußt ihn auch psychisch. Auch die vom Menschen noch weitgehend unbehelligte Natur als Umwelt hat seit je seine Seele mitgeprägt. Es wäre verwunderlich, täte sie das nicht auch hinsichtlich der Ausprägung seiner psychischen Hauptfunktionen und deren verschiedener Dominanz.

Allgemein kann man beobachten: Je milder das Klima und je südlicher die Länder, um so verbreiteter ist die Fühldominanz. Dabei spielt die Fruchtbarkeit der Länder und die relative Mühelosigkeit und Ungefährlichkeit der Nahrungsbeschaffung eine zusätzliche Rolle. In Gegenden, wie zum Beispiel in bestimmten Regionen Italiens, in denen die Winter sehr milde und die Sommer fruchtbar und regenreich sind, bedurfte es keiner besonderen Arbeitsaufwendungen, um das Lebensnotwendige zu beschaffen. Große arbeitsorganisatorische Leistungen (eine Frucht des Denkens) waren kaum vonnöten, das heißt, der Überlebenskampf und die Lebensnöte hielten sich in Grenzen. Das Leben verlief in den weitspannigen Rhythmen der Jahreszeiten und – bei ans Meer angrenzenden Landschaften – der Gezeiten. Relativ mühelos gab auch das Meer Nahrung und spielerische Erquickung. Empfindungen und Gefühle kamen voll auf ihre Kosten. Arbeitsähnliche Beschäftigungen konnten durch Singen und gemeinschaftliche Lieder erträglich oder sogar erfreulich vollzogen werden. Wer erinnert sich nicht an die italienischen Gastarbeiter in Deutschland, die auf dem Bau und während der Arbeit ihr Lied sangen. Das Gruppen- und Gemeinschaftsleben wie auch die Familie waren begünstigt, Kunst und künstlerisches Handwerk erblühten.

Fühlmänner sind im Süden häufiger

Noch heute gibt es in Italien wesentlich häufiger Fühlmänner als im Norden. Es wird mehr geredet und geplaudert als bei uns. Italien ist daher «lauter» als nördliche Länder, und die Arbeit im denkerisch organisierten Sinne wird aufgrund des Vorherrschens der Fühlfunktion als härter und mühsamer erlebt als zum Beispiel hierzulande, wo viele Menschen, die nicht mehr arbeiten können, nicht nur materiell schlechter gestellt werden, sondern auch wegen Arbeitsmangel aus dem Gleichgewicht geraten.

In Italien gehen Männer viel gefühlhafter aufeinander zu. Weitmaschige Männerfreundschaften werden gepflegt. Männer gehen oft in Gruppen abends aus zum Essen oder Spazieren oder hocken zusammen und plaudern (nicht diskutieren oder saufen!), mit anderen Worten, allenthalben werden Fühlkontakte gesucht und gefunden, und ein frischer Bekannter ist sehr schnell ein «amico», dem zuliebe man auch gerne kleine krumme Dinge dreht. Man tut sich eben gerne gegenseitig etwas zuliebe und einen Gefallen.

Nimmt ein Arbeiter auf der Baustelle seine mitgebrachte Nahrung zu sich und geht ein anderer Mensch kurz zu ihm, bietet er ihm von seinem Brot etwas an: «vuol 'favorire?» was dieser natürlich abschlägt. Und der Taxifahrer ist sogar in der Lage, am Ende der Fahrt zu sagen: «Wenn Sie mich nicht bezahlen können, macht es nichts!», was heißt: «Ich habe dir gerne einen Gefallen getan.» Der Taxifahrer geht davon aus, der Fahrgast fühle wie er und werde ihm den Gefallen tun, ihn zu bezahlen. Ein deutscher Denkmann in derselben Situation würde denken: «Der Taxifahrer soll mich zum Ziel fahren, dafür wird er auch bezahlt. Das ist keine Gefallenssache.» Das «Angebot» des Fahrers, der Gast brauche nichts zu bezahlen, wenn er kein Geld hat, würde der nördliche Denkmann als befremdlich und sogar herabsetzend erleben: «Der glaubt wohl, ich habe kein Geld!» Schon sind die Mißverständnisse da, nur weil ein Denkmann dem Fühlmann begegnet.

Diese Lebensart, die sich auf der Fühlfunktion aufbaut, erscheint uns aber im allgemeinen doch viel menschlicher als unsere denkerische: «Weil ich dich vertragsmäßig bis hier gefahren habe, mußt du konsequenterweise den Preis bezahlen.» Der Fühlmann fühlt dagegen: «Ich habe Kontakt mit dir und deinen Wunsch, dich zum Ort X zu bringen, dir zuliebe erfüllt, und du gibst nur mir zuliebe das Geld, weil es dir am Herzen liegt, daß ich auch lebe.»

In einem Gemeinwesen mit vorherrschender Fühlfunktion kommt es zu besonderen Schwierigkeiten: Wenn der finanziell nicht gut situierte Alberto seinem Freund Enrico ein für ihn sehr wertvolles Buch geschenkt hat, ist er dann leer bei Kasse. Das darf niemand wissen, denn er wäre dadurch beschämt. Es bedarf eines kleinen Diebstahls, um die Kasse wieder aufzufüllen, und warum sollte er nicht jemandem etwas wegnehmen, der sowieso viel mehr hat. Die soziale Gerechtigkeit ist dem Fühlen ohnehin wichtig, und so nimmt sich Alberto eben eine Handtasche, genauso wie seine Vorfahren, die, hatten sie Hunger, schnell zum Baum eilten und die Früchte holten. Italien ist als das Land der «ladri» (Diebe) bekannt, womit nicht große Verbrecher gemeint sind, sondern eben «Straßendiebe», über die sich zwar jedermann aufregt, sie aber letztlich leben und gelten läßt, so, als sei das unvermeidlich.

In Ländern mit vorherrschender Fühlfunktion funktioniert auch die Verwaltung (ein Lieblingskind des Denkens!) sehr schlecht, weil auch den Angestellten das Verwalten schwerfällt. Die Verwaltung muß dann so kompliziert und allseitig durch immer neue Vorschriften und Vorschriftchen abgesichert werden, um Betrug zu verhindern, daß sie zum unwegsamen und undurchschaubaren Wasserkopf wird, der immer mehr Leute beschäftigt und eine bürokratische Justiz nach sich zieht, die wie eine Kappe über der fühlenden Bevölkerung liegt. Und so finden im Süden viel mehr Advokaten ihr Auskommen als im Norden. Das Denken wird herrschsüchtig und rücksichtslos, um die unvollkommenen Seiten des Fühlens zu kompensieren. Sehr leicht ist jedermann in seinem *Rechtsempfinden* (Fühlfunktion!) ständig gestört und strebt endlose Prozesse an, was dann eben wiederum ein Heer von Advokaten beschäftigt. Das hindert natürlich nicht, daß sich Staatsanwälte, Richter und Anwälte freundschaftlich zum Essen zusammenfinden und durch viel Reden und Plaudern ihre Kontakte (in Du-Form) pflegen. Beruflich bekämpfen sie sich dann wieder mit allen Tricks. Kämpfen und Bekriegen sind aber Unabänderlichkeiten, genießen jedoch nicht den Rang des Selbstzweckes. Die Fühlfunktion mag den Krieg nicht. Fühlmänner sind sehr schlechte Soldaten, aber gute Sanitäter. In der Nazizeit (Zeit des Faschismus) liefen die Italiener zwar mit (man muß überleben!), aber kaum ein Italiener hat einen Juden getötet oder verraten.

Es gibt in Italien mehr Denkfrauen als in Deutschland. Sie nehmen in der Familie eine beherrschende Rolle ein und ordnen ihre Geschicke nach den Maßstäben der Vernunft. Trotz der Pflege ihrer Weiblichkeit bewahren sie Distanz wie die deutschen Denkmänner. Zwar überlassen sie die Werbung den Männern, aber die Frauen bestimmen die Heirat und fordern die vertragliche Treue. Sie benötigen auch keine besonderen Frauengruppen, weil sie so dichte Fühlkontakte nicht benötigen. Dafür aber gibt es Männergruppen. Die Denkfrauen diskutieren und argumentieren gerne und gekonnt und bemühen sich um klare Ausdrucksweise. Sie sagen einen Satz, dann folgt häufig ihr «cioè» oder «voglio dire». Das «cioè» bedeutet «das heißt» und «voglio dire» «damit will ich sagen». Die Bemühung um Präzision ist groß. Ist dieser sprachliche Präzisierungsprozeß dann zu Ende, hört man das fast triumphierende «quindi» (= folglich, daraus folgt). Nach genauer Darlegung der Ursachen oder/und Voraussetzungen folgt zwangsläufig die Wirkung bzw. Schlußfolgerung.

Schon in Spanien liegen die Verhältnisse wieder anders, ursprünglich wohl wegen der Unwirtlichkeit im Innern des Landes.

«Mütterchen Rußland» – Die zentrale Bedeutung des Fühlens

Im Osten, zum Beispiel in Rußland, gibt es häufiger Fühlmänner, spielt die Fühlfunktion eine gewichtige Rolle. Das mag an der großen Weite der Landschaft und der Unbegrenztheit des Horizontes liegen. «Man sieht kein Ende» beziehungsweise «keinen Anfang und kein Ende». Große denkerische Anstrengungen finden ebenfalls keinen Anfang und kein Ende. Es bleibt beim Fühlen, und die Menschen entwickelten auch deshalb eine große Leidensfähigkeit und -bereitschaft, die sich in das Unabänderliche fügt. Im Winter kuschelt man sich in der Hütte um den Kachelofen herum, und wenn man sich über weite Strecken hin besucht, ist es ein großes Fest, und es gibt viel Tränen beim Abschied. Es ist «Mütterchen» Rußland, die Erde als Mutter, welche die Menschen hegt. Die Männer umarmen sich, wenn sie sich wiedersehen. Während der Feudalzeit herrschte der Gutsherr über seine Untertanen. Er dachte für alle und gebot, was zu tun und zu lassen ist. Diese wohl weitgehend landschaftlich bedingte Hemmung der Entwicklung des Denkens und die daraus resultierende Bevorzugung des Fühlens erklärt auch die an sich befremdliche Tatsache, daß die Völker des Ostens jemanden brauchten, der für sie dachte (Zar, Gutsherr), oder noch besser: ein denkerisches Konstrukt importierten (Marxismus). Die kommunistische Partei dachte dann für alle und trampelte die Gefühle der Menschen konsequent zu Tode. Die Einführung der Bürokratie in einem Riesenreich ist weitgehend ineffizient, wasserköpfig und derart kompliziert und undurchsichtig wie in anderen Ländern, wo die Fühlfunktion vorherrscht. Es ist Ausdruck eines erstarrten Denkens, das die Fühlbedürfnisse zu beschneiden hat.

Länder und Landschaften, wo die Menschen Steppen und Wüsten bewohnen, dürften ursprünglich weder der Fühlfunktion mit ihrem Kontakt-, Wärme- und Nähebedürfnis noch der Denkfunktion (Weite der Landschaft!) zuträglich sein. Die geringe Bevölkerungsdichte und das Nomadenleben sind der Fühlfunktion, die bei Seßhaftigkeit und Zusammenleben in größeren Gruppen gedeiht, nicht förderlich. Das Denken braucht Ruhe und relative Unbeweglichkeit, um konzentriert wirksam zu werden, und muß «Anfang und Ende» erfassen können, was bei der großen Weite der Landschaft und der Unendlichkeit des Himmels nur wenig möglich ist.

Hingegen gedeiht unter solchen geographischen Bedingungen die Intuition besonders gut. Insbesondere der meist wolkenlose Nachthimmel und die große Wüste laden dazu ein, das Himmelsgewölbe liegend und in Ruhe zu betrachten und der Kleinheit des Menschen gewahr zu werden. Hier wird die «Größe Allahs» geradezu offenkundig und unabweisbar, zumal genußverheißende Sinneswahrnehmungen der Empfindungsfunktion keinen großen Spielraum lassen, es sei denn in der Phantasie von beglückenden Oasen und bunten Farben. Dagegen sind es die Götter und Göttinnen, die in den Sternen sichtbar werden und die von dort die Geschicke des Menschen leiten. Die älteste intuitive «Wissenschaft», nämlich die *Astrologie*, fand hier ihren Ursprung. Jedoch entdeckte auch das Denken in den Sternen als fixe oder wandernde Orte einen Anhaltspunkt im All der Unendlichkeit und schärfte die Beobachtung und die forschende Messung ihrer Bewegung. Die *Astronomie* entstand neben der *Astrologie* in den Ländern mit weiter und karger Landschaft, weitem und wolkenlosem Himmel.

Astronomie als Objekt des Denkens setzt allerdings bereits eine gewisse Seßhaftigkeit voraus. In den arabischen Ländern spielt also die Intuition als Hauptfunktion eine große Rolle, insbesondere bei Männern, mit der Folge, daß Religiosität das Wichtigste im Leben ist. Es wird verständlich, daß unter diesen psychologischen Bedingungen (Dominanz der Intuition) Kriege nur «im Namen Gottes» geführt werden können und «heilig» sind und daß die Beleidigung eines heiligen Textes die Todesstrafe nach sich zieht. Die Intuition wird allerdings durch die Empfindung (als Gegensatzfunktion) gestört, weshalb Frauen als Empfindungsobjekte sich verschleiern müssen, um die dominierende Intuition nicht zu stören. Die Schönheit der Frauen würde stören, und daher sollen sie abgesondert bleiben oder sich verschleiern. Wie so oft ist aber die Empfindung, falls sie durch hochdifferenzierte Kunstwerke angesprochen wird, für die Intuition nicht nur erträglich, sondern auch bereichernd, eben so lange wie konkrete Bilder ausgeschaltet sind. Zierde und Ornament ohne konkrete Bilddarstellung sind daher im arabischen Raum, in den Moscheen und Palästen oder als Teppiche zu höchster Vollendung entwikkelt worden. Ein *Bild Gottes* würde die Intuition schwer stören und sie auf eine Begrenztheit zurückwerfen, die ihr unerträglich ist.

Ich bin auf diese Zusammenhänge auch deswegen eingegangen, um *auf andersartige Paarbeziehungen auf der Ebene Intuition – Empfindung* hinzuweisen, die sich sehr weitgehend von den Beziehungen zwischen Denken und Fühlen unterscheiden und die in anderen Ländern und Himmelsgegenden ursprünglich – wohl vorwiegend landschaftsbedingt – häufiger vorkommen.

Die Verbreitung von Denk- und Fühldominanz und der anderen psychischen Funktionen ist also sicher nicht nur durch individuelle und familiäre Bedingungen verstehbar. Sie wird auf der Ebene der *kollektiven Psyche* in hohem Maße durch geographische, landschaftliche und klimatische Bedingungen *generationsübergreifend* mitbestimmt. *Die Landschaft prägt dementsprechend auch die im Laufe der Geschichte sich entwickelnden Kulturen und Zivilisationen.* Gegenden zum Beispiel, in denen Weinbau betrieben wird, haben auch die Menschen freundlicher, liebenswürdiger und toleranter, weltoffener, also gefühlshafter und daher lebendiger gemacht als Gegenden, wo kein Wein wächst oder nur Schnaps und Bier verfügbar sind. Man kann sich kaum vorstellen, daß ein Land, wo weder Weizen noch Wein wächst, zum Beispiel Finnland, das Christentum hätte entstehen lassen können, wo Gottes Leib und Blut sich den Menschen in Form von Brot und Wein anbietet, um verzehrt beziehungsweise verinnerlicht zu werden. In einem solchen Land hat auch die Intuition nur schlechte Entwicklungsbedingungen.

Einige geschlechtsspezifische Prägungen der Psyche durch anatomische und physiologische Gegebenheiten

«Der müde Krieger» – Wenn die Frau zur Mutter wird

Ein Denkmann kehrt abends nach zehnstündiger Arbeit im Betrieb zu seiner Fühlfrau nach Hause zurück. Er ist erschöpft, entmutigt und von schlechten Gefühlen durchdrungen. Die Kinder sind schon im Bett. Die Frau gönnt ihm Ruhe und gibt ihm zu essen. Das hilft ihm aber nichts, und er sucht das Gespräch, wozu die Frau gleich bereit ist. Aus dem Gespräch wird aber nicht viel, denn der Mann fängt an zu klagen und auch zu jammern: Die Arbeit ist viel zu viel (aber er kann sie nicht abschütteln, denn er hat für eine Familie zu sorgen). Er muß nicht nur arbeiten. Im Betrieb herrscht ein teils offener, teils versteckter und auch mit bösen Mitteln geführter Konkurrenzkampf der gehobenen Mitarbeiter untereinander. Jede Position muß bis aufs Messer verteidigt und künftige Promotionen müssen angestrebt werden. Ein Versagen der Leistungskraft wäre fatal für den aufstrebenden jungen Mann. Der Verdienst ist knapp, und er führt den Kampf, um ihn zu verbessern.

Die Frau hört ihm zu und nimmt Anteil. Er vermittelt den Eindruck, es nicht mehr zu schaffen und den Kampf aufgeben zu müssen. Er fühlt sich schwach und in seinem Stolz gedemütigt. Dann klagt er darüber, daß die Eltern seiner Frau unmöglich sind, weil sie sich weigern, irgendeine finanzielle Hilfe anzubieten. Jetzt ist seine Fühlfrau betroffen und kontert, seine Eltern seinen noch unmöglicher, weil sie ihm nie eine Starthilfe gegeben haben. Nach ihrer Scheidung, der endlose Prozesse wegen Geld folgten, lebten sie in noch schlimmeren Verhältnissen.

Diese Informationen der Frau sind objektiv, und der Mann akzeptiert sie. Er beginnt aber zu jammern, wie schlecht er sich fühle, wie schlimm die Lebensverhältnisse sind und wie verzweifelt er ist. Tränen der Erschöpfung, der ohnmächtigen Wut und der Aussichtslosigkeit, etwas ändern zu können, stehen ihm in den Augen. Die Frau berührt ihn zart mit zwei Fingern an der Schulter, als wolle sie ihm Trost und Kraft spenden. Diese Berührung versetzt ihn unmittelbar in starke sexuelle Erregung. Er will seine Frau sofort haben und bedrängt sie solange, bis er sie im Bett hat.

Damit hat sie überhaupt nicht gerechnet und fühlt sich völlig überrumpelt und vor den Kopf gestoßen: «Muß es denn immer so enden?» Sie ist entrüstet und gekränkt und will sich eigentlich verweigern: «Er liebt mich doch gar nicht und meint nicht mich. Er hat doch nur seinen Schutt bei mir abgeladen, und meine Gefühle sind ihm gleichgültig. Alle Männer sind gleich!» Diesmal denkt sie das nur und spricht es nicht aus. Sie läßt den Sexualakt über sich ergehen.

Kaum ist die Liebesszene zu Ende, stellt die Frau zu ihrem Erstaunen fest, daß ihr Mann wieder völlig verändert ist: Der ganze Jammer ist vorbei. Die Klagen über die unwirtliche und böse Welt, die ihm so gar nicht entgegenkommen will, sind verstummt. Er ist plötzlich voller Kampfgeist und Zuversicht und macht die halbe Nacht lang Projekte und Rechnungen und Pläne, wie er den Kampf weiterführen könnte. Jede Müdigkeit ist verflogen. Er schläft ein paar Stunden und ist am Morgen topfit.

Die Frau ist zwar verletzt wegen der Sexgeschichte am Vorabend, zugleich aber erstaunt, welche Wirkungen der vollzogene Liebesakt gezeitigt hat. All das kann sie nicht einordnen, zumal sie überhaupt nicht versteht, was das Sexualbegehren des Mannes in so einer Situation soll.

Solche und ähnliche Szenen spielen sich sicherlich in allen Industriestaaten zwischen Denkmann und Fühlfrau jeden Tag ab und stoßen die Frauen vor den Kopf. Ich bin gewiß, daß keiner der Partner begreift, was sich da abspielt und daß es die Frauen sind, die mit einem solchen Sexualverhalten des Mannes nicht zurechtkommen. Dies besonders dann, wenn sie in der Position des «Chores der Frauen» stehen.

Ich will versuchen, in Kürze darzulegen, was hier im Denkmann vor sich geht. Er erfährt hautnah: «Mir wird nichts geschenkt. Keiner hilft mir. Ich bin alleine auf mich gestellt. Alles hängt an mir. Die Welt ist ein unerbittlicher und gnadenloser Kampfplatz. Nur der Sieger hat Bestand.» Diese Erfahrung verletzt sein unterentwickeltes Fühlen so sehr, daß es vorwiegend in Form von Jammern und Klagen die kühle Denkposition erschüttert. Dadurch wird der Mann kraftlos und *gerät in die Position des fühlenden Kindes*, welches von der Welt nicht geliebt wird, weil sie nur Leistungen und Härte fordert. Der Mann wird schwach und klein. Sein Denken tritt in den Dienst des Fühlens. *Es will nur noch Hilfe und Schutz, und die Frau wird zu seiner Mutter.* Sie soll ihn verstehen, trösten, vor aller Unbill schützen. Wenn sie das tut, dann liebt sie ihn (ganz im Gegensatz zur Firma), und diese Liebe heilt seine Wunden.

Die zarte Berührung seiner Frau ist für ihn das deutliche Signal, daß sie ihm nahe ist, ihn also liebt. Sie hat ihm dadurch ihre liebende Seele übermittelt, und er spürt: «Du wenigstens liebst mich!» Das Kind ist geborgen, getröstet und gestärkt.

Wir könnten nun, zusammen mit der Frau, denken, das genüge, und er könne sich einfach an sie kuscheln, die Gefühle zusammenschmelzen lassen und genießen. Genau das geht aber nicht, weil seine Gefühle nicht reif, sondern kindlich sind: Er liebt sie in dieser Situation gar nicht als Mann, sondern als Kind, das in den Arm genommen werden will.

Die Rückkehr des Mannes in den Mutterleib im Sexualakt

Kindliche Gefühle des erwachsenen Mannes mobilisieren sexuelle Phantasien und die Sexualität überhaupt. Ja, sie geben den sexuellen Impulsen eine noch viel stärkere Dringlichkeit. Eigentlich will der Mann im kindlichen Zustand zur totalen Geborgenheit gelangen. Er will völlig umhüllt und abgeschützt sein und keine eigenen Leistungen mehr vollbringen. Mit anderen Worten: Er will wieder in den Mutterleib zurück.

Es ist nun das Privileg, aber auch die große Schwäche des Mannes, daß er wenigstens partiell tatsächlich auch körperlich wieder in den Uterus zurückkehren kann. Eine Substanz seines Leibes gelangt bis in den Uterus, nämlich sein Samen. In der Tat erfolgt faktisch eine *Ich-Identifizierung mit dem Sperma*. Für einen Moment kann der Mann gewissermaßen seine ganze Seele in das Sperma legen. Der Samen wird zum Vehikel, zum Transportmittel seiner Seele und bringt ihn wieder zurück zu seinem Ursprung.

Im Gegensatz zur Frau hat der Mann von der Anatomie und Physiologie her wesentlich größere psychische Regressionsmöglichkeiten als die Frau selbst. Sie kann so nicht in den Uterus zurück wie der Mann, weil sie keinen Penis und keinen Samen hat. Diese vom Körper ausgehende Verführung und Einladung zur Regression unterstützt kindliche Sehnsüchte und macht es dem Mann so schwer, wirklich «erwachsen» und von der Mutter unabhängig zu werden. Aus diesen Gründen bleibt auch «das Kind im Mann» wohl unausrottbar bestehen und führt dazu, daß er von der Frau als Mutter nicht loskommt und immer wieder neue Mütter (neue Frauen) zu erreichen versucht oder bei der gleichen Frau in häufigen Sexualbegegnungen in sie eindringen und in ihr – falls es möglich wäre – verschwinden möchte. So kann er der Last des Lebens wenigstens zeitweise entrinnen. Auf diese Weise kann insbesondere der Denkmann für die kurze Zeit der Gefühls- und Sexualüberwältigung seinen Denkapparat «abschalten».

Regression und mögliche Progression – Der Uterus als Endziel und Neuanfang

Einmal im Uterus angelangt, hat der Mann grundsätzlich zwei Möglichkeiten: Er kann im Uterus «bleiben» und «abgeschaltet» bleiben. Dann ist er nach dem Sexualakt völlig entspannt und schläft über kurz oder lang ein. Die Gebärmutter ist aber von Natur her kein dauernder Aufenthaltsort, sondern dazu bestimmt, zu gebären, das neue Leben aus sich herauszugeben und der Welt zu schenken. Im Erleben der Regression in den Uterus wird daher die Ankunft am Ursprung zugleich auch wieder der Ort der Wiedergeburt bzw. der Neugeburt, die auf seelischer Ebene sich in kürzester Zeit vollziehen kann, wie bei unserem «müden Krieger», der nach dem Vollzug der *Regression* umgewandelt ist und mittels einer sehr schnellen *Progression* der Welt völlig zurückgegeben wird. Er ist sehr schnell erstarkt und voller Energie. (Lat. *regredior* = zurückgehen, zurückkehren, sich zurückziehen und *progredior* = hervorgehen, vorwärtsgehen, herausgehen.) Der Mann darf bei dieser positiven Erfahrung im Regredieren erleben, wie er seine verlorene Kraft wiederfinden kann. Es ist die Frau-Mutter-Geliebte, die ihn wieder in ihren Schoß aufnimmt, ihm Kraft und neues Leben gibt, um ihn wieder zu gebären. Vermag sie diese Vorgänge nach- und mitzuerleben, kann sie die zentrale Bedeutung ihrer «Rolle» fassen. Sie trägt ihn als Kind und gebiert ihn wieder als Mann. Sie schützt das Kind und zieht es ganz in sich hinein. Sie gibt ihm Nahrung, Kraft und Heilung, bis es neu in ihr entsteht und rasch wieder ein Mann ist.

Milliardenfach hat sich dieser körperlich-seelische Vorgang im Lauf der Zeiten abgespielt und wiederholt. Sehr häufig haben die Frauen diese ihre Aufgabe mehr oder weniger bewußt erfüllt. Sie haben die Abhängigkeit des Mannes von der Frau in der Regel still angenommen und den Mann wegen seiner offenkundigen Unterlegenheit nicht beschämt. Ja, sie taten über Jahrhunderte hin so, als seinen sie, die Männer, die Starken und Überlegenen, um sie nicht dauernd in Gefahr zu bringen, wegen bewußtgewordener

Schwäche und Abhängigkeit Minderwertigkeitsgefühle zu erzeugen, und um die Regressionsbedürftigkeit in Grenzen zu halten.

Natürlich können heutige Frauen sagen: «Warum sollten wir Frauen immer euch Männer hegen und pflegen und für eure Regressionen zur Verfügung stehen? Seht doch zu, wie ihr ohne uns zurechtkommt!» Sollte das der prinzipielle Standpunkt sein, dann allerdings stimmt etwas in der Fühlfunktion der Frauen nicht, und es fehlt dann auch das Wissen und das Verständnis für all jene psychischen Bedeutsamkeiten, die auch an die männliche Sexualität gekoppelt sind. Dann ist das Sinnverständnis abhanden gekommen und damit auch die Bereitschaft, an der Sinnerfüllung teilzuhaben. Die männliche Seele kann nicht umhin, sich innerhalb der physiologisch und anatomisch vorgegebenen Matrizen zu bewegen und sich den vorgegebenen Naturkräften mit symbolischer Bedeutung erlebend hinzugeben.

Gewiß gibt es andere Lösungsmöglichkeiten rein innerseelischer Natur, die der Mann auch ohne konkrete Frau finden kann. Innerhalb der Beziehung jedoch vollzieht sich über Jahrzehnte hin faktisch jenes Regressions- und Progressionsgeschehen, wie ich es darzustellen versuchte.

Die darin offen werdenden Abhängigkeiten des Mannes von der Frau und seine diesbezüglichen Schwächen werden sicher dann besonders sichtbar, wenn der Mann als Single leben muß. Die alleinstehende Frau erweist sich auch hier als die deutlich Stärkere, und es ist nicht schwer vorherzusehen, was diesbezügliche eventuelle Untersuchungen über Singles zutage fördern werden: Die männlichen tun sich viel schwerer als die weiblichen.

Die Paarbeziehung als Mutter-Sohn-Verhältnis

Bei unserem «müden Krieger» wird das Sperma zum Träger des kindlichen Ich, das sich mit dem Samen identifiziert und im Uterus als Kind verschwindet. Es hat sich also in der Paarbeziehung zumindest temporär ein Mutter-Kind-Verhältnis gestaltet. Ein solches Geschehen ist möglich, weil physiologisch-biologisch-anatomische und geschlechtsspezifische «Vorgaben» existieren, die weiterhin als gestaltende Matrizen funktionieren, und weil bestimmte Entwicklungsstadien als früher durchlaufene Erlebnisniederschläge (hier das Geborgensein im Uterus) im Erwachsenenalter wiederbelebt werden. Es vollzieht sich eine Regression, ein Zurückkehren in diese alten Erlebnisschichten und eine Identifizierung mit deren qualitativem Erlebensgehalt.

Diese Rückkehr ist als solche in der Regel unbewußt, das heißt, der Mann, der erlebnismäßig auf der Woge der Sexualität und auf dem Trägerschiff Sperma wieder in den Mutterleib eindringt und dort verbleiben will, weiß das alles bewußt nicht und die daran beteiligte Frau meistens auch nicht. Beide meinen oft, sie betrieben nichts anderes als einen mehr oder weniger einverständlichen Geschlechtsverkehr. In der Mehrzahl der Fälle unterscheidet sich aber jeder Sexualverkehr qualitativ, das heißt psychologisch vom anderen. Auch die Erlebnisqualität bei Frau und Mann ist verschieden. Zum Beispiel kann die Frau, weil sie über kein Sperma verfügt, den bei unserem «müden Krieger» vollzogenen Regressionsvorgang während des Geschlechtaktes nicht nachvollziehen – es sei denn über einen bewußten Verstehensakt in bezug auf den die Regression durchlaufenden Mann.

Auch sonst sind Paarbeziehungen häufig als Mutter-Sohn-Verhältnis definierbar. Aufgrund des männlichen Mutterkomplexes ist nahezu in jeder Ehe wenigstens zeitweise bzw. vorübergehend der Mann in die Sohn-Rolle gedrängt, und mancher Frau ist es so ganz recht. Die *habituelle* Mutter-Sohn-Beziehung in der Ehe ist als Dauereinrichtung eher ungünstig und verhindert, daß der Mann seine Männlichkeit besser entwickelt. Auch die Frau kommt aus ihrem puren Mutter-Sein nicht heraus und verfehlt die Entwicklung einer umfassenderen Weiblichkeit.

Beschränkt sich, wie bei unserem «müden Krieger», das Sohn-Sein des Mannes fast ausschließlich auf den Sexualakt und führt dieser den Mann psychisch zur Neugeburt, ist die Beziehung sehr positiv für den Mann, weil Regression und Progression sich die Waage halten. Für die Frau ist sie nicht so positiv, weil sie auf diese Weise nie Tochter oder Schwester, aber auch nicht Frau im eigentlichen Sinn sein darf.

Die Paarbeziehung als Vater-Tochter-Verhältnis

Natürlich kann die Sexualität des Mannes einen ganz anderen Erlebens- und Sinngehalt haben. Ist die Frau mädchen- und kindhaft oder befindet sie sich selbst psychisch in einem kindlichen Zustand, etabliert sich unbewußt in der Sexualsituation eine Vater-Tochter-Beziehung. Die männliche Gefühlslage ist dann die des «Hallo – Baby» oder «Du mein Kind», wobei er «groß» ist und sie «klein» sein darf (oder soll). Das Lied: «Oh mein Papa ist eine wunderbare Mann» gibt auf einfache und doch berührende Weise die beglückende Hingabe und Öffnungsbereitschaft der Frau wieder, während der Mann sein «Kind» bzw. seine «Tochter» wortwörtlich durch Be-Einflussung formen und gestalten kann. Er geht zum Kind (Mädchen) und «macht sie zur Frau», und dies immer wieder.

Diese Wiederholung eines kindlichen Beziehungsmusters kann dort gut funktionieren, wo die Frau als Kind ein gutes und auch zärtliches Verhältnis zum leiblichen Vater hat erleben können. Ist das nicht der Fall und ist sie unbewußt negativ an den Vater fixiert, möchte der Mann sozusagen instinktiv im Sexualverkehr dieses verletzte Kind heilen und «umformen». Es soll zum «glücklichen Kind» werden.

Diese positiven männlichen Intentionen sind aber oft dann zum Scheitern verurteilt, wenn die Frau schon als Säugling vom leiblichen Vater verprügelt und mißhandelt wurde, und auf alle Fälle dann, wenn sexueller Mißbrauch in der Familie oder Vergewaltigung stattgefunden hat. Das führt auf jeden Fall zu Störungen der späteren erwachsenen Sexualbeziehung. Eine positiv und als

«Liebe» erlebte Vater-Tochter-Beziehung auf der sexuellen Ebene ist dann fast unmöglich, weil die kindlichen Matrizen ihre schädigende Wirkung nicht verfehlen.

Die im Sexualakt realisierte Vater-Tochter-Beziehung ist für beide Teile beglückend. Für den Mann ist sie als habitueller Dauerzustand im ganzen günstiger als die Sohn-Position. Für die Frau ist sie erfüllend, weil sie immer wieder regredieren, daraus Kraft schöpfen («ich empfange deine Kraft») und total hingebend sein kann, was einem großen psychischen Sich-Öffnen gleichkommt.

Im sonstigen Leben ist diese Beziehung auf Dauer nicht so günstig, weil der Mann zwar die Abhängigkeit (als Sohn) überwunden hat, sich dabei aber übernimmt.

Die Frau hingegen verliert im Vater-Tochter-Verhältnis an Selbständigkeit und begibt sich in eine Abhängigkeit vom Mann, die ihrer Weiterentwicklung nicht frommt. Sie wird dabei auch sonst etwas kindlich bleiben, bequem und verwöhnt werden und die Fülle der Weiblichkeit verpassen. Sie wird ihn auf mehr oder minder liebenswürdige Weise ausnützen, ihn «aussaugen» und insgeheim von ihm verlangen, er möge etwas aus ihr machen. Das ist auch für die Beziehung und ihre Dauer ein wenig gefährlich. Sollte nämlich die «Kind-Frau» bzw. «Mädchen-Frau» sozusagen aus ihren kindlichen Sehnsüchten und Träumen erwachen und sollte der Mann dazu auch beigetragen haben, könnte sie, einmal selbständiger geworden, die Beziehung aufgeben und sich von ihrem «Vater» trennen. Sie würde sich dann dem Ein-Fluß dieses Mannes entziehen und auch räumlich weggehen.

«Brüderchen und Schwesterchen» – Das spielerische Paar

Spielen negative Kindheitserfahrungen eine nur geringe Rolle, ist insbesondere die Frau mit Empfindungsdominanz in der Lage, Sexualität als pure Lustempfindung und Lustquelle zu erleben. Die Partner finden zueinander einfach deswegen, weil es «schön» ist und man sexuell miteinander «spielen» und immer neue «Spielchen» erfinden kann. Beide werden gewissermaßen wieder zu «Kindern», zu «Brüderchen und Schwesterchen». Sie haben ihre Lust und Freude aneinander, oder sie «zanken» auch und tun sich ein bißchen weh, damit die «Versöhnung» dann um so schöner ist. Die «Überlegenheiten» wechseln sich dann ständig ab.

Im Falle des grundsätzlichen Gelingens dieser bei Mann und Frau simultanen Regression auf spielerische und unbeschwert-kindliche Erlebnisebenen können auch solche Partnerschaften, eben weil sich das Paar «gut versteht», lange dauern, obwohl das Wort «Treue» nicht unbedingt im Mittelpunkt ihres Dasein steht.

Bei solchen Paaren gewinnt man nicht selten den Eindruck, daß sie eher «Mann und Frau spielen», als daß sie Mann und Frau sind. Das kann sich dann auch auf das Leben außerhalb des sexuellen Bereiches ausdehnen. Unter günstigen Umständen können sich sogar «kumpelhafte» Beziehungsmuster entwickeln. Das Paar steht dann im Leben solidarisch füreinander ein und verzeiht sich auch etliches (sogar mit Einschluß des Fremdgehens).

In der Mehrzahl der Fälle kommt das Bruder-Schwester-Verhältnis bei Denkmann und Fühlfrau (Fühlmann und Denkfrau) viel seltener vor, dafür häufiger bei Paaren auf der «irrationalen Achse», also bei Intuitionsmann und Empfindungsfrau (oder Empfindungsmann und Intuitionsfrau). Ich wollte das wenigstens erwähnen und bei der Gelegenheit darauf hinweisen, daß ich aus Platzgründen die Paarbeziehungen, die auf Intuitions- und/oder Empfindungsdominanz beruhen, hier nicht behandeln kann.

Immerhin sind auch bei Paaren auf der Denk- und Fühlachse solidarische und kumpelhafte Beziehungen möglich, besonders dann, wenn beide Partner als zweite Funktion die Empfindung entwickelt haben. Insbesondere eine darauf sich abstützende Sexualität könnte dann den Verwicklungen, die durch Mutter- und Sohn- (Vater- und Tochter-) Positionen entstehen, entgehen und sich dem spielerischen und lustbetonten Bruder-Schwester-Verhältnis innerhalb und außerhalb der Sexualbeziehungen hingeben.

Das Element «Lust am Sex» spielt in der Beziehung zwischen Denkmann und Fühlfrau zwar auch eine Rolle, aber keine so zentrale, weil die Verletzbarkeiten bei Denkmann und Fühlfrau erheblich stärker sind. Vor allem ist die Tendenz des Denkmanns, wieder Kind sein zu wollen und sich (auch sexuell) «bedienen» lassen zu wollen eher stark ausgeprägt und bringt die Fühlfrau leicht in eine Haltung des Widerstandes oder der Ablehnung.

Der männliche Geschlechtsakt als «Markierung» und archaische Liebeserklärung

Dem Denkmann mit seiner überlegenen Denkfunktion ist es recht gut möglich, diese «Überlegenheit» auch in die Sexualität einzubringen und auf dieser Ebene zu dokumentieren. Die geschlechtlichen Begegnungen sind dann vorwiegend Augenblicke der *«Markierung»* seitens des Mannes: So wie viele Tiere ihre Exkremente zur Kennzeichnung ihres Territoriums benutzen, um zu sagen «hier bin ich, und hier ist mein Gebiet», so schwingt gefühlshaft auch beim Denkmann die (erwachsene) Intention mit: «Jetzt komme ich, hier bin ich, und das ist mein Territorium (Besitz).»

Es sind also hier bis zu den Tierahnen reichende archaische Matrizen wirksam, welche der Sexualität des Denkmanns den Charakter des Markierens verleihen. «Er drückt ihr seinen Stempel auf», wobei das Sperma zum «Exkrement» besonders intimer Art wird. Er bestimmt wortwörtlich sein Ein-Fluß-Gebiet. Wo er einfließt, ist er und seine Seele. Er beeinflußt und gestaltet und formt zugleich. Er bestätigt damit nicht nur sich selbst, in weiblicher Version vom Typ «Du machst mit mir nur Sex, weil Du wieder einmal eine Selbstbestätigung brauchst». Er bestätigt und besiegelt damit vor allem, daß sie zu ihm gehört und daß sie (und *nur* sie!) seine Auserwählte ist.

Offensichtlich steht hier die *Sexualität in einem kompensatorischen Verhältnis* zur Denkfunktion. Das Denken sagt: «Ich habe dich geheiratet, und das gilt für immer. Es bedarf keiner weiteren

Bestätigung.« Seine Sexualität aber sagt: «Ich muß immer wieder bestätigen, daß du meine Frau bist.» *Die erwachsene Sexualität des Denkmannes ist also faktisch eine sich oft wiederholende Liebeserklärung auf sehr archaischer Grundlage.* Er ist nicht mehr «Vater» oder «Bruder».

Auch die Frau ist weder «Mutter» noch «Tochter» noch «Schwester», sondern eben Frau. Sie kann zu ihren bis in die tierische Ahnenreihe zurückreichenden *Urmüttern* regredieren und *werden wie sie*, genauso wie der Mann, zu den *Urvätern* zurückkehrend, *werden kann wie diese.* Dieses Beziehungsmuster ist für Mann und Frau das günstigste. *Es ist voll erwachsen, insofern der Sexualakt bei Frau und Mann einen zur psychischen Hauptfunktion kompensatorischen Charakter hat, ihren Bestand also nicht bedroht, sondern vielmehr bestätigt und zugleich entlastet.* Der gefühlsmäßig so sich vollziehende *sexuelle Liebesakt bedeutet für die Mann-und-Frau-Beziehung das Optimum.*

Die Verwandlung des Penis vom Liebesorgan in ein Straf- und Aggressionsorgan

Das oben erwähnte Optimum wird aber nicht erreicht, wenn einer der Partner nicht mitmacht oder mitmachen kann. Dann sind auch negative Entwicklungen möglich. Wenn die Frau, aus welchen Gründen auch immer, sich weigert («ich bin doch nicht dein Eigentum», «ich stehe dir doch nicht einfach immer zur Verfügung»), könnte sich der an sich positive Sinngehalt einer solchen männlichen Sexualität gleichsam verschärfen: «Du glaubst, aus der Reihe tanzen zu können» (also alte, biologische Gesetze übertreten zu dürfen), «du weißt wohl nicht, wer hier bestimmt», «du bist meine Frau und vergißt deine Ehepflichten». Die Frau gerät in Verdacht, sich gegen uralte biologische Ordnungen aufzubäumen. Zugleich verletzt sie das Denken, denn für das Denken steht es außer jeder Diskussion, daß ein einmal ausgesprochenes Ja plötzlich nicht gültig sein könnte. In dieser Grenzsituation wird der Sexualakt seitens des Mannes nicht mehr nur zur selbstverständlichen Markierung, sondern schon mehr zum «Denkzettel»: «Erinnere dich, zu wem du gehörst», «dein Platz ist hier».

Rebelliert die Frau weiter, spitzt sich die Beziehung krisenhaft zu. Der Penis verwandelt sich zunehmend vom Liebesorgan zum Straf- und Aggressionsorgan. Der Mann wird (zunächst vielleicht nur sexuell) zum Vergewaltiger: «Und bist du nicht willig, so brauch ich Gewalt.» Der Mann verteidigt seine Position und die alten Ordnungen, die er als «rechtmäßig» erlebt. Er wehrt sich im Grunde ängstlich gegen Änderungen und Umbrüche und wird «konservativ».

Hat der Mann sehr negative Prägungen durch frühkindliche Störungen der Mutter-Kind-Beziehung, bricht in ihm *der Haß gegen die Mutter auf* und sexualisiert sich. Er ist jetzt der *Muttermörder*, der (mittels Projektion auf die Frau) im Sexualakt die Mutter töten will. Der Penis wird zur Kanone, das Sperma zum Geschoß, das den Mutterleib «aufreißen» und sprengen soll. Er «bumst» sie, und der Penis wird bei jeder Bewegung zum Dolch, der den Leib der Frau (Mutter) durchbohrt: «Du dreckige Hure, du Schwein, ich spritze dir den Dreck rein, ich beschmutze dich, du Mistvieh», usf. Durch Sexualisierung wird die Mordlust intensiviert, und alle nur möglichen schlechten Gefühle werden herausgedrückt, abgespritzt, ausgespuckt und abgeladen auf die zur «Müllhalde» gewordene Frau.

Weigert sich der Mann, auf eine von der Frau intendierte erwachsene Sexualität einzugehen, weil er Sohn oder Vater oder Bruder bleiben will, wird die Frau aggressiv: «Warum nimmst du mich nicht als Mann», «warum läßt du mich nicht spüren, daß ich zu dir gehöre», «warum zeigst du deine Stärke nur draußen in der Welt und nicht auch bei mir», usf. Ihre Aggressivität ist mehr passiv, weil die Frau kein Sexualorgan hat, das in den Dienst der Aggressivität gestellt werden könnte. (*Vielleicht* wünschte die Frau bei der Gelegenheit, sie hätte einen Penis. In diesem Falle wäre die These von *Sigmund Freud* vom «Penisneid» der Frau allerdings unter bestimmten Bedingungen –

nämlich bei Verweigerung des Mannes – doch nicht ganz von der Hand zu weisen.)

Hingegen kann die Frau damit beginnen zu kratzen, ein wenig zu beißen oder sich den Penis oral einzuverleiben. In schlimmen Fällen wird sie den Mann treten, zerkratzen («ich kratze dir die Augen aus») oder wird wütend am Penis herumreißen. Ist der Mann auch dann nicht zu einer aggressiveren Sexualhaltung fähig, dürfte das Ende der Beziehung seinen Anfang genommen haben. Der Mann wird sein Versagen in eine Tugend umwandeln und der Welt sein Unglück verkünden und wenn möglich einen «Chor der Männer» bilden: «Meine Frau will immer nur Sex! ... Die Frauen sind unersättlich. Sie wollen immer nur gefickt werden. Wenn du ihnen nicht gibst, was sie verlangen, kratzen, treten und beißen sie. Am liebsten würden sie dir den Schwanz ausreißen. Sie sind so geil, daß auch ein Regiment Soldaten ihre Gier nicht befriedigen kann. Man muß sie immerzu bumsen, damit sie zufrieden sind. ...», usf.

Der Liebeskampf der Geschlechter – Die Kampf- und Zerfleischungsehe

Ist es der Mann, der versucht, aggressiv zu seinem Ziel zu gelangen, enden solche Entwicklungen bzw. Verwicklungen in den Beziehungen sehr oft mit Trennung und Scheidung. Es ist aber auch möglich, daß sich die Frau darauf einläßt und es in gewisser Weise genießt. Das tritt gelegentlich dann ein, wenn sie selbst durch eine schlechte kindliche Vater-Tochter-Beziehung geprägt ist. In den gewaltsamen Sexualbegegnungen mitsamt der hoch geladenen Gewaltemotionalität wiederholt sich dann in beiden Partnern eine jeweilig negative Kindheitserfahrung, die sich aber nun in ein sexuell-erotisches Strombett hineinbegibt, dessen eigentlicher Ursprung aber dennoch die Liebe und das Leben ist, denn Penis und Vagina sind ihrer Natur nach Liebesorgane. Die Partner verbeißen und verkrallen sich oft im Strom großer Vitalität ineinander und fressen und verzehren sich in einer emotionalen Glut der Haßliebe und der wütenden Rache, die mit Liebe, Kraft und geiler Getriebenheit durchdrungen ist. Es sind vulkanische Sprengladungen sexuell-erotischer Natur, die sich verschmelzen und vermengen. Die Frau wird zur Wildkatze und Tigerin, der Mann zum Urjäger, der seine Beute erlegt.

Solche Beziehungen sind grundsätzlich nicht negativ, obwohl sie schwierig zu handhaben sind. Da bei beiden Partnern starke Regressionen stattfinden und da dabei große Energien freigelegt werden, können sie zur Bewußtwerdung von Sinn, Bedeutung und Gehalt beitragen. In solchen Sexualakten wird in Wirklichkeit zur Erinnerung gebracht, welche schlimmen Dinge früher geschehen sind und wie stark gerade deshalb die Liebessehnsucht ist.

Dieser undifferenzierte Konflikt zwischen Liebe und Haß beschränkt sich in der Regel nicht einfach nur auf die Sexualebene. Sie umgreift auch das sonstige Leben in der Beziehung, die durch eine auf Dauer kaum erträgliche Ambivalenz der Gefühle charakterisiert ist. Die Partner werden sich also auch außerhalb des Bettes ständig verletzen und wieder versöhnen, was unter Umständen über die Jahre hin zur Erschöpfung und Stockung in der Entwicklung beider führen kann. An diesem Punkt ist dann nur ein Neubeginn beider Partner auf differenzierterer Ebene in der Beziehung möglich, oder es kommt zur Trennung, wenn nur einer oder keiner von beiden mitmacht. Die Kampf- und Zerfleischungsehe und der sich darin widerspiegelnde Kampf der Geschlechter ist nur als Durchgangsstadium positiv und wohl auf Dauer nur selten erträglich.

Die zwiespältige Einstellung des Denkmannes zu seiner Sexualität

Besonders für den Denkmann ist seine Sexualität problematisch, auch dann, wenn er nicht mehr von einer moralischen Sexualfeindlichkeit geprägt ist, wie es früher insbesondere im christlichen Bereich der Fall war. Das Denken wird, wie wir wissen, von den Gefühlen und vom Fühlen überhaupt bedroht. Die reifende Sexualität des jungen Mannes mit Denkdominanz orientiert sich normalerweise mehr und mehr auf ihre «Objekte» und lenkt in gewisser Weise vom Denken ab. Während und «hinter» den Sexualimpulsen tauchen aber Gefühle auf mit potentiell starker energetischer Besetzung und bedrohen das Denken in seinem ordnungsgemäßen Verlauf. Daher kommt es, daß das Denken einen Widerstand gegen die Sexualität entwickelt.

Solange die Sexualität (und die mit ihr verbundene Sexualphantasie) noch verdrängt werden kann und/oder solange ihr im Bereich der Onanie ein begrenztes und verschwiegenes («abgesondertes») Sonder- und Asyldasein widerwillig gewährt wird, ist der Konflikt noch zu Gunsten des Denkens entschieden. Die früheren kollektiven Sexualverbote und die Verpönung aller Sexualgelüste hatten ja zum Ziel, das Denken zu fördern. Das Gebot der «Triebbeherrschung», dessen Erfüllung dem Mann zugemutet wird, war und ist der Beweis dafür, daß er ein *denkender (!) Mann* ist. Dahinter steht als Erfahrung: «Wenn der Schwanz steht, ist der Verstand im Arsch», wie es etwas vulgär formuliert wurde.

In der Tat wird während der Sexualbetätigung das Denken (des Mannes) vorübergehend außer Funktion gesetzt. Verliebt der Mann sich dann auch noch, verliert das Denken seine Suprematie. Es wird zur Dienerin der neuen Gefühle: Er denkt nur noch an sie! Er ist irgendwie «kopflos» geworden, weil seine Gedanken, vom Gefühl getragen, nur noch um die Geliebte kreisen. Sind seine Gefühle sehr infantil, jagt er «allen» Frauen hinterher und wird zum eher verachteten Schürzenjäger, der nur noch Weiber im Kopf hat statt echte Gedanken.

Berichtet er im Kreis seiner Freunde von neuen «Heldentaten», weil er wieder eine Frau «zur Strecke gebracht» bzw. «aufs Kreuz gelegt» oder «aufgerissen» hat, wird ihm zwar von den Männern seines Niveaus neidische Billigung entgegengebracht, jedoch wird er von den reiferen Männern eher als unreifer Junge eingeschätzt oder aber offen oder heimlich verachtet. Er ist eben kein oder noch *kein Mann.*

Sollte aber eine Frau mehrere Männerbekanntschaften haben oder viele Männer verführen, wird niemand sagen, sie sei *keine Frau.* Je nach den Umständen wird sie vielmehr entweder als «tolle Frau» verehrt und bewundert (sie kriegt alles, was sie will), oder aber sie wird zu einer Frau mit schlechtem Ruf, weil sie so viele Männer hat statt nur einen. Sie ist dann ein «Flittchen», weil sie keine Treue hält und die Männer immer wieder verläßt, im Regen stehen läßt, ihnen «das Herz bricht» und sie dann wegwirft. Als «Nutte» ist sie verachtet, weil sie die Gefühle der Männer schwer verletzt, die sich in sie verliebt haben. Andererseits ist sie aber als «Nutte» in gewisser Weise gerade vom Denkmann heimlich geschätzt, weil sie als solche dazu beiträgt, trotz Sexualbeziehung die Folgen der Verliebtheit des Mannes und damit die Störung des Denkens zu verhindern, weil der Mann aufgrund ihrer nuttenhaften Untreue nur schwer seine Gefühle seßhaft in ihr deponieren kann.

Bringt sich die Frau aber als «tolle Frau» ein und als eine Frau, die eben ihre Erfahrungen sammeln will, bleibt sie uneingeschränkt geachtet und als besonders begehrenswerte Frau eingeschätzt: Ist dann doch der Mann, bei dem sie die besten Erfahrungen gemacht hat und bei dem sie deshalb bleiben will, eben der «beste Mann» und auch der, der am besten zu ihr paßt.

Es besteht von vornherein die Erwartung, daß ein wertvoller Mann einer ist, der denkt und denken kann. Dementsprechend muß er aufgrund seines teilweisen Sexualwiderstandes zurückhaltend sein. Ist er es nicht, ist er eben kein richtiger Mann. Selbst eine gewisse Schüchternheit tut seinem Mannsein keinen Abbruch. Zurückhaltung und Schüchternheit sind gleichsam der Nachweis, daß er denkt und denken will. Andernfalls hat er eben «nur Sex und Frauen im Kopf», und folglich ist er kein Denker.

Die ungebrochene Einstellung der Fühlfrau zu ihrer Sexualität

Demgegenüber hat die Fühlfrau ein völlig anderes und wesentlich weniger kompliziertes Verhältnis zu ihrer Sexualität. Ihr Fühlen ist die Hauptfunktion, und sie ist überhaupt nicht in Gefahr, durch Sexualität und die damit verbundene Gefühlsintensivierung aus dem Gleichgewicht gebracht zu werden. Auch ihr Denken wird nicht durch Sexualerleben gestört, weil es ja dem Fühlen aufruht und sich nicht außerhalb des Fühlens bewegt, wie es beim Mann der Fall ist. Beim Denkmann steht die Sexualität, soweit sie Gefühle hinter sich herzieht, in einem gewissen Gegensatz zu seiner psychischen Struktur, bei der Fühlfrau stimmt die Sexualität bestens mit ihrer psychischen «Fühlstruktur» überein. Sie kennt also von Haus aus die Besonderheiten hinsichtlich der Sexualität, wie sie beim Mann vorliegen, nicht und kann sie sich auch nur schlecht vorstellen.

Umgekehrt ist der Mann verblüfft und fremdartig angerührt, wenn er der Frau mit dieser ihrer einfachen Natürlichkeit begegnet. Sie erscheint ihm dann wie ein Heilmittel, das ihn von seiner Konflikthaftigkeit befreien kann. «Wäre ich so wie sie, hörte mein Unglück (das Leid der Konfliktspannung!) auf.» «Zerfließe ich in ihr, ist alles heil, und ich bin erlöst.» Der Mann glaubt, er könne mit Hilfe der Frau aus der Gebrochenheit seiner Natur (Gegensatz zwischen Denken und Sexualität, Denken und Fühlen) herauskommen. So verehrt er die Frau als Engel und Heilige und Erlöserin, begehrt sie aber dennoch als Hure und auch Mutter, weil er ja aus seinem Grundkonflikt nicht herauskommt. Hat der Mann aber einmal diese seine Erlösungsidee durch die Frau als Illusion erkannt und bemerkt, daß die psychophysische Struktur der Frau anders ist als seine eigene, ja, daß die Verschiedenheit das Wesentliche ist, findet er vielleicht ein anderes Verhältnis zur Sexualität und zur Frau, wobei das der «Markierung» für ihn am günstigsten ist.

Der Kampf des Mannes gegen seine Sexualität – «Triebbeherrschung» als Bedingung des Denkens

Die Entwicklung des Denkens wurde und wird durch einen Widerstand oder eine Rebellion gegen das Fühlen und gegen die Sexualität des Mannes möglich. Es handelt sich um einen Kampf gegen die bisherige Natur und um einen Kampf gegen eine sehr starke Triebmacht, die Sexualität im Mann. Das Kämpfenmüssen überhaupt ist gleichzeitig eine von der Natur selbst gesetzte und vererbbare Grundlage des Männlichseins (Rivalenkämpfe, Revierkämpfe, heute Sportkämpfe, Konkurrenzkämpfe, usf.).

Von diesem Gesichtspunkt aus wird es verständlich, weshalb es in der Mehrzahl Männer sind, welche das Denken als Hauptfunktion entwickeln, und warum es gerade Männer sind, die, einmal kampfesmüde und erschöpft, wieder in die «alte Natur» und in die Mutter zurückfallen und dann in der Beziehung auf eine Frau angewiesen und von ihr abhängig sind, um diese Regression vollziehen zu können, auch und gerade *mit* der nunmehr nicht mehr bekämpften Sexualität als Markierungsorgan. Sie wird nunmehr zum Regressionsvehikel. Diese Regression ist nur (für den Mann) gefährlich, wenn er im Mutterleib sozusagen steckenbleibt. Im Normalfall geschieht das aber nicht, insofern er neu geboren wieder aus dem mütterlichen Meer auftaucht und seine Männlichkeit im fortgeschrittenen Sinn wieder gewinnt.

Urerfahrungen: Spermium und Ovulum

Das Grundmuster unserer Existenz

Der Beginn unserer individuellen Existenz liegt in der Vereinigung von einem Spermium und einem Ei (Ovulum). Diese Verschmelzung ist «Liebe», obwohl es chemische und hormonale Vorgänge sind, welche die Befruchtung ermöglichen. Diese wichtigste Urerfahrung bleibt eine im Organischen, im Bios verankerte Erlebnismatrize und determiniert unsere Sehnsucht nach «Liebe» und «Vereinigung», nach «Einheit» und «Ganzheit», nach «neuem Leben» und nach der ständigen, auf immer höherem Niveau stehenden Wiederholung des Sichfindens in der Begegnung der Geschlechter, in der Liebesverschmelzung zwischen Mann und Frau bis hin zur Sehnsucht oder gar Gewißheit, in Gott «eingehen» und sich mit ihm vereinigen zu können als Krönung der «Liebe» und Abschluß des Lebens.

Dieser Urvorgang ist und bleibt unser heimlicher «Leitfaden», an welchem wir uns im Labyrinth des Lebens orientieren und orientieren sollen. Er ist das Grundmuster unserer Existenz, der Ausgangspunkt und das Ziel unseres Daseins. Er wirkt wie eine Art Codex, der alle seelischen Vorgänge teils bestimmt, teils widerspiegelt. Nicht erst das geborene Kind, nicht erst der Embryo ist «erfahrungsfähig» und «Erfahrungssammler» (Informationsspeicher), sondern offenbar schon die lebenden Einzeller. Es werden Informationen gespeichert, die nicht nur den Informationsträger betreffen, sondern auch sein Umfeld.

Die Informationsvermittlung auf dieser Ebene *nenne ich Intuition* und glaube, daß sie bei allen Lebewesen wirksam bzw. wenigstens latent vorhanden ist. Grundsätzlich ist es auch dem hochentwickelten Menschen durch die Regression möglich, solche Urzustände partiell wiederzubeleben, wiederherzustellen und ihnen nachzuspüren. Wäre dem nicht so, würden wir nicht zeitlebens von einer Urerfahrung (nämlich der der Liebe und der Möglichkeit ihres Scheiterns) so stark abhängen. Wir haben die Urerfahrung als Einzeller gemacht, und diese Urerfahrung wird gespeichert. Wir haben also auch Erfahrungen als Einzeller, als Spermium und als Ei. In diesem Zusammenhang kann ich nur kurz erwähnen, daß sich alle seelischen Zustände unserer Mutter als Erfahrung in uns eingelagert haben (insbesondere die während der Schwangerschaft), wie auch diejenigen unserer Väter, insbesondere während des Zeugungsaktes.

Unbewußte Identifizierung von Mann und Frau mit dem Spermium und/oder Ovulum – Agoraphobie – Prämenstruelles Syndrom

Beiden Geschlechtern ist die meist unbewußte Identifizierung sowohl mit dem Spermium als auch mit dem Ei möglich. *Frauen, die sich mit dem Spermium identifizieren,* können von Kind an sehr lebhaft, aktiv, beweglich und unternehmerisch sein oder/und einem nicht zu bändigenden Bewegungs- und Tätigkeitsdrang unterliegen. In extremen Fällen von Hinderung und Unbewußtheit müssen sie ihre Tätigkeiten mit großem Energieeinsatz und Neigung zur Perfektion ausüben. Sie haben nie Zeit, obwohl genug Zeit zur Verfügung steht, und erschöpfen sich schnell. Die Aktivitäten erfolgen zwanghaft, und deren Unterlassung führt zur Angst und manchmal zur Todesangst. Alle Ziele müssen so schnell und so gründlich als möglich erreicht werden, und die Pünktlichkeit ist äußerst wichtig. Das Grundgefühl ist: «Wenn ich mich nicht bewege und wenn ich nicht so schnell als möglich und pünktlich zum Ziel komme, muß ich sterben!» In der Tat: Das Spermium stirbt, wenn es sein Ziel (das Ei) nicht erreicht. Die Verhinderung der Beweglichkeit ist tatsächlich tödlich.

Viele Frauen, die an *Platzangst (Agoraphobie)* leiden, werden in panische Angst versetzt, wenn es schneit, das Auto defekt oder so geparkt ist, daß man erst rückwärts herausfahren muß. Für ihre Umgebung ist es absolut unverständlich und irrational, wie ein Mensch in purer Todesangst hin- und herrennt, nur weil die Straße vor dem Haus durch Stau oder Schnee schlecht befahrbar ist oder die Ampel auf Rot steht. Auch hier besteht dieselbe *Spermiumidentifizierung:* «Wenn ich mich nicht mehr bewegen kann, muß ich sterben!»

Bestehen zugleich unbewußte Identifizierungen mit dem Ei, erwachsen daraus neue Todesängste. Sie widerspiegeln die Situation des Eis, das auf seine Befruchtung wartet. Es darf sich nicht bewegen, weil es sonst unbefruchtet abgehen kann. Das Grundgefühl sagt: «Wenn ich mich bewege, muß ich sterben!» Die an Agoraphobie leidenden Frauen können sich tatsächlich nicht fortbewegen und müssen zu Hause bleiben *(Ovulumidentifizierung)*. Zugleich müssen sie aber auch beweglich sein (nur kein Stau auf der Straße! Das Auto muß fahrbereit vor der Tür stehen!) Sonst kommt von daher Todesangst *(Spermiumidentifizierung)*. Die Wirksamkeit dieser Erfahrungsmatrizen hängt weitgehend davon ab, ob sie bewußt sind oder nicht. Es ist vorwiegend die Unbewußtheit solcher Zusammenhänge, welche die negative Wirksamkeit unterhält und oftmals zu pathologischen Auswirkungen führt. Häufiger dürften indessen vergleichbare Ängste sein, welche wir fast als normal ansehen (zum Beispiel «ich fühle mich unwohl, wenn ich mich nicht bewegen kann», «es ist mir lieber, wenn ich zu Hause bleiben kann»).

Nahezu alltäglich erscheinen uns die menstruationsbedingten Störungen der Frau und das nicht ausschließlich hormonell bedingte *prämenstruelle Syndrom*. Es zeichnet sich durch Verstimmungen, Gereiztheit und/oder vermehrte Ängstlichkeit, allgemeines Unwohlsein, Unverträglichkeit und Aggressivität aus. Sobald biologisch feststeht, daß keine Befruchtung stattgefunden hat und folglich das Ovulum nicht zur Nidation, sondern zum Tod durch Ausstoßung bestimmt ist, wird signalisiert «ich muß sterben», mit der Folge von Angst und Angstabwehr (Aggressivität) im Falle der unbewußten Ovulumidentifizierung. Dasselbe gilt bei Spermiumidentifizierung, weil auch das Spermium, welches das Ziel vielleicht hätte erreichen können, nicht zum Zuge kommt und sterben muß. Das schafft Symptome und verstärkt Symptome auch dann, wenn bewußt gar kein Kind gewünscht ist.

Phobie vor dem Alleinsein – Exhibitionismus

Die Unerträglichkeit des Alleinseins findet seine Matrize bei Ovulumidentifizierung darin, daß das Ei nicht mehr von Spermien umgeben ist, weshalb es zum Tode verurteilt ist. Im Gefühl der Frauen liegt deutlich drin: «Wenn ich allein bin, gerate ich in Todesangst» oder «Ich kann unter keinen Umständen allein sein.» Über diesen Zustand beklagen sich viele Frauen. In der *Paarbeziehung* trifft es die Frau besonders hart, wenn der Mann nicht pünktlich nach Hause kommt und auch nicht telefoniert, aber auch dann, wenn er sich ihr überhaupt nicht zuwendet.

Auf Dauer ist das wirklich nicht erträglich oder zumutbar. Bei Spermiumidentifizierung ist die Tatsache, daß sie nicht da ist, wenn der Mann nach Hause kommt, äußerst beunruhigend und führt im Extremfall zur Panik des Mannes. Er «rastet aus», weil er das Gefühl hat: «Ich muß sterben».

In der Paarbeziehung ist es von größter Wichtigkeit, daß die Partner ihre Ängste klar wahrnehmen und mitteilen und daß sie von beiden äußerst ernst genommen werden und wenn sie noch so absurd und unsinnig erscheinen. Die Mißachtung der Ängste des Partners und ihre Geringschätzung führt zu ernsten Beziehungsstörungen. *Jede Angst hat ihre guten Gründe*, und erst ihre Rückführung auf Matrizen (also bereits gemachte Erfahrungen) und damit deren wenigstens partielle Bewußtwerdung kann die Ängste mildern oder sogar auflösen. Sind die Ängste allerdings von vielen Faktoren abhängig, kann nur die Psychoanalyse Abhilfe schaffen.

Ovulumidentifizierung beim Mann ist nicht selten. Diese Männer lieben es, sich aufzuplustern, mit Ringen und Schmuck zu behängen, und sie sind glücklich, wenn sie von vielen Frauen («Spermien») umgeben sind. Sie treten wie eine Diva auf und sind sicher, unwiderstehlich zu sein. Trotzdem besteht nicht selten Impotenz.

Ein Teil der *Exhibitionisten* ist durch Ovulumidentifizierung geprägt, und ihr Fühlen ist: «Schaut alle her, wie schön und anziehend ich bin!» Manche Männer laden ihre Frauen zu sexuellen Aktivitäten ein, indem sie stolz ihren «großen und schönen» Penis zeigen in der Erwartung, die Frau sei davon begeistert und sie selbst seien unwiderstehlich. Auf diese Weise ist dann der Mann das anziehende Ovulum und die Frau das begehrende Spermium – falls die Frau diese Rolle übernehmen kann.

Offenbar gibt es auch in der Paarbeziehung Tausende von Nuancen und Schattierungen von Identifizierungen mit Spermium oder Ovulum, die sich bis in die geistigen Haltungen auswirken können. Wir wissen natürlich nicht sicher, ob Besonderheiten während des Zeugungsaktes und Erlebnisse von Spermium und Ovulum die objektive Grundlage für die spätere Wirksamkeit der dadurch geschaffenen Matrix sind. Nicht selten sind es Nachrichten vermittelt von Träumen, die zum Beispiel von Ermüdungen des Spermiums oder von der bedrohlichen Nichtbefruchtung des Eies berichten. Daneben spielen sicher die seelischen Zustände der Eltern während der Begattung auch eine Rolle, die die späteren Ängste auf bedrohliche Situationen während der Begattung und später zurückführen. So kann sich zum Beispiel der «Geburtstag» im Traum auf nachgeburtliche Ereignisse beziehen, die am Geburtstag stattfanden. Oder aber er bezieht sich auf Umstände während und nach der Geburt. Der eigentliche «Geburtstag» aber ist der Moment der Befruchtung und aller Ereignisse, die ihm vorangingen. Unter finalen Aspekten wäre dann der «Geburtstag» auch ein Symbol für einen Neubeginn.

Wir können davon ausgehen, daß sich Männer mehrheitlich mit den Erfahrungen des Spermiums als «Eigenerfahrung» identifizieren und weniger mit denjenigen des Ovulums als «Fremderfahrung». Das Spermium ist «männlich», das Ovulum ist «weiblich», der Mann produziert Sperma und die Frau Ovuli, und die Identifizierung mit dem Eigenen hat wohl tendenziell den Vorrang. So hat der Mann im allgemeinen wie das Spermium Beweglichkeit, Zielstrebigkeit und wettbewerbsähnliches Kämpfertum als typische männliche Eigenarten. Mit jedem Ejakulat machen sich hundert Millionen bis dreihundert Millionen von Spermien auf den Weg, um das Ei zu erreichen. Es ist ein Kampf um Leben und Tod, denn nur ein Spermium wird das Ziel erreichen und damit überleben – alle anderen müssen sterben. *Für das spätere Todesbewußtsein* wird hier wohl der Grund gelegt. Es ist im Mann stärker ausgeprägt als in der Frau. Die «Trennung von den Brüdern» ist bereits ambivalent: Sie ist schmerzlich, insofern sie sterben, weil ich gesiegt habe, und «erfreulich», weil ihr Tod der «Beweis» meines Sieges ist. Die Thematik von Leben und Tod wird bereits in diesem Wettkampf der Spermatozoen als Erfahrung festgehalten.

Jedenfalls hat der Kampf ein Ende, wenn das Spermium das Ei erreicht hat. Hier macht das Spermium es sich sozusagen bequem. Genau das finden wir oft im Verhalten des Mannes der Frau gegenüber wieder. Er benimmt sich bei seiner Frau (im Ovulum!) wie früher das siegreiche Spermium. Er hat die Frau erreicht und erobert. (Die Frau «erobert» den Mann nicht mit derselben seelischen Qualität!). Sie ist jetzt *seine* Frau – und nicht die der anderen Konkurrenten. Die Frau als «Besitz» erhält diese Qualifizierung deshalb, weil andere sie nicht erreicht haben und er sie als Sieger den anderen (Spermatozoen) weggenommen hat. Er ist der erste! Daher ist er ihr Besitzer.

Die meist unbewußte Beziehung des Mannes zum Tod und zum Töten

In der männlichen Seele ist diese Matrix vom notwendigen Tod der anderen männlichen Spermien, wenn das eine Spermium das Ei erreichen soll, tief verankert. Das Spermatozoon muß *mit aller Gewalt* das Ziel erreichen, wenn es überleben soll, und deswegen ist der Tod der anderen gerechtfertigt. Daher können Männer Kriege führen (für irgendein Ziel!), und daher erfolgt auch bei anderen Gelegenheiten das Töten ohne eigentliches Schuldgefühl. Für die Fühlfrau ist die ganze männliche Aggressivität und mögliche Skrupellosigkeit kaum faßbar, und der Krieg wird insbesondere bei der Fühlfrau auf kein Verständnis stoßen. *Die Töterei, welche kriegführende Männer mit unglaublicher Selbstverständlichkeit vollbringen können, ohne auch nur einen Anflug von Schuld oder Unrecht oder Scham zu empfinden, wird von den Frauen naturgemäß nie verstanden, nachempfunden oder gar gebilligt werden.* Das Ei mußte nie um sein Leben rennen, um als erstes sein Ziel zu erreichen, und seinetwegen mußten keine anderen Eier sterben. «Man kann auch ohne Töten leben», so lautet die weiblich Urerfahrung. Gefährlich sind nur Männer, weil sie zu allem entschlossen sind und vor dem Töten nicht zurückschrecken, weil der Tod das Schicksal der verlierenden Spermien ist.

Ist der Mann in die Enge getrieben und wird er verzweifelt, weil er sein Ziel nicht erreichen kann, dann wird er tendenziell auch andere daran hindern, daß sie zum Ziel gelangen. Wenigstens in der Phantasie zerstören sie dann die ganze Welt und werfen mit Atom- und Chemiewaffen nur so um sich. Im Einzelfall kommt es sogar zur realen Ausrottung der Familie. Es sind die Männer, die Frau und Kinder umbringen, bevor sie sich selbst töten, und es sind Männer, die Amok laufen. Amokläuferinnen dürften extrem selten sein.

Natürlich besteht zwischen den Spermien auch eine erotische (positive) Beziehung. Sie kann lauten: «Du bist wie ich.» Es sind lauter «Brüder» oder «Kameraden». Jedoch ist die mögliche

Feindschaft immer mitgegeben. «Wegen dem Sieger müssen wir sterben.» Das Gefühl, der andere Mann sei eigentlich ein Bruder, verschwindet, wenn es um den Besitz des Eies geht. Die Angreifer einer Stadt empfinden die Verteidiger nicht als «Brüder», sondern als Feinde, und der Kampf um den *Besitz* der Stadt (des Eies) geht auf Leben und Tod. Selbst die Verbrecherbande hat Mühe, die Beute gerecht zu teilen, und jeder wird wenigstens die Versuchung verspüren: «Wie wäre es, wenn ich allein mir die Beute schnappe?»

Das Todesbewußtsein des Mannes hat die Färbung von Unvermeidlichkeit, Selbstverständlichkeit und «Natürlichkeit», über das man kein Aufhebens machen soll, allerdings nicht ohne vorhergehenden Kampf bis zum äußersten. Die Tendenz, das Leben für gering zu erachten oder den Wert des Lebens überhaupt nicht zu spüren, ist eine männliche Eigenschaft.

Ich muß der erste (und einzige) sein

In dieser Urerfahrung liegt der Grund, weshalb es viele Männer den Frauen übelnehmen, wenn diese vor ihnen schon andere Männer «gehabt» haben. Ich kenne sehr viele Ehen, in denen die Ehemänner zeitlebens heimlich oder manchmal offen maßlos eifersüchtig sind auf ihre Vorgänger. Sie verspüren dabei geradezu Panik, weil dieses «Ich-bin-nicht-der-Erste» auf dem Hintergrund des Spermienwettlaufes ja bedeuten würde: «Ich bin zu spät, ich bin nachher gekommen», und das bedeutet «erfahrungsgemäß»: «Ich bin zum Tod verurteilt!» Um dem Mann diese Erfahrung zu ersparen, wurde das Gebot beziehungsweise die Sitte eingeführt, die Frau müsse jungfräulich in die Ehe kommen. Das war der Beweis, daß keiner vor dem Freier ans Ziel gekommen war, sein Leben also nicht gefährdet ist. Noch vor nicht sehr langer Zeit war es in südlichen Ländern üblich, daß der Mann nach vollzogener Hochzeitsnacht das blutige Bettlaken öffentlich zeigen mußte. Das war nämlich kein Beweis seiner Potenz, sondern der, *daß er der erste war*, andernfalls hätte es nicht geblutet, weil das Jungfernhäutchen bereits vorher verletzt wurde.

Auf derselben Erfahrungsmatrix war auch das päpstliche Scheidungsgericht (einzige Instanz, die geschlossene Ehen «auflösen», das heißt, als nicht vollzogen erklären konnte), die «Sacra Rota», aufgebaut: Das «Vinculum» (gleich Fessel, Band), welches die Ehe ausmacht, existiert dann nicht, wenn keine Defloration stattgefunden hat. Wäre die Frau entjungfert, wäre er «der Erste». Die Frau ist aber noch Jungfrau, folglich ist er nicht «der Erste». Nur dem Ersten aber gehört das Ei. Da die Frau Jungfrau ist, ist er nicht der Erste und folglich besteht die Ehe gar nicht, da das Spermium das Ovulum nicht erreicht hat. Heute schütteln wir über so viel haarspalterischen Unsinn den Kopf. Aber über fast zweitausend Jahre hin hat die katholische Kirche diese Gesetze ihren Gläubigern aufdiktiert. Es wäre undenkbar, gäbe es nicht die unbewußte Determinierung durch Urerfahrungen vor und während unserer Zeugung.

Hat das Spermium das Ei erreicht, nimmt es dieses definitiv in Besitz. Das heißt, kein anderer kann mehr kommen. Es ist für immer und ewig beschlossene und geschehene Sache. Niemand kann ihm das Ovulum (die Frau) wieder wegnehmen. Er ist seines Eies völlig sicher. Daher rührt es, daß Männer während der Werbung («Wettlauf») sehr agil und beweglich sind und sich außerordentlich bemühen. Sie werden dazu getrieben, weil das Spermium zum Ei «getrieben» wird. Ist die Heirat (Verschmelzung mit dem Ovulum) perfekt, «kann nichts mehr passieren». Er ist nicht mehr getrieben, er kommt zur Ruhe, er macht es sich bequem. Alle Männer werden grundsätzlich bequem, wenn sie die Frau «haben», und tun wenig, um die Gunst ihrer Frauen zu erhalten – mit Ausnahme der sexuellen «Markierung» als Bestätigung des Besitzes. Aus seiner Sicht bedarf es keiner Liebeswerbung und keiner Aufmerksamkeit mehr, denn die Sache ist ein für alle Male gelaufen. Er ist Alleinbesitzer und sitzt gesichert drin. Alles ist besiegelt. So lautet die Urerfahrung.

Die auf die Frau projizierte Urerfahrung macht noch andere

männliche Eigentümlichkeiten verständlich. Dazu gehört die unabweisliche Forderung: «Sie muß da sein.» Die Beunruhigung des Mannes, sobald die Frau nicht da ist, rührt daher, daß das Spermatozoon, findet es das zu erreichende Ei nicht vor, ja zum Tode verurteilt ist. In Extremfällen gerät der Mann, wenn er seine Frau nicht vorfindet, in regelrechte Panik. Kommt sie dann wieder und er ist immer noch in Panik, darf sie das Zimmer nicht verlassen oder einschlafen (denn dann ist sie ja auch nicht mehr «da»). Die *Verlassensängste* sind aus diesem Grunde beim Mann tiefgreifender als bei der Frau.

In eine so qualifizierte Panik kommt die Frau selten. Wenn er nicht da ist, bangt sie nicht um ihre Existenz in Panikform. Der Grund dafür ist sehr einfach: Die entsprechende weibliche Urerfahrung lautet: «Wenn er nicht kommt, (nicht da ist), dann kommt ein anderer», denn es gibt Millionen von Spermien. «Einer wird kommen!», so lautet die innere Gewißheit der Frau. In einem alten Lied heißt es: «Nur nicht aus Liebe weinen, es gibt im Leben nicht nur den Einen». Das Lied gibt in treffend-banaler Form die Urwirklichkeit auf Ovulum- und Spermienebene wieder. Das Leben des Eies ist auf jeden Fall garantiert, das des Spermiums aber nicht.

Es liegt an den verschiedenen Urerfahrungen, daß es eben nicht dasselbe ist, ob die Frau nicht da ist oder der Mann nicht da ist. Man kann die Erlebnisbedeutsamkeit von Mann und Frau eben nicht gleichsetzen. *Wenn zwei dasselbe tun, besteht immer noch ein sehr großer Unterschied.* Es ist in der Paarbeziehung von ausschlaggebender Bedeutung, daß insbesondere die Frau die vermehrte Gefährdung des Mannes besser erkennt und seine Untugenden wie Bequemlichkeit, Ausruhen wollen, sich sicher fühlen und dergleichen mehr in einem anderen und vor allem vertieften und weniger oberflächlichen Kontext sehen lernt.

Für das zivilisierte und hochentwickelte Bewußtsein und für das Gefühl der Gerechtigkeit und der «Gleichheit» ist das Fremdgehen von Mann und Frau objektiv gleich. Für das von Urmatrizen geprägte Erleben ist es aber ungleich. Auf der Ebene Spermium–Ovulum ist es für das Spermium (Mann) äußerst gefährlich und lebensbedrohend, wenn das Ovulum (die Frau) mit einem anderen gegangen ist. Seine Welt bricht zusammen. Ist aber der Mann untreu – geht das Spermium zu einem anderen Ei – ist es im Hinblick auf die Urerfahrung nicht so tragisch für das Ei, weil eben «ein anderer kommen wird».

Handelt es sich bei der Untreue «um Seitensprünge», hat der Mann viel größere Mühe, den «Ausrutscher» zu verzeihen als die Frau, weil seine Ängste tiefer angerührt worden sind. Viele Frauen haben mir gesagt, daß sie dem Mann verzeihen würden, wenn er einmal kurz fremdginge. Aber am liebsten wäre es ihnen, wenn sie davon nichts wüßten. Männer hingegen sind sich sehr unsicher, ob sie ihrer Frau einen Seitensprung verzeihen könnten, und wenn sie davon nichts wüßten (also heimlich betrogen wären), wäre es noch viel schlimmer. Sie wären dann «hintergangen».

Hat ein Mann aber eine neue Liebesbeziehung und erfährt, daß seine Frau auch eine hat, ist ihm das eher eine Entlastung für sein schlechtes Gewissen. Ich sage «eher», denn insgeheim kränkt es ihn dennoch, daß seine Frau einen anderen hat, obwohl er längst bei einer neuen Frau ist. Die Frau hingegen ist, hat sie eine neue Liebesbeziehung, froh, daß sie ihn los ist, er (endlich) weg ist. Sie hat deswegen selten Ängste. Dennoch werden Frauen gelegentlich zornig, wenn der Mann eine andere Frau gefunden hat, nachdem sie selbst längst in einer neuen Beziehung glücklich sind. Sie fühlen dumpf dieses Ereignis so, als habe ihre Attraktivität nachgelassen und die andere sei attraktiver. Äußerlich anziehende Frauen sind besonders dann getroffen, wenn der Exmann sich in eine wenig attraktive Frau neu verliebt. Sie erlebt es dann so, als ob ihr Exmann mit ihrer eigenen Ausstrahlung nichts habe anfangen können, sie also mit einem Mann zusammengelebt hat, der ihrer nicht würdig war.

Nimmt der Mann aber eine jüngere und deshalb anziehendere Frau, leiden sie zwar, weil ihnen ihr Altwerden bewußt wird. Sie finden aber genügend Gründe, um für ihn ein gewisses Verständnis aufzubringen. «Er liebt sie, weil er sich an die Jugend klammert, obwohl er doch auch schon älter ist. Er wird eben nie erwachsen!»

Im allgemeinen wird also die Untreue vom Mann oder der Frau doch in Nuancen je anders erlebt. Diese schweren Verletzungen sind nicht gleichgewichtig, je nachdem, welche Urmatrizen wirksam sind. Der Grad und die Intensität der erforderlichen Trauerarbeit sind bei beiden Partnern anders gelagert. Auf jeden Fall ist die Untreue eine sehr große Belastung für die Beziehung. Die Frau kann sich nicht damit abfinden, zuzusehen, wie der Mann hinter jeder Schürze herrennt, auf jede Versuchung reinfällt und jedem Lüstchen nachgibt. Der Mann aber darf sich nicht wundern, wenn seine Frau weggeht oder zu einem anderen Mann geht, wenn er sich jahrelang überhaupt nicht um sie gekümmert hat.

Sie ist krank

Ist die Frau krank, wird ihr «Dasein» für den Mann bereits in Frage gestellt. Für den Mann ist die kranke Frau daher beunruhigend. Er ist durch Hilflosigkeit gefährdet. So kommt es, daß *er* sich schlecht fühlt, obwohl doch *sie* krank ist. Der Mann wird zwischen Hilflosigkeit und Zorn hin- und hergerissen. Er weiß nicht, was er tun soll, und drängt darauf, sie müsse zum Arzt. Soll er sehen, daß er den Zustand wieder ändert. Manche Männer schleppen Tee, Wärmflaschen und Decken hastig herbei und fragen schon nach Stunden: «Ja geht es dir noch nicht besser?» Ist die Frau wieder gesund, weicht beim Mann auch die Unruhe und die Angst: «Sie ist wieder da!» Und ihm kann es wieder gutgehen.

Diese seltsame männliche Reaktion findet auch dann statt,

wenn der Mann sich und die Kinder sehr gut allein versorgen kann. Es ist nicht in erster Linie der Ausfall der Bedienung, welche den Mann zornig oder unruhig macht. Vielmehr wird die Urmatrize des Spermiums konstelliert, welches in Lebensgefahr gerät, wenn das Ei nicht da ist. Der Vorwurf vieler Frauen, die Männer könnten die Krankheit der Frau nicht oder schlecht ertragen, weil sie in ihrer Bequemlichkeit gestört seien, ist nur vordergründig zutreffend. In Wahrheit hat der Mann schlicht und einfach Angst, auch wenn die Krankheit der Frau ungefährlich ist. Er fürchtet die Krankheit der Frau.

Diese Angst der Männer vor dem Kranksein der Frau war zumindest in früheren Zeiten besonders unter Ärzten verbreitet. Gewiß waren sie auch überfordert, bei der Rückkehr *noch* eine Patientin, also nochmals Arbeit, vorzufinden, statt der Ruhe pflegen zu können. Sie fühlten sich aber kaum gestört, wenn sie ein Kind krank vorgefunden hätten oder wenn sie noch schnell einen Hausbesuch machen mußten. Das tangierte nur das Ruhebedürfnis. Mit der kranken Frau aber wollten sie nichts zu tun haben, weil ihr Kranksein für den Mann bedrohlich ist. Daher galt die Regel, ein Arzt solle nie seine eigene Frau behandeln und sofort den Kollegen holen, angeblich, weil er bei der eigenen Frau nicht objektiv sein und etwas übersehen könne. Und so mußte die Arztfrau wegen jedem Schnupfen zum Kollegen.

Bei Psychiatern und Psychotherapeuten war (ist?) die Ehefrau, die ihr seelisches Gleichgewicht erheblich verloren hat oder an psychosomatischen Symptomen leidet, besonders störend und bedrohlich. Das führt häufig dazu, daß sich die Männer von ihren Frauen zurückziehen und nichts mehr von ihnen wissen wollen, solange sie krank sind. Die Frauen ihrerseits sind dann natürlich besonders betroffen: «Für alle hast du Zeit, und um alle kümmerst du dich, aber ich bin dir nur im Weg.» Oder aber die Männer überwinden sich und kümmern sich um ihre Frauen. Aber das ist dann oft so belastend, als müßten sie zusätzlich zwanzig Schwerkranke behandeln. Aus ihrem Empfinden heraus «müßten» ihre Frauen für ihr eigenes seelisches Gleichgewicht dasein. Funktioniert das nicht mehr, sind sie selbst psychisch angeschlagen und werden von Erschöpfung bedroht.

In früheren Zeiten war es üblich, die Ehemänner wegzuschikken, wenn ihre Frauen niederkamen. Es wäre undenkbar gewesen, einen Ehemann in den Kreißsaal zu lassen, und man ließ ihn lieber vor der verschlossenen Türe herumzappeln. Seine Frau durfte er erst dann besuchen, wenn alle Blutspuren beseitigt und sie selbst wieder einigermaßen erholt war. Nicht zu Unrecht befürchtete man, der Ehemann falle in Ohnmacht, wenn er die Schmerzen seiner Frau miterlebt. *Sie* kann das ohne weiteres ertragen, aber *er* nicht. Wenn sie in Gefahr ist oder im Schmerz liegt, muß er sterben, weil sie ja nicht mehr da ist. Zum Glück ist das heute grundsätzlich anders, da beide Partner an der Schwangerschaftsgymnastik teilnehmen und auf ein neues Bewußtsein hin arbeiten, welches den unbewußten Einwirkungen der Urmatrizen besser standhalten kann. Der Appell an den Mann lautet: Du darfst und sollst persönlich beim Gebären deiner Frau *aktiv* mithelfen. Das ist wie eine indirekte Psychotherapie gegen die Wirksamkeit unbewußter Urzustände. Das «Spermium» bleibt in Bewegung, und deshalb muß er nicht sterben.

Er ist krank

Ist der Mann krank, sieht alles ganz anders aus. Auch eine geringe Schwächung (gegenüber der Frau) wird zu einer kleinen Katastrophe. Leiden beide zum Beispiel an einer kleinen Erkältung, ist er auf jeden Fall viel kränker als seine Frau. Er hat auch mehr Schmerzen als sie, und er erweist sich als sehr sehr sensibel und anfällig. Er verlangt Pflege, Zuwendung, Aufmerksamkeit, Bedauern und auch Trost.

Natürlich gibt es Männer, die ihr Kranksein vor den Frauen minimisieren und so tun, als hätten sie nichts oder so wenig, daß es nicht der Mühe wert ist. Sie wollen nicht zum Arzt und verstecken gelegentlich auch schwerere Leiden. Um nicht schwach und inaktiv sein zu müssen, entwerten sie das ganze und tun so, als seien sie unverwüstlich. Diese Verdrängung reicht so weit, daß auch die Spermienidentifizierung nicht bewußt wirksam wird, denn sonst könnte Schwäche und Unbeweglichkeit den Tod bedeuten. Ein schwaches Spermium erreicht das Ei nicht und muß sterben.

Gelingt die Verdrängung von Schwäche und Krankheit nicht mehr, kann nur noch die Zuwendung der Frau die unterschwelligen Ängste auffangen. Das «Ei» muß dem lahmen Spermium sozusagen «entgegenkommen», damit es nicht stirbt. Viele Frauen sind so klug, daß sie ein richtiges «Theater» inszenieren: «Oh je, wie krank bist du. Ach du Armer, jetzt komme ich (Mutti) aber schnell, und dann wird gleich alles besser.» Es fehlt nur noch, daß die Frau «heile, heile Segen» singt. Selbst wenn der Mann dieses «Theater» als solches durchschaut, ist es ihm sehr lieb, und es hilft ihm tatsächlich. Das Ei ist dann so dicht beim Spermium, als sei es bereits im Ei geborgen. Dann muß es nicht sterben.

Faktisch vollführt die Frau einen heilsamen Ritus: Er ist der Ärmste, aber dennoch der Liebste, und sie wird ihm das Leben wieder schenken. Auf diese Weise kann der Mann Krankheiten und Schwäche sogar genießen. Allgemein kann man sagen: Männer können erst dann «Schwäche zeigen» (was sich viele Frauen auch wünschen), wenn die Frau vermittelt, daß seine Schwäche liebens- und pflegenswert ist und daß er deshalb (im Gegensatz zur Ursituation!) das Ei nicht verfehlt.

Allerdings bleiben viele Männer zwiespältig: Auf der einen Seite erhoffen sie Zuwendung, Nähe, Pflege und Zuspruch und lassen sich gern «betütteln». Auf der anderen Seite wollen sie aber dennoch aktiv bleiben oder/und so schnell als möglich gesund werden, und dann können sie Pflege, die sie ja in der Unbeweglichkeit hält, nicht gebrauchen. Die Aufgabe der Frau wird in diesem Falle etwas schwierig. Er muß gepflegt werden, aber bitteschön nicht zu aufdringlich. Er braucht ihre Zuwendung, aber bloß nicht zu stark und zu lange. Sie soll am Bett sein, dann aber still und zurückhaltend, und sie soll ihn auch in Ruhe lassen, jedoch bloß nicht zu lange. Manche klugen und wissenden Frauen vollführen in solchen Situationen bewundernswerte Balanceakte wie Seiltänzerinnen, was beide Seiten des männlichen Konfliktes befriedigt: «Pflege meine Unbeweglichkeit – du darfst meine Unbeweglichkeit nicht unterhalten.»

Man wird nicht erwarten können, daß die Mehrzahl der Frauen zu solcher Haltung befähigt ist. Viele Frauen werden sich offen oder versteckt nicht zurückhalten können, ihren kranken Männern einen «Denkzettel» zu geben: «So, jetzt merkst du einmal, wie es ist, wenn man krank ist und leidet. Wie oft warst du ungehalten, als ich krank war, und auf meine Schmerzen bist du nicht eingegangen. Du wolltest einfach nichts davon wissen. Als ich operiert wurde, warst du drei Tage lang zu feige, mich im Krankenhaus zu besuchen. Wenn der Arzt nicht nach Hause gekommen wäre, hätte ich keine Hilfe bekommen.» Mancher Mann wird solche Vorwürfe beschämt und stillschweigend zur Kenntnis nehmen müssen, weil sie – leider –wahr sind.

Die Natur selbst scheint allerdings mit solchen männlichen Defizienzen gerechnet zu haben. Die Frau ist zum Beispiel in bezug auf Schmerzen und deren Ertragen irgendwie besser gewappnet als der Mann und folglich weniger hilflos als er. Die monatlichen Menstruationsbeschwerden und die körperliche Mehrbelastung gegen Ende der Schwangerschaft könnten sonst kaum relativ gut ertragen werden. Es ist immer wieder erstaunlich, wie «gut» Frauen den Schmerz der Geburtswehen ertragen und vor allem, wie schnell sie ihn wieder vergessen haben und mit Freuden einer weiteren Schwangerschaft entgegensehen. «Wenn nur Männer Kinder kriegen könnten, wäre die Menschheit längst ausgestorben», sagen die Frauen. Das ist sicher wahr. Es ist aber anzunehmen, daß die Natur in einem solchen Fall die Männer besser ausgerüstet und die Ertragbarkeit von Schmerzen erhöht hätte, so wie sie es bei den Frauen getan hat. Die Männer wären dann selbst ein Ovulum und daher befähigter, schwach und unbeweglich zu sein.

Aber auch die Frau erlebt Gefährdungen, die der Mann so nicht kennt. In der ursprünglichen Situation besteht die hauptsächlichste Gefahr darin, ob die Nidation gelingt oder nicht, das heißt, ob die Einbettung des Eies in die Uterusschleimhaut vollzogen wird. Mißrät sie, muß das Ei sterben. Obwohl die Befruchtung Voraussetzung des Überlebens des Ovulums ist, muß danach vor allem die Einnistung gelingen. Erfolgt sie zu spät, geht auch ein befruchtetes Ei ab, das heißt, es stirbt. Folglich ist alles, was mit Einnistung, Nestbau, Sich-Niederlassen, im weitesten Sinne mit dem Haus, der Gestaltung der Wohnung, der Einrichtung der häuslichen Bleibe zu tun hat, für die Frau viel wichtiger als für den Mann.

Eine Frau kann in Panik geraten, wenn sie sich im Haus nicht häuslich fühlen und dort nicht schalten und walten kann. Das würde einem Mann nicht passieren. Von der Urerfahrung her ist sie Herrscherin des Hauses und verantwortlich für die Nestgestaltung. Es muß ordentlich, bewohnbar und sauber, also «in Ordnung» sein. Wenn die Frau sich zu Hause nicht wohlfühlen kann, ist es nirgendwo gut. Umzüge nehmen sie viel mehr mit als den Mann. Wohnsitz, Haus und Heimat zu verlieren, ist für die Frau wesentlich schwerer als für den «beweglichen» und kämpferischen Mann. Der Kauf von Möbeln oder deren Umstellung ist für die Frau ein sehr wichtiges Unternehmen. Wenn der Mann ohne Mitwirkung der Frau ein Haus baut und es einrichtet und dann meint, sie müsse darüber glücklich sein, irrt er sich gewaltig, weil es für sie wichtig ist, daß sie hier das letzte und entscheidende Wort zu sprechen hat. Zum Glück kommt hier die Bequemlichkeit des Mannes der Frau auch einmal zugute.

Ein bedeutendes Symbol für die Nidationsängste sind die schwangere Maria und Josef, die in die Fremde müssen und eine Herberge suchen, einen Ort, wo sie sich niederlassen und wo sie niederkommen kann. Dem Mann macht es weniger aus, von Ort zu Ort herumzuschweifen und Quartier zu suchen. Wäre es aber auf sie angekommen, hätte sie sich der männlichen Zumutung: «Bewegt euch alle, ich will euch zählen» (Volkszählung unter Kaiser Augustus) widersetzt. Diese biblische Geschichte ist ein Beispiel männlicher Rücksichtslosigkeit und männlichen Unverständnisses.

Das weibliche Warten – Die Erwartung von Zuwendung

Das Wichtigste, was ein Ovulum tun kann, um zu überleben, ist das *Warten* und das *Festhalten* an einer Stelle. Von dieser Ursituation her rührt die Fähigkeit der Frau, warten zu können, bis ihre Zeit gekommen ist. Gerade dadurch, daß sie sich nicht rührt, erlangt sie das Leben. Neben der männlichen Ungeduld und dem Drängen des Mannes beinhaltet das Warten-Können einen ruhenden Pol, auf den alles sich ausrichtet. Das ist auch die Erwartung des Mannes seiner Frau gegenüber. Sie soll sein ruhender Pol sein und da sein, wo sie sein soll. In der Tat ist das Warten der Frau ein Warten auf Ereignisse und auch ein Warten darauf, daß der Mann heimkommt, zu ihr kommt und bei ihr ist.

Es handelt sich aber auch wesentlich um ein *Warten auf seine Zuwendung,* davon hängt ihr «Überleben» ab. Der Mann, der nach Hause kommt und sich nur vor den Fernseher setzt, zerstört daher auf Dauer das innere Leben seiner Frau. Sie braucht wenigstens *irgendeine* Zuwendung. Das ist dem Mann zunächst fremd, denn kommt er nach Hause, will er seine Ruhe und sich nicht noch einmal zuwenden müssen. Das Warten der Frau auf Zuwendung des Mannes ist für sie aber lebenswichtig und nicht einfach nur eine Marotte. Sie kann lange warten, aber nicht ewig, ohne daß eine Erfüllung kommt. Die Zuwendung zur Frau ist für den Mann wenigstens in Grenzen durchaus machbar, falls er sich bewußt wird, was das Warten der Frau bedeutet, und wenn er klar sieht, daß er sich nicht mehr in der Ursituation des glücklichen Eibesitzes befindet. Nur wenn diese Hintergründe verstanden werden, ist die fruchtbare Pflege der Beziehung möglich.

Die von der Frau erwartete Zuwendung ist nämlich für den Mann auch in bezug auf Ursituationen durchaus nachvollziehbar. Bevor das Spermium das Ovulum erreicht hatte, war es gleichsam «voll von Zuwendung». Ja, die Intensität der Zuwendung und ihre Umsetzung in kämpferische Beweglichkeit entschied letzten Endes, welches Spermium sein Ziel erreichte. Man kann also im Hinblick auf ein vor der Vereinigung stattgefundenes, also auch für das Spermium lebensrettendes Hinstreben zum Ei zurückgreifen, um die Fähigkeit des Mannes, sich überhaupt zuwenden zu können, sozusagen beweisen zu können. Dieses Interesse für seine Frau findet also ein Pendant in einer Ursituation und kann daher vom Mann verlangt werden.

Noch wichtiger ist allerdings die Beteiligung des Spermas am Aufbau des neuen Menschleins und das Wissen darum, daß das Spermium etwas sehr Wichtiges mitbringt zur Befruchtung des Eies, nämlich *sich selbst und seinen kämpferischen Einsatz für das Ei.*

Auf moderne Verhältnisse übertragen heißt das: Der Mann hat zur Lebenserhaltung der Frau einen sehr aktiven Beitrag an Einsatz zu erbringen, etwa in dem Sinne: «Wenn ich nicht aktiv bin, gehst du zugrunde.» «Ich muß dir das Leben, das Lebensnotwendige bringen, zu dir tragen.» Genau das ist es, was den Mann befähigt, für seine Frau zu sorgen und die Lebensgrundlagen einzubringen auch in Form von Arbeit, Verdienst und Geschenken. *Von der Ursituation her gesehen* ist es falsch, wenn die Frau meint, sie müsse unter allen Umständen vom Mann unabhängig werden. Wann je ist das Ovulum vom Spermium unabhängig gewesen? Sein Herbeieilen und sein Mitbringen von Substanz war lebensrettend und Leben schaffend. Es ist nämlich in dieser Sicht das naturgegebene Recht der Frau, von den kämpferisch erworbenen Einkünften ihres Mannes zu leben. Hier ist wirklich eines vom anderen abhängig: Bringt das Spermium nichts ein, stirbt das Ovulum. Stirbt das Ovulum, stirbt auch das Spermium. Der finanzielle Unterhalt seitens des Mannes, bezogen auf die entsprechende Ursituation, ist also für beide Partner lebensrettend und lebensfördernd. Beide sind in Ordnung, wenn der Mann für die Frau sorgt, sie selbst umsorgt und ihr die «Lebensmittel» bereitstellt.

Hier liegt auch einer der Gründe, warum viele Männer sich weigern, daß die Frauen arbeiten gehen. Gemäß der Urerfahrung sind es die Männer, die durch ihr Sich-Einbringen und durch ihren Kampf das Leben der Frau garantieren. Geht die Frau arbeiten, bedeutet das gewissermaßen eine Depotenzierung des Mannes und in der Ursituation die Feststellung, er könne das Ovulum nicht erreichen, was bedeutet, daß er sterben muß.

Die Beschaffung der Lebensmittel durch Kampf (Arbeit) für die Frau repetiert also praktisch die Ursituation, das Leben des Ovulums zu retten durch Einbringung des Spermiums und seiner Anstrengungen selbst. Die Fürsorge des Mannes für seine Frau entspricht dann also einer Urmatrize, die auch für die Frau gilt. Es gibt sicher ein völlig entfaltetes Frausein, wenn die Frau nur, zu Hause waltend, wartet, bis er mit seiner «Beute» nach Hause kommt. Dabei mögen andere von der Frau gewünschte Zuwendungen vernachlässigt werden wegen der Notwendigkeit der «Ruhe» des Mannes nach vollzogener Einbringung (Arbeit). Seine Zuwendungen brauchen sich ja nicht im Geldverdienen zu erschöpfen. Er muß vielmehr auch aus sich selbst heraus viel beitragen zum gemeinsamen «Haus der Ehe». Die Frage der Fürsorge und Zuwendung ist also im individuellen Fall durchaus differenzierbar. In dieser Hinsicht unterschätzt sich der Mann, weil er meint, er müsse ständig ausruhen, sich entspannen, auf dem Sofa liegen und sich berieseln lassen *durch Bilder des Wettkampfes* (Sport) im Fernsehen, an dem er sich rechtens eigentlich in bezug auf seine Frau beteiligen müßte. Da er ohnehin der «Sieger» ist (der erste, der das Ovulum befruchtete), bedarf er zwar der bequemen Ruhe (Nicht-Zuwendung), weil seine vorhergehende kämpferische Zuwendung ja schon zum Ziel geführt hat. Jedoch ist seine Inaktivität und sein Für-sich-Sein auf Dauer für die Frau tödlich, denn sie braucht für die Beziehung das Orientiertsein des Mannes auf sie und ihre Person. Die Frau «stirbt» sonst, oder die Beziehung geht in die Brüche, was in diesem Zusammenhang dasselbe ist. Nach kurzer Pflege seiner Ruhe kann und soll er im Sinne der Zuwendung wieder aktiv werden.

Zwei Erfahrungsgrundlagen des Spermiums stehen sich da gegenüber und schaffen einen Konflikt vom Typ: Ruhe nach dem Kampf oder neue Zuwendung? Die Lösung dürfte in einem Kompromiß liegen, der sich zwischen den Partnern einspielen kann.

«Ich strahle aus, ich ziehe die Männer an» – Die weibliche Selbstdarstellung und Verführung

Eine der wesentlichen Eigenschaften des Ovulums scheint heute weitgehend in Vergessenheit geraten, verdrängt oder als unwichtig beiseite geschoben zu sein. Ich meine die Anziehungskraft der Frau durch ihre Ausstrahlung auch unter Benutzung von Hilfsmitteln. Abgesehen von allen biochemischen Vorgängen gehe ich davon aus, daß das Spermium über Antriebskräfte und «Sehnsüchte» nach dem Ei verfügt, denn sonst würde es sich nicht in Bewegung setzen. Andererseits muß das Ovulum ein Lockmittel als Orientierungshilfe für die Spermatozoen haben, etwa im Sinne von: «Achtung, hier bin ich!» Diese *Urform der Anlockung und Verführung* war lebensnotwendig, weil sonst eine Befruchtung nicht zustande gekommen wäre. Biochemische Vorgänge enthalten im Keim bereits die später entfalteten korrespondierenden psychischen Vorgänge (worauf ich später noch zurückkommen werde).

Das heißt: *Es gehört zum Wesen der Frau, zu verführen* bzw. zu signalisieren: «Hier bin ich.» «Ich möchte gesehen werden, und zwar von allen.» Man spricht heute von Selbstdarstellung. Es handelt sich zunächst um kleine «Verführungen», die die Frau in Gang setzt, um den Mann auf ihre Seite zu bringen. Sie tragen dazu bei, dem Mann den Zugang zu ihr zu erleichtern. Ist sie sich dieser ihrer Rolle bewußt, verfügt sie über die sogenannte «weibliche Klugheit». Obwohl der Mann nicht selten die diesbezüglichen kleinen Tricks seiner Frau durchschaut, findet er es naturgemäß ganz in Ordnung, wenn sie die Dinge so arrangiert, daß er bequemer zu ihr findet und dann seine Frau als wunderbar und klug zugleich einschätzt.

Von der Frau aus gesehen sollen die Darstellungskünste und das Sich-zur-Schau-Stellen in der Öffentlichkeit ein lautes «Hallo, ich bin da!» beinhalten. Ursprünglich richtete sich dieses Aufsichaufmerksammachen als Orientierungshilfe an alle Spermatozoen, und aus diesem Grunde will die Frau auch öffentlich gesehen und beachtet werden. Sie will auch gehört werden. Das kann sie durch Vereinstätigkeit, politisches Engagement oder durch Amtsübernahmen, aber auch als Schauspielerin und Künstlerin und in anderen Berufen.

Sehr wichtig ist die Darstellung durch Kleidung, Schmuck und Frisur, Schminke und Parfum und durch Orientierung an der Mode mit individueller Abweichung oder Pointierung. Dabei ist es wichtig, herauszufinden, was ihr steht und was sie beachtenswert und anziehend macht. Zu diesem Zweck braucht sie natürlich eine ganz erhebliche Auswahl von Garderobe für jeden Anlaß. Das führt dann zu einer Art von Erotisierung im öffentlichen Leben. Die Frau muß sich allerdings auch an «das Übliche» (Zeit- und Modegemäße) halten, um nicht zu sehr aufzufallen. Sie darf sich aber die Erfüllung individueller Wünsche vorbehalten und auch ein wenig aus der Reihe tanzen. Leider ruht sie sich öfters bei ihrem Mann in dieser Hinsicht gerne so aus, wie der Mann nach der Erreichung des Liebeszieles bequem wird. Bei ihm hat sie ihr Ziel schließlich erreicht. Er ist da und gehört ihr. Warum soll sie zu Hause nicht auch etwas anziehen, was ihm gefällt, obwohl sie selbst weiß, daß ihr das vom Mann gewünschte Kleid nicht recht steht? Für viele Männer ist die Bekleidung der Frau bis hin zur Wahl ihrer Intimwäsche eine wichtige Quelle der Belebung und Reaktivierung seiner (auch sexuellen) Kräfte. Bringt sie sich in dieser Hinsicht kaum oder nie ein, obwohl der Mann sie dabei unterstützt, besteht die Gefahr einer gewissen Verarmung und Vertrottelung der Ehe mit deutlicher Herabsetzung der erotischen Spannung. Dabei gehört das aktive Verführen und Einladen zur Natur der Frau von Anbeginn an.

Viele Frauen meinen aber, die Männer müßten sie «so» und «so wie sie sind» lieben. Die Anwendung «künstlicher Mittel» sei entwürdigend. Irgendwie ist hier die in der Urmatrize gespeicherte Erfahrung vom Erfolg der Verführung, die vom Ei ausgeht, unwirksam oder unbewußt. Die Frauen «vergessen» die ursprüngliche verführerische Orientierung auf die Spermien. So verfallen sie der Bequemlichkeit. Sie brauchen nichts mehr dafür zu tun, attraktiver zu sein. Sie hatten (mit der Befruchtung) schon den Erfolg und haben es nicht mehr nötig, weiterhin etwas dafür zu tun. Es kommt sogar zu Ehescheidungen, weil die Frau hinsichtlich ihrer Bekleidung den Mann eher abgestoßen oder kleine Tricks wie Reizwäsche grundsätzlich als entwürdigend abgelehnt hat. Der Ärger dieser Männer ist dann besonders groß, wenn die Frau bei seinen Nachfolgern all das anstandslos tut, was sie zuvor über die Jahre hin nicht wollte.

Andererseits werden viele Männer sehr eifersüchtig, wenn ihre Frauen sich besonders dann schön machen, wenn sie ausgehen oder bei öffentlichen Anlässen auftreten können. Sie befürchten, ein anderer könne sie begehren oder sie ihnen wegnehmen. «Für die anderen machst du dich schön, aber zu Hause bist du eine Schlampe.» Gewiß, den Mann hat sie ja wohl sicher im Griff, er wird «auch so» bei ihr bleiben. Sie meint, für ihren Mann brauche sie nichts mehr zu tun. Er soll aber seine Eifersucht ertragen, wenn sie sich für andere «aufputzt».

Das ist sicher eine Fehleinschätzung der Frau und ein beziehungsstörender Faktor. Eine Frau, die ihren Mann nicht immer einmal wieder mit neuen Ideen und Unternehmungen verführt und ihn auch führt und mit sich reißt, tut nichts für die Beziehung und ist nicht oder nur halb von Ursituationen getragen. Gewiß, wenn er sie schon seit langem überhaupt nicht mehr sieht und sich auch sonst nicht an sie wendet, ist alle Verführungskunst vergeblich.

Die Frau ist Symbol, Darstellerin und Trägerin des Lebens überhaupt. In dem Maße, in dem sie sich schmückt, kleidet und «attraktiv» auftritt, erhält das private und öffentliche Leben eine höhere Qualität. Sie macht das Leben lebenswert und vermittelt Freude und Daseinsbejahung. Insofern ist das «Ausstrahlen» der Frau nicht nur ihre eigene und persönliche Angelegenheit. Sie soll sich nicht einfach nur «aufputzen», sondern vielmehr sich bewußt werden, welche bedeutende Rolle ihr hinsichtlich der Lebendigkeit und der psychischen Lebenserhaltung für alle Menschen und alle Geschlechter zukommt.

Das Tragen der Frau

Eine weitere Urerfahrung von uns allen ist die, daß wir (mehr oder minder willig) *getragen* und auch *ertragen* wurden. Im physischen Sinn kann die Frau tragen (schwanger sein) und ertragen, der Mann aber nicht. Der Mann kann daher die Passiv-Erfahrung: «Ich wurde getragen» schwerer in die Aktivform: «Ich ertrage» umsetzen als die Frau. Daher hängt er mehr am erneuten Ertragenwerden und Getragenwerden und erwartet von seiner Frau mehr, sie möge tragen und ertragen.

Das hat in der Vergangenheit dazu geführt, daß der Frau die meisten Tragearbeiten aufgehalst wurden. Sie schleppt das Holz und die Ernte heim, und sie trägt auf dem Kopf einen Wasserkrug. Sie trägt das Essen auf, sie erträgt die Feldarbeit. Sie erträgt auch die Schmerzen besser, und sie soll vor allem auch ihn mit all seinen Launen ertragen. Sie wurde oft wie ein Tragetier gehalten. Sie soll auch alle Kinder auf dem Buckel tragen, kurz, der Mann war (und ist es noch immer) geneigt, ihr alle Lasten zuzumuten mit Ausnahme schwerster Gewichte. Und genau deshalb gehört es zur Werbung des Mannes, ihr eine Last abzunehmen (zum Beispiel ihr die Koffer tragen) oder eine mühevolle Erledigung für sie zu tätigen. Ja, er trägt sie über die Schwelle ins Hochzeitsgemach. Dann aber wird es oft selbstverständlich, daß sie über Jahrzehnte hin zum Beispiel seine schlechten Launen zu ertragen hat. Er darf ihr alles Leid klagen, und sie soll ihn pflegen, wenn er an einem unerträglichen Schnupfen leidet. Er aber kann ihre Krankheit fast nicht ertragen, und ihre Menstruationsstörungen ärgern ihn.

Der Mann kann allerdings für sich beanspruchen, *weniger nachtragend* zu sein als die Frau, die im Laufe der Geschichte viele Dinge real den schweifenden Männern nachtragen mußte, was sich ihrem Gedächtnis natürlich besser einprägte. Und so gibt es eine innere Überzeugung, daß die Frau mehr belastbar ist als der Mann, und insofern ist sie von Natur aus die Stärkere. Deshalb meint man auch, verlangen zu können, daß sie mehr erträgt, nachsichtiger, entgegenkommender und verstehender ist und zu sein hat als der Mann. Er sagt doch immer wieder: «Versteh mich doch!» Als sei es die selbstverständlichste Sache der Welt.

«Wieviel muß, wieviel kann ich ertragen?»

In jeder Paarbeziehung wird sich diese Frage früher oder später stellen. Unter dem «Ertragenmüssen» meine ich *unausweichliche Anforderungen,* die nicht in erster Linie vom Partner als Person, sondern vielmehr von naturgesetzlichen Gegebenheiten ausgehen, denen der Partner selbst untersteht. Wenn überhaupt eine Beziehung zwischen Frau und Mann zustande gekommen ist, ist es notwendig, daß beide *die Verschiedenheit des Partners von der eigenen Natur akzeptieren.* Dazu gehört auch der Unterschied der beiden Sexualitäten. Die Erkenntnis der Frau, daß die Sexualtriebhaftigkeit beim Mann anders geartet ist als die eigene und eine andere Wertigkeit und Bedeutung hat als die ihre, muß zur richtigen Einschätzung des Mannes führen. Umgekehrt ist die Erkenntnis des Mannes, daß die Sexualität der Frau ganz erheblich von der eigenen differiert, eine Grundvoraussetzung dafür, daß die Paarbeziehung überhaupt aufrechterhalten werden kann.

Während der Verliebtheit verwischen sich die Unterschiede aufgrund des beidseitigen intensiven Erlebens. In der gewöhnlichen oder alltäglichen Beziehung hingegen treten sie augenfällig zutage. Wer diese Erkenntnis nicht ertragen kann, sollte auch keine feste Beziehung eingehen. Die Bewußtwerdung des Andersseins des Partners ist zunächst schockierend. Oft und sogar meistens reagieren die Partner aber mehr mit Erstaunen. Solange beide sich noch wundern können, ist die Beziehung gut, das heißt, die Paare sind auf einem positiven Weg der Akzeptanz, denn die *Verwunderung* ist ein lebendiges und Interesse erregendes verbindendes Band.

Bleibt hingegen der Schock bestehen, hat es kaum einen Sinn, solche Beziehungen aufrechtzuerhalten, denn es kommt dann zu einer grundsätzlichen Ablehnung des Partners. Man kann keine Beziehung aufrechterhalten, in welcher einer oder sogar beide Partner über Monate und Jahre hin sich «nicht mehr riechen» können. Sie passen nicht zueinander, und sie sollten sehen, daß sie auseinanderkommen, selbst dann, wenn finanzielle oder/und moralische Gründe dem entgegenstehen. Auch Kinder sollten in diesen Fällen nicht dazu verleiten, eine solche Ehe weiterzuführen, weil die *Paarbeziehung eine Beziehung zu zweit ist* und an sich die Kinder erst in zweiter Linie figurieren. Die Tatsache, daß manches Paar nur und ausschließlich «den Kindern zuliebe» zusammenbleibt, hat schon manche Kinderseele verdorben. Solche Eltern huldigen offenbar der irrigen Meinung, Kinder würden den Schein einer solchen Scheinehe nicht merken, und man könne die eigene Lieblosigkeit dem Partner gegenüber vor ihnen verbergen. Richtig hingegen ist: Die Funktionsfähigkeit der Paarbeziehung hat generell den Kindern gegenüber den Vorrang. Ist diese überhaupt nicht mehr gegeben, dann ist es besser, die Kinder bei einem Elternteil aufwachsen zu lassen.

Eine weitere unausweichliche Anforderung an das Paar ist die Erkenntnis, das Annehmen der Andersartigkeit der psychischen Struktur des Partners. Das gilt in besonderem Maße von den Gegensätzen Denkmann – Fühlfrau (Denkfrau – Fühlmann). Die

Gegensätzlichkeit von Fühlen und Denken muß ertragen werden. Ist das nicht möglich, ist die Auflösung der Beziehung notwendig.

Nun können die *Entwicklungsmöglichkeiten* bzw. *Entwicklungsfähigkeiten* der beiden Partner verschieden sein. So kommt es vor, daß der Mann zum Beispiel über Jahre und Jahrzehnte hin in keiner Weise an sich arbeitet, von einem tätlichen Wutanfall in den anderen gerät, seine Kinder mißhandelt und ewig nur um seinen eigenen Pelz besorgt ist, ohne zu einem Verstehen seiner Frau zu gelangen. Einen solchen Mann *kann* die Frau zwar ertragen, aber sie muß natürlich nicht. Im Gegenteil, sie selbst wird sich unter solchen Umständen nicht entwickeln können. Grundsätzlich kann man sagen: Wenn in einer Paarbeziehung einer der Partner über Jahre und Jahrzehnte hin stillsteht und steckenbleibt, der andere aber sich fortentwickeln kann, ist die Trennung geboten. Das Ausbleiben von positiven Veränderungen deutet den Stillstand an. Wenn zum Beispiel eine Frau keinerlei Anstalten macht, ihren Kopf zu gebrauchen und etwas zu denken, statt dessen die Kinder verkommen läßt und von einem Liebhaber zum anderen wandert, und das alles für nichts oder selbstverständlich ansieht, kann der Mann sich von ihr trennen (muß nicht), da kaum Aussicht darauf besteht, daß die Beziehung zwischen ihm und seiner Frau für irgend jemanden nützlich und für die Entwicklung förderlich ist.

Oft aber führt eine *zur Zeit bestehende Entwicklungsunfähigkeit* zu vielleicht überflüssigen Trennungen. Wenn eine jüngere Frau objektiv in keiner Weise von ihrem Mann verstanden wird, weil sie meint, er müsse sie von sich aus und spontanerweise verstehen (also von der psychischen Verschiedenheit von Mann und Frau keine Ahnung hat), dann zum Beispiel in der Kur einen Kurschatten findet und bei der Heimkehr ohne Erklärung ihre Koffer packt, geht und die Scheidung einreicht und den völlig verblüfften Mann zurückläßt, dann findet eine Trennung wegen weitgehender Unwissenheit und Unbewußtheit statt, bevor überhaupt ernsthafte Begegnungsanstrengungen der Partner gemacht wurden. Die Frau in unserem Beispiel wird dann mit ihrem Kurschatten vor den gleichen Problemen stehen und der Mann mit seiner nächsten Partnerin wohl auch.

Vielleicht geht dann aber die Entwicklung mit den neuen Partnern besser, weil zu einem späteren Zeitpunkt und mit anderen Partnern sich neue Entwicklungsmöglichkeiten ergeben können. Nicht selten finden Partner, die vorübergehend aus der Ehe ausgebrochen sind, dennoch wieder zueinander, weil sie auf diesem Umweg überhaupt erst der Beziehungsprobleme in dieser Ehe bewußt wurden. Dabei ist die Enttäuschung über die außerehelichen Beziehungen ein wichtiger Erfahrungswert und Anstoß, sich mit der eigenen Seele und der des Ehepartners überhaupt erst zu beschäftigen. Die Erkenntnis der eigenen Seele in der Gegensatzspiegelung an der Seele des anderen ist Ziel und Sinn der Paarbeziehung überhaupt.

«Einer trage des andern Last» – Über die Trag- und Belastungsfähigkeit bei Frau und Mann

Jede Ehe bringt Belastungen mit sich, die unvermeidlich sind, und zu jeder Ehe gehört ein gelegentlicher Streit, der nicht notwendigerweise sehr heftig und fürchterlich zu sein braucht. Vom einfachen Wortwechsel über die Klärung von Standpunkten bis hin zu heftigen Ausrufen in wutgeladenen Situationen gibt es zahlreiche Nuancen und zu differenzierende Unterschiede, die für den Erkenntnisprozeß und das Sich-Kennenlernen sogar notwendig sind. Sich-Zusammensetzen und Sich-Auseinandersetzen, sei es mit dem Partner, sei es mit sich selbst sind Notwendigkeiten der menschlichen Existenz überhaupt wie Verschmelzung und Trennung. Dabei geht es ohne kleinere oder größere seelische Verletzungen nicht ab. Gute und böse Zeiten, Gut und Böse überhaupt, charakterisieren die Beziehung des Paares wie auch die innerseelische Beziehung des einzelnen mit sich selbst.

Die Frage ist nur die, wieviel Böses ertragen werden kann, wieviel dem Partner zugemutet werden kann, soll oder muß, kurz, wie groß die Tragfähigkeit der Partner in den jeweiligen Situationen ist. Dabei spielt die Unter- oder die Überschätzung der eigenen Tragfähigkeit und die der Bezugsperson eine sehr große Rolle. Wann soll wer entgegenkommen, wer soll den ersten Schritt der erneuten Annäherung tätigen? Wie soll das geschehen? Wann ist es überhaupt richtig, entgegenzukommen, und wann ist Festigkeit am Platz?

Offenbar gibt es dafür keine allgemeingültigen Lösungen. Selbst in isolierten oder typischen Spannungssituationen beim selben Paar kann man kaum mit Sicherheit wissen, was hier und jetzt richtig ist. Und im Hinblick auf welche Bezugspunkte ist etwas «richtig» oder «falsch»?

Vielleicht kann man grundsätzlich aber doch folgendes sagen: Auf dem Hintergrund der Matrize «getragen werden» können sich Mann und Frau gleichermaßen als Urerfahrung abstützen. Das vermittelt die Erwartung beider Partner: «Trage und ertrage *du* mich.» Die Frau kann aber auch selbst «tragen» (schwanger sein), ist also selbst in der Lage, etwas anderes zu tragen. Das Kind, das sie trägt, ist etwas anderes als sie selbst. (Der schwangere Bauch gehört zwar der Frau, aber sein Inhalt nicht!). Sie ist also von Natur her zum Tragen anderer besser ausgerüstet und insofern tragfähiger und belastbarer als der Mann, der nur von einem Getragen-Werden etwas weiß. Das Bibelwort «einer trage des andern Last» kann nicht symmetrisch verstanden werden in dem Sinn, daß die Lasten auf Frau und Mann von der Natur her gleichmäßig verteilt werden können.

Wir sind davon ausgegangen, daß sich die Frau vorwiegend entsprechend der Matrix «Ovulum» (Ei), der Mann vorwiegend entsprechend der Grunderfahrung «Spermium» verhält, beziehungsweise sich mit diesen Urerfahrungen identifiziert. Das gilt aber nur im großen und ganzen. Erfahrungsgemäß ändern sich diese Identifizierungen oft um die Lebensmitte herum, wenn der Mann mit seinen eigenen weiblichen seelischen Anteilen mehr und mehr in Berührung kommt und die Frau mit ihren männlichen. Dadurch wächst die Tragfähigkeit und damit die Belastbarkeit des Mannes, und sein Defizit in dieser Hinsicht kann sich ausgleichen, ja, kann die der Frau sogar übertreffen. Dann kann er auch zum Beispiel der Anlehnungsbedürftigkeit der Frau viel besser entsprechen, weil sein Einfühlungsvermögen dank der verbesserten Entwicklung seiner Fühlfunktion erheblich gewachsen ist.

Sehr allgemein – aber nicht auf jeden Fall zutreffend – kann man also sagen, daß es in der ersten Lebenshälfte die Frau ist, welche über mehr Tragfähigkeit verfügt, und daß es in der zweiten Lebenshälfte der Mann ist, der zunehmend erstarkt und tragfähiger wird. In jüngeren Jahren darf er der Frau mehr Entgegenkommen und Verständnis zumuten, in späteren Jahren aber sich selbst. Unbewußt mag in diesen Umständen die Tatsache ihre Begründung finden, daß Frauen sehr oft ältere Männer für eine Dauerbeziehung bevorzugen. Vom älteren Mann kann die jüngere Frau offenbar natürlicherweise mehr Verstehen, Entgegenkommen, Stärke, Trag- und Ertragensfähigkeit erwarten als vom jüngeren. Der ältere Mann ist viel eher geneigt zu verstehen. Der jüngere hingegen will immer noch mehr verstanden werden als selbst zu verstehen.

Zum Abschluß möchte ich einen Spruch *Rudolf Steiners,* das *Abendglockengebet,* anführen, weil hier die durch die vier Wahrnehmungsorgane vermittelten Erkenntnisse ihren sprachlichen Niederschlag finden, wobei die Intuition bestimmend ist:

Das Schöne bewundern,
Das Wahre behüten,
Das Edle verehren,
Das Gute beschließen:
Es führet den Menschen
Im Leben zu Zielen,
Im Handeln zum Rechten,
Im Fühlen zum Frieden,
Im Denken zum Lichte;
Und lehrt ihn vertrauen

Auf göttliches Walten
In allem, was ist:
Im Weltenall,
Im Seelengrund.

Aus: Rudolf Steiner: «Wahrspruchworte»,
Gesamtausgabe Bd. 40,
Rudolf Steiner Verlag, Dornach.

Es ist so, als habe *R. Steiner* genaue Kenntnisse von den vier Funktionen gehabt. In seinem Gedicht spricht er vom Schönen (Empfindung), vom Wahren (Denken), vom Edlen (Intuition) und vom Guten (Fühlen). Alle vier Funktionen können auf ihren Ursprung ausgerichtet sein, und jede entdeckt dann auf ihre Art «das göttliche Walten» im Weltenall und im Seelengrund.

2. Teil

Denkfunktion und Fühlfunktion

Die vier psychischen Wahrnehmungsorgane

Der Unterschied zwischen physiologischen und psychischen Vorgängen und deren empirische Verknüpfung

Die vier psychischen Wahrnehmungsfunktionen (Intuition, Empfinden, Fühlen und Denken) sind die *Organe des Ich,* mit deren Hilfe das Ich sich in Beziehung setzt. Ihre Natur ist psychisch und unverkennbar von anatomischen und physiologischen Gegebenheiten verschieden. Zum Beispiel ist bei der *psychogenen Amaurose* (seelisch bedingte Blindheit) der physiologische Sehapparat intakt und funktionstüchtig, das heißt, die gesehenen Objekte werden im Gehirn wie üblich «abgebildet». Jedoch wird das Abgebildete nicht bewußt wahrgenommen. Es wird, weil unerträglich, verdrängt. Die hier in Frage kommende psychische Empfindungsfunktion und die Fühlfunktion verweigern ihren Dienst und drängen das Wahrgenommene ins Unbewußte ab und vom Ich weg. Auch unter normalen Bedingungen kann man den Unterschied zwischen physiologischer *Perzeption* und psychischer Wahrnehmung erkennen. Die physiologische Schmerzperzeption zum Beispiel ist sehr viel schneller als die bewußte seelische Schmerzwahrnehmung (Empfindungsfunktion). Der sichtbare physiologische Abwehrreflex auf Schmerz ist etwa fünfzigmal schneller als die psychische und bewußte Wahrnehmung «Körperschmerz».

Empirisch sind die psychischen Wahrnehmungsorgane und -funktionen an organische Körpervorgänge gekoppelt, das heißt, wir kennen keine psychischen Organe und psychischen Funktionen außerhalb und/oder unabhängig vom organischen Leben. Damit will ich nicht sagen, daß es keine rein psychischen Wesen gibt, z. B. «Geister» oder «pure» Seelen (der Verstorbenen oder der noch Ungeborenen), «ätherische Leiber» oder «Astralkörper» und dergleichen mehr. Aber die Tatsache, daß viele Menschen Geister «sehen», Erscheinungen erleben, mit Verstorbenen in Beziehung stehen oder Visionen von Gott und der Jungfrau Maria haben, beweist nicht, daß diese real, also unabhängig von organischer Organisation existieren, weil nämlich der wahrnehmende Beobachter oder/und Erlebende selbst aus einem lebenden Organismus besteht. Auch die Erlebnisse klinisch Toter vom «Jenseits» erweisen nichts über die Realexistenz eines solchen «Jenseits», weil der klinisch Tote nicht «wirklich» tot war, denn er wurde ja wieder lebendig. Ein effektiv Toter wird nicht wieder lebendig, und er kann auch keine Aussagen mehr machen.

Wir müssen uns also an die Empirie halten. Aus dieser haben wir gelernt, daß seelische Vorgänge und seelisches Sein vom organischen Körper einerseits abhängig ist, zu diesem also in einem *Abhängigkeitsverhältnis* steht, andererseits mit diesem in *Wechselwirkung* tritt. Aus dieser Wechselwirkung (körperliche Veränderung durch seelische Einwirkung – seelische Veränderung durch körperliche Einwirkung) ist ersichtlich, daß diese beiden Bereiche unterschiedliche Seinsweisen und unterschiedliche Struktur haben.

Körperliche Strukturen und Vorgänge interessieren uns hier nicht. Auch beschäftigen wir uns hier nicht mit der ganzen Seele, sondern nur mit einem Teilausschnitt. So wie sich die Anatomie und Physiologie beispielsweise mit dem Seh- und Hörapparat beschäftigt, behandeln wir hier die seelischen Wahrnehmungsapparate und von diesen hauptsächlich zwei, nämlich die Apparate des Denkens und Fühlens. Dennoch ist es aus Verstehensgründen unerläßlich, wenigstens am Rande auch die beiden anderen «Apparate», das Empfinden und die Intuition, kurz miteinzubeziehen.

Im Gegensatz zur körperlichen Anatomie ist es nicht möglich, die Anatomie der seelischen Wahrnehmungsorgane zu betreiben. Wir können sie nur anhand ihrer verschiedenen Funktionsweisen voneinander unterscheiden und ihre Beziehung zueinander erörtern. Wir gebrauchen aber den Terminus «Wahrnehmungsorgane» dennoch, weil wir davon ausgehen, daß eine Funktion auch über ein «Substrat» (eine Grundlage) verfügen muß. Es handelt sich also um eine bloße Hilfsvorstellung.

Das Ich und seine Wahrnehmungsorgane – Wirklichkeit der Seele – Subjektivität der Wahrnehmungen

Ausgangspunkt der Wahrnehmungsorgane ist das Ich. Wir verstehen das *Ich* als das *Zentrum des Bewußtseins.* Da sich alles seelische Sein überhaupt nur und ausschließlich in Beziehungen äußert, müssen das Bewußtsein und das Ich als *Beziehung* ausgedrückt werden. Bildlich gesprochen: Wenn das Bewußtsein eine Kugel darstellt, wäre das Ich der Kern dieser Kugel. Von diesem Kern gehen dann die vier Wahrnehmungsorgane gleichsam wie Antennen aus. *Die Wahrnehmungsfunktionen sind also Funktionen des Ich.* Sie sind die *Orientierungsfunktionen* und zugleich die *Beziehungsfunktionen des Ich.*

Um eine Beziehung zwischen zwei Gegebenheiten herzustellen, bedarf es eines Subjektes und eines Objektes. *Wir bezeichnen das Ich als Subjekt, das Wahrgenommene als Objekt.* So wie eine Brücke zwei Ufer miteinander verbindet (also miteinander in Beziehung setzt), so verbindet sich das Ich mit seinem Objekt. Im psychischen Bereich verhält es sich so, daß *erst durch die Beziehung selbst das Subjekt und das Objekt voneinander unterscheidbar,* also erkennbar, *werden,* das heißt, erst durch die Beziehung wird für uns Seelisches erkenn- bzw. erlebbar. Nur das, was erkannt oder/und erlebt wird, ist für uns *wirklich.* Ohne das Funktionieren der psychischen Wahrnehmungsfunktionen ist die Wahrnehmung der Seele nicht möglich, wobei das Ich und das Bewußtsein als zentrale Wahrnehmungsinstanzen angesehen werden müssen.

Was nun «Seele», «Ich», «Bewußtsein» in letzter Instanz sind, ist nicht erforschbar und nur als Beziehung zwischen zwei Gegebenheiten beschreibbar. Im Gegensatz zur Physik sind «seelische Größen» nur in *sehr geringem Umfang messbar* und auch nur in sehr geringem Umfang *experimentierbar.* Diesem Umstand verdankt es die Psychologie, daß sie nicht zu den Naturwissenschaften gehört und die sogenannte Tiefenpsychologie noch immer an keiner Universität rechtens beheimatet ist. Das bedeutet nicht, daß die Psychologie nichts Wirkliches erforscht, sondern nur, daß die psychischen Vorgänge sich mit naturwissenschaftlichen Methoden allein nicht erfassen lassen.

Ansonsten aber beherrscht in Wirklichkeit die Psyche praktisch alles, was im menschlichen Leben, in der Politik, in der Ehe, in der Kunst, in der Geschichte usf. geschieht, und insofern ist sie – von der toten Materie abgesehen – das Allerwirklichste und Allerwichtigste. Niemand wird bestreiten, daß Denken, Fühlen, Empfinden, Lieben und Hassen wirklich existieren, aber sie denkend zu erfassen, ein- und zuzuordnen als Zusammenhangserkenntnis ist sehr schwierig. Das liegt daran, daß das Denken selbst eine psychische Tätigkeit ist. Wir hantieren hier mit einem Werkzeug, dessen Natur und Funktion wir überhaupt erst erforschen wollen. Das Ergebnis dieser Forschung hängt also von der Art und Weise ab, wie geforscht wird. Das heißt, das was ich (erforschend) wahrnehme, ist mitbestimmt von der Struktur des erkennenden Organs, aber auch von der Art und Weise, wie es funktioniert.

Es sind dies sehr alte philosophische Erkenntnisse, die ich hier andeute, um die *Subjektivität des Wahrnehmens* herauszustellen. Gerade aus diesem Grunde können sich zum Beispiel die Beziehungen zwischen Mann und Frau überaus schwierig gestalten. Es genügt bereits, daß sie sich wechselweise vorwiegend mittels verschiedener (gegensätzlicher) Wahrnehmungsorgane in Beziehung setzen, um Konflikte heraufzubeschwören. Dabei geht jeder Partner von der «Richtigkeit» seines Standpunktes aus. Gibt er die «Richtigkeit» aber auf, wird er unter Umständen desorientiert oder verliert seinen Standpunkt, was für das seelische Gleichgewicht und die Gesundheit auch von großem Schaden sein kann. Dieser «Standpunkt» gründet sich immer auf dem am besten funktionierenden Wahrnehmungsorgan.

Die psychische Energie – Qualität und Quantität der Objektbeziehungen – Wille und Anstrengung

Zwischen dem Ich und dem Bewußtsein besteht ein energetisches Kraftfeld. Dadurch kommt die *Bewußtseinsspannung* zustande, und in der Folge werden die vier Wahrnehmungsorgane des Ich mit *psychischer Energie (Libido)* ausgestattet. Vergleichen wir das Ich und sein Bewußtsein mit einer Glühbirne: Schalten wir das Licht ein, strömt elektrische Energie in die Glühbirne, die unter Spannung steht. Der Strom fließt, und die Birne leuchtet. Die Lichtstrahlen stellen eine «Beziehung» her zwischen der Birne und den erleuchteten Objekten. Schalten wir aus, fließt die Energie nicht mehr und verbleibt in der Energiequelle, die Birne erlöscht, und die «Beziehung» löst sich auf.

Ähnlich verhält es sich mit der psychischen Energie, der Libido. Sie belebt die psychischen Organe und setzt sie in Funktion. Fließt die Energie aus diesen Organen zurück, mindert sich ihre «Wirksamkeit» oder hört ganz auf, bis sie wieder einfließt. Habe ich mich zum Beispiel mit der Fühlfunktion meinem Hund zugewandt, fließt psychische Energie in das Objekt «Hund». Wende ich mich wieder von ihm ab, kehrt die investierte Energie wieder ins Ich zurück. Dann wende ich mich vielleicht einem Kind zu und «erfühle» das Objekt «Kind». Die psychische Energie «besetzt» jetzt dieses Objekt, bis ich mich wieder abwende, was durch Zurücknahme der Energie geschieht.

Die Beziehung zwischen Ich und Objekt wird also durch energetische Besetzung des Objektes hergestellt und durch Energieentzug wieder rückgängig gemacht. Hingegen wird die *Qualität der Beziehung* durch die Verschiedenartigkeit der Struktur der Wahrnehmungsfunktionen determiniert. So kann ich zum Beispiel an einen Hund denken, ihn empfinden, ihn fühlen und ihn intuieren. Die Qualität (Art und Weise) der Beziehung ist also durch die Wahrnehmungsorgane selbst und deren Struktur bestimmt, während die Intensität bzw. Quantität durch die Libidomenge, die vom Ich zum Objekt fließt und dieses «besetzt», charakterisiert ist.

Wir sprechen von aktiver Zuwendung, wenn das Ich absichtlich und gewollt ein Objekt mit Energie besetzt. Das ist nur möglich, wenn das Ich über genügend Energie verfügt. Ein Ich, das viel Energien hat, ist ein starkes Ich und hat große Möglichkeiten der Zuwendung (Objektbesetzung). Verliert das Ich durch besondere Umstände seine Energie, wird es schwach, hat nur noch geringe Möglichkeiten der Zuwendung und kann in einen Zustand der Erschöpfung geraten. Die Stärke oder Schwäche des Ich ist u. a. auch durch die Stärke oder Schwäche des Willens charakterisiert. Ein starker Wille, *der Wille überhaupt, ist durch das Quantum an Energie bestimmt, das dem Ich zur Verfügung steht.* Nur das energiereiche und deshalb starke Ich kann aktiv und willentlich Beziehungen aufnehmen.

Durch die Beziehungsaufnahme nimmt das Ich Objekte wahr. Dies erzeugt einen Spannungszustand des Bewußtseins, der nicht unbegrenzt aufrecht erhalten werden kann. Der Kraftaufwand, den wir benötigen, um die Bewußtseinsspannung und die Objektbesetzungen aufrechtzuerhalten, nennen wir *Anstrengung.* Wir müssen dazu die Wahrnehmungsorgane mit Energie versorgen. Dieses Hineintreiben von Energie in die Organe und die energetische Besetzung der Objekte kommt also auch einem Energieverbrauch gleich. Das Ich «verliert» seine Energie. Nach und nach kommt sie dem Ich abhanden, es wird energieärmer, wird «müde» und willensschwächer und kann sich immer weniger «anstrengen». Im normalen Lebensrhythmus schläft es irgendwann ein. Im Schlaf ist die Bewußtseinsspannung minimal.

Das *Gesetz von der Erhaltung der Energie* gilt auch im psychischen Bereich. Ist das Ich durch Verbrauch energieärmer geworden, muß ein anderer psychischer Bereich energiereicher geworden sein. Tatsächlich liegt der anfängliche Ursprungsort der psychischen Energie, also die *Energiequelle,* nicht im Ich-Bereich und deren Wahrnehmungsfunktionen, sondern im Unbewußten. Normalerweise fließt im Laufe des Tages immer ein bestimmtes Energiequantum ins Unbewußte zurück. Im Schlaf und vor dem Aufwachen drängt dieser Energieanteil wieder ins Ich zurück. Sind allerdings die Beziehungen zwischen dem Ich und dem Unbewußten gestört, ist auch der normale Energieaustausch zwischen beiden psychischen Instanzen zu Ungunsten des Ich blockiert, z. B. bei Depression am Morgen. In manischen Zuständen hingegen ist das Ich mit Energie «aufgebläht». Das führt bisweilen zu sehr schweren Störungen.

Ausgleichsmöglichkeiten der habituellen Hauptfunktion und deren Einseitigkeit – Extraversion, Introversion und dadurch bedingte Verstehensschwierigkeiten

Die Regulierung des Energieflusses und der Energieverteilung auf die verschiedenen seelischen Instanzen erfolgt zweifellos im *Unbewußten,* das seine *relative Autonomie* gegenüber dem Ich erfahrungsgemäß immer wieder bekundet. Allerdings ist es dem Ich möglich, durch Einstellungsänderungen oder bewußte Förderung von bislang unterentwickelten psychischen Funktionen eine Zustandsänderung herbeizuführen und ein neues, für das Ich günstigeres energetisches Gleichgewicht herzustellen. Diese Beziehungen können uns aber hier nur beschränkt interessieren, weil sie den Rahmen dieses Buches überschreiten würden. Nur soviel sei gesagt: Die *Gegenfunktion zur Hauptfunktion,* das heißt beim Denken das Fühlen, beim Empfinden die Intuition und umgekehrt, kann nur in sehr geringem Maße entwickelt bzw. mobilisiert werden, weil das Aufgeben der Hauptfunktion zugunsten der Gegenfunktion zu einer Nivellierung oder/und zur Primitivisierung bzw. Verrohung der Persönlichkeit führt. So kann man aus einem Denktyp keinen Fühltyp machen und aus einem Intuitiven keinen Empfindungstyp. Hingegen kann die Einseitigkeit

z. B. des Denktyps durch diejenige Funktion ausgeglichen werden, die keinen Gegensatz dazu bildet. Zur Abstützung und Erweiterung z. B. des Denktyps kann als Nebenfunktion die Intuition oder das Empfinden gefördert werden. Bei einem Fühltyp kann ebenfalls die Empfindung oder Intuition als zweites Standbein entwickelt werden.

Das ist für die Paarbeziehungen von großer Bedeutung. Denkmann und Fühlfrau zum Beispiel werden immer große Gegensätze bleiben, weil keiner der Partner die jeweilige Gegenfunktion entwickeln kann. Hingegen sind beide in der Lage, z. B. die Empfindungsfunktion zu entwickeln, und auf dieser Ebene finden sie so viele Gemeinsamkeiten, daß die Gegensätzlichkeiten abgemildert und erträglich werden.

Alle vier psychischen Wahrnehmungsorgane können sich grundsätzlich mit allen Objekten in Beziehung setzen. Im Anschluß an Carl Gustav *Jung* unterscheiden wir zwei Welten, auf welche hin sie sich beziehen können: Richtet sich die Hauptfunktion vorwiegend auf Objekte der Außenwelt (Sachen, Lebewesen, Menschen usf.), sprechen wir vom *extravertierten Typ*. Orientiert sich die Hauptfunktion vorwiegend auf Objekte der Innenwelt (psychische Gegebenheiten: Phantasien, Träume, seelische Zustandsänderungen, aber auch das Funktionieren der psychischen Wahrnehmungsfunktionen selbst: Gedanken, Gefühle, Empfindungen, Visionen, Symbole usf.), sprechen wir von einem *introvertierten Typ*.

Diese Unterscheidung nach Schwerpunktorientierungen hinsichtlich Objekten, die verschiedenen Welten angehören, ist sicher wichtig und bedeutsam. Sie hat auch einen großen praktischen Wert.

Ich habe den Eindruck gewonnen, daß die *Extraversion* erheblich häufiger vorkommt als die *Introversion,* letztere sich also in der Minderheit befindet. Extravertiertes Verhalten und Orientieren steht in der Vorstellung der westlichen Menschen heute allgemein in höherem Kurs und wird als normal und erstrebenswert angesehen. Der introvertierte Mensch wird vom extravertierten leicht als Sonderling, Außenseiter, Einzelgänger und als unfähig für soziale Beziehungen und damit als gemeinschaftsunfähig, wenn nicht überhaupt als krank und abartig angesehen. Auch in entsprechenden therapeutischen Instituten (psychotherapeutische und/oder psychosomatische Kliniken) ist es das hauptsächlichste Ziel, die Introvertierten wieder «gemeinschaftsfähig» zu machen und sie dazu zu bewegen, «auf die anderen zuzugehen», sich an Gruppen zu beteiligen und ihr Inneres vor den Ohren der anderen (für die Introvertierten die Außenwelt) aufzudecken und zu offenbaren. Für manchen Introvertierten ist das eine Qual und wie eine psychische Vergewaltigung, die therapeutisch nichts Positives bringt. Für andere mag es als ein die Einseitigkeit kompensierendes Verfahren in Grenzen auch nützlich sein. Massenversammlungen, Demos, Vereine, öffentliches Auftreten, Beteiligung an Kommunen gelten heute als das Normgerechte. Die Welt soll verändert werden, und die Beschäftigung mit der Welt ist wichtig.

Demgegenüber wird derjenige, der bewußt von der Innenwelt lebt, sich um seine eigene Seele kümmert, sich daran erfreut und damit beschäftigt ist, den *psychischen Kosmos* zu erfahren, zu erforschen und in ihm zu bestehen, oft als minderwertig, wenn nicht gar als «Spinner» und weltfremd angesehen. Er wird erst dann von den Extravertierten wieder aufgewertet, wenn diese von der Welt enttäuscht und in ihr gescheitert sind. Erst dann kann der Extravertierte unter Umständen eine neue, teils wunderbare, teils schreckliche Innenwelt erfahren und die Einseitigkeit seiner extravertierten Einstellung etwas korrigieren.

Umgekehrt kann auch die Einseitigkeit der Introversion durch einen Kompensationsprozeß abgemildert werden, der darin besteht, sich – wenn auch mit Anstrengung – vermehrt den Objekten der äußeren Welt zuzuwenden. Der Introvertierte kann auf diese Weise manchen Beziehungskonflikt mit Partnern wenigstens soweit abschwächen, daß er die anderen nicht immerzu durch seine Abwesenheit und die Nichtbeachtung vor den Kopf stößt und dem Partner nicht ständig das Gefühl vermittelt, daß er überhaupt keine Rolle spielt. Viele Denkmänner und Intuitive sind vorwiegend introvertiert und machen ihren oft extravertierten Fühl- und Empfindungsfrauen allein durch ihr Introvertiertsein das Leben schwer und die Beziehung belastend. Insbesondere bei introvertierten männlichen Intuitiven erfährt man von ihrem Innenleben auch deshalb nichts, weil sie kaum in der Lage sind, ihre Intuitionen sprachlich zu formulieren und auszudrücken. Sie können sich nur schwer verständlich machen.

Etliche alttestamentliche Propheten und mancher moderne indische Heilige vermögen ihre das Innenleben (und damit auch Gott) betreffenden Erfahrungen nur mit wenigen Sätzen, dann allerdings mit Inbrunst und Überzeugungskraft darzulegen. Sie wirken mehr als Persönlichkeiten als durch das, was sie sagen. Die gängige Aussage etwa, daß Gott die Quelle aller Liebe ist, wir von ihm geliebt sind und er das letzte Ziel unserer Erdenwanderung ist, wirkt befreiend oder rührt doch irgendwie an. Man wird bei dieser Aussage aber vermissen, daß sie wirklich auch durchdacht ist. Das harte Gewicht der Weltereignisse und die schlimmen Forderungen äußerer Notwendigkeiten findet man bei diesen rührenden Intuitiven kaum denkerisch erfaßt, kritisch durchleuchtet und mit ihren Grundaussagen konfrontiert.

Ich habe hier diese Verschiedenheit in der Orientierung der psychischen Wahrnehmungsorgane auch deshalb erwähnt, weil es auffällig ist, *wieviele Menschen von der Existenz des psychischen Universums nicht die geringste Ahnung haben.* Sie sind zu keiner Introspektion fähig und können, blind und unwissend, nur abfällig fragen, wo denn z. B. die «inneren Werte» sind und was Innerlichkeit oder Faszination durch ein rein innerseelisches Erleben überhaupt sein soll. Sie verweisen auf ihr Geschäfts- und Bankkonto und darauf, daß sie Besseres zu tun haben. Allein schon das Wort «Psyche» kommt ihnen verdächtig vor, da es für sie so etwas wie Seele eigentlich gar nicht gibt. Mancher Denkmann erkennt nicht einmal, daß sein eigenes Denken zur psychischen Welt gehört. Erkennt er es aber doch, dann meint er häufig, die gesamte Psyche bestehe aus Denken. Gemäß seiner Meinung kennt er also bereits die Psyche, hat in dieser Hinsicht nichts mehr hinzuzulernen oder zu erfahren und neigt dazu, seine Frau (falls er überhaupt eine Partnerschaft hat) mit ihren überflüssigen Gefühlen und Empfindungen als spinniges, unterentwickeltes Wesen einzustufen, das dumm ist und von der Welt nichts versteht. Die einseitige Entwicklung und Betätigung jeweils eines psychischen Wahrnehmungsorganes als Hauptfunktion und die einseitige Orientierung der psychischen Wahrnehmungsorgane auf nur äußere oder nur innere Objekte ist vorübergehend oder in besonderen Situationen als Maximalleistung sicher sehr wichtig, nützlich, wertvoll und zuweilen sogar lebensrettend. Auf Dauer hingegen wird die Einseitigkeit zur Verengung, zum Gefängnis, und führt nicht nur zur Verfehlung des Lebens und seines Reichtumes, sondern auch zur Krankheit und zur Verödung der Beziehungsfähigkeit.

Die psychische Hauptfunktion muß durch die Entwicklung einer oder zweier Nebenfunktionen kompensatorisch gestützt, beziehungsweise erweitert werden. Desgleichen muß bei Introversion beziehungsweise Extraversion die jeweils andere Einstellung zur Objektwelt gefördert und teilweise einbezogen werden.

Zuwendung und Abwendung – Energetische Objektfixierung – Daraus resultierende Mißverständnisse in der Paarbeziehung

Wendet sich das Ich einem Objekt zu, so richtet sich seine psychische Energie darauf, und die psychischen Wahrnehmungsorgane sind aktiviert. Wendet sich das Ich vom Objekt ab, so wird die Energie zurückgezogen und das Ich verfügt wieder darüber. Obwohl die Zuwendung mit einer gewissen Anstrengung verbunden ist, wird sie als entlastend, entspannend und lustvoll erlebt, die Rücknahme der Energie dagegen erzeugt eine gewisse – negativ erlebte – Spannung im Bewußtsein. Die Zuwendung («Liebe») tut «gut», die Abwendung (Trennung) tut «weh».

Ist das Ich jedoch gezwungen, sich Objekten zuzuwenden, gegen welche es aus welchen Gründen auch immer einen Widerstand aufgebaut hat, ist diese Zuwendung sehr anstrengend und unlustvoll und die Abwendung lustvoll. Besteht zum Beispiel eine Abscheu oder Phobie gegen Spinnen (die übrigens vom Unbewußten ausgeht), braucht das Ich einen sehr großen Kraftaufwand, um sich dem «Objekt Spinne» zuzuwenden, es also energetisch besetzen zu können, und es ist «froh», wenn es sich davon wieder abwenden kann. Mit diesen an unbewußte Vorgänge gekoppelten Vorgängen beschäftigen wir uns aber hier nicht weiter.

Erfolgt eine Zuwendung sehr aktiv, und wird das Objekt mit Energie stark besetzt, wird das Ich erheblich an das Objekt *fixiert*. Ist z. B. der Denkmann im Geschäft sehr engagiert, und beschäftigt er sich intensiv mit Problemlösungen, fällt es ihm schwer, die Objekte seines Denkens wieder «loszulassen», das heißt, die Besetzungsenergie wieder zurückzunehmen. Er hängt gedanklich (also mit der Denkfunktion) noch immer am Objekt seiner denkerischen Arbeitszuwendung. Je ausgeprägter die Denkfunktion ist, um so mehr haftet sie am Denkobjekt. Das Ich «klebt» an den Objekten, und die Energie bleibt dort fixiert. Energiegeladene Objekte faszinieren immer, denn die *psychische Energie* (Libido) ist zugleich *Lebenskraft*. Kommt unser Denkmann nach Hause, ist er sozusagen immer noch im Geschäft. Er braucht nun «Ruhe», um sich davon abzulösen, d. h., die Energiebesetzung der Objekte rückgängig zu machen. Solange die Energie nicht ins Ich zurückfließt, kann er sich nicht anderen Dingen zuwenden, z. B. seiner Frau. Er muß sich erst aus der *Faszination der libidobesetzten Objekte* befreien, also die Energie in sein Ich zurücknehmen. Erst dann kann er sich seiner Frau oder den Kindern wieder zuwenden.

Es ist wichtig, daß in unserem Beispiel die Frau die Fixierung des Denkmannes an seine Arbeit nicht als grundsätzliche Abweisung gegen ihre Person empfindet. Die «Müdigkeit» und «Erschöpfung» des Mannes rührt in unserem Beispiel von der weiterdauernden Objektbesetzung des Mannes her und der noch nicht geglückten Rücknahme der Energie ins Ich und nicht daher, daß er seine Frau nicht mag.

Wenn anderseits eine Fühlfrau sich mit Hingabe der Zubereitung des Essens widmet, wäre es sehr unklug, wenn der Denkmann immer wieder in die Küche käme und die Zuwendung seiner Frau in Anspruch nähme. Die Energie der Frau hat nämlich die Objekte ihres Fühlens und Empfindens besetzt (Herd, Nahrungsmittel, Töpfe usf.). Sie kann die Libido erst dann störungsfrei zurücknehmen, wenn gegessen wird oder die Mahlzeit zu Ende ist. Es ist wichtig, daß der Mann in unserem Beispiel die Fixierung seiner Fühl- oder Empfindungsfrau an ihre Arbeit nicht als grundsätzliche Abneigung gegen seine Person empfindet.

Trennung und Vereinigung – Autonomie und Heteronomie

Der Rückzug der Energie von den Objekten bereichert das Ich mit Energie. Allgemein kann man sagen, *daß die vollzogene und geglückte zeitweise Trennung das Ich und den Willen stärkt,* die libidinöse Objektbesetzung, die *Zuwendung* (Vereinigung) also, den Energiebetrag des Ich vermindert und *den Willen schwächt.* Die dauernde Fixierung an Objekte äußerer oder innerer Natur schwächt daher das Ich und kann auch zu bedrohlicher Erschöpfung führen, insofern die Energie nicht mehr am Ich, sondern am Objekt haftet. Der Rückzug der Energie (Trennung vom Objekt) folgt der Tendenz nach Selbständigkeit und verwirklicht die *Autonomie.* Die Objektbesetzung («Liebe», siehe S. 235) bis hin zur Verschmelzung mit dem Objekt schwächt das Ich, folgt der Tendenz nach Hingabe und Abhängigkeit und verwirklicht die *Heteronomie. Die gesamte Entwicklung der Seele, das Leben überhaupt und die Prozesse der Bewußtwerdung und Erkenntnis sind unabdingbar an das zeitlebens andauernde Wechselspiel zwischen Autonomie und Heteronomie gebunden.*

Objektbeziehung und Objekterkenntnis sind nur möglich, falls Objekte energetisch besetzt werden und eine relative Ich-Schwäche und ein relativer Autonomieverlust des Ich in Kauf genommen werden. Objektbesetzung («Liebe» im allgemeinen) ist der erste Schritt zur Wahrnehmung der inneren oder äußeren Welt. Ohne sie gibt es keine Erkenntnis, keine Entfaltung, keine Horizonterweiterung, keine Beziehung und keine sogenannte Selbstverwirklichung. Der zweite Schritt aber ist die Zurücknahme der Energie (Trennung vom Objekt, sei es temporär oder definitiv) zwecks Stärkung des Ich. Nur ein kraftvolles Ich kann die Ergebnisse der Wahrnehmungen «behalten» oder/und «verarbeiten», und nur als beständiges Ich kann es weiter der Bezugspunkt zur Gesamtheit aller Erfahrungen werden. Andernfalls besteht die Gefahr, daß das Ich von den Objekten aufgesogen wird, von inneren (Gefahr der Psychose) oder von äußeren. Es ist sicher sehr bedauerlich, wenn das Ich einer Frau so stark vom Dreck und seiner Beseitigung in Anspruch genommen wird, daß sie 18 Stunden am Tag putzen muß, also von Schmutz und Reinigung total abhängig ist, oder wenn der arbeitswütige Mann gar nicht mehr nach Hause kommt und in seinem Betrieb nächtigt, oder der Kaufmann nur noch darüber nachsinnt, wie er sein Geld noch weiter vermehren und noch besser verwalten kann.

Selbstvertrauen und Minderwertigkeitsgefühl in Abhängigkeit von energetischen Besetzungen

Wir können folgende allgemeinen Erkenntnisse formulieren: Je höher die am Objekt haftende Energie ist, desto größer ist die Faszination, die es auf das Ich ausübt. Und umgekehrt: Je mehr Energie im Ich-Bereich verharrt, um so geringer ist die Möglichkeit oder Gefahr, daß das Ich in Abhängigkeit von Objekten gerät.

Der *Energiemangel im Ich* wird sehr deutlich wahrgenommen in Form eines allgemeinen Erschöpfungsgefühls bis hin zu melancholischen und depressiven Zuständen. Ein adäquat *mit Energie besetztes Ich* vermittelt hingegen eine Empfindung des Wohlbefindens, der Stärke, Kraft und des *Selbstvertrauens*. Das Ich wird gestärkt, wenn es die Rückmeldung gelungener und anerkannter Leistungen erhält.

Leistungen kommen dadurch zustande, daß eine gute Beziehungsaufnahme zu einem Objekt (Objektbesetzung) gelungen ist, daß aber danach die Energie wieder zurückgezogen und dem Ich zur Verfügung gestellt werden kann. Es ist also diese Trennung vom Objekt nach geglückter Beschäftigung mit ihm, welche das Ich mit Energie erfüllt, das Selbstvertrauen stärkt und zu einem guten Lebensgefühl führt.

Chronische Stockung des Energieflusses und chronischer Energiemangel im Ich wird als mangelndes Selbstvertrauen, ständiges *Minderwertigkeitsgefühl* und als eigene Wertlosigkeit empfunden. Erlebt das Ich aber einen Zufluß von Energie (z. B. durch anerkannte Leistung, Wertschätzung, Liebe anderer oder durch Verliebtheit), wird das Minderwertigkeitsgefühl beseitigt und das Selbstvertrauen wiederhergestellt. Der oft als quälend oder krankhaft erlebte «Durchhänger» ist dann wieder aufgehoben, der Lebens- und Libidofluß wieder in Gang gekommen.

Komplexe und Objektbesetzungen, die aus dem Unbewußten stammen (Projektionen)

Äußere Objekte werden nicht nur vom Ich und seinen psychischen Wahrnehmungsorganen aus mit Energie besetzt. Wir haben bislang außer acht gelassen, daß das Ich nur ein kleiner Teil dessen ist, was die Gesamtheit der Psyche ausmacht, und daß es in den Tiefen des Unbewußten Energiezentren und Energiequellen gibt, die dem Ich sehr häufig an Energiemenge weit überlegen sind. Es handelt sich hier um *Komplexe,* die kaum mit dem Ich in direkt wahrnehmbarer Beziehung stehen. Vom energetischen Standpunkt aus sind es *Libidozusammenballungen* oder *Energieverdichtungen,* die zum Teil aus *abgedrängten Erfahrungen des Ich,* zum Teil aber aus *stammes- und menschheitsgeschichtlichen Erfahrungsniederschlägen bestehen* und für das Ich neu bzw. fremd sind. Letzteres sind archetypisch geprägte, *energetische «Urquellen»,* aus denen das Ich selbst hervorgegangen ist. Die Entwicklung des Ich besteht u. a. auch darin, daß es sich als relativ selbständiger *Ich-*

Komplex aus seinen archetypischen Grundlagen schrittweise etwas befreien konnte und eine gewisse Autonomie erlangt hat. *Es ist ein Komplex unter anderen,* so wie die Sonne ein Fixstern unter anderen ist.

Ich erwähne das hier, weil unbewußte Komplexe sich gerne auf äußere Objekte *projizieren.* Sollte die Projektion eine Frau betreffen und von einem Mann ausgehen, bedeutet das, daß er sich in diese Frau *verliebt.* Sie ist als sein Objekt sehr stark energiebesetzt mit einer Libido, die nicht vom Ich ausgeht, sondern von einem *unbewußten* Komplex. Auch ein relativ starkes Ich wird dann von dieser Frau unter Umständen sehr stark fasziniert und verliert über Jahre und Jahrzehnte hin seine Autonomie, zumindest aber wird diese eingeschränkt. Die wirkliche Verschmelzung mit ihr gehört zu den erfüllendsten und lustvollsten Ereignissen des Lebens. Das Ich lernt (natürlich ohne die Zusammenhänge zu erfassen) ein Stück seines eigenen Unbewußten auf diese projektive Weise kennen. Eine neue und zugleich ursprüngliche Art der Beziehungsaufnahme zwischen Ich und Unbewußtem hat stattgefunden. Nicht umsonst meinen die Verliebten häufig, den anderen schon seit ewig zu kennen, und erleben ihr «Wiedererkennen» als einen gnadenhaften göttlichen Prozeß, der das Leben erst zum wirklichen Leben macht.

Wir beschäftigen uns hier nicht weiter mit diesen vom Unbewußten diktierten Vorgängen, durch welche das Ich in starke Abhängigkeit von unbewußten Inhalten gerät, und beschränken uns auf die Betrachtung der Wahrnehmungsvorgänge, welche vom Ich ausgehen, und derjenigen energetischen Vorgänge, welche nahezu ausschließlich das Ich, seine psychischen Wahrnehmungsorgane und die mit seiner Energie besetzten Objekte betreffen. Wir lassen also jede Form von «Verliebtheit» außer acht. Das Ich soll uns hier vor allem in seiner Aktivität beschäftigen und nicht in seinem passiven Hingezogensein.

Die Polarität der psychischen Wahrnehmungsorgane

Die psychischen Wahrnehmungsorgane sind polar angeordnet, und die Wahrnehmungen, die sie vermitteln, sind wiederum gegensätzlicher Natur. Ich will die durch diese Polarität gegebenen Gegensätze der vier Wahrnehmungsfunktionen (Denken, Fühlen, Empfinden und Intuieren) nunmehr beschreiben.

Die Denkfunktion – Relative Schwerverletzlichkeit

Sie bewegt sich in *logischen Abläufen* auf der Basis von Grund und Folge und begreift ihre Objekte als einen *Zusammenhang von Ursache und Wirkung*. Sie beschäftigt sich hauptsächlich mit Ursachenforschung und beantwortet Fragen nach dem Warum und dem Wie des Zustandekommens aller nur möglichen «Dinge» bzw. Objekte. Die Denkfunktion will Zusammenhangserkenntnis vom Typ «sowas kommt von sowas».

Ich gebe ein Beispiel: Der Benzinmotor läuft nicht mehr, weil die Zündkerzen defekt sind. Die defekten Zündkerzen sind *Ursache* dafür, daß der Motor nicht mehr läuft. Der Ausfall der Zündkerzen *bewirkt* den Stillstand des Motors. Das Auswechseln der Zündkerzen hat die Wirkung (hat zur Folge), daß der Motor wieder läuft. Die *Denkfunktion hat die Wahrheit erkannt,* daß bei fehlenden Zündkerzen der Motor nicht läuft. Es hätte auch ein Irrtum sein können. Der Stillstand des Motors hätte auch durch Benzinmangel bewirkt sein können. Erst wenn die wahre Störung gefunden ist, ist Erkenntnis gegeben. Wenn der Mechaniker sich mit dem defekten Motor beschäftigt, denkt er: «Die Zündkerzen sind kaputt.» Der Beweis, daß sein Denken wahr bzw. richtig ist, muß durch Inspektion erkannt werden. Sind die Zündkerzen intakt, hat er sich geirrt. In diesem Fall hat er «falsch» gedacht.

Die Polarität der Denkfunktion besteht also in den Gegensätzen *wahr – falsch, richtig – unrichtig, zutreffend – nicht zutreffend.* Sie ermöglicht *Unterscheidung,* was für alle vier Wahrnehmungsfunktionen gilt. In der Polarität ist immer auch eine gewisse Wertung, eine Gewichtung enthalten: Die Wahrheit zum Beispiel ist ein Wert, sie befriedigt, der Irrtum ein Unwert, er kränkt. Der als Unwert erfahrene Irrtum drängt zu neuer Wahrheits- oder Wertsuche. Kommt das Denken nicht zur Wahrheitsfindung, ist es verletzt, und es bedarf einer Kraftanstrengung, dies zu ertragen und sich erneut mit dem Objekt zu beschäftigen, bis die Wahrheit, «das Richtige», gefunden ist.

Tendenziell ziehen sich alle Wahrnehmungsfunktionen gleichsam zurück, wenn der negative Pol berührt ist, weil dies eine «schmerzliche Wirkung» erzeugt, das Ich verletzt ist. Es neigt dazu, sich wegen der Erfolglosigkeit vom Objekt zurückzuziehen. Um den positiven Pol zu erreichen, die Wahrheit zu erkennen, muß es die Kränkung ertragen und sich dem Objekt von neuem zuwenden.

Vorwegnehmend kann man schon hier sagen, daß die Denkfunktion, ist der Negativpol (Irrtum!) angesprochen, von allen vier Funktionen am wenigsten verletzt und am wenigsten tief enttäuscht ist, das heißt, der Irrtum wird vom Denkenden selbst relativ leicht akzeptiert. Oft wird das Denken geradezu angespornt zu neuer Denktätigkeit, wenn ihm «Irrtum» signalisiert wurde. Daher rührt es, daß der Mensch mit gut entwickelter Denkfunktion einen nachgewiesenen Irrtum oft erstaunlich gelassen hinnimmt, wohl aus der Erfahrung heraus, daß der Irrtum sehr häufig zum Erkenntnisweg dazugehört und durch Korrektur beseitigt werden kann. Daher rührt es, daß die Denkfunktion als einzige der psychischen Wahrnehmungsfunktionen durch die Polarität selbst *kaum verletzt* werden kann. Aus diesem Grunde erweist sie sich als erstaunlich stabil.

Sie bewegt sich *nicht* in logischen Abläufen, und sie interessiert sich nicht darum, ob etwas wahr oder falsch, richtig oder unrichtig oder Ursache von etwas ist oder nicht. Wahrheit oder Irrtum sind, für die Fühlfunktion isoliert betrachtet, kein Wert oder Unwert. Daran orientiert sie sich nicht. Ihre Wahrnehmungsqualitäten sind hingegen durch die Gegensätze *sympathisch – unsympathisch, liebenswert – hassenswert, gut – böse* charakterisiert. Besonders dieser letzte Gegensatz ist von ungeheurer Bedeutung im menschlichen Dasein, weil *die Fühlfunktion das einzige Organ ist, das uns vermittelt, was gut und böse ist.* In gewisser Weise werden durch sie die *moralischen Werte* wahrgenommen. Sie ist die einzige Funktion, die moralisch «urteilt». Sie erfühlt, ob etwas *in der jeweiligen Situation* (!) gut oder böse ist. Alle anderen Funktionen kümmern sich nicht um Gut und Böse, orientieren sich nicht daran.

Die Fühlfunktion ist das eigentliche «Liebesorgan» der Seele. Existierte sie nicht, wäre ein Dasein, das wir als «menschlich», «liebenswert» und sinnvoll erleben, überhaupt nicht möglich und gar nicht vorstellbar. Das betrifft den positiven Pol. Er wendet sich den Objekten «liebend» fühlend zu und umfaßt sie gleichsam. Das Objekt wird als sympathisch und gut erlebt, z. B. ein Mensch, ein Kind, ein Hund, eine als «gemütlich» erfaßte Wohnung. Der positive Pol sucht das Gute und liebt es. Das Fühlen kann sich natürlich auch «irren», d. h., das Gefühls-«Urteil»: «Du bist gut, du bist sympathisch, du bist liebenswert» kann sich als falsch erweisen. Davon wird der negative Pol betroffen und er signalisiert: unsympathisch, böse, sogar hassenswert. Dann zieht sich das psychische Wahrnehmungsorgan «Fühlen» gleichsam zurück, der Energiefluß wird blockiert, das Ich ist gekränkt und antwortet in schlimmen Fällen mit Wut, Zorn und Haß. Das ist für das Ich sehr belastend, weil die Fühlfunktion selbst ja ein moralisches Organ ist und Zustände wie Haß oder Zorn verurteilt. Aus diesem Grunde ist die Fühlfunktion *sehr stark verletz-*

lich. Sie ist das verletzlichste aller psychischen Wahrnehmungsorgane – ganz im Gegensatz zur Denkfunktion.

Ist die Verletzung relativ gering, so daß sie ertragen werden kann, und ist sie nicht durch moralisch zu verurteilende Ereignisse erfolgt, kann die Fühlfunktion sogar mit besonderer Zuwendung zum Objekt auf die Verletzung antworten. So wird die Erkrankung des Kindes vom Fühlen als «böse» erlebt und verletzt dieses. Dennoch wendet sich das jetzt leidende Fühlen dem kranken Kind zu, das noch mehr geliebt und umsorgt wird. Stirbt es, verletzt dies das Fühlen zutiefst, doch es kann sich dem toten Kind in der Form von Trauer immer noch zuwenden; so bleibt das Fühlen gegenwärtig.

Ist das Fühlen aber zu sehr verletzt um zu «antworten», und ist es ein vorwiegend moralisches Fühlen, kann es Fühlreaktionen wie Wut und Haß nicht mehr ertragen. Diese werden aus moralischen Gründen verdrängt, und an deren Stelle tritt die Angst, die die Fühlleere ausfüllt. Da die Fühlfunktion mehrheitlich bei Frauen zur Hauptfunktion entwickelt ist, sind solche Fühlfrauen sehr verletzlich und reagieren oft mit der oben erwähnten Verdrängung von Negativgefühlen. Dies ist einer der Gründe, warum Angstneurosen und Phobien hauptsächlich bei Frauen angetroffen werden.

Entwicklungsgeschichtlich ist die Fühlfunktion in der Tierreihe sicher erst bei Warmblütern im Ansatz entwickelt worden und im besonderen Maße bei Säugern bzw. Lebendgebärenden. Das Evolutionsgesetz mußte eine psychische Funktion entwickeln, durch welche insbesondere bei den Primaten – und darunter den Menschen – die allein noch nicht lebensfähigen Nachkommen gewissermaßen weiter «bebrütet» werden, um überleben zu können. Ohne Fühlfunktion gibt es keine Mütter, die den kindgerechten Kontakt zum Nachwuchs herstellen könnten. Frauen ohne Fühlen würden ihre Kinder verlassen. *Es ist in der Tat die Fühlfunktion, welche soziale Kontakte überhaupt herstellt und unterhält und den Menschen zu einem sozialen Wesen macht*. Insbesondere Frauen mit dominanter extravertierter Fühlfunktion können ohne soziale Beziehungen nicht leben. Die dauernd extravertierte Fühlfunktion fürchtet das Alleinsein. Angstneurotische Frauen (mit stark verdrängter Fühlfunktion) können allein schon beim Gedanken an das auch nur vorübergehende Alleinsein in Panik geraten und benötigen die Anwesenheit anderer Personen oder zumindest das Telefon zu Hause.

Der Gegensatz von Denken und Fühlen, Mann und Frau – Angstzustände

Nicht selten entwickeln sich bei Frauen Angstneurosen, weil ihr Fühlen auch ohne nennenswerte kindliche Traumata durch unbefriedigende gegenwärtige Beziehungen ständig verletzt wird. Darunter sind sicher viele, die unter der chronischen Mißachtung ihrer männlichen Partner leiden. Sehr oft aber liegt eine solche Geringschätzung objektiv gar nicht vor, und dennoch werden die Frauen durch ihre Männer verletzt. Das geschieht regelmäßig dann, wenn sie einen Mann mit Denkdominanz zum Partner haben.

Das Denken funktioniert nämlich nur dann gut, wenn es nicht durch Gefühle gestört wird. Der Denkmann ist habituell «ohne Gefühle», das heißt, er fühlt nicht wie eine Frau. *Es ist diese Abwesenheit von Gefühlen, welche die Fühlfrau kränkt.* Ihr Fühlen nimmt wahr: «Er liebt mich nicht», «er hat keine Gefühle» oder «er zeigt keine Gefühle». Dieser Tatbestand kränkt sie, und sie bemängelt seine Gefühllosigkeit. Im Grunde aber wirft sie ihm vor, daß er ein Denktyp ist, und will ihn ständig ändern.

Es ist von entscheidender Bedeutung, daß die Frau erkennen lernt, wie ihr Mann von Natur aus psychisch beschaffen ist und wie das Denken funktioniert. Wenn der Mann denkt, heißt das nicht, daß er seine Frau mißachtet oder ihr Fühlen notwendigerweise ablehnt, es heißt nur, daß er denkend nicht fühlen kann, weil das unmöglich ist. Wir werden darauf noch ausführlicher zurückkommen. Erst wenn die Frau die Andersartigkeit ihres Denkmannes akzeptiert und sein Sosein nicht mehr als ständige Mißachtung ihrer Person erlebt, kann ihr verletztes Fühlen wieder heilen und damit auch ihre Angstneurose. Ihr eigenes Fühlen kann sich besser differenzieren und erfahren, daß ihr Mann nicht einfach böse ist, weil er nicht fühlt wie sie selbst. Den naturgegebenen Gegensatz zwischen Denken und Fühlen, personifiziert im Denkmann und der Fühlfrau, können wir zunächst so definieren: *die Frau kann nur das vollwertig denken, was sie fühlt, der Mann kann nur vollwertig das fühlen, was er denkt.* Die Erkenntnis und Akzeptanz dieser unabänderlichen Verschiedenheiten ist die Voraussetzung dafür, daß die Beziehung zwischen Mann und Frau intakt und entwicklungsfähig bleibt.

Wir haben gesehen, in welchen Schwierigkeiten die verletzte Fühlfrau gerade durch ihr eigenes moralisches Wertfühlen geraten kann. Das Ertragen des negativen Poles der Fühlfunktion (Wut, Haß, Zorn) ist für die Frau aus moralischen Gründen besonders schwierig, und so ist es *gerade der moralische Aspekt ihres Fühlens, welcher leicht zur Neurose und zu Ängsten führt.* Es bedarf einer besonderen Kraftanstrengung, auch die Negativgefühle zwar als beschwerlich, aber letzten Endes als nützlich und «gut» zu beurteilen, d. h., ihre Berechtigung muß erkannt und erarbeitet werden. Die Fühlfunktion leistet das ja auch bei anderen Gelegenheiten: So wird die Krankheit des Kindes als «böse» wahrgenommen. Nur eine primitive, unterentwickelte Fühlfunktion wird dann sagen: «Das Kind ist böse, denn es ist krank, sein Kranksein verletzt mich, und deshalb liebe ich es nicht mehr». Die Fühlfrau wird sich vom Kind erst dann distanzieren, wenn die Krankheit sehr schwer ist, über Jahre dauert und für die Frau unerträglich wird. Natürlich bleibt das Ganze dennoch «eine böse Sache», die man verändern und bessern möchte. Es ist auf jeden Fall wichtig, daß der Denkmann erkennt, daß der Negativpol des Fühlens wesentlich schwerer zu ertragen ist als der Negativpol des Denkens. Hinsichtlich der Verletzbarkeit ist das Denken dem Fühlen überlegen.

C. G. Jung vertritt die Ansicht, daß auch das Denken moralische Urteile fällt. Ich glaube, daß das ein Irrtum ist. Das Denken ist von seiner Struktur her a-moralisch wie die Empfindungsfunktion und die Intuition auch. Das Denken beschäftigt sich mit seinen Denkobjekten auch dann ungerührt, wenn die Objekte böse sind. Natürlich bekommt auch der Denkmann, wenn er sich mit der Konstruktion der Atombombe beschäftigt und einen Krieg führen muß, schließlich *das Gefühl,* das sei eine böse Sache. Es ist aber das Fühlen, das ihm das Bösesein vermittelt. Um z.B. bei der Kriegsführung gut denken zu können, muß das Gefühl des Böseseins ausgeschaltet werden. Erst wenn das Denkobjekt «Kriegführung» weder moralisch noch unmoralisch ist, kann der Krieg als Denkoperation geführt werden. Als ein Journalist während des Golfkrieges den amerikanischen General Schwarzkopf fragte, wieviel Tote dieser Krieg fordern würde, antwortete er: «Ich bin nicht hierhergekommen, um Leichen zu zählen», als ob er sagen wollte: Moralische Gefühle sind im Interesse einer reibungslosen Kriegführung nicht gefragt. In der Tat, das Denken funktioniert reibungslos nur moralfrei.

Hingegen erhebt die Denkfunktion *sekundär* die moralischen Urteile der Fühlfunktion zu ihrem Objekt – es gibt ja wohl nichts, worüber das Denken nicht *nachdenken* würde! Dazu ein Beispiel: Eine Frau sagt zu ihrem Mann, der drängend im für sie ungeeigneten Moment Geschlechtsverkehr will: «Fall nicht immer über mich her!» Die Frau fühlt: «Jetzt ist dein Geschlechtsverlangen nicht gut (böse).» Er denkt: «Es ist wahr, daß mein gewaltsames Sexualverlangen böse ist.» Er hat ein Urteil gefällt, und dieses Urteil gilt nun für immer. Er stellt *denkerisch* ein moralisches Gesetz auf. Er reiht es ein in seinen moralischen Katalog von Gut und Böse und erteilt sich ein Verbot. Ein neues Kapitel in seiner Gesetzestafel ist geschrieben. Das Fühlen der Frau aber meinte nur: «Gerade in diesem Moment ist dein Verlangen böse (nicht gut) ... sonst aber unter Umständen nicht.» «Immer» heißt bei ihr «nur hie und da». Er aber denkt: «Ich habe es immer so gemacht, und ab jetzt werde ich es, weil es böse ist, nicht mehr tun, *nie mehr.*»

Das moralische Wertfühlen der Frau ist ganz situationsbezogen und im Konkreten verhaftet, während er das nicht so fühlt. Er kann das Urteil seiner Frau nur verallgemeinert und vom Konkreten durch Abstraktion ablösend als kodifizierbare, für immer gültige moralische Wahrheit denkerisch aufnehmen, d. h., er hat von der Moral gar nichts verstanden. Durch den denkerischen Abstraktionsprozeß hat er das Böse sogar seiner Qualität «nicht gut» teilweise beraubt. Er hat das Böse nicht gefühlt oder nicht richtig nachgefühlt, sondern nur gedacht: «Meine Frau sagt, das ist böse. Ihr zuliebe mache ich daraus ein generelles Verbot, weil ich einsehe, daß das Böse zu vermeiden ist.»

Es gibt genug Beispiele, wie Männer sich moralische Kataloge denkerisch zurechtzimmern und dann mit ihrem moralischen Denksystem zerstörerisch durchs Leben gehen. Das Böse kann zwar gedacht werden, aber es ist nur ein «gedachtes Böses». Das jeweilige Böse kommt vollgültig nur durch Fühlen zu Bewußtsein. *Nur das gefühlte Böse ist als solches bewußt erkannt und damit erlebt.*

Die Polarität des Fühlens ist also wesentlich durch die Gegensätze gut – nicht gut (böse) charakterisiert. Gut und Böse werden dank der Polarität unterscheidbar.

Die Empfindungsfunktion – Die Geburt der Kunst und der Ästhetik

Wohl kaum eine psychische Wahrnehmungsfunktion ist so vielschichtig wie die entwicklungsgeschichtlich gesehen zweitälteste Empfindungsfunktion. Hier ist auch die Polarität am vielfältigsten. Das Empfinden ist für die Wahrnehmung der allernächsten Umgebung der Seele zuständig, nämlich für die des eigenen Körpers. Insofern ist sie sehr körpernahe. Ihre Verhaftung am Konkreten hat sie mit der Fühlfunktion gemeinsam.

Durch das Empfinden können wir den Körper erleben. Die Gegensätze in diesem Bereich sind *Schmerz – Lust; Ekel – Genuß; warm – kalt; angenehm – unangenehm.* Hinsichtlich der Bewegungsempfindung: Bewegung – Ruhe; Spannung – Entspannung; harmonisch – unharmonisch; ausweiten – begrenzen. Die zugrunde liegenden Empfindungsqualitäten sind die Gegensätze *schön – unschön (häßlich).* Es ist schön, Lust und Genuß zu haben. Es ist unschön (häßlich), Schmerz und Ekel zu haben. Es gibt also schöne und häßliche (unschöne) Empfindungen.

Sprachlich verwenden wir auch die Begriffe *gut – schlecht.* Dabei haben «gut» und «schlecht» aber *keine moralische Qualität.* Die Empfindung ist, wie das Denken und die Intuition a-moralisch, das heißt, die Moral interessiert nicht, wird als solche nicht wahrgenommen.

Das Empfinden ist naturgemäß den Sinnesorganen zugeordnet. So ist auf der Geruchsebene ein Geruch gut oder schlecht (übel, ekelerregend), auf der Geschmacksebene schmeckt eine Speise oder nicht, auf der taktilen Ebene ist die Berührung angenehm – unangenehm, auf der motorischen lustvoll – schmerzlich, auf der optischen Ebene anziehend – abstoßend, auf der akustischen Ebene aufregend – beruhigend, erschreckend – entspannend usf. Auf all diese Empfindungen lassen sich (undifferenziert) die Bezeichnungen schön – unschön (häßlich) anwenden.

Habituelle Empfindungsdominanz findet sich mehrheitlich bei Frauen. Die aufmerksame Körperwahrnehmung ist entwicklungsgeschichtlich für die Trägerinnen des Lebens als Garant des Überlebens der Art insbesondere beim Menschen von hervorragender Bedeutung, denn biologisch ist das Leben und Überleben der Frau wichtiger als das des Mannes. Hundert Frauen und ein Mann garantieren den Nachwuchs viel besser als hundert Männer und eine Frau. Lediglich die auf der motorischen Ebene beheimatete Bewegungsempfindung ist entwicklungsgeschichtlich für den Mann wichtiger als für die Frau. Der Mann wurde von der Natur mit mehr Muskeln ausgestattet, um seine Beweglichkeit und Kraft zu gewährleisten, was für den Kampf gegen Feinde und

Rivalen und die Beschaffung von Beute, später zur Werkzeugentwicklung und Bewältigung schwerer Arbeit lebenswichtig war.

Im Laufe der zivilisatorischen und kulturellen Entwicklung hat sich die Empfindungsfunktion immer neue *ästhetische Objekte* geschaffen und sich dementsprechend differenziert. Allein die Vielzahl der Gegensatzbegriffe bei Beschreibung der Empfindungsqualität erweist die Vielfältigkeit und Weitfächrigkeit der Empfindungsfunktion, deren Erleben einen breiten Teil unseres Lebens ausmacht.

Das Empfinden assoziiert sich gerne mit dem Fühlen. Das ist (meist bei Frauen) eine sehr glückliche Kombination. Die relative *Oberflächlichkeit* der Empfindungsfunktion erhält durch die Fühlfunktion eine Tiefe und eine moralische Stütze, ohne welche sie ausgesprochen a-moralisch ist. Zugleich mildert das Hinzutreten der Fühlfunktion das der Empfindungsfunktion eigene Unpersönliche. Die Empfindung spricht auf lustgebende und schöne Objekte an und hat sich eine unübersehbare Zahl von mehr oder weniger qualifizierten Empfindungsobjekten geschaffen. Die Kreation von Düften, feinen Salben, Seifen und Schminken, die Sauberkeitspflege, die Frisuren, der Schmuck, vor allem aber die Mode und die Verschönerung des Körpers dienen der Verfeinerung der Körperempfindungen und erheben den Körper zu einem bedeutsamen Empfindungsobjekt. Die sich immer weiter differenzierende Empfindungsfunktion erhob z. B. den Körper der Frau zu einem schönen, attraktiven, lust- und genußverheißenden Objekt, schön zum anschauen, vorzeigen, berühren, genießen.

Mancher Denkmann verliebt sich in diese «schönen Bilder» («dies Bildnis ist bezaubernd schön») und erwartet tiefe Liebesgefühle. Diese Erwartung wird oft enttäuscht, besonders, wenn sich bei Frauen Empfindung mit dem Denken assoziiert hat. Dann muß der Mann bald erkennen, daß er sich in eine «kalte Schönheit» verloren hat, die seinen Bedürfnissen nach warmer Liebeszuwendung überhaupt nicht entspricht. Erwartet der Mann aber weniger Gefühle und verfügt er selbst über eine gute Empfindungsfunktion, können sich beide im gemeinsamen Genuß und gemeinsamen Schönen treffen, z. B. im Sport oder beim Wandern oder im wechselseitigen Sexualgenuß. Letzterer wird vor allem als immer neuer lustintensiver Genuß erlebt und weniger als Ausdruck einer Liebes- und Gefühlsbeziehung. Es fehlt – im Gegensatz zum Fühlen – der personale Aspekt.

Die Frau mit Empfindungsdominanz ist – im Gegensatz zur Frau mit Fühldominanz – weniger treu, weil ihr unter Umständen andere Männer und der Drang nach immer neuen positiven Empfindungen denselben oder gar einen besseren Genuß der Sexualfreuden verschaffen können. Der Empfindungsmann ist praktisch immer untreu, weil die Freude an der schönen Frau ihn immer neu inspiriert und animiert. Ist er auch noch Künstler, hält er die eher unverbindlichen Verbindungen mit Frauen geradezu als eine Notwendigkeit für seine Kreativität.

Das differenzierteste Empfindungsobjekt aber ist die *Kunst:* Musik, Malen, Architektur, Skulptur, Film, das leichte Theater, das Musical, überhaupt alle Darstellungen und Präsentationen.

Die Industrie benutzt die Empfindungsfunktion für ihre Werbung durch schöne Verpackung, wunderschöne und farbenfrohe Werbefilme, in welchen hübsche, vor allem junge Frauen, simple Liedchen und fröhliche Kinderaugen eine große Rolle spielen. Sie verheißen: «Trink dieses Getränk, iß jene Süßigkeit, fahr jenes Auto... und dein Leben ist glücklich.» So werden immer neue Empfindungsbedürfnisse geweckt und die Geschmäcker verfeinert. Ein Denkmann mit Intuition als zweiter Funktion wird wenig mit solchen Empfindungsobjekten anfangen können. Für ihn ist all das überflüssig, oberflächlich, Tingeltangel und für seichtdümmliche, oberflächliche und infantile Gemüter bestimmt. Er würde es bestenfalls als nebensächliche Zierde und schlimmstenfalls als genußsüchtiges Laster ansehen, kurz, eine illusionäre Verirrung. Er wird vielleicht noch die hochdifferenzierten Kunstwerke Mozarts und Beethovens, van Goghs und Chagalls eines wertschätzenden Blickes würdigen.

Ist die Empfindungsfunktion chronisch verletzt, können sich hypochondrische Symptome und psychosomatische Krankheiten entwickeln. Insbesondere die Körperempfindungen werden nicht mehr korrekt wahrgenommen. Jede banale Magenstörung wird dann zum Krebs und jede Körpersensation zur Katastrophe. Das verletzte Empfinden und die Unfähigkeit zur Empfindung verführen leicht zum Drogenkonsum, um sie wieder flott zu machen oder die «eingebildeten» Krankheiten zu betäuben. Menschen mit Empfindungsdominanz, deren Empfinden verletzt worden ist, haben die größten Ängste vor dem Tod. Die Empfindung muß nämlich immer neu und wiederholt genährt werden. Sie lebt von der *Repetition. Sie ist an den Augenblick gebunden* und erfährt, daß sie ihn nicht festhalten kann. Daher muß er wiederholt werden. Das Bewußtsein der Flüchtigkeit des Augenblicks und der Sterblichkeit ist für das Empfinden sehr schwer zu ertragen. Es leidet unter der Vergänglichkeit besonders, an der es keinen Sinn entdecken kann. Angst vor dem Alter und dem Vergehen des Schönen umschatten und kränken die Empfindung. Einen Sinn des Daseins vermag diese nicht zu erkennen, es sei denn, sie erhebe das Streben nach möglichst viel Lust und Genuß zum repetitiv immer neuen Lebensziel. Ist der Genuß der Sinne nicht mehr möglich, ist die Suizidrate von Menschen mit Empfindungsdominanz relativ hoch. Solange aber wenigstens der künstlerisch-ästhetische Genuß möglich ist, gibt die Empfindungsfunktion durch ihre Vermittlung von Schönheit auch Sicherheit.

Die Intuition

Am schwierigsten ist die Polarität bei der ältesten psychischen Wahrnehmungsfunktion, eben der Intuition, zu erfassen. Im Gegensatz zum Empfinden ist sie auch schlechter zu beschreiben und abzugrenzen. Das Objekt der Intuition ist kaum gegenständlich und als etwas Vorhandenes greifbar. Die Intuition scheint sich mit «irrealen Dingen» zu beschäftigen. *Man kann sagen, daß das Objekt der Intuition das Mögliche ist.* Die Erlebnisqualität, die das Intuieren vermittelt, ist das *Ahnen, Spüren, Vorausahnen* und (im übertragenen Sinn) *Wittern.* Die Intuition spürt sonst kaum erkennbare mögliche Zusammenhänge, Verbindungen und Kombinationsmöglichkeiten auf und versucht, sie zu realisieren. Hat der Intuitive das mögliche Ziel erreicht, wendet er sich neuen Möglichkeiten zu. In festgefügten Ordnungen lebt er schlecht, weil er auf das Mögliche orientiert ist und die äußere Objektwelt fast unbegrenzte Möglichkeiten bietet. Da er sich ständig mit etwas noch nicht Erreichtem beschäftigt und sich dafür einsetzt, lebt er von *Überzeugungen,* die er auch wider alle Vernunft und gegen jedes Gefühl aufrechterhält und durchsetzt, zumal bei Intuitionsdominanz das Denken und das Fühlen weniger entwikkelt sind. Daher zeigt der Intuitive oft Züge von Unbelehrbarkeit und Verranntheit und erweist sich als an utopische Ideen fixiert, die er erst aufgibt, wenn der Realitätsdruck ihn eines anderen belehrt. Dann ist er in der Lage, sofort und endgültig seine Überzeugung aufzugeben, eine neue Möglichkeit ins Auge zu fassen und sich eine neue Überzeugung zuzulegen. So hartnäckig er an der Überzeugung festgehalten hat, so leichtfertig und gleichgültig läßt er sie wieder fallen. Dadurch zwingt die auf äußere Objekte gerichtete Intuition zu Instabilität. Ist der Intuitive in einer Machtposition, z. B. als Politiker, kann er die Massen mit seinen Überzeugungen hinreißen und beflügeln. Realisieren sich dann seine Zukunftsvisionen nicht, wirft er die Überzeugung ab und schafft sich eine neue. Faktisch ist der Intuitive oft rücksichtslos, gefühllos und brutal, weil er selbst und die anderen sich seiner Überzeugung unterzuordnen haben.

Die Denkfunktion zielt auf die Wahrheit, das Fühlen auf das Gute, das Empfinden auf das Schöne. Die Intuition aber zielt auf das *Heil.* Die *Polarität* der Intuition muß durch den Gegensatz *Heil – Unheil* charakterisiert werden. Weil der Intuitive Möglichkeiten wittert, wie man aus unheilvollen Zuständen wie Krankheit, Armut, Unterdrückung oder aus dem Elend der Sinnlosigkeit herauskommen, also Heil erlangen könnte, bildet er sich eine Überzeugung, wie und auf welchem Weg das Ziel zu erreichen ist. Die Intuition will Zustände zum Besseren wenden, will Änderungen einführen und Erneuerungen schaffen. Daher ist der Intuitive im öffentlichen Leben der Anreger und Förderer überhaupt. Er tut sich als Unternehmer und Geschäftsmann, als Neubegründer von Vereinen und Parteien, als Vertreter Verfolgter, als Retter der Elenden und als Reformator hervor. Er ist auch ein fähiger Vermittler. Er «weiß», an welchen Platz welcher Mann gehört, zum Heil des Geschäfts oder sonstiger Unternehmungen. Intuitive Frauen bringen Leute zusammen, die sich zu ihrem Fortschritt (Heil) kennenlernen oder heiraten sollen. Sie vermitteln Information, erahnen Fähigkeiten und kombinieren so Geschäftsgründungen. Agenten, Makler, Marketingforscher sind oft sehr überzeugende Intuitive.

In den helfenden Berufen gibt es viele Intuitive, z. B. auch unter den Psychotherapeuten. Sie «sehen» sofort die Möglichkeiten, die der Patient in sich hat, um sich neu entwickeln zu können, und strahlen eine Überzeugungskraft aus, die neues Lebendigsein schafft. Fähige Wahrsager, Hellseher, Heilpraktiker, Geistheiler und Astrologen sind in der Regel Intuitive. Handaufleger, Exorzisten, Magier und «Gurus» sind nicht nur Betrüger und üble Kurpfuscher, sondern auch überzeugte Heilbringer, oft mit großem Zulauf. Gelegentlich «zaubern» sie tatsächlich wenigstens vorübergehend eine seelische oder psychosomatische Störung weg.

Die Intuition ist dasjenige Wahrnehmungsorgan, durch welches hauptsächlich die Dinge und die Verhältnisse der Menschen vorangetrieben, Entwicklungen in Gang gebracht, jetzige Zustände in künftige umgewandelt werden. Ohne Intuition gäbe es keine Veränderungen. Sie ist *die verändernde Funktion überhaupt.* Sie «sieht» in die Zukunft und ist darauf orientiert. Das Denken kann auch Ereignisse der Zukunft «vorhersagen», jedoch nicht aufgrund einer Ahnung oder Überzeugung oder «Vision», sondern aufgrund des Kausalitätsprinzips und der denkerischen Erfassung physikalischer Gesetze, etwa im Bereich der Astronomie oder Physik.

Auf die Darstellung des inneren Objektes (introvertierte Intuition) muß ich hier leider verzichten, insofern die Intuition das Wahrnehmungsorgan religiöser Inhalte ist und uns direkt die (erlebte) Wahrnehmung Gottes (und des Teufels) ermöglicht. Das aber würde uns hier zu weit führen.

Die dominante Denkfunktion

Machtanspruch und Abhängigkeit vom Kausalitätsprinzip

Am aktivsten von allen psychischen Wahrnehmungsfunktionen ist das Denken, insofern es «erfaßt», «ergreift», «begreift», «in den Griff bekommt». In gewisser Weise will sich das Denken seines Objektes «bemächtigen», also auf dem Erkenntniswege ein Machtwissen erreichen und dieses dem Gedächtnis einverleiben. Dem Denken ist daher der *Machtanspruch* am meisten eigen. «Wissen ist Macht.» Das gilt vor allem vom durch Denken erworbenen Wissen.

Das Ziel des Denkens ist die Wahrheit, das Unterscheiden zwischen wahr und falsch, zwischen richtig und unrichtig. Es will sogar den Irrtum als solchen erkennen, um das Wahre zu erfassen. Dabei geht es dem Denker vor allem um die Sicherheit der Erkenntnis. Das Denken ist außerdem die Hauptwaffe gegen die bedrohliche Unsicherheit des Daseins. Obwohl *das Kausalitätsprinzip keine absolute Wahrheit darstellt,* da es nur gewisse Aspekte der Wirklichkeit erfaßt, tut das Denken dennoch so, als habe es die Wahrheit erkannt, wenn Ursache und Wirkung in ihren Zusammenhängen und als solche erkannt sind. Dem Denken genügt es zu wissen, daß sowas von sowas kommt. Es erklärt eine Sache aus der anderen und vergewissert sich durch Beobachtungen und Experimente, daß eine Tatsache durch eine andere bewirkt wird.

Es erkennt vor allem die Naturgesetze. Ohne Denken gäbe es keine Naturwissenschaft, keine begründbare Medizin und keine Technik. Die sehr beachtliche Beherrschung der Natur ist durch die Denkfunktion zustande gekommen. Das Denken vermittelt ein elitäres Wissen und befriedigt einen Machtanspruch, der das

Gefühl der Ohnmacht und Hilflosigkeit samt der damit oft verbundenen Todesbedrohung ausschalten soll. Insofern steht es im Dienst des Überlebens der Menschheit.

Wenn einerseits durch die Technik und damit letztlich durch das Denken zum Beispiel die Umwelt katastrophal verschmutzt ist, und wir drauf und dran sind, unsere Lebensgrundlage zu verlieren, so wird andererseits durch Denken die Umwelt auch geschützt und gefördert werden können. Sollte das nicht gelingen, liegt es nicht an der Denkfunktion, sondern an anderen Umständen z. B. finanzieller oder politischer Art.

Denken als Abstraktionsvorgang

Die besondere Aktivität des Denkens zeigt sich nicht nur in der Art des denkerischen Zupackens und Ergreifens. Das Denken ist auch dadurch charakterisiert, *daß es nicht beim Konkreten verweilt.* Wenn der Denker einen Stein von einem Turm zur Erde fallen läßt, dann interessiert ihn das Schicksal *dieses* konkreten Steines nicht allein, sondern er will wissen, ob *alle Steine* sich bei gleichen Voraussetzungen so verhalten und schließlich, ob alle nur möglichen materiellen Gegenstände sich so verhalten usf. Die eigentliche Fähigkeit des Denkens besteht also darin, daß es vom konkreten Gegenstand und seiner Einzigartigkeit absehen, also *abstrahieren* kann, wobei die Richtigkeit des Abstraktionsvorganges selbst kontrolliert wird. *Es schreitet also vom Singulären und Speziellen zum Ubiquitären und Allgemeinen fort.* Es sucht Allgemeingültigkeit und allgemeingültige Gesetze. *Es ist diese aktive Abstraktionsfähigkeit, welche die Denkfunktion vor allen anderen Wahrnehmungsfunktionen auszeichnet.*

Es gibt nichts, vor dem das Denken haltmachen würde. Grundsätzlich möchte das Denken «alles was es gibt» erfassen. Das Größte und Fernste, das Kleinste und Nächste wird zum Objekt des Denkens. Natürlich kann sich der einzelne Denker in eine Sache «verbohren», und natürlich kann er auch in seinen eigenen

Denksystemen und Gedankengängen erstarren, und selbstverständlich kann sein Denken Wiederholungs- und Kontrollzwängen unterliegen. An sich aber ist die Denkfunktion sehr beweglich, was die Objektwahl anbelangt. Sie nimmt mit sehr vielen Objekten Beziehungen auf. Die fernste Galaxie ist dem Denken grundsätzlich genauso «lieb» wie irgendein Atom. Man kann sagen, daß das Denken eigentlich *respektlos* ist, weil es alles zu seinem Objekt macht. Ob in seinem Auftrag eine Leiche seziert, ein Tierversuch unternommen, eine Atombombe konstruiert oder ein Heilmittel hergestellt wird ... für den Denkapparat an und für sich macht das nichts aus. Er erforscht alles ohne jede Rücksichtnahme, eben ohne respicere (zurückschauen), ohne Respekt. Das Denken an sich und für sich genommen ist *wertblind, das Böse und das Gute sind ihm einerlei.* Das Denken hat aufgrund seiner *Abstraktionstendenz* überhaupt eine *entwertende Funktion.* Daher führt das Denken an und für sich zu einer «Erhabenheit über die Dinge», zu einem «Darüberstehen».

Dem Arzt als Diagnostiker (Denker) dient der Schmerz eines Kranken, der an einer Gallenkolik leidet, dazu, die Ursache zu erforschen und zu finden. Entdeckt er den Gallenstein, hat er die beglückende Erkenntnis: «Sowas kommt von sowas, es ist ein Gallenstein.» Er weiß, was zu geschehen hat, und damit ist der Fall erledigt. Mitleid, Mitgefühl oder Verliebtheit in den Patienten würden sein Denken stören.

Die Denkfunktion schafft Abstand, ja, sie funktioniert nur bei Distanz. Das Urteil erfolgt ohne Teilnahme der Fühlfunktion. *Für den Fühlenden ist der Denker distant.* Der Denker selbst wird sagen: «Was willst du eigentlich, ich kümmere mich doch um dich, und dann auch noch gut und erfolgreich. Mit dem Fühlen kann ich keinen Gallenstein erkennen und keinen Bauch aufschneiden.» Und so muß die Fühlende beschämt zur Seite treten. Er, der Denker, hat schon wieder recht!

Bildlich gesprochen gedeiht das Denken am besten in der Arktis. Seine Artung ist kühl, sachlich, distanziert, etwas von oben herab, Macht verlangend, herrschen wollend. Seine Antennen sind wertfrei. Jedes Objekt muß sich enthüllen. Für das Denken verliert die Welt an Interesse, wenn er sie mit gehörigem Abstand zum Objekt reduziert hat.

Zur Entwicklung der Denkfunktion

In der kindlichen Entwicklung braucht die Denkfunktion die längste Zeit, bis sie voll entwickelt und eingeübt ist. Einen entscheidenden Entwicklungsanstoß erhält sie durch die Pubertät des jungen Mannes. Bekanntlich macht dieser dabei eine Krise durch, die man mit der pubertären Umstellung des jungen Mädchens kaum vergleichen kann. Je stärker der Junge zur Entwicklung der Denkfunktion bestimmt ist, um so dramatischer verläuft seine Pubertät. Soll sich nämlich sein Denken entwickeln, ist es notwendig, daß er sein Fühlen verdrängt. Lange kann er hin- und hergerissen sein, bis endlich die Denkfunktion die Oberhand gewinnt. Oft klammert er sich verzweifelt an seine Fühlwelt und flüchtet sich in die nicht sehr personenbezogene Welt der Musik und «betäubt» sich anscheinend mit ihr, statt in Physik, Chemie und den Naturwissenschaften sein Denken zu schulen. Seine Fühlstörungen sind bekannt. Er wird ruppig, eckig, flegelhaft, ungeschlacht, «bockt» besonders bei der Mutter, die er (vom Fühlstandpunkt aus) schlecht und respektlos behandelt. Wird er von Gefühlen bedroht, zieht er sich zurück auf sein Zimmer, aufs Klo oder rennt davon, bis er sich wieder «gesammelt» hat. Schwestern und Mädchen gegenüber wird er «überheblich» oder distanziert sich und verschafft sich Reservate der Verschwiegenheit und Geheimhaltung (nicht nur auf sexuellem Gebiet). Mit dem Vater tritt er in Konkurrenzkampf und streitet sich mit ihm oft ungehörig herum.

Erst nach Stabilisierung der Denkfunktion erreicht er ein neues Gleichgewicht, falls nicht Verliebtheiten alles wieder durcheinanderbringen. Optimale berufliche Tätigkeiten findet der «Denker» auf dem Gebiet der Naturwissenschaften, der Philosophie und

Theologie oder als wissenschaftlich orientierter Techniker. Aber auch als Jurist oder Verwaltungsbeamter findet er weite Betätigungsfelder. Diese Berufe sind für Männer mit Denkdominanz geeignet. Sie werden auch mehrheitlich von Männern ausgeübt, weil ein großer Teil der Männer schicksalhaft (und nicht aus gesellschaftlichen, sozialen oder «patriarchalen» Gründen) die Denkfunktion zur Hauptfunktion entwickeln und deswegen einen guten Teil der gegensätzlichen Fühlfunktion mühsam und zum Teil mit großen Leiden und Verzichten verdrängen bzw. opfern mußten. Sie gehorchten dem Zwang zur Spezialisierung in eine bestimmte Richtung.

Knaben, die zur Denkdominanz bestimmt sind, tun sich in der Grund- und Hauptschule schwer. In diesem Abschnitt nämlich ist die Schule (richtigerweise) nicht darauf eingestellt, die Denkfunktion besonders zu fördern, es sei denn, daß eine gewisse Systematik eingeübt wird. Der Lehrplan zielt vielmehr darauf ab, die konkrete und anschauliche Vorstellungswelt zu fördern *unter voller Beteiligung der Gefühlswelt*. Die Lehrer werden nicht müde, zum Beispiel «das Wasser» zu thematisieren. Wasser, Welle, Bach, Fluß, Strom, See, Meer, Regen usf. werden durch Bilder, Filme, malen, Buchstaben; durch Musik usf. *assoziativ* verknüpft. Dadurch entstehen neue Vorstellungskomplexe, die durch *Fühlen, Empfinden und Nachgestalten wieder wachgerufen werden* können und dem Bewußtsein erneut zur Verfügung stehen. Die erste Schulzeit ist durch die Förderung der Fühl- und Empfindungsfunktion gekennzeichnet und nicht in erster Linie durch die der Denkfunktion. Wir brauchen uns nicht darüber zu wundern, daß dies den Mädchen voll entspricht, die Leistungen der Mädchen im Schnitt denen der Jungen überlegen sind. Ihre Fühlfunktion ist bereits besser entwickelt als die der Jungen, und die ersten Schuljahre gehen auf sie voll ein und stützen sich auf sie ab.

Lediglich in der Mathematik gibt es Ansätze zur Abstraktion: Zwei Kügelchen, zwei Äpfel, zwei Menschen und schließlich die 2. Früh entwickelte «Denker» tun sich damit natürlich leicht, jedoch können sie bocken, weil sie völlig unterfordert sind. Für sie ist die 2 schon sehr schnell eine pure Abstraktion, die auch a, x oder y sein kann. Das Fühlen kann aber auch in der Mathematik und den Naturwissenschaften recht gut funktionieren, sofern die Materie dieser Fächer an konkrete Vorstellungen, Verbildlichungen und Veranschaulichungen geknüpft ist. Auch beim Lernen als Gedächtniseinübung sind Mädchen besser gewappnet, da dem Fühlen das Konkrete, Bildhafte und Anschauliche zugeordnet ist.

Denken, Intelligenz, Gedächtnis

Das Erfühlte, auch das negativ Erfühlte, prägt sich dem Gedächtnis besonders gut ein, weshalb Frauen über ein sehr gutes Gedächtnis verfügen. Er (der «Denker») hingegen vergißt leicht den Hochzeitstag, den Geburtstag und die Kränkung, die er seiner Frau angetan hat. Er kommt nach Hause und bemerkt nicht, daß sie den Rasen gemäht hat. Und prompt sagt sie: «Du bist immer derselbe. Schon vor acht Jahren bist du (es war im Juni) nach Hause gekommen und hast nicht gesehen, daß ich den Rasen gemäht habe.» Er erinnert sich dann wohl daran, ist aber betreten und erstaunt, vielleicht auch verärgert, daß *sie* das noch weiß, und daß ihr das so wichtig ist. «Da soll einer die Frauen verstehen!», wird er sich sagen.

Für den Denktyp ist das Erlernen von Stenographie oder Schreibmaschine schwieriger als für den Fühltyp. Auch beim Erlernen von lebenden Sprachen ist der Fühltyp bevorzugt, weniger bei toten Sprachen wie Latein oder Griechisch.

Intelligenz ist kein Vorrecht der Denkfunktion. Das Wort stammt vom lateinischen inter-legere, was «dazwischenlesen» heißt. Die Intelligenz stellt also Zusammenhänge her und nimmt Zusammenhänge wahr. Das kann fühlend, empfindend, intuitiv und denkerisch erfolgen. Man kann also nicht sagen, daß die Denkfunktion sozusagen die intelligenteste ist. Manchmal hat man sogar den Eindruck, daß der hochentwickelte Denker zwar sehr gescheit und tüchtig, auf der Ebene des Fühlens und Empfindens aber regelrecht blind und insofern «dumm» oder doch irgendwie «weltfremd» ist.

Aber auch das Umgekehrte gilt. Früher hörte man öfters einen Witz: Man sollte eine Steigerung von «dumm» vornehmen. Die Pointe war: «Dumm, dümmer... Tenor!» Das Gegenstück dazu («dumm, dümmer... Sopran!») gab es nicht. Der Tenor ist ein Mann, dem es gelingt, Gefühle sehr gut auszudrücken. Er hat also seine Fühlfunktion entwickelt. Die Frauen erleben (endlich!) einen Mann, der fühlt wie eine Frau. Wie wunderbar, ein wunderbarer Mann! Darunter leidet aber notwendigerweise seine Denkfunktion. Er entpuppt sich also als «dumm». Die Enttäuschung darüber ist schlußendlich größer als die Genugtuung, einen fühlenden Mann gefunden zu haben. (In Wirklichkeit liegen die Dinge wohl anders. Im gesicherten Rahmen der beruflichen «Rolle» kann auch ein Mann mit Denkdominanz ungefährdet die Fühlfunktion betätigen.) Bei einer Frau kann ein solcher Witz gar nicht erst zustandekommen, denn die Frau verwendet die Fühlfunktion, die ohnehin ihre Stärke ist. Sie kann also nicht in den Vorwurf der Dummheit geraten.

Die Entwicklung der dominanten Denkfunktion dauert lange und ist phasenweise mühsam und mit Opfern und Leiden verbunden wegen der notwendigen Gefühlsverdrängung. Zudem ist das Denken, will es Zusammenhangserkenntnis erlangen, darauf angewiesen, viele Daten (eben bereits durch Denken erworbene Erkenntnisse und Erfahrungstatsachen) unmittelbar und rasch zur Verfügung zu haben. Das *Gedächtnis für Daten* ist für das gut entwickelte Denken unerläßlich. Es entwickelt sich bis etwa zum dreißigsten Lebensjahr. Von da an beginnt in dieser Hinsicht ein langsamer Abbau. Bis zum sechzigsten Lebensjahr gehen gute zwei Drittel des Datenschatzes verloren (ganz im Gegenteil zu den dem Fühlen zugeordneten und vom Fühlen getragenen Gedächtnis- und Erinnerungsdaten!).

Wir wissen nicht genau, warum ausgerechnet der für das Denken so grundlegende Datenschatz nur so beschränkt aufrecht erhalten werden kann. Der Hinweis auf den natürlichen Hirnabbau ist unbefriedigend. Wahrscheinlich ist es die phylo- und ontogenetische Spätentwicklung der Denkfunktion und auch die lange Entwicklungsdauer, die den so frühzeitig einsetzenden «Datenabbau» begründen. Vielleicht ist es auch die Mühsal des denkerischen Datenerwerbes oder aber das denkerische Machtstreben, für das dann die Gedächtnisgrundlagen zu gering waren.

Wie dem auch sei: Die menschliche Natur hat aus einem Mangel einen Vorteil entwickelt. Man benötigte offenbar «Datenspeicher», wodurch das Wissen dauerhafter erhalten und zur Verfügung bleibt. Die Erschaffung der Schrift und der mathematischen Schriftzeichen ermöglichte die Festlegung von Erkenntnissen, auch wenn die Schrift zunächst zur «Verewigung» des Ruhmes der Herrscher dienen mußte. Die Niederschrift ganzer Gedankensysteme, die Schaffung von Enzyklopädien und Wörterbüchern, schließlich der Lehrbücher und Manuale bis hin zu jeder Art von Nachschlagewerk kompensierten die denkerische Gedächtnisschwäche. Die Erfindung der Computer und die dadurch ermöglichte systematische Datenspeicherung und die Möglichkeit der sehr schnellen Abrufung der Daten hat auf dem Wege über eine lange Denkanstrengung die «natürlichen Gedächtnislücken» mehr als ausgefüllt.

Der extravertierte Denkmann

Sein Denken wendet sich allen nur möglichen äußeren Objekten zu. In der Regel allerdings bleibt sein Denken auf einen beruflichen Ausschnitt beschränkt (zum Beispiel Konstruktion oder Wartung technischer Gebilde). Im Alltag stellt das extravertierte Denken das *Vorhandensein von Objekten* fest. *Die Objekte werden zu Daten.* Auch das (extravertierte) Empfinden nimmt Objekte wahr, aber diese werden *nicht* zu *nachdenkenswerten Objekten* und nicht zu dauernd speicherungswürdigen Daten, also zu Informationen.

Das gut entwickelte Denken hingegen wird bei der Betrachtung zum Beispiel einer Brücke sich sofort für die Konstruktion, die Funktionstüchtigkeit und eventuelle neue Techniken und Materialien interessieren (was das Empfinden nicht tut) und sie auch mit physikalischen Gesetzmäßigkeiten in Verbindung bringen. Es wird Vor- und Nachteile, Dauerhaftigkeit und Alter bedenken, die Zweckmäßigkeit und die Gründe für ihren Bau prüfen und die Möglichkeit, wie man auch anders oder besser hätte konstruieren können. Betrachtet der extravertierte Denker eine Pflanze, wird er über ihre Wachstumsbedingungen, klimatischen Abhängigkeiten, über Dünger und Kreuzungen nachdenken und sich überlegen, wozu man sie brauchen könnte, oder er wird vorübergehend ein Botaniker, oder er denkt über die Vegetation überhaupt nach usf.

Die Hintergründe seines Denkens selbst bleiben ihm wohl weitgehend unbewußt. Die Anschauung «warum und wozu» (Kausalitäts- und Finalitätsprinzip), die seine denkerischen Voraussetzungen bilden, bleiben unreflektiert, insofern es unbewußte «Vorstellungen» sind. Selbst das «Wahrheitsprinzip» ist ihm nicht immer bewußt. Es ist aber ständig wirksam. Der Denker stellt fest: diese Pflanze braucht Wärme. Das heißt aber: die Ursache ihres guten Gedeihens ist die Wärme. Und weiter: es ist wahr, daß diese Pflanze zum Wachsen die Wärme braucht. So wird die Feststellung äußerer Objekte zum Anlaß weiteren Denkens. Die denkerische Feststellung: «Die Pflanze ist» geht über in den denkerischen Prozeß des Warum, Wieso, Wozu, unter der Bedingung, daß, wenn ich die Bedingungen ändere, dann ...

Das unschöpferische (minderwertige) Denken

Nun gibt es allerdings auch bei Denkmännern ein eher minderwertiges (unschöpferisches) Denken, *das sich mit der Feststellung der Objekte und ihres Soseins begnügt.* Die Objekte werden nicht zum Anlaß des (auch schöpferischen) Nachdenkens. Dadurch werden sie in gewisser Weise entwertet: «Es ist eben ein Baum», «es ist halt eine Frau», «es ist eine Pflanze». Der Mann brauchte nur noch hinzuzufügen: «Was soll's!», «nichts als!», «das kennt man schon», um (trotz Extraversion) eine gewisse überhebliche Degradierung der Objektwelt zu bewirken.

Vor allem Frauen sind dadurch oft betroffen und spüren die leichte Verachtung der Objekte (und damit ihrer Person), die unausgesprochen vom Denkmann ausgeht. Wenn sie sagt: «Ich habe den Teppich gesaugt, jetzt ist er wieder sauber», wird der Denkmann bestenfalls antworten: «so!», «na ja» oder gar «na und?» Was ist da schon dabei! Vorher war der Teppich schmutzig, durch das Putzen wurde er sauber. Da ist nichts Bemerkenswertes dran. Alle Teppiche, die gesaugt wurden, sind sauber. Eine Binsenwahrheit! Es ist kaum der Beachtung wert. Es gibt nichts darüber nachzudenken. Kausalitäts- und Wahrheitsprinzip sind erfüllt, womit die Angelegenheit erledigt ist. *Das Ich investiert hier ins Objekt sehr wenig Energie.*

Diese Art des Denkens wird unschöpferisch und etwas minderwertig, weil die Extraversion nicht sehr ausgeprägt ist und das Ich dem Objekt daher nur sehr wenig Energie zukommen läßt. *Die Objekte sind dadurch uninteressant.* Und der Denkmann strengt sich nicht an, sie eines zuwendenden Interesses zu würdigen. Das kann natürlich durch Müdigkeit vorübergehend zustande kommen. Jedoch ist eine gewisse denkerische Gleichgültigkeit gegenüber den Objekten recht weit verbreitet und entspricht einer gewissen denkerischen Weltmüdigkeit, die sich durch einseitige Entwicklung des Denkens etabliert hat. Ein solcher Denkmann müßte dringend eine zweite Funktion entwickeln, zum Beispiel das Empfinden, wodurch die Objekte nicht einfach nur durch Denken wahrgenommene «Ist-Objekte» würden, sondern auch eine ästhetische Qualität bekämen. Dann ist die Pflanze nicht mehr einfach eine Pflanze, sondern eine schöne oder angenehme oder besonders gut duftende Pflanze. Der Denkmann könnte die Objekte auch ein wenig genießen oder Freude daran haben, und die Objekte wären nicht mehr so entwertet. Sie entgingen dann dem denkerischen Urteil «nichts als», und die Frau, die den Teppich gesaugt hat, bekäme von ihrem Denkmann die Rückmeldung: «Jetzt ist er wieder schön!» Ihre Arbeit wäre durch den Mann nicht mehr entwertet.

Der Denkmann könnte natürlich auch die Intuition besser entwickeln. Er würde dann vielleicht neue Möglichkeiten des Teppichsaugens intuieren, einen besseren Apparat entwerfen oder den Objekten einen symbolischen Sinn oder Wert zueignen oder in seiner Frau ein Wirklichkeit gewordenes Symbol erblicken, durch das die Welt wieder schön wird.

Durch die Entwicklung der Denkfunktion ist die äußere Welt als pure Objektwelt zustande gekommen, ja, sie ermöglicht die Erkenntnis der Spaltung von Subjekt und Objekt! Auf diese Weise ist die Welt deutlich etwas anderes als das Ich. Sie ist zwar «um mich herum», aber eben irgendwie anders, und sie bleibt distant. Das reine Denken führt leicht zu einer Entfremdung von der Welt. Unter Umständen ist sie dann zu weit entfernt, als daß der Denkmann sich in ihr heimisch fühlen kann. Er erfährt, daß das Denken nicht oder wenig geeignet ist, damit jemand sich in der Welt wohlfühlen kann. Es ist eine kühle «Funktion», dank ihr kann man die Natur bzw. die Objekte weitgehend beherrschen und Gefahren effizient abwenden, *jedoch ist das Denken kein eigentliches Partizipationsorgan. Man denkt eben über die Dinge und nicht mit den Dingen.* Auch das «Ich-denk-an-dich» stellt keine rechte Verbindung her, es sei denn, es ist von Gefühlen begleitet. Je einseitiger die Denkfunktion entwickelt wird, um so stärker werden die Gefühle verdrängt und um so öder und beziehungsloser wird der Denkmann.

Das negative Denken

Es gibt aber auch ein Denken, das ausgesprochen negativ ist und destruktiven Charakter hat. Es wirkt im ganzen zynisch und läßt auf ein bereits verletztes bzw. zu sehr verdrängtes Fühlen im Denkmann schließen. Ich will das verdeutlichen: Ein Denkmann vernimmt, daß jemand ein Kind vor dem Ertrinken errettet hat. Einige haben seine Rettungsaktion beobachtet. Der Denkmann sagt: «Das tat er, damit er sich als Held fühlen kann und in die Zeitung kommt.» Hier wird nicht nur das Fühlen degradiert, sondern das Denken schweift auch sofort davon ab und sucht nach schmälernden Motiven.

Über eine halbe Million UNO-Soldaten werden mobilisiert und in die Wüste vor den Irak gestellt. Sowohl die, die mobilisiert haben, als auch die Soldaten fühlen sich alle berufen, um das Öl zu kämpfen. Daher der Satz «kein Blut für Öl». Dieser demagogische Spruch entspricht einem negativen Denken auf Grund von Gefühlsverletzung, wodurch es zynisch und unsachlich wird.

Der «negative» Denkmann erfährt, daß Professor Sabin einen Impfstoff gegen Kinderlähmung entdeckt und entwickelt hat. Sein Kommentar: «Was verdient er denn dabei?» Oder er hört, daß sich Frau Helga mit dem Fabrikantensohn Fritz verheiratet hat. Sein Kommentar: «Das tat sie wegen dem Geld.» Ein älterer Mann heiratet eine jüngere Frau. Unser Denkmann sagt dazu: «Natürlich, er will im Alter versorgt sein.»

Das negative Denken entwickelt sich, wie schon erwähnt, aus der verletzten Fühlfunktion heraus oder aus dem Umstand, daß das Fühlen immer heftiger verdrängt werden muß. Letzteres ist dann der Fall, wenn das Denken als solches immer intensiver vom Objekt fasziniert wird, sich also sehr einseitig entwickelt. Der Kaufmann oder Bankier, der sich nahezu ausschließlich mit dem Geld, seiner Verwaltung und seiner Anlage beschäftigt und nichts anderes mehr im Kopf hat, oder der Wissenschaftler, der denkerisch versucht, einer Idee folgend die Welt intellektuell zu erfassen und in ein System zu zwingen, steckt alle Energie in sein Denkobjekt. Je stärker und intensiver er sich damit wie unter einem Zwang abgibt, um so mehr muß sein Fühlen abgewehrt werden. Damit ist das Unbewußte aber nicht einverstanden, es mobilisiert vielmehr das verdrängte Fühlen, dessen Verletztheit und Minderwertigkeit sich dann im Zynismus und im negativen, destruktiven Denken äußert. Damit beginnt sich die für «Denker» typische Neurose zu entwickeln, nämlich die *Zwangsneurose*.

Die männliche Zwangsneurose – Das Ordnungsdiktat des Denkens

Das Denken wird durch das Fühlen gestört. Es stellt einen Faktor der Unordnung und folglich der Bedrohung dar. Alles Denken strebt nach Ordnung und braucht die Garantie der Ordnung: Eines nach dem anderen! Schon der normale Denkprozeß, soll er als entwickelt gelten, muß in geordneten Schritten verlaufen. Er kommt erst dann zum Abschluß, wenn die «Thematik» mehr oder weniger gründlich abgeschlossen, «erledigt» ist. Auf jeden Fall bedarf das Denken, soll es gut sein, eines sich in Ordnungen bewegenden Ablaufes. Bei Einseitigkeit der Denkfunktion und zu starker Objektbesetzung entwickelt sich daraus dann ganz natürlicherweise der *Erledigungszwang*. Das Fühlen folgt dieser Ordnung überhaupt nicht und ist fähig, mehrere verschiedene Gefühlslagen kurz nacheinander herzustellen, zum Beispiel vom Typ «himmelhoch jauchzend – zu Tode betrübt», für den ruhesuchenden Denker ein Horror. So entwickeln sich «Mechanismen», die die Ordnung wieder herstellen: Die Schuhe müssen akkurat am selben Platz stehen, auf dem Schreibtisch liegen Kugelschreiber und Papier in vorgeschriebener Ordnung. Ein Hund, der sich mal durchs Zimmer bewegt, ist unerträglich. Das Abendessen ist erst um 19.05 Uhr fertig statt um 19.00 Uhr – für den zwangsneurotischen Denker bricht dadurch eine Welt zusammen, obwohl er keine Verpflichtungen mehr hat. Er braucht «Ordnung» um jeden Preis, wobei *er* die Ordnungen bestimmt. Diese Ordnungen sind tyrannisch und oft zerstörerisch. Wer sie verletzt, hat mit schweren Wutausbrüchen und Gewalttätigkeiten zu rechnen. Die Zwangsordnungen sind wie Deiche, die gegen sehr minderwertige und primitive Gefühle aufgebaut wurden. Bricht der Deich, gibt es eine katastrophale Gefühlsüberschwemmung.

Naturgemäß sind es vorwiegend Männer, die an Zwangsneurosen leiden, weil sie den Hauptanteil derer ausmachen, die die Denkfunktion hochgezüchtet haben. Diese Hochzüchtung und die Zwangsneurosen selbst sind durch *extreme denkerische Objektbesetzungen* entstanden. Es ist das sich absolutistisch aufführende Denken, das die Ordnung um jeden Preis fordert. Bereits das «normale» Denken kann sich nur mit Ordnung korrekt entfalten und betätigen und bedarf dazu der Ruhe. Das Kausalitätsprinzip von Ursache und Wirkung, Grund und Folge bildet die Grundlage des Denkens, und das ist immer eine natürliche Ordnung. Nur wenn sich «eine Sache nach der anderen» realisieren läßt, gibt es ein fortschreitendes und logisches Denken. Erst wenn alle Daten gesammelt und geordnet sind, kann der Zusammenhang zwischen ihnen schrittweise hergestellt und Wahrheit gefunden werden. Daher kann man die männliche Zwangsneurose auch als *Ordnungsneurose* bezeichnen. Dabei ist zum Beispiel der Staub auf dem Schreibtisch ein Störelement der Ordnung.

Wir können davon den *Putzzwang der Frauen* deutlich unterscheiden. In der Regel bezieht er sich nicht auf eine Ordnungsstörung an sich, sondern auf den Schmutz (Staub, Dreck). Die an *Sauberkeitsneurose* leidende Frau kann in sonstigen Bereichen sogar unordentlich sein, ohne davon gestört zu werden. Der abzuwehrende Dreck bezieht sich bei den introvertierten Fühlfrauen auf eine Abwehr von von außen kommenden Störungen, die die Introversion ihres Fühlens durcheinanderbringen könnten.

Verallgemeinernd kann man sagen: Die männliche Zwangsneurose (Ordnungsneurose) wehrt innere Objekte (Gefühle) ab, der weibliche Putzzwang (Sauberkeitsneurose) äußere (zudringliche Gefühle anderer). Der Schmutz kommt ja «von außen». Der Zwangsneurotiker braucht seine Ordnungen, um den Denkapparat funktionstüchtig zu halten. Die Putzneurotikerin braucht ihre Reinigungszeremonien, um ihr inneres introvertiertes Gefühlsleben unbeeinträchtigt zu erhalten.

Wohl jeder Denkmann braucht seine ihm «heiligen» Ordnungen und Gewohnheiten und die Beachtung bestimmter Regelmäßigkeiten und Pünktlichkeiten, und es gibt nur selten Denkmänner, an denen man nicht leichtere Zwangselemente entdecken könnte. In diesem Falle handelt es sich um eine «Vorliebe» für bestimmte Ordnungen, die bestehen müssen, damit sich der Denkmann wohlfühlt. Veränderungen im Ablauf des Alltags müssen im Vorhinein geplant und abgesprochen werden, das heißt, die alte Ordnung muß durch eine neue ersetzt werden. Plötzliche und ungeplante Veränderungen stören den Denkmann immer, und er braucht eine gewisse Zeit, bis er sich auf die neue Situation eingestellt und damit sein Gleichgewicht wieder hergestellt hat. Diese innerhalb kürzester Zeit wieder ausgleichbaren Störungen halten wir für normal, und auch der Denkmann kann sie einigermaßen verkraften.

Bringt die Störung der Ordnung eine schwere Gleichgewichtsstörung mit sich (Wut, Aufregung, Hilflosigkeit, tätliche Zornesausbrüche u. ä.), dann muß man bereits von einer leichteren Zwangsneurose sprechen. Wird die Ordnungsforderung vorherrschend und werden immer neue und absurdere Ordnungsforderungen erhoben, die von der Umgebung des Mannes ebenfalls strikt zu befolgen sind, liegt eine echte Zwangsneurose vor. Natürlich kommt es auf den Standpunkt des Beobachters oder derjenigen Personen an, die mit dem Zwangsneurotiker zusammenleben müssen, wie die Beurteilung ausfällt. Nimmt das Gefühl der Bedrohung und erheblichen Einengung bei der Umgebung zu und erlebt die Frau, wie sie sich immer mehr an das Ordnungsdiktat des Mannes halten und sich daran beteiligen muß, dann ist das Machtdiktat des Denkens offenkundig und das Zusammenleben wird mühsam, beschwerlich und das Leben kalt und freudlos. Eine eigentliche Beziehung zu einem solchen Mann ist für eine Fühlfrau nicht mehr möglich. Die Partner müssen innerlich und äußerlich weitgehend getrennte Wege gehen. Es gibt sehr viele Ehen, die unter diesen Umständen scheitern oder die dazu führen, daß Frauen enorm leiden und die Kinder schlecht gedeihen.

Nur in extremen Fällen hält sich der Denkmann für behandlungsbedürftig, da ja Ordnung auch etwas Lebensnotwendiges ist und der zwangsneurotische Denkmann beruflich meist geschätzt wird (Bankangestellte oder Arbeiter bei Arbeitsabläufen, die Genauigkeit und auch Pedanterien erfordern, Bürokraten usf.). Es kommt hinzu, daß bei mäßiger Zwangsneurose die anderen wesentlich mehr leiden als der Zwangsneurotiker selbst. Es fehlt dann der Leidensdruck, der diese Männer zur Psychotherapie bewegen könnte. Da sie ja so sehr der Ordnung verpflichtet sind, ist es ihnen kaum möglich, sich selbst nicht in Ordnung zu finden. Manche Frauen finden sich mit ihrem Schicksal ab, insgeheim auch deshalb, weil die vom Mann vorgelebte Ordnung tatsächlich auch eine Art von Sicherheit und Berechenbarkeit vermittelt (auch finanzieller Natur). Die Frauen nehmen wahr, daß das Leben außerhalb der Ordnungen gefährlich ist oder werden könnte, und daß das Leben als Abenteuer auch schlecht enden kann. Daher ist der Widerstand, den die Frauen vielleicht leisten könnten, eher gering und beschränkt sich mehr auf die Mitteilung, daß ihnen der «Ordnungsfimmel auf den Wecker geht». Die Männer kontern dann zurück, daß sie sich eben an die Ordnungen halten sollen, dann würden sie auch nicht mehr gestört werden. Diese Männer begreifen nicht, daß der Mensch nicht nur von Ordnungen lebt. Indirekt wollen sie sagen: «Du mußt dich meinem Denken unterordnen, so wie ich mich meinem Denken unterordne.» Sehr viele Frauen müssen immer wieder die Erfahrung machen, daß das *extravertierte Denken* auch im Normalfall immer *einen Autoritätsanspruch vertritt*, während das *Fühlen* sich mit einem *Forderungsanspruch* begnügt.

Das Denken als Ist-Funktion

Wir wollen nun das Einzigartige und Besondere der Denkfunktion beschreiben, das sie von allen anderen psychischen Wahrnehmungsfunktionen unterscheidet: Die Intuition erfährt ihr Objekt als heilvoll oder unheilvoll, die Empfindung als schön – häßlich, das Fühlen als sympathisch – unsympathisch. *Das pure Denken aber erfährt sein Objekt als Objekt.* Die anderen Funktionen vermitteln «es ist heilvoll, es ist schön, es ist sympathisch». Die Denkfunktion aber vermittelt: «Es ist!» Mittels der drei «älteren» Funktionen wird eine *Qualität der Objekte* wahrgenommen, durch welche das Ich angerührt wird. Mittels der Denkfunktion wird das pure Sein der Objekte wahrgenommen, und im Prinzip macht es keinen Unterschied, ob das Objekt ein Stein, ein See, eine Pflanze oder ein Mensch ist. Dem Denken sind diese Unterschiede in gewisser Weise gleichgültig, weil allen Denkobjekten das Objektsein gemeinsam ist. Natürlich nimmt das Denken auch die Verschiedenartigkeit seiner Objekte wahr, und es bezeichnet sie auch mit Namen: «*Das ist* ein Bach, *das ist* eine Frau» usf. Der Schwerpunkt liegt auf dem «das ist». Das isolierte Denken ist nicht in erster Linie durch die Qualitäten des Objektes angerührt (zum Beispiel von der Schönheit des Objektes), sondern durch ihr Sein. Die einzige «Qualität», die das reine Denken dem Sein zuschreibt, ist das Wahrsein des Objektes, etwa: «Es ist wahr, daß da ein Hund ist, es ist wahr, daß dort ein Stern ist.»

Ursprünglich hat das Wahrsein wohl ausschließlich etwas mit dem Wirklichsein des Objektes zu tun. Die rückläufige «Botschaft» des denkerisch erfaßten Objektes ist zunächst einfach die: «Das Objekt ist!» Gerade die durch Verdrängung aller anderen Funktionen erreichte «Reinheit des Objektes» gestattet es dem Ich, nicht mehr von «sympathisch», «schön» oder «heilvoll» angetan zu sein, sondern das Objekt als pure «Sache» wahrzunehmen. Das Denken «abstrahiert» von allem, durch welches das Ich empfindungsmäßig, gefühlsmäßig oder intuitiv vom Objekt her «gestört» werden könnte. Das heißt: Das Funktionieren der übrigen Wahrnehmungsfunktionen wird vorübergehend annulliert. Darin besteht die Grundlage der dem Denken eigenen *Abstraktionstendenz.* Sie geht so weit, daß sie die Verschiedenheit aller Objekte untereinander «abzieht» (abstrahiert), um zum puren Objektsein vorzudringen, das allen Objekten gemeinsam ist.

Auf diese Weise gelangt das Denken zum Begriff des Seins überhaupt. Wird dieses Denken systematisch, entsteht die *Seinslehre* (die alte Ontologie) und die rein denkerisch begründete *Philosophie.* Es ist nicht verwunderlich, daß diese Art von Philosophie eine reine Männerangelegenheit war und ist, und daß wir heute den Eindruck haben, sie sei reichlich weltfremd und blutarm, Resultat einer Art von intellektueller Superakrobatik.

Wir sagten schon, daß das Denken das Wahrsein des Objektes feststellt. In diesem Zusammenhang ist es interessant, zu sehen, was der mittelalterliche Philosoph (und Beinahe-Häretiker) *Thomas von Aquin* über das Sein aussagte. Er schreibt: «Omne ens est verum, bonum et pulchrum.» (Alles Sein ist wahr, gut und schön). Es ist nun erstaunlich, daß Thomas von Aquin die Ergebnisse von drei psychischen Wahrnehmungsorganen kurz und bündig beschrieben hat: Das Denken sagt (positiv): «Es ist wahr, daß dieses Objekt ist.» Das Fühlen sagt: «Dieses Objekt ist gut» (es ist gut) oder «du bist gut». Das Empfinden sagt: «Es ist schön» oder «du bist schön». Seltsamerweise hat er die erste Funktion, nämlich die Intuition vergessen. Von ihr wird vermittelt: «Es ist heilig.» Unter psychologischen Gesichtspunkten müßte man den Satz des Aquinaten ergänzen: «Omne ens est verum, bonum, pulchrum et sacrum» (alles Sein ist wahr, gut, schön und heilig). Wir hätten dann eine positive Grundeinstellung, die allumfassend ist, und die, wäre sie auch nur gelegentlich realisierbar, das Optimum einer grundsätzlichen Lebenshaltung darstellen würde.

Aber kehren wir zur isolierten Denkfunktion zurück. Wir verdanken es ihr, daß wir überhaupt zu einer sachlichen Einstellung kommen können. Belegt das Denken allerdings sein Objekt mit zu wenig Energie, werden die Objekte bedeutungslos und uninteressant, und das Denken begnügt sich dann eben damit, festzustellen, daß es so etwas gibt. Bleibt das Denken bei der puren Feststellung des «es ist», wirkt dieser Denkmann wie gelangweilt und irgendwie «erhaben», weil er den Eindruck vermittelt, er wisse schon alles. Jedes Ding und jedes Ereignis *ist,* und es ist der Mühe nicht wert, ihm besondere Bedeutung zuzumessen. «Es ist alles wie gehabt», und am Lebensende wird dieser Denkmann sagen: «Das war's dann!»

Die Aktivität des (extravertierten) Denkens – Die Bedeutung der Information

Werden die Objekte denkerisch gut besetzt, das heißt, werden sie dem Denken wichtig, *setzt sich der eigentliche Denkprozeß überhaupt erst in Bewegung und wird aktiv.* Das Denken geht dann über seine Ist-Funktion weit hinaus. Das Kausalitätsprinzip wird wirksam: Warum ist dieses Objekt so und nicht anders? Woher kommt es, daß es so ist? Was ist die Ursache seines So-Seins? Woraus ist es entstanden? Was wird aus ihm werden? Welchen Gesetzen gehorcht es? Wozu ist es da? Welchen Zweck erfüllt es? Wie und unter welchen Gesichtspunkten kann man es messen?

Damit eröffnet sich auch eine neue zeitliche Dimension. Wie war das Objekt früher? Wie wird es in Zukunft sein? (Zum Beispiel: woher kommt das Sonnensystem und seine Planeten, wie wird es in Milliarden von Jahren sein, wann ist die nächste Mondfinsternis?) Offenbar ist insbesondere der extravertierte Denkmann sozusagen von Natur aus das, was wir einen Naturwissenschaftler nennen können. Er benötigt dazu nicht unbedingt eine Professur. Wir finden ihn als sachverständigen Techniker in der Wirtschaft, im Labor, in Forschungsinstituten oder bei der Wartung technischer Geräte. Aber auch als Einzelgänger kann er sich forschend betätigen und ein Kenner beispielsweise spezieller Tierarten oder Gesteine werden, oder er beschäftigt sich mit der Entwicklung von Apparaten, die Sonnenenergie speichern. In der Regel allerdings braucht er heute die kostspieligen Hilfsmittel der Technik und bedarf der Zusammenarbeit im Team.

Aber auch wenn der extravertierte Denktyp keinen besonderen Forschertrieb verspürt, charakterisiert ihn (bei guter denkerischer Objektbesetzung) sein *Interesse für alles was es gibt.* Sein Denken ist gleichsam von Haus aus auf alle nur möglichen Objekte gerichtet. Auf diese Weise können alle Objekte zu seinen *Erfahrungsdaten* werden und ihm neue *Informationen* liefern. Der Denkmann will informiert sein (Nachrichten, Zeitungen, Sachbücher, Dokumentarfilme usf.), kurz, *er möchte überhaupt wis-*

sen, was es gibt (oder «was los ist»). So gibt es Vielinteressierte oder mehr Fachinteressierte. Letztere vertiefen sich in einen Sektor der Objektwelt. Erstere möchten über ein breitgefächertes Wissen verfügen.

Im günstigen Falle wird der Denkmann ein sogenannter «kultivierter Mensch», der auch willens ist, andere an seinen Informationen teilnehmen zu lassen. Er berichtet gerne über Reisen, möchte über jedes «Thema» diskutieren, ist aber auch neugierig und lernwillig, weil ihm die Sammlung von Fakten, Ereignissen und Geschehenswissen als «Datensammlung» am Herzen liegt. Sein Hunger nach Erkenntnis über Objekte ist faktisch unbegrenzt. Insgeheim freut er sich und kann staunend sagen: «Was es nicht alles gibt!»

Allerdings ist es heute nicht mehr möglich, ein «Universalgenie» zu sein, weil für den einzelnen Denker die erfaßte Objektwelt nicht mehr überschaubar ist. Vielleicht war *A. von Humboldt* das letzte «Universalgenie». Man sagt, er habe das ganze damalige Wissen über alle Fachbereiche im Kopf gehabt.

Es ist weiter nicht verwunderlich, daß extravertierte Denker bei der Vielzahl ihrer schweifenden Interessen zu Hause eine Frau schätzen, «die es immer gibt». Dieses private «es gibt (sie)», «es (sie) ist vorhanden», «es (sie) existiert» ist für ihn eine Art Ruhepunkt. Die Frau wird zum erholsamen «Dauerobjekt», mit dem er sich allerdings nicht ständig denkerisch auseinandersetzen will. Er braucht «das selbstverständliche Objekt». Ist seine Gefährtin eine introvertierte Fühlfrau, der es recht ist, wenn er sie nicht allzusehr zum Objekt seines Forschens macht, ist die Beziehung geradezu ideal. Ist sie jedoch mehr extravertiert, fühlt sie sich vernachlässigt und ungeliebt, weil er ja entweder seinen Gedanken nachhängt oder nach Problemlösungen sucht, Ruhe fordert, oder auch zu Hause seinen Denkinteressen nachgeht. Eine solche Beziehung kann unter Umständen schwierig werden.

Wie ich schon mehrfach hervorgehoben habe, ist das Denken an sich Gut und Böse gegenüber indifferent. Natürlich hat das Denken auch seine Werte, nämlich die Wahrheit, die Existenz von Objekten und die Tatsache, daß (äußere) Objekte den Denkapparat aktivieren. Ob aber sein Denkobjekt «böse» oder «gut» im moralischen Sinne ist, interessiert das *isolierte* Denken nicht. Es produziert Giftgas mit demselben Eifer, mit dem es ein Heilmittel erforscht. Das gilt natürlich auch für die Qualitäten «schön» oder «heilig». Das Schönsein oder Heiligsein abstrahiert es, um sachlich zu bleiben.

Da sich nun das Denken mit allen nur möglichen Objekten beschäftigt, werden auch die Qualitäten «gut» und «böse», welche die Fühlfunktion vermittelt hat, zum Denkobjekt. So wird «das Böse» *sekundär* zu seinem Forschungsobjekt, sekundär, weil es dem Denken primär nicht zugänglich ist. Ist es doch das Fühlen, das sagt, welche Objekte (zum Beispiel eine Handlung) gut oder böse sind. Auch das eigene Fühlen des Denkmanns kann, wenn auch in primitiver Form, dem Denker Gut und Böse *gefühlsmäßig* zu Bewußtsein bringen.

Für das gut entwickelte Denken ist ein Objekt erst dann erkannt, wenn es die Zusammenhänge und die Gesetzmäßigkeiten, innerhalb derer das Objekt existiert, erfaßt hat. Die denkerische Zusammenhangserkenntnis mündet in die Formulierung eines *Systems* oder einer *Theorie*. Gelingt es nicht, bleibt das Denken unbefriedigt.

Nun sind es besonders die verletzenden Handlungsweisen, die vom Fühlen (vornehmlich von der Fühlfrau) als böse deklariert werden. Genau diese Kennzeichnungen nimmt das Denken auf und versucht, diese Gut- und Böse-Deklarationen des Fühlens in ein System zu bringen. Dadurch entsteht eine systematische (vom Einzelfall abstrahierende) und verallgemeinernde Anordnung und Einordnung von situationsbezogenen Fühldeklarationen, die in einer Art von Gesetzestafel zusammengestellt und kodifiziert werden. *Damit hat das Denken die Moral geschaffen.* Sie sagt nun, was gut und was böse ist, nicht mehr das Fühlen! Das Denken hat sich des hic et nunc vom Fühlen deklarierten Bösen bemächtigt und es «für ewige Zeiten» als böse gebrandmarkt und verboten, zugleich das dem Bösen entgegengesetzte Gute zum Gebot, zum moralischen Gebot kodifiziert.

Wenn zum Beispiel die extravertierte Fühlfrau sagt: «Die Abtreibung dieses Kindes ist böse» (weil sie sehr darunter leiden würde), dann kommt gleich das Denken daher und erklärt: «Jede Abtreibung ist für immer und alle Zeiten und unter allen Umständen böse.» Die Frau, die abtreibt, ist moralisch verwerflich! Das Denken ist nicht verlegen, noch weitere Begründungen herbeizuholen, um sein Urteil zu untermauern: Menschen töten ist böse. Wer abtreibt, tötet Menschen, *folglich* (wie zwingend ist doch das Grund- und Folgeprinzip!) ist die abtreibende Frau eine Mörderin. Sitzt der Mann dann am Hebel der Legislative, wird es bald auch dementsprechende Strafgesetze geben. Weil das Böse verletzt, muß es verhindert werden. Würde es begangen, muß es bestraft werden, damit es nicht mehr getan wird. *Das Denken erteilt die Denkzettel; das Prinzip der Bestrafung ist ein Produkt des Denkens* und, wie ich hinzufügen muß, ein sehr negatives Produkt. Dem Fühlen wäre es nie in den Sinn gekommen, das Böse zu verallgemeinern und zu kodifizieren, und das isolierte Fühlen wird es immer ablehnen, um Gut und Böse herum ein moralisches System zu entwickeln. Das Fühlen wehrt das Böse ab und wendet sich nach der Deklaration «diese Handlung war böse» vom Bösen so bald als möglich ab. Das Fühlen tätigt *Reaktionen auf das Böse* und fordert, soweit das möglich ist, es unschädlich zu machen. Das Fühlen ist natürlich nicht frei von Rachegelüsten, die letztlich aber doch eher als Abwehrreaktionen anzusehen sind.

Das grundsätzlich gesunde Fühlen wird auch das Rachegefühl abklingen lassen und es lernen, sich dem Verletzer gegenüber besser zur Wehr zu setzen. Aber der Gedanke der Bestrafung ist dem Fühlen eigentlich fremd. Gerade weil das Fühlen das Böse fürchtet, versucht es, die Verewigung des Bösen durch Strafe und Kodifizierung zu verhindern.

Die vergewaltigte Frau zum Beispiel wird vor allem darauf dringen, daß der vergewaltigende Mann sich seiner Tat als etwas Bösem bewußt wird! Sie kann ihren dingfest gemachten Vergewaltiger anschreien: «Weißt du überhaupt, was du da angerichtet hast... was hast du dir überhaupt dabei gedacht?... hast du gar kein Gefühl?... findest du es richtig, mich einfach wie ein totes Objekt zu mißbrauchen?... merkst du nicht, daß die Gewaltanwendung einer Frau gegenüber sehr böse ist?» Sie wird ihn auch als «Miststück» oder «geilen Bock» entwerten (das heißt, diese spezielle Handlung entwerten). Es ist unschwer zu erkennen, daß das aufgebrachte Fühlen der Frau darauf abzielt, daß sich in dem Mann durch Bewußtwerden der bösen Tat eine Änderung vollziehen möge. Sollte sie zur Erkenntnis kommen, daß der Mann sich nicht ändern will oder kann, dringt sie allerdings darauf, daß er verhindert wird, seine Untat zu repetieren. Er soll eingesperrt und eventuell lange nacherzogen werden.

Das gesunde Fühlen hofft immer auf die Änderung des Bösen und auf die Einsicht des Menschen, der das Böse begangen hat. Kann das Fühlen eine solche Einstellungsänderung feststellen, ist es auch bereit, die böse Tat zu *vergeben* und zu *verzeihen*, allerdings nicht, sie zu vergessen. Irgendwo weiß das Fühlen, daß die Bestrafung den Täter innerlich an sein Böses fixiert, genauso wie seine Uneinsichtigkeit.

Die (männliche) Moral hingegen sanktioniert die im voraus festgelegte Strafe und klammert jedes Fühlen aus. Darum wirken ausgesprochen moralische Menschen so starr, gefühlsarm und unfähig, dem Fühlen seinen für es doch kompetenten Platz einzuräumen. Die Moral und die moralischen Gesetzestafeln ersticken das gesunde Wertfühlen. Das Denken hat in seinem Machtstreben wieder einmal die Oberhand gewonnen. Das Ich ist in die Tyrannei eines Denksystems so verstrickt, daß keine Entwicklung aufgrund der Beharrlichkeit der Machtausübung mehr möglich ist. Vor allem Männer sitzen auf dem hohen Roß der Moral, und leider übernehmen vor allem gestörte Fühlfrauen gelegentlich dieses System und machen es zu ihrem eigenen. Besonders Frauen mit Fühldominanz hätten die Moral nie erfunden, und sie übernähmen sie auch nicht. Hingegen leiden sie sehr häufig unter ihren moralischen Männern, die schlußendlich ihre eigene Moral nicht mehr ertragen. Das zeigt sich beim moralverhafteten Denkmann darin, daß er zwar in der Öffentlichkeit ein großer und moralisch einwandfreier Wohltäter ist und sich für gute Zwecke einsetzt, sich zu Hause aber als Tyrann und hartherziger Mann entpuppt, sein intelligentes Zepter schwingt und vor keiner Gewalt zurückschreckt. Genau das Böse, das er so bekämpft, holt ihn selber ein und demütigt ihn und seine Familie. Da der extravertierte und der moralhörige Denkmann sein eigenes introvertiertes Fühlen heftig verdrängt, bricht dieses auf primitive Weise durch und überschwemmt alle moralischen Schranken. Grausame und sadistische Impulse brechen durch.

Im Grunde ist der hochmoralische Mann Opfer einer zu einseitigen denkerischen Objektbesetzung geworden. Das moralische Denkobjekt fasziniert ihn so, daß er davon aufgefressen und schließlich von seinem Gegensatz, der Unmoral, überwältigt wird. Zur äußeren Objektwelt des Denkens gehören eben nicht nur «äußere Dinge», sondern auch *allgemein gültige Ideen,* wie sie von der bewußten Kollektivpsyche vertreten werden. Allgemeine moralische Prinzipien als späte Frucht denkerischer Bemühung sind ein Teil davon.

Das «billige» Denken

Des Denkens liebstes Kind ist das Erklären. Eine Sache wird mit der anderen begründet, zum Beispiel der Sonnenaufgang wird mit der Drehung der Erde erklärt. Das funktioniert nachweislich sehr gut, solange das Denken *strikt* ist, das heißt, solange es Gleichartiges aus Gleichartigem ableitet, zum Beispiel das Abwärtsfließen des Wassers durch die Erdanziehung oder den Blitz durch eine elektrische Entladung, die meßbar ist. Werden Blitz und Donner aber durch eine Intervention Gottes «erklärt», wird eine physikalische Größe durch eine nichtphysikalische begründet, beim Donner: Er entsteht, weil der liebe Gott schimpft. Hier ist das Denken im Schlepptau anderer Funktionen (etwa der Intuition) tätig und büßt dadurch seine Stärke ein. Es wird «billig» und für jeden Schwachkopf zugänglich.

Dieses billige Denken, das sich jeder Anstrengung entledigt, ist weit verbreitet, besonders bei Personen, deren Denkfunktion energetisch schwach besetzt oder wegen Verdrängung von vornherein minderwertig ist.

Die Explosion auf dem Psychomarkt und eine gewisse Verbreitung psychosomatischen Denkens bringt eine Anfälligkeit für billiges Denken mit sich. Schlußendlich wird jede Darmgrippe auf «falsche Ernährung» oder Streß am Arbeitsplatz oder auf Abbüßung von Sünden im jetzigen oder früheren Leben zurückgeführt, oder der vorübergehende Erkältungshusten ist Ausdruck dafür, daß ich meine Frau nicht mehr ertrage, meine Aggressivität verdränge, oder weil Mars in meinem Geburtshoroskop ungünstig steht. Es ist erstaunlich und bezeichnend zugleich, wie im Zeitalter hochentwickelten Denkens dieses selbe Denken sich in minderwertigen Niederungen betätigt und jeden Furz mit «feindlichen Lebenswellen» erklärt, obwohl die gegessenen Zwiebeln eine sachliche Erklärung bieten würden.

Das introvertierte Denken

Wie wir gesehen haben, gehören zu den Objekten des Denkens nicht nur «Dinge», sondern auch Ideen und Theorien. Diese können bereits im allgemeinen kollektiven Bewußtsein verankert sein und werden dann auch zu Objekten des extravertierten Denkens. Sie können aber auch aus den Tiefen des Unbewußten in Ansätzen und/oder in Form von Vorstellungs- und Bildkomplexen aufsteigen. Diese «inneren» Ideen und Theorien sind die Objekte des introvertierten Denkens. Das Denken des introvertierten Denkmannes ist nach innen gekehrt, und es beschäftigt sich mit den eigenen Gedanken. Für den Introvertierten sind diese die eigentliche Wirklichkeit, und er geht davon aus, daß die äußeren Objekte seinen inneren Wahrheiten entsprechen.

Das tun sie sicher häufig. Die Idee der Kausalität zum Beispiel findet ihre bestätigende Gültigkeit, experimentell nachweisbar, tatsächlich in der makrophysikalischen äußeren Welt, und ohne den Ideenkomplex der Zahlen könnten wir gar nicht zu physikalischen, chemischen oder biologischen Gesetzen und Formeln gelangen. Andere Ideen hingegen, etwa philosophischer oder psychologischer Natur, finden ihre äußere Entsprechung weniger leicht.

Der äußeren Welt steht der introvertierte Denkmann nicht unbedingt feindlich, aber auf jeden Fall indifferent gegenüber. Sie interessiert ihn eigentlich nicht. Er vermeidet allerdings oft, Anlaß zu Auffälligkeit zu geben, weshalb er sich gerne übertrieben freundlich und zuvorkommend gibt und sich auch gut kleidet. Manchmal ist ihm die Welt aber so gleichgültig, daß er schlampig und ungepflegt herumläuft und kindlich-unbedarft mit einer Art von infantilem Gottvertrauen auftritt, dies besonders, wenn er als zweite Funktion die Intuition entwickelt hat.

Diese Kombination gestattet ihm eine für andere Menschen erstaunliche Bedürfnislosigkeit. Er begnügt sich mit einer kärglich eingerichteten Kammer, wo Schreibtisch und Bücherregal das wichtigste sind. Er braucht keine besonderen Kontakte mit Menschen und meidet auch die Frauen. Die Teilhabe an öffentlichen Festen ist ihm ein Greuel. In Versammlungen fühlt er sich sehr unwohl, dem Genußleben ist er völlig abhold. Aus der Schönheit macht er sich wenig, und Reisen sind für ihn überflüssig. Öffentliches Auftreten mag er nicht. Tage- und wochenlang kann er in seine Gedanken versunken sein, wobei das, was er denkt, kaum nach außen gelangt. Er will sein Denken vertiefen, rührt aber keinen Finger, um dieses einer breiteren Öffentlichkeit zugänglich zu machen. Hat er zum Beispiel ein Buch geschrieben, bleibt es oft jahrelang liegen, und wenn keine andere Person kommt, um einen Verleger zu finden und die Veröffentlichung einzuleiten, verstaubt es endgültig. Wird das Buch doch veröffentlicht, kümmert er sich weiter wenig oder gar nicht darum. Es soll und muß alleine seinen Weg machen.

Je mehr der introvertierte Denkmann seine inneren Objekte energetisch besetzt, um so mehr wird er davon fasziniert, und um so tiefer ist er von der Wahrheit seiner Ideen durchdrungen. Zugleich hat er größte Mühe, seine Ideen zu formulieren und nach außen mitzuteilen. Wird er dann nicht verstanden, macht er dafür die Dummheit der anderen verantwortlich und gefällt sich in der Rolle des großen Unverstandenen. Dadurch hebt er sich in einsamer Größe von der Masse der anderen ab. Auch kümmert er sich herzlich wenig darum, ob seine Ideen und Gedankenwelt durch empirische Daten gestützt und verifiziert werden. Natürlich greift er alles auf, was als äußeres Erfahrungsmaterial seine Theorien untermauert. Tatsachen, die gegen die Richtigkeit seines Denksystems sprechen, übersieht er geflissentlich und will nichts davon wissen. Er beachtet sie einfach nicht, weil er viel zu sehr von seinen inneren Wahrheiten gefesselt ist.

Betätigt er sich als Lehrer oder Vortragender, so denkt er überhaupt nicht an die Zuhörer, weil er während des Sprechens weiter über seine inhaltlichen Ideen nachdenkt, weshalb er eigentlich wenig vermittelt und wieder einmal unverstanden bleibt. Die Zuhörer sind dann zwar von der Tiefe seiner Gedankengänge angerührt, aber sie können so gut wie nichts damit anfangen. Das Publikum selbst bleibt dem introvertierten Denker fremd, und er hat auch keine Bedürfnisse, darauf einzugehen. Vielmehr sollen sich die anderen darum bemühen, das, was er vorträgt, zu verstehen. Überhaupt redet er ungern. Sehr viele introvertierte Denker sind wortkarg bis schweigsam.

Beschäftigt er sich mit Ideen, die für den Zeitgeist revolutionär und schockierend sind, stören ihn solche Gedanken überhaupt nicht. Er wird nur oft verbittert, daß ihm die anderen nicht folgen können, denn er meint, daß das, was für ihn offensichtliche Wahrheit ist, auch für sie gelten müsse. Sonst aber ist er vorsichtig in der Darlegung seiner Ideen, macht Vorbehalte und Einschränkungen, präzisiert diese und jene Aussage und wirkt im ganzen sehr kompliziert, weil er nicht vereinfacht, sondern mühsam Punkt für Punkt zu Ende denkt. Am Schluß sind die Zuhörer erschöpft und wissen immer noch nicht, was der Denker im Kern gesagt und gemeint hat.

Will und soll der introvertierte Denker seine Ideen in die äußere Wirklichkeit umsetzen, wird er zögernd und ängstlich. Seine Vorsicht und auch sein Mißtrauen der äußeren Objektwelt gegenüber macht ein Umsetzen fast unmöglich. Er fürchtet die Berühmtheit und das Rampenlicht, jede Reklame ist ihm peinlich und zuwider. Zudem ist er unglaublich unpraktisch und unbeholfen und schützt sich nicht selten vor Zugriffen von außen durch ein abweisendes und unwirsches Auftreten. Im engen Umkreis weniger Freunde gewährt er dann aber doch einen Zugang zu sich selbst, und dann entpuppt er sich als liebenswerter und in der Tiefe verankerter, wenn auch etwas weltfremder und einzelgängerischer Mensch.

Das sind aber eher Sternstunden. Wie bei vielen Introvertierten fühlt sich der Mensch, der ihnen begegnet oder gar bei ihnen wohnt, in aller Regel überflüssig, vernachlässigt und nicht zugehörig. Man ist irgendwie fehl am Platze, wenn nicht gar störend. Der dauerhafte Kontakt mit dem introvertierten Denker ist in den allermeisten Fällen schwierig und fast unmöglich. Etliche extrem introvertierte Denkmänner bleiben daher unverheiratet, sei es, weil sie keine Frau wollen (sie fürchten die Frau!), sei es, weil sie keine finden. Kaum eine Frau wird mit ihnen ein erfreuliches oder gar genußreiches Leben führen können. Außer, sie lebe neben ihm her und verfolge ihre eigenen Wege.

Auch bei mäßiger Introversion werden wir immer Vorbehalte gegenüber der Außenwelt und ihren Urteilen finden. Wenn alle Welt es schön findet, die Waren anziehend, ästhetisch und vielleicht auch noch umweltfreundlich verpackt zu sehen, wird der Introvertierte seinen Vorbehalt anmelden. Um es nicht mit allen zu verderben, wird er, ein wenig herablassend, die Lebenshaltungen und Einstellungen der anderen zwar respektieren, sich ihnen aber nicht anschließen. *Er* braucht keine schöne Verpackung und überhaupt nichts Außergewöhnliches. Er kann jahrelang mit derselben Hose herumlaufen und die gleichen Hemden tragen. Die Mode ist ihm gleichgültig, und er folgt ihr nur aus Anpassungsgründen. Die vielen Bedürfnisse der anderen verachtet er insgeheim, denn er braucht den «oberflächlichen Tingeltangel» nicht. Ihm genügen zwei Käsesorten und zwei Schokoladensorten. Hundert sind überflüssig.

Wären die Introvertierten in der Mehrzahl und stünde die Bedürfnislosigkeit im Mittelpunkt, wäre es um die Marktwirtschaft mit all ihrer Reklame schlecht bestellt. Es würde allerdings auch viel weniger verbraucht, und das ganze Leben würde bescheidener, jedoch auch trister, farbloser und vor allem kontaktärmer.

Energetische Überbesetzung der inneren Objekte – Paranoide Psychose

Werden beim introvertierten Denken die inneren Objekte energetisch übermäßig besetzt, wird die minderwertige Gegenfunktion, das extravertierte Fühlen, belebt und bricht aus der Verdrängung hervor und obsediert das Bewußtsein. Unser Denkmann ist dann plötzlich von ziemlich primitiven Gefühlen überwältigt, die sich in aller Regel an wirklichen oder imaginären Frauen festmachen. Infantile Sexualphantasien mischen sich ein und stören den Denkmann gewaltig. Er wird aus seiner schönen Ideenwelt und seinen Denksystemen herausgerissen und in Niederungen versetzt, die er in sich selbst nie vermutet hätte. Mancher Denker und Gottesmann floh dann in die Wüste, wo er sich mit geilen Phantasien und Versuchungen, die von lebenslustigen und genußsüchtigen Frauenbildern ausgingen, quälend herumschlagen mußte. Ich habe viele denkerisch hochbegabte und verdienstvolle introvertierte Geistliche kennengelernt, die sich noch in höherem Alter darüber beklagen mußten, wie sehr sie besonders von primitiven und geistlosen Frauen oder entsprechenden inneren Bildern sexuell versucht und geplagt wurden. Ihre minderwertige Fühlfunktion vermischt sich mit archaischen Sexualbildern, verstrickt sie dann immer wieder auch mit jungen Knaben und Mädchen und demütigt das moralische Denken. Gelegentlich werden diese Menschen straffällig oder erpreßbar. Diese ans unterentwickelte Fühlen gekoppelten Bilder drängen sich dem Bewußtsein *zwanghaft* auf und verwickeln es in einen nicht enden wollenden Kampf. Mancher introvertierte Denkmann kann sich von dieser faszinierenden Bildermacht nicht mehr unterscheiden und wirft sich auch in der Wirklichkeit an die erste beste Frau weg.

Aber selbst in nicht so schlimmen Fällen läuft der introvertierte Denkmann Gefahr, in die Hände einer oder mehrerer Frauen zu geraten, die seine Unbedarftheit, seine schlechte Beziehung zur äußeren Objektwelt und sein Desinteresse für weltliche Dinge mehr oder minder skrupellos ausnützen. Manch einer ist auf diese Weise unversehens um Hab und Gut gekommen. Er hat es nicht bemerkt, wie er hintergangen und ausgeplündert wurde, weil er in der Beschäftigung mit seinen Ideen nicht gestört sein wollte.

In extremen Fällen ist der introvertierte Denker derartig stark an die inneren Denkobjekte gefesselt und hat sich so stark in sich selbst verstrickt, daß die Abwehr gegen die äußeren Objekte immer heftiger, die Welt immer feindlicher und bedrohlicher und Realbeziehungen immer unmöglicher werden. Die gesamte verdrängte Gefühlswelt projiziert sich dann nach außen und verfolgt ihn scheinbar von dorther. Es hat sich ein *Verfolgungswahn* gebildet, und bei sonstigen ungünstigen Umständen bleibt der introvertierte Denkmann in einer *paranoiden Psychose* hängen, die sich schließlich als *paranoide Schizophrenie* lebenslang manifestieren kann.

Es ist den Psychiatern schon lange aufgefallen, daß sich ein höherer Prozentsatz Schizophrener aus «hochintelligenten» Männern rekrutiert, die aber schon in jüngeren Jahren als in sich gekehrte scheue Einzelgänger bekannt waren. Die meisten von ihnen sind ursprünglich introvertierte Denkmänner mit blendenden Schulnoten, die sie sich auch deshalb erarbeiten, um die Umwelt freundlich zu gestalten und um keine Angriffsflächen zu bieten. Zudem fühlen sie sich im stillen und engen Arbeitszimmer wohl, wo sie ungestört ihrem Hauptgeschäft, nämlich dem Denken, nachgehen können und genug Vorwände finden, allen Vergnügungen und gemeinschaftlichen Unternehmungen zu entkommen.

Zu den ausgewogeneren introvertierten Denkmännern gehören (insbesondere mit der Intuition als zweitbest entwickelter Funktion) große Philosophen. Ich zähle *Plato, Kant* und *Nietzsche* dazu. Im Alltagsleben finden wir die introvertierten Denkmänner als Bibliothekare, als unauffällige Verwaltungsbeamte, Nachtwächter oder auch als in sich gekehrte wortkarge Betriebsangestellte, die durch Pünktlichkeit und Diskretion angenehm auffallen oder völlig unauffällig, aber immer zuverlässig sind.

Die Rolle der Ideen beim introvertierten Denken – Der männliche Eifersuchtswahn

Ein großer Teil der introvertierten Denkmänner ist mit extravertierten Fühlfrauen verheiratet. Auch bei nur mäßiger Introversion sind die Konflikte vorprogrammiert. Abgesehen davon, daß die Frauen nur sehr wenig Gefühlsrückmeldung seitens des Mannes bekommen und sich folglich als von ihm wenig geliebt erleben, müssen sie mit typischen Unterstellungen seitens ihrer Männer rechnen. Wenn nämlich der Mann anfängt, über seine Frau nachzudenken, zum Beispiel darüber, was sie gerade fühlt – was die Frau zunächst als denkerische Zuwendung erlebt – muß sie immer wieder feststellen, daß sein Denken «daneben» liegt und daß sein Denken falsch ist. Da es sich mit inneren Vorstellungen, Ideen und Phantasien beschäftigt, und da der introvertierte Denkmann sich wenig darum kümmert, ob das, was er denkt, auch real vorkommt, erfaßt er seine Frau in der Regel schlecht.

Hat er zum Beispiel die Vorstellung, seine Frau sei nervös, reizbar und empfindlich, dann wird er ihr das unterstellen, auch wenn sie es jetzt gar nicht ist. Hat er erfahren, daß sie die Kinder öfters gemaßregelt hat, und huldigt er der Idee, daß Kinder nicht gemaßregelt werden sollen, wird er ihr das unterstellen, auch wenn keine Zurechtweisung stattgefunden hat und die Kinder selbst die Mutter nicht als maßregelnd erleben. Solche «fixe Ideen» des Mannes sind für die Frauen nicht immer als solche erkennbar. Sie fühlen zwar, daß der Mann falsch liegt. Er jedoch kann die «Wahrheit» seiner Idee durch weitausholende Denkschlüsse logisch untermauern, so daß das «Urteil» wie bei Gericht unumstößlich feststeht. Das hat oft zur Folge, daß die Frau anfängt zu glauben, er habe recht, und es treffe auf sie zu, was er über sie denkt. So entfremdet sie sich unter dem Druck seines Denkens und schätzt sich zum Beispiel als dumm und ihm weit unterlegen ein. Ihr ursprüngliches Gefühl, daß er nicht richtig über sie denkt, wird verdrängt und macht der Idee Platz, er habe recht. Sie hat sich also mit seiner Idee identifiziert und merkt nicht mehr, daß es gar nicht ihre, sondern seine Idee ist. Und damit beginnt ihre Neurose auf Grund seiner Introversion. Er steht als großer Denker da, und sie ist krank, oft für sie ein weiterer Beweis dafür, daß sie falsch liegt. Sie sagt sich: «Es muß an mir liegen, daß ich krank bin, denn sonst wäre ich ja gar nicht krank.» Natürlich liegt es auch an ihr: Sie hat ihr richtiges Fühlen abgespalten und den Widerstand gegen ihn aufgegeben, was für beide sehr verhängnisvoll werden kann.

Für den introvertierten Denkmann *ist sein eigenes Denken wirklicher als die Übereinstimmung seiner Gedanken mit der Außenwelt.* Es kommt im Alltagsleben immer wieder vor, daß der Mann zum Beispiel denkt: «Ich muß meiner Frau sagen, daß ich einen unangenehmen Brief bekommen habe.» Zeigt er ihr dann nach Tagen den Brief, ist er erstaunt, daß seine Frau nichts davon weiß, weil er es ihr gar nicht gesagt hat. Er ist überzeugt, daß er es gesagt, also einen konkreten Bezug zu ihr hergestellt hat. Die Frau muß ihm dann sagen: «Du hast nur *gedacht,* daß du es mir sagen willst, und jetzt meinst du, daß dein Gedachtes auch (real) wirklich ist.» Die Idee ist das Wirkliche für ihn. Das Aussprechen der Idee, also die Beziehungsherstellung zur Außenwelt (hier zur Frau) fiel unter den Tisch, weil das für den Introvertierten eine besondere Anstrengung ist.

Auf Dauer kann sich kein Mann dieser Anstrengung entziehen, will er die Ehe nicht gefährden. Andererseits kann er diese partielle Änderung seiner Introversion kaum bewerkstelligen, wenn ihm seine Frau nicht dabei hilft. Sie kann ihm aber nicht helfen, wenn sie keine Ahnung davon hat, was introvertiertes Denken überhaupt ist.

In extremeren Fällen kann sich das introvertierte Denken mit einer Idee beschäftigen, die es in dem Maße, mit dem es sie mit Energie besetzt, immer mehr fasziniert und einen Teil des Lebens bestimmt. Besteht die Idee zum Beispiel darin, daß die Frau des Denkmannes ihm untreu ist, dann wird dieser Mann mißtrauisch. Da er als introvertierter Denker ohnehin nicht nachvollziehen kann, daß seine extravertierte Fühlfrau gerne mit anderen Menschen zusammen ist und sie deshalb Bekannte einlädt oder sie besucht, um mit ihnen plaudernd zu reden und auch zu lachen, einfach, um Fühlkontakte zu haben, macht er sich Gedanken darüber, warum sie das tut, und warum sie es nötig hat – denn er braucht das alles nicht. Er ist dann völlig unfähig, sich die grundlegende Verschiedenheit seiner Frau von ihm selbst klarzumachen. So denkt er auf seine Weise darüber nach und kommt dann zum «logischen» Schluß, sie suche andere Männer. Er fängt dann an, sie zu beobachten, ihr «Fallen» zu stellen und ihr nachzuspionieren. Er sucht als Denker (natürlich!) Beweise. Im Regelfall findet er keine, jedoch gibt es «Indizien», und nicht selten kommt er auf Grund eines «Indizienprozesses» zur Verurteilung, das heißt, er gelangt zur denkerisch durchdachten Überzeugung: «Meine Frau hat etwas mit Männern.» Er kann nicht mehr zwischen Idee und Wirklichkeit unterscheiden, und letztendlich kann es sein, daß er in den Zustand des *Eifersuchtswahnes* gerät. Dieser ist dadurch gekennzeichnet, daß der Mann jede Kritikfähigkeit in bezug auf seine

Idee verloren hat. Der eigentliche Wahn ist nicht mehr korrigierbar.

Einige Männer verheimlichen ihren Eifersuchtswahn lange. Sie sprechen ungern darüber, weil andere die Wahrheit ihres Wahnes in Zweifel ziehen könnten. Zudem bleiben diese Männer beruflich in der Regel weiter unauffällig und sind unter Umständen hochgeschätzt. Da sie treu, zuverlässig und angepaßt sind, würde man ihnen zunächst auch Glauben schenken, sollten sie ihre Verdächtigungen dennoch aussprechen. Packt unser Denkmann dann auch noch seine «Indizien» aus, und legt er das Denkgebäude dar, das auf dem Boden der Indizien entstanden ist, gewinnt er Menschen, die ihn ob seines Unglückes mit seiner Frau bedauern. Je mehr er Zuspruch findet, um so lieber erzählt er seine «Wahrheit» und bringt seine Frau in schlechten Ruf. Oft braucht es lange und seitens seiner Frau viel Mühe, bis er als «Spinner» erkannt ist. Viele Frauen wagen es zunächst nicht einmal, sich scheiden zu lassen oder eine neue Beziehung anzuknüpfen oder überhaupt zu jemandem zu gehen, weil er dann gewissermaßen recht gehabt hätte. Es wäre ein neues Indiz für seine Denkkonstruktion.

Wie zu erwarten, wird auch der Mann mit Eifersuchtswahn keinen Psychiater aufsuchen, ist er doch von der Richtigkeit und Wahrheit seines Denkens überzeugt. In solchen Fällen gibt es nur eine Möglichkeit für die Ehefrau: Sie muß (auch mit Hilfe eines Anwaltes) ihren Mann vor die Alternative stellen: «Entweder du begibst dich in ärztliche Behandlung und kurierst dich, oder ich lasse mich scheiden.» Es ist notwendig, daß sie sein Kranksein deklariert und Konsequenzen fordert. Es ist die einzige Chance, die das Paar hat, um ein Paar bleiben zu können. Die extreme Fixierung an die innere Idee des introvertierten Denkmannes, wie sie im Eifersuchtswahn sichtbar wird, ist allerdings nicht nur durch introvertiertes Denken, sondern auch durch infantile Störungen zustande gekommen. In diesem Fall wird man ohne Medikamente keinen Erfolg erzielen können, und meistens ist auch ein Klinikaufenthalt angezeigt. Eine Psychotherapie, möglichst unter

Einbeziehung der Ehefrau, kann die Introversion abmildern und kindliche Traumen aufarbeiten helfen. Ob die Ehefrau das alles mitmachen kann und will, und ob der Denkmann die Geduld und den Veränderungswillen auch über Jahre hin beibehalten kann, steht natürlich auf einem anderen Blatt.

Das dem Denken konforme Fühlen des Mannes

Das S. 319f. dargelegte «filtrierte» Denken der Frau muß beim Mann mit umgekehrtem Vorzeichen als «filtriertes» Fühlen sein Gegenstück finden. Das Fühlen des Denkmannes ist notwendigerweise verdrängt. Daher läßt die verdrängende Zensur nur jene Anteile des Fühlens zu, die das Denken nicht stören. Dem Denken eignet die Distanz, dem Fühlen aber die Nähe. Und da dem Denken die Abstraktionstendenz angehört, das Fühlen aber am Konkreten haftet, muß man sich fragen, wie denn das Fühlen eines Denkmannes aussehen soll, und wie es sich manifestiert.

Wir gehen davon aus, daß nur ein Fühlen zugelassen werden kann, das dem Denken dient, beziehungsweise dem Denken aufruht. Nur so kann es übereinstimmen. Nun ist es offensichtlich, daß sich den denkerischen Abstraktionsprozessen keinerlei Fühlen beimischen kann, weil es den Abstraktionsprozeß stören würde. Folgt das Denken dem Prinzip von Ursache und Wirkung, beziehungsweise von Grund und Folge, ist es zunächst nicht sicher, ob das Fühlen nicht doch stören würde. Beschränkt sich das Denken aber auf seine Ist-Funktion, auf die Feststellung «das gibt es», «das existiert», «das ist so», kann das Fühlen ohne weiteres zugegen sein, insbesondere beim extravertierten Denken. Allerdings ist dieses Fühlen nicht besonders «warm» und im allgemeinen eher «dünn». Jedoch ist es möglich, daß der Mann sich bei der Darlegung seines Denkens «erwärmt». Er kann «liebevoll» von Objekten sprechen, die ihn denkerisch interessieren, wobei dem Fühlen ein Stück Erregtheit beigemischt ist. So diskutiert er «erregt», und er kann sogar «mit Leidenschaft» denken und Gedanken aussprechen, also mit starker Gefühlsbeteiligung, wenigstens bis zu einem gewissen Grade. Eine individuell unterschiedliche Grenze darf allerdings nicht überschritten werden, da der Denkmann sonst leicht übererregt und «laut» wird und deutlich aggressive Gefühle durchsickern, die sich in milder und natürlicher Form bereits in der Erregtheit äußern. Auch eine gewisse Fröhlichkeit oder Melancholie als Fühlqualitäten stören den Denkablauf nicht, und nicht selten geben sie ihm Gewicht und Nachdruck. Es sind also Gefühle, die dem Denken anhängen, ihm aufruhen. Es gibt ein «gutes» Denken und Gedanken, die sich harmonisch mit «Güte» verschmelzen, also ein durchaus gefühlsdurchtränktes Denken.

Mancher Denkmann fürchtet natürlich, sich durch solche Gefühlsbeteiligung beim Denken etwas zu vergeben, und manchmal geschieht es tatsächlich, daß ihn Gefühle «übermannen» und den Denkablauf stören bzw. unterbrechen, weil die erforderliche Verdrängung der aufkommenden Gefühle Kraft abverlangt, bis der Mann sich wieder «gefaßt» hat, also seine Fassung wiedergewonnen hat. Erst dann kann er wieder klar denken. Nicht selten sind diese Überwältigungen durch Gefühle mit Tränen verbunden, die den Fortgang seines Denkens erst recht hindern.

Läßt ein Mann sein Fühlen bis zu dem Grade zu, daß seine Stimme bewegt wird und er einen Augenblick innehalten muß, darf er des zustimmenden Beifalls gewiß sein, weil dann offenkundig ist, daß ihn seine Gedanken auch *bewegen*. Es ist gerade dieses Bewegtsein, das seinem Denken Authentizität verleiht, das heißt, *er hat sein Objekt sowohl durch Denken als auch mit Fühlen erfaßt*. Das sind zwar eher seltene und wohl auch begnadete Augenblicke, aber sie zeigen doch, wie Denken und Fühlen in einer Person grundsätzlich zusammenwirken können.

Es ist offensichtlich, daß die erreichte «Durchlässigkeit» für das Fühlen den Mann als Denker insofern gefährdet, als das Fühlen die Oberhand gewinnen kann und er die Fassung verliert. Er kann dann nicht mehr weitersprechen (und denken) wegen der Rührung und Tränen, im negativen Fall schreit er nur noch zornig und wütend herum. In beiden Fällen verliert er an Achtung in der Öffentlichkeit. Im Falle der positiven Gefühlsüberwältigung darf er allerdings mit dem Verständnis einer Frau rechnen, sofern der Zustand sich nicht zu oft wiederholt oder fast chronisch wird.

Mancher Mann spürt diese seine Gefährdung und wehrt sein Fühlen heftig ab. Dadurch steigert sich die Gefahr, daß negative Gefühle durchbrechen, gerade weil das Fühlen durch Verdrängung rigoros vom Bewußtsein ferngehalten wird. Ein solcher Mann zeigt eine verhaltene und gespannte Aggressivität als Ausdruck verletzten und abzuwehrenden Fühlens, die sprachlich und im Tonfall spürbar wird. Darauf reagieren Frauen besonders empfindlich, und einige von ihnen würden es vorziehen, daß der Mann «platzt» und «seine Gefühle zeigt».

Hinweise zur männlichen Weisheit

Für die Entwicklung der männlichen Weisheit ist es unerläßlich, daß sich der Mann durch Gefühlsintegration *von der Intellektualität befreit*, weil diese mit Begriffen und Formeln spielt, mit Abstrakta um sich wirft und die Fülle des Lebens gründlich verpaßt. Dieses «In-höheren-Regionen-Schweben» ist ein leeres Seifenblasenleben. Das Verstandesmäßige wird zur denkerischen Intelligenz, wenn die Begriffskonstruktionen entmachtet und die verwendeten Begriffe wieder zu einfachen Bezeichnungen von Objekten werden, so daß sie sich in handliche Verständigungsmittel zurückverwandeln. Das Denken muß zu seiner ursprünglichen «Das-ist-Funktion» zurückfinden und sich an der Konkretheit des Objektes wieder erfreuen. Im Idealfall sollte die Feststellung des einzelnen Objektes wieder ein gewisses Erstaunen auslösen im Sinne von «Daß es das gibt!» – Selbst dann, wenn das Objekt der alltägliche Tisch ist.

Das Objekt kann eine Idee oder eine Weltanschauung sein, jedoch auch Frau und Kinder, der Garten oder das tägliche Brot. Es ist die Entdeckerfreude, die dem Denken eigen ist, die auch bei bereits Bekanntem zum Schwingen kommen kann und soll. *Die für das Denken charakteristische Entdeckung der Objekte («Daß es das gibt!») erfolgt auf dem stillschweigenden Hintergrund: «Es könnte auch nicht (nichts) sein!»* Ein solcher Hintergrund besteht für das Fühlen nicht.

Das fortlaufende Entdecken der Objekte verleiht dem Denken Lebendigkeit und zugleich Geborgenheit. Für das intelligente und reife Denken ist die pure Tatsache, daß es das Sein beziehungsweise das Seiende «gibt», etwas Wunderbares, welches das gefühlsmäßig wahrgenommene Böse zugleich relativiert und ihm seinen Platz im Gefüge des Seienden beläßt. So wird durch das Denken auch die Bedeutung des eigenen Daseins relativiert. Das einzig Wichtige für die eigene Existenz ist dann die Verwunderung darüber, daß sie dank der Gabe des Denkens überhaupt die Welt erkennen und eventuell sogar auf ihren unbekannten Schöpfer schließen kann. Der Mann kann «das Ewige» auch fühlen, ähnlich wie die Frau. Jedoch ist ihm das Denken vorgelagert und wird dadurch modifiziert. Der denkerische Erkenntnisprozeß selbst und die gedankliche Erfassung der Objektwelt ermöglicht erst die auch gefühlte Erkenntnis, daß es Objekte «gibt» (und nicht nur nichts). Die Tatsache des Seins der Objekte und der sich daran entzündenden denkerischen Wahrnehmungsprozesse ist dann nicht mehr selbstverständlich. «Ich darf das alles erkennen!» ist der Grundtenor männlicher Weisheit. Es hat ein Denken zur Grundlage, das sich von Machtansprüchen befreit hat. Auf diese Weise erreicht das Denken eine Würde sondergleichen, die man umschreiben könnte mit dem Satz: «Obwohl ich vergänglich und unbedeutend wie ein Hauch oder Grashalm bin, ist mir die Welt (oder Ausschnitte davon) durch die Erkenntnis geschenkt worden.» Unter diesem Gesichtspunkt erscheint der Satz *Descartes:* Cogito, ergo sum (ich denke, folglich bin ich) in einem besonderen Licht.

Die dominante Fühlfunktion

Die extravertierte Fühlfrau

Wenn die Fühlfunktion habituell dominiert und am besten von allen Funktionen entwickelt ist, sprechen wir von einem *Fühltyp.* Statistisch ist er vor allem durch Frauen vertreten. Ich bezeichne diesen Typ hier als *Fühlfrau,* handelt es sich, was seltener vorkommt, um einen Mann, gebrauche ich den Terminus *Fühlmann.*

Mit dieser Kennzeichnung meine ich nicht den Umstand, daß diese Typen mehr oder überhaupt «Gefühle» haben. Ein verliebter Denkmann kann sehr viele Gefühle haben, nur sind in diesem Fall die Gefühle nicht reif, sie sind nicht entwickelt und entstehen durch aus dem Unbewußten stammende Projektionen, welche ihr Objekt (hier die Frau) oft nur sehr wenig oder gar nicht erfassen und gefühlsmäßig erkennen. Bei der Fühlfrau hingegen geht das Fühlen vom bewußten Ich aus, ist konstant und bleibt im allgemeinen lebenslänglich bestehen, was man bei der vergänglicheren Verliebtheit so nicht sagen kann.

Alle psychischen Funktionen dienen nicht nur der Orientierung durch verschiedenartige Wahrnehmungen. Sie gestatten darüber hinaus dem Menschen grundsätzlich die *Anpassung an die Objekte.* Dabei spielt die entwickelte Fühlfunktion eine hervorragende Rolle. Wie schon angedeutet, werden durch das Fühlen die sozialen Kontakte konkret hergestellt und Gemeinschaften gepflegt. Die überwiegend auf äußere Objekte orientierte Fühlfrau geht sofort auf die Menschen zu und schafft Sympathie und Wärme. Sie strahlt Sympathie und Wärme geradezu aus, und man fühlt sich in ihrer Gegenwart wohl. Herzlichkeit im praktischen Umgang und die Schaffung einer gemütlichen und aufgelockerten

Atmosphäre charakterisieren diesen Typ. Es ist erstaunlich, wie gut sich Fühlfrauen auf andere Menschen einstellen und Behaglichkeit und natürliche Selbstverständlichkeit vermitteln können. Sie erfühlen die Bedürfnisse und die großen und kleinen Nöte. Ihr Einfühlungsvermögen allein schon schafft auch in schwierigen Situationen eine trostspendende Geborgenheit. Ihre Verstehens- und Hilfsbereitschaft läßt die Fühlfrau als eine Art von Garant der Menschlichkeit und des Guten erscheinen. Ihre Geduld und Beständigkeit verbinden sich oft mit Verläßlichkeit und Treue.

Zu Hause ist die Fühlfrau das unausgesprochene und selbstverständliche Zentrum. Sie ist die offen oder heimlich anerkannte Herrin, wobei sie mehr umsichtig «waltet» als «herrscht». Da sie in der Regel mit einem Denkmann verheiratet ist, dessen Fühlfunktion naturgemäß minderwertig (unterentwickelt) ist, ist sie automatisch für alles Fühlen zuständig. In Zeiten der Not und des Unglücks zeigt sich die Fühlfrau in ihrer ganzen Stärke. Während der Mann schon längst verzweifelt ist, «weiß» die Fühlfrau immer noch einen Ausweg und zieht oft die ganze Familie durch. Auch dann, wenn sie durch Trauer und Leid gebeugt ist und viele Tränen vergossen hat, bleibt das «Tragende, Geduldige und Tröstende» erhalten. Eine Welt ohne Fühlfrau ist fast nicht vorstellbar. Es wäre tatsächlich eine völlig «trostlose» Welt.

Anpassungsfähigkeit und Schicksalsergebenheit

Die ausgewogene Fühlfrau paßt sich nicht nur unmittelbar und konkret ihrem Mann an (aber ohne ihren Standpunkt des Fühlens zu verlieren), sondern auch den Ereignissen und Gegebenheiten. Sie ist Meisterin im Ertragen auch böser Realitäten, ohne sich von ihrer gefühlsmäßigen moralischen Beurteilung abbringen zu lassen und ohne daß ihre «Herztendenz» aufgegeben wird. Sie partizipiert mit dem Herzen.

Das legendäre Gleichnis vom barmherzigen Samariter hat seine Bedeutung vorwiegend deshalb erhalten können, weil ein

Mann(!) seinen Mantel mit dem Armen teilt. Für eine extravertierte Fühlfrau ist eine solche Einstellung nichts Besonderes oder Erwähnenswertes, weil es in der Natur des auf äußere Objekte gerichteten Fühlens liegt, teilzunehmen, die Situation des «Objektes» einfühlend zu erfassen und Hilfe zu leisten. Es sind nicht immer nur Schuldgefühle, die zur Spende veranlassen. Für die Fühlfrau ist der jetzt und hier konkret Erfrierende oder Verhungernde Anlaß eines *Fühlurteils*: «Es ist eine böse Sache, daß dieser Mann erfriert. Weil das böse ist, kann ich es ändern oder abmildern.» Ist es unabänderlich, verfügt die Fühlfrau immer noch über Mitgefühl und Trostbereitschaft. Sie tröstet auch unausgesprochen, selbst dann noch, wenn es ihr selber sehr schlecht geht.

Die Fühlfrau ist, wenn ihre Hilfeleistung nichts mehr ändern kann, mit einer einzigartigen *Schicksalsergebenheit* begabt (oder begnadet), die zum Beispiel der reinen Empfindung und dem reinen Denken abgeht. Da die Fühlfrau durch konkrete Hilfe etwas verändern kann, fällt es ihr schwer, abzuschätzen, ob etwas real und jetzt wirklich auch durch Aktivitäten nicht mehr abzuändern ist. Wenn man zum Beispiel sieht, wie manche Fühlfrau einen beziehungslosen Mann ergeben und geduldig erträgt, weiß man oft nicht, ob man eine solche Frau bewundern oder sie zur Rebellion veranlassen soll. Insbesondere Frauen aus der Emanzipationsbewegung beurteilen solche Fühlfrauen oft entwertend. Umgekehrt können Fühlfrauen mit der Emanzipation wenig anfangen und schätzen manche «Emanze» als herz- und gefühllos ein.

Ausgeprägte Fühlfrauen sind z. B. auch grundsätzlich gegen jede Abtreibung (ganz im Gegensatz zu Frauen mit Empfindungsdominanz). Entschließen sie sich dennoch zu einer Abtreibung, leiden sie schwer darunter und verurteilen sich deswegen noch nach vielen Jahren.

Ich-Entwertung und Objektaufwertung bei exzessivem Fühlen (energetische Überbesetzung des Objektes)

Wird die extensive Fühlfunktion übermäßig entwickelt und sozusagen emporgezüchtet, werden die Objekte des Fühlens mit immer mehr Energie besetzt. Dieser Überschuß an Energie, der nunmehr den Fühlobjekten anhaftet, fasziniert das Ich in zunehmendem Maße. Dadurch kommt einerseits eine bedrohliche Ich-Schwäche (und Willensschwäche) zustande, andererseits eine bedauerliche Abhängigkeit des Ich vom Objekt. Dadurch wird das Ich entwertet, das Objekt aufgewertet. Es ist ein Ungleichgewicht entstanden, durch welches die Fühlfrau an das Objekt gefesselt wird. Ist das Fühlobjekt der Ehemann, erfährt er eine völlig unbotmäßige Aufwertung. Die Fühlfrau umkreist ihn mit ihren Gefühlen ständig, umsorgt ihn in ihn vereinnahmender Weise, und er merkt, daß sie an ihm klebt und ihn mit ihren Gefühlen verfolgt. Sie umsorgt ihn liebedienerisch auf Schritt und Tritt, stellt ihr ganzes Leben auf ihn ein dergestalt, daß sie schlußendlich glaubt, *er* beherrsche sie! In der Tat wird eine solche Fühlfrau vom Objekt beherrscht, weil sie viel zu viel Energie hineingesteckt und ihr eigenes Ich sozusagen vergessen hat. Was auch immer sie tut, fühlt oder denkt, alles dreht sich um ihn oder/und um die Kinder und die Haustiere. Sie geht in der Familie auf und verschwimmt gleichsam darin.

Der Mann aber empfindet sich in dieser Situation einerseits in schmeichelhafter Weise im Zentrum der Familie, andererseits fühlt er sich bedrückt und vereinnahmt und verschafft sich Freiraum im Beruf oder bei einer gefühlsarmen Freundin, die keine Dauerbeziehung zu ihm will. Die Frau jedenfalls wird in dieser Ehe aufgerieben falls es ihr nicht gelingt, die ins Objekt gelegte Energie wieder zurückzunehmen, sich also gefühlsmäßig von ihrem Mann zu distanzieren. Nur durch eine solche Rücknahme der Energie und durch ihre Trennung vom Objekt kann das Ich der Frau wieder erstarken. Dieser zumindest innere Trennungsprozeß ist schmerzlich und für manche Frauen nicht erträglich.

Das Sich-Verlieren der extravertierten Fühlfrau ist außerdem noch dadurch gekennzeichnet, daß durch diese Gleichgewichtsstörungen die Objekte nicht mehr korrekt erfühlt werden. Statt das Objekt mit dem ihm zukommenden Fühlen zu kontaktieren, wird es gleichsam überfallen und belagert. Die Frau verliert ihr Feingefühl, «hockt» nur noch auf ihrem Objekt (zum Beispiel ihrem Mann). *Das Fühlen verwandelt sich in eine Besatzungsmacht* (energetische Überbesetzung des Objekts), wie denn überhaupt die ganze Beziehung in einen Machtkampf ausartet. Die Fühlfrau weiß und verkündet tyrannisch, wann er was zu essen hat, was ihm guttut, wann er schlafen soll und wie er sich aufzuführen hat. Vorwurfsvolle Bevormundung tritt an die Stelle eines tragenden Fühlens. *Die Frau wird vom Objekt aufgefressen und frißt ihr Objekt.* Oftmals sind Alkoholabusus und Freßsucht der Frau die Folgen.

Das minderwertige Denken bei Objektfixierung der Fühlfrau

Aufgrund der Ich-Schwäche gerät das Ich in den Bannkreis der Gegenfunktion des Fühlens, nämlich des Denkens. Dieses Denken ist völlig unterentwickelt, infantil und negativ. Es projiziert sich auf den ursprünglich geliebten Menschen und/oder auf andere Menschen und Fühlobjekte, zu welchen die Frau einmal gute Gefühlsbeziehungen hatte. Sie alle sind nunmehr schlecht, haben ihre guten Gefühle mißbraucht und sie ausgenutzt. Alle denken schlecht über sie oder wollen nichts mehr von ihr wissen. Dem Mann hängt die Fühlfrau nun alle nur erdenklichen Bosheiten und Schlechtigkeiten an. Tut sie es nicht öffentlich, dann *wird sie stumm zum wandelnden Vorwurf.* Ihr Fühlen hat sich verfälscht und ist rechthaberisch, unkorrigierbar und schlecht geworden. Nicht selten werden diese Frauen hinterhältig und doppelzüngig. Von der ihnen eigenen Wärme und Zuwendungsbereitschaft merkt man nichts mehr. Nehmen sie dennoch Kontakt auf, ist er aufdringlich oder/und fordernd, gelegentlich anklagend.

Ist das ursprüngliche Niveau dieser Fühlfrauen eher niedrig, verwandeln sie sich gelegentlich in keifende und schreiende Weiber, die als hysterisch bekannt sind. Sie fühlen nur noch schlecht und sind auf Machtkampf eingestellt. Außerdem verbreiten sie aufgrund ihres infantil-archaischen Denkens sehr üble und hinterhältige Gerüchte und projizieren ihre kindlichen Sexualfantasien auf alle nur möglichen Situationen und Menschen, welch letztere zu Recht diese bösen Zungen, ihre Gerüchtemacherei und ihre Verleumdung fürchten. Ihrem Ehemann gegenüber verhalten sie sich einerseits abwertend-verachtend, andererseits verführen sie ihn kraft ihrer infantilen Sexualfantasien, bleiben aber selbst in der Regel frigid.

Arbeiten viele Frauen zusammen, zum Beispiel in der Fabrik, müssen sich gerade Frauen mit ausgeglichener Fühlfunktion bitter und gekränkt über die Sticheleien, Anzüglichkeiten und Verleumdungen ihrer objektbesessenen und von minderwertigem Denken befallenen Geschlechtsgenossinnen beklagen, die ihnen das Leben manchmal zur Hölle machen.

Fühlfrauen mit ausgeprägter Extraversion neigen nicht selten zu verstärkter Objektbesetzung. Die Hauptgefahr, die ihnen droht, besteht in der Fixierung und Fesselung an die Objekte. Um das gute Funktionieren der Fühlfunktion aufrechtzuerhalten, ist es sehr wichtig, daß sich die Frauen immer wieder zurücknehmen und sich nicht von ihren Fühlobjekten ständig auffressen lassen. Sind die Fühlfrauen mit einem Denkmann verbunden, kann dieser ihnen helfen. Er muß wissen, daß er das Fühlen der Frau nur begrenzt für sich in Anspruch nehmen kann. Auch wäre es gut, wenn er seine Fühlfrau auf ihre zu intensiven Fühlkontakte und Hilfsaktionen oder auf ihr zu großes soziales Engagement aufmerksam macht und ihr zu vermitteln versucht, daß eine zu große Ich-Schwächung die Entartung des Fühlens zur Folge haben kann. Dazu müßte er sich allerdings die Mühe machen, Grundzüge der seelischen Verfassung und Struktur seiner Frau gut kennenzulernen und zur Bereitschaft zu gelangen, nicht nur sich selbst betreuen zu lassen, sondern auch auf seine Frau acht zu haben.

Die Frau als Lügnerin

Es ist eine verbreitete Ansicht, Frauen könnten viel besser lügen als Männer, denen man das Lügen sozusagen ansehe. Die Neigung zum habituellen Lügen hat etwas mit der Minderwertigkeit der Denkfunktion bei Fühldominanz und Objektfixierung zu tun. Gerade weil das Denken der Wahrheit so verpflichtet ist, kann es sich, falls minderwertig, ins Gegenteil verkehren. Ja, dieses Denken kann sich geradezu im Lügen «spezialisieren» und eine «Könnerschaft» entwickeln, die man nie vermutet hätte.

Aufgrund der Nähe des minderwertigen Denkens zum Unbewußten bei der sehr ausgeprägten Fühlfrau kann sich ein geradezu dranghaftes und halsstarriges Lügen entwickeln. Nicht selten gewinnt man den Eindruck, das Lügen sei Teil der Weltanschauung dieser Frau geworden. Manche lügen ohne Not, überflüssigerweise und quasi als «Sport». Eine Patientin sagte mir einmal mit Leidenschaft: «Und selbst wenn mich mein Mann im Bett mit einem Freund in flagranti erwischen würde, würde ich alles abstreiten!» Das (moralische) Wertfühlen hat offenbar eine Verkehrung der Werte ins Gegenteil erfahren.

Faktisch verleugnen solche Frauen das Beste an sich selbst, nämlich ihr Fühlen. Die Verleugnung (die sich nach außen als Lüge manifestiert) ist ein seit *Freud* bekannter Abwehr- und Verdrängungsmechanismus, dem nahezu alle Menschen zeitweilig unterliegen. Bei der habituellen Lügnerin handelt es sich aber um die Abwehr des gesamten Fühlens als ursprünglicher Hauptfunktion, was deshalb als schwere neurotische Störung einzustufen ist, die aber grundsätzlich durch Psychoanalyse aufgelöst werden kann.

Die introvertierte Fühlfrau

Richtet sich das Fühlorgan der Frau nach innen, also der inneren, seelischen Objektwelt zu, dann interessiert sich dieses Fühlen nicht mehr für äußere Objekte, oder doch nur in sehr geringem Maß. Bei diesem *habituell introvertierten Fühltyp* ist es sehr schwierig, Aussagen über sein Fühlen zu machen. Da dieses von der äußeren Objektwelt abgekehrt ist, äußert eine solche Frau ihre Gefühle nicht, obwohl ihre Fühlfunktion gut entwickelt ist. Man spürt zwar, daß die introvertierte Fühlfrau *intensiv fühlt,* aber man erfährt so gut wie nichts darüber, was sie positiv fühlt. Man ahnt nur, daß sie ein sogenanntes «reiches Innenleben» hat.

Nach außen hin wirkt sie im Regelfall zwar freundlich, aber diese Freundlichkeit entbehrt der Wärme, wie wir sie von der extravertierten Fühlfrau gewohnt sind. Oft haben diese Frauen etwas Maskenhaftes an sich, da auch die Mimik und Gestik keinem Gefühlsausdruck dient. Dieses Maskenhafte kann sich bei intensiver Introversion oder in störenden und belastenden Situationen bis zur Starre steigern. Aufgrund des nach innen gerichteten Fühlorgans werden von außen kommende Gefühlsansprüche anderer Menschen abgewiesen, zumindest bleibt die Frau weitgehend indifferent. Nichts kann sie mitreißen, und es gibt nichts, was sie wirklich begeistern könnte. Wendet man sich ihr gefühlshaft zu, prallt man ab, bekommt irgendwie eine kalte Dusche und fühlt sich betreten oder etwas überflüssig. Sie ist sich selber genug.

Wo die introvertierte Fühlfrau verweilt, herrscht eine distanzierte Kühle. Je intensiver sie fühlend mit ihrer eigenen Innenwelt beschäftigt ist, um so gleichgültiger wird ihr die unmittelbare Umgebung, die sie weder mit Wärme noch mit Gemütlichkeit oder Häuslichkeit erfüllen kann. Sie kocht nach Rezept und hat keinen Bezug zur Zubereitung gemeinschaftlicher Mahlzeiten oder gar häuslicher Festlichkeiten. In der Regel verwaltet sie das Haus «steril» und hält es sich durch eine mehr oder weniger zwanghafte Ordnung sozusagen vom Leibe. In Extremfällen vernachlässigt sie es.

Innere Leidenschaftlichkeit und äußeres Harmoniebestreben – Die heimliche Machtausübung

Die introvertierte Fühlfrau ist durchaus auf eine harmonische Umgebung bedacht. Da sie emotionale Ereignisse von außen nicht gut vertragen kann und von stärkeren Gefühlszuwendungen nur gestört wird, sieht sie zu, daß alles seinen ruhigen und ungestörten Gang nimmt. Sie braucht ruhige, gleichmäßige und ausgewogene Beziehungen und vor allem einen Partner, der sich in emotionaler Weise nicht allzusehr um ihr Innenleben kümmert. Ist er ein Mann, der seine eigenen Wege geht und eigene Interessen verfolgt (natürlich unter Beachtung der häuslichen Gewohnheiten und Regelmäßigkeiten), ist dieser Fühltyp zufrieden. Kann sich der Mann darauf einstellen und lernt er es, nur wenige gefühlsmäßige Anforderungen an sie zu stellen, und beläßt er sie in ihrer abgeschlossenen Innenwelt, dauern solche Ehen ein Leben lang. Sollte diese Frau vor ihrem Mann sterben, könnte er zu Recht auf den Grabstein die Worte schreiben: «Meiner Frau, der großen Unbekannten.»

Wünscht der Mann aber eine intensive Gefühlsbeziehung mit ihr, dann wird er frustriert, da er kaum ein gefühlsmäßiges Echo erfährt. Sie wird von ihm freundlich und sogar sanft mehr Distanz verlangen, das aber mit Festigkeit und Konstanz. Manchmal hat dieser Typ von Fühlfrau über Jahrzehnte hin ein gleichmäßig «schönes» und auch jugendliches, immer ein wenig kindlich wirkendes Gesicht. Es eignet diesen Frauen etwas Elfenhaftes und bisweilen sogar Gebrechliches. Mancher Mann meint, er müsse das schützen, und sie könne ohne ihn gar nicht leben. Das ist aber ein Irrtum, weil diese Frau über eine innere Stärke verfügt, die der Mann nur ahnen oder aus Erfahrung feststellen kann.

Oft wird der mit ihr verheiratete Denkmann sagen, sie sei kalt, kühl und ein leidenschaftsloses Wesen. Das ist sicher nicht richtig. Er spürt nur nichts davon, weil er es sich (besonders wenn er habituell extravertiert ist) gar nicht vorstellen kann, daß es eine völlig nach innen gerichtete und nach außen hermetisch abgeschirmte

Leidenschaftlichkeit und Emotionalität gibt. Wäre unsere introvertierte Fühlfrau der barmherzige Samariter gewesen, hätte sie kaum ihren Mantel geteilt. Sie ist nach außen hin zu keiner nennenswerten *gefühlshaften* Hilfeleistung fähig. Dennoch hätte sie tiefstes Mitleid empfunden und das Leid der ganzen Welt in sich getragen.

Das reiche innere Gefühlsleben dringt – allerdings sehr spärlich – nur indirekt an die Außenwelt. Viele dieser Frauen leben ihr Fühlen in der Poesie, der Kunst, im Märchen oder in einer sehr verschwiegenen Religiosität aus. Erleiden sie Verluste (Kinder oder geliebte Eltern oder Geschwister), sieht man ihnen die Trauer nicht an. Die anfängliche Starre löst sich mit der Zeit wieder auf, und sie leben weiter so, als ob nichts geschehen wäre. Aber sie leiden trauernd darum ein ganzes Leben lang.

Die äußeren Objekte werden, wenn sie gefühlshaft einwirken, auf Dauer leicht bedrohlich, weil die introvertierte Fühlfrau keinen Gefühlsbezug zu ihnen herstellen kann. Grundsätzlich müssen introvertierte Fühlfrauen die äußeren Objekte depotenzieren und abwehren, das heißt, sie möchten Macht darüber erlangen. Im Normalfall ist das weiter nicht störend, obwohl der dominierende Einfluß solcher Frauen in eigenartiger Weise empfunden wird. Worin er besteht, und was die Frau eigentlich in diese Richtung tut, ist aber kaum festzustellen. Der Mann ist davon jedenfalls in eigentümlicher Weise angezogen und kann sich daher gar nicht wehren. Vor allem ist es dem Denker nicht möglich, diese dominierende Einflußnahme zu definieren, und dennoch herrscht die Frau irgendwie.

Fixierung des Fühlens an innere Objekte – Die weibliche Herrschsucht

Werden von der Fühlfunktion die inneren Objekte – z. B. Phantasien – sehr stark mit Energie besetzt, kommt das Ich nicht mehr davon los. Es wird davon fasziniert, ganz ähnlich wie die extravertierte Fühlfrau von äußeren Objekten. Das Ich erfährt dann fühlend die Macht unbewußter Bilder, die letztlich auf die Macht des Gotteskomplexes zurückgeht. Kann es sich von diesem Machtkomplex nicht genügend unterscheiden und identifiziert es sich damit, dann wird das authentische Fühlen schrittweise zerstört. Es entwickelt sich eine offensichtliche Herrschsucht auch in banalen Dingen. Alle Objekte sollen beherrscht werden, und das um jeden Preis. Skrupelloser Ehrgeiz, zwängerische Tyrannei führen, wie schon *Jung* beobachtet hat, zu einer «heimtückischen Grausamkeit». Aus der Frau, die normalerweise nicht in Erscheinung tritt und die eine «angenehme Ruhe, einen sympathischen Parallelismus, der den anderen nicht veranlassen, beeindrucken oder gar bearbeiten und verändern will» (C. G. Jung: Psychologische Typen. GW 6, Walter: Olten 1989, S. 423), kann eine Frau werden, die intrigiert, rivalisieren und sich in erbitterte heimliche Kämpfe einlassen will, und «auch die Tugenden werden mißbraucht, nur um einen Trumpf ausspielen zu können» (Jung, GW 6, S. 426). Das kann auf Dauer nicht gut gehen wegen der schweren inneren Gleichgewichtsstörung, und es führt zur Neurasthenie (wörtl.: «Nervenschwäche»; chronische Erschöpfung und Widerstandsunfähigkeit; das Denken kreist ständig um die körperliche Gesundheit).

Die Karrierefrau

Aber es gibt natürlich mildere und zur sogenannten Normalität gehörende Einflußmöglichkeiten auf äußere Objekte. Da die Hauptfunktion das introvertierte Fühlen ist, ist die Gegenfunktion das extravertierte Denken, das wegen seiner Unterentwicklung mit dem Machtkomplex in Berührung steht. Je mehr sich das intensive Fühlen vom Machtkomplex beeinflussen läßt, um so mehr wird das extravertierte Denken belebt. Das innere Fühlen wird immer geringer, und die ehrgeizige denkerische Bewältigung und Beherrschung der äußeren Objekte wird immer durchschlagsbereiter. Trotz der Introversion des Fühlens manifestieren sich diese Frauen als extravertierte kühle Denkerinnen, sie können Karriere machen als Chefsekretärinnen, Managerinnen und absolut kalte Verhandlungspartnerinnen im Geschäftsleben. Ihre Verhandlungspraktik ist durch Härte, Kälte und bisweilen Skrupellosigkeit gekennzeichnet und hinterläßt bei den männlichen Kollegen ein wenig Verwunderung und Bewunderung, aber im Ganzen eher Ablehnung. Niemand will gerne mit ihr verhandeln, weil das Klima unerträglich und völlig rücksichtslos und eiskalt ist.

In extremen Fällen scheinen diese Frauen kein Mittel zu scheuen, um eine Machtposition zu erreichen. Es macht ihnen gar nichts aus, den Chef erst zu verführen, dann zu kompromittieren oder mehr oder weniger zu erpressen. Dabei können sie in der Intimsituation sogar eine Leidenschaftlichkeit entwickeln, die äußerst attraktiv ist, die aber nicht dem Mann gilt, sondern schließlich kraft der Erregung durch das Machtgefühl zustande kommt. Überhaupt habe ich die Beobachtung gemacht, daß sehr stark introvertierte Fühlfrauen im Sexualbereich manchmal das Machtgefühl auskosten, das sie durch ihre Verführung und Beherrschung der männlichen Sexuallust erreichen.

Mancher Mann ist einer solchen Frau völlig hörig geworden und mußte schlußendlich nach ihrer Pfeife tanzen. Es handelt sich um eine denkerisch berechnete, vom Machtkomplex geleitete Inbesitznahme des Mannes, indem die Karrierefrau seine Verliebtheit bewirkt, scheinbar willfährig ist und seine sexuellen Gefühle akzeptiert. Diese Inbesitznahme seitens der Frau ist sehr verführerisch und zunächst sogar bereichernd (für ihn), bis er merkt, daß er einen sehr hohen Preis zu zahlen hat, und daß nicht «Liebe» im Spiel war. «Du bist gefühllos und eiskalt berechnend, und doch komme ich nicht von dir los», wird ein solcher Mann sagen oder denken. Manch einer zieht es vor, diese Frau zu heiraten, um weiteren Repressalien vorzubeugen und ihr die dadurch erreichte Machtfülle zu geben. «Dann ist sie vielleicht befriedigt.» Zunächst ja. Aber sollte die Frau nicht die in die inneren Objekte investierten Energien zurücknehmen (ein schmerzlicher Verzicht), wird ihr Ehrgeiz ungebrochen bleiben. Sie wird dem Mann nicht zugehören und nach weiteren und höheren Zielen Ausschau halten, er war dazu nur eine Stufe.

Introvertiertes Fühlen – Extravertiertes Denken

Nun sind solche extremen Objektbesetzungen (äußerer und innerer Objekte) zum Glück nicht die Regel. Ich habe sie hier erwähnt, um auf die Gefahren hinzuweisen, welche Fühlfrauen laufen können, und auf die Rolle, welche ihre Partner dabei spielen werden. Bei der introvertierten Fühlfrau haben wir gesehen, daß ihr extravertiertes Denken seine Wirksamkeit durch die Kontaminierung mit dem unbewußten Machtkomplex (Gotteskomplex) erlangt, der durch die Introversion entstanden war und minderwertig bleibt, natürlich auf Kosten des Fühlens. Ähnlich verhält es sich mit dem minderwertigen Fühlen des Denkmannes, das im Extremfall nur noch aus Tobsuchtsanfällen, Gewalttätigkeiten und Beherrschenwollen auf allen Gebieten und um jeden Preis besteht.

Wenn die äußeren Objekte die Fühlfrau oder den Denkmann ständig stören, wird die minderwertige und unbewußte Funktion in Aktion gesetzt. Selbst dann, wenn diese erfolgreich ist, bleibt sie unterentwickelt, und das Gleichgewicht ist gestört. In beiden Fällen handelt es sich um eine Überforderung.

Der extravertierte Denkmann wird von der introvertierten Fühlfrau trotz Frustrationen doch ständig fasziniert. Das hängt damit zusammen, daß sein eigenes unbewußtes (und introvertiertes) Fühlen sich auf die Frau projiziert. Gerade der Umstand, daß er nie «richtig» weiß, was nun eigentlich in seiner Frau im Innersten vorgeht, bindet ihn an sie. Es ist ähnlich wie die Faszination, die für den Denkmann von einem äußeren ungelösten (oft technischen) Problem ausgeht. Er kann jahrelang daran herumbasteln, um endlich die Lösung zu finden. Bei seiner Frau wird er «das Problem» nie lösen, nicht nur, weil die Frau kein technisches Gebilde ist, sondern auch, weil das Denken dem Fühlen gegenüber eher ratlos ist. Ist das Fühlen zudem introvertiert, ist ein volles denkerisches Begreifen ohnehin völlig ausgeschlossen. Aber... der Mann bleibt davon gefesselt. Und wenn er auch zu seiner Entlastung gelegentlich zu «einfacheren» Frauen flieht, bleibt er ihr in aller Regel treu – und das nicht nur aufgrund seiner im Denken begründeten Grundsätze – obwohl er von diesem Fühltyp nicht gerade verwöhnt wird. Sollte die Frau vor ihm sterben, wird sie in seinem Herzen auch dann insgeheim die erste Stelle einnehmen, wenn er sich wieder gut verheiratet hat.

Gerade der extravertierte Denkmann, dem die äußere Objektwelt so überaus wichtig ist, kann sich von der stillen Innerlichkeit der introvertierten Fühlfrau nicht lösen. Sie relativiert sein habituelles Wertesystem und gemahnt ihn daran, daß die äußere Welt letztendlich eben doch irgendwie «eitel» ist, wie die Bibel es sagt. Jedoch gilt auch das Umgekehrte.

Die egozentrische Verhaftung des introvertierten Fühlens

Manche introvertierte Fühlfrau «verspinnt» sich derart in sich selbst, daß sie sich den Vorwurf der Egozentrizität, des Egoismus, der narzißtischen Selbstbespiegelung und der Asozialität gefallenlassen muß. «Alles dreht sich nur um dich selbst.» So lautet der kritische Einwand. Dies gilt für alle introvertierten Typen, aber besonders für die Fühlfrau. Das Fühlen hat einen sehr *haftenden Charakter.* Orientiert es sich an inneren Objekten (zum Beispiel an Vorstellungen, mehr oder minder unbewußten Fantasien oder archetypischen Bildern), ist es an diese verhaftet, und es ist ihm gleichgültig, ob diese mit der äußeren Objektwelt wenigstens ein wenig übereinstimmen. Die introvertierte Fühlfrau sucht die inneren Bilder in der äußeren Welt wiederzufinden und zu verwirklichen. Viele Künstlerinnen gehören zum introvertierten Fühltyp.

Mangelt aber die Gestaltungskraft, dann dreht sich alles nur noch um die eigene Welt. Bestenfalls findet diese einen völlig unkritischen Ausdruck in neuen esoterischen «Erkenntnissen», in Büchern, die unerhörte Wahrheiten auftischen und vom Tiefsinn der weiblichen Seele Kunde bringen sollen – natürlich ohne jede Berücksichtigung der sogenannten realen äußeren Verhältnisse und denkerisch-wissenschaftlicher Erkenntnisse. Schlußendlich üben sich diese Frauen in einer sogenannten «Selbstverwirklichung» unter Verlust jedes Realbezuges. Sie schwimmen auf dem Meer ihrer Fantasien hinweg und kümmern sich nur noch um sich selbst, um ihre «Erfahrungen» – das alles nicht ohne Selbstüberheblichkeit und besserwissende Arroganz. «Ich bin ich», und «Ich bin mir wichtig» sind die gängigen Sätze, die keinem Denkmann einfallen würden. Oft gewinnt man den Eindruck, daß dieser Typ von Fühlfrau von Kindheit an nichts anderes getan hat, als sich in der inneren Nabelschau zu üben und sich zu einem Selbstbewußtsein zu bringen, das sicher nicht gesund ist, insofern es in gefährlicher Nähe zum unbewußten Macht- und Gotteskomplex steht. Es ist klar, daß solche extremen Frauen schlußendlich von ihren Männern verlassen werden, falls sie selbst es nicht schon vorher im lauthals verkündeten Interesse ihrer «Selbstwerdung», «Selbstfindung» und «Selbstverwirklichung» getan haben. Zuweilen allerdings mag es auch ein anfänglich «richtiger» innerer Antrieb sein, der die Frauen auf einen neuen Weg bringen kann. Dann müssen sie sich aber ihrer grundsätzlichen Feindlichkeit gegenüber äußeren Objekten (z. B. Männern) bewußt werden.

Vergleich zwischen Fühlen und Denken

Wir haben jetzt die typologischen Unterschiede behandelt, die durch die Differenz der Objektorientierung der Fühlfunktion zustandekommen, und haben auf Extreme hingewiesen, die ihre Existenz der sekundären Faszination durch innere oder äußere Objekte verdanken. Das Ich hat über das Fühlorgan zuviel Energie in die Objekte gelegt und wird erst *deshalb* von ihnen angezogen.

Das kann natürlich auch der Denkfunktion geschehen, jedoch

bleibt das Denken dem Objekt gegenüber weniger verhaftet, weil das Denken in sich und an sich beweglicher, distanzierter, «kälter» ist und zudem zur Abstraktion neigt, also nicht am Konkreten haftet. Es sucht immer allgemeinere Gesetze und Wahrheiten. In dem Augenblick, in dem sich im Denkmann auch das Fühlen regt, ändern sich die Dinge. Er kann dann zum Beispiel jahrelang an einem Motor herumbasteln, der ihn auch gefühlsmäßig fesselt, was zur Einseitigkeit des Denkens ein Gegengewicht bildet. Für sein inneres Gleichgewicht ist das in der Regel sehr wohltuend.

Die Fühlfunktion hingegen ist weniger aktiv und beweglich als die Denkfunktion, weil ihr die Abstraktion fehlt. Sie haftet am Konkreten, und dieses Konkrete ist ihr wichtig. Im Gegensatz zur Distanz des Denkens eignet der Fühlfunktion die Nähe. Das Denken schafft Kälte, das Fühlen schafft Wärme. Das Denken fürchtet Wärme und Nähe, das Fühlen fürchtet Kälte und Distanz. Es gedeiht bildlich gesprochen am besten in den Tropen. Will das Denken in Erfahrung bringen, ob etwas wahr oder falsch ist (wobei das Wahre ergriffen, das Falsche abgestoßen wird), so will das Fühlen in Erfahrung bringen, ob etwas gut oder böse ist. Das Fühlen verallgemeinert weniger als das Denken. Nicht, ob etwas allgemein und überhaupt gut oder böse ist, ist interessant, sondern ob dieses Konkrete in der jetzigen Situation gut oder böse ist. «Ich habe ein gutes Gefühl dabei», sagt die Fühlfunktion. Oder «ich habe kein gutes Gefühl dabei». Die voll entwickelte Fühlfunktion irrt sich selten. Sie ist *wertsichtig,* und sie vertritt auch die Werte. Für das Fühlen sind Krankheit, Hunger, Schmerz und Leiden ein Unwert, für das Denken sind sie wertindifferent.

Natürlich hat das Fühlen auch ein Objekt. Das Objekt soll aber nahe sein und konkret bleiben. Das Fühlen nimmt wahr: «Mein Kind hat Hunger.» Es haftet jetzt ausschließlich an diesem konkreten Hunger. Das Denken nimmt wahr: «Mein Kind hat Hunger... aber andere Kinder in der Dritten Welt haben auch Hunger!» Es entwertet den Hunger in der Nähe und schafft, verallgemeinernd und abstrahierend, Distanz.

Das Fühlen hingegen bleibt beim Hunger in der Nähe haften.

Diesen gilt es wahrzunehmen, dieser Hunger ist jetzt schlimm. Natürlich will das Fühlen jeden Hunger beseitigen («Mein Gott, die armen Kinder in Afrika!»), auch der «ferne» Hunger wird als Unwert gefühlt, aber der nähere ist konkreter, unmittelbarer. Und auf diesen kommt es an.

Fühlen und Abhängigkeit als inneres Schicksal

Die allgemeinen Charakteristika der isoliert betrachteten Fühlfunktion bleiben sich gleich, ob Introversion oder Extraversion vorliegt. Die Nähe und die warme Verhaftung am Objekt kennzeichnen das Fühlen und seine relativ hohe Verletzbarkeit – ganz im Gegensatz zum isoliert betrachteten Denken. Dadurch entsteht bei der Frau eine recht ausgeprägte *Abhängigkeit vom Objekt* (sei es nun innerlich oder äußerlich), die beim puren Denken so nicht existiert. Die lange beklagte Abhängigkeit der Frau hat nicht nur ökonomische oder soziale Gründe und ist nicht nur durch patriarchale Ideen und Gesellschaftsstrukturen gegeben. Vielmehr besteht die Tatsache, daß, *sobald überhaupt Gefühle im Spiele sind, Abhängigkeiten geschaffen werden!* Das gilt auch für den Mann, insbesondere den Fühlmann.

Die Fühlfunktion ist in ihrer extravertierten Form nun einmal *eine soziale,* in introvertierter Form eine *selbstliebende Funktion.* Ob wir es wollen oder nicht, wir unterliegen weitgehend den Eigenschaften, welche unsere psychischen Hauptfunktionen kennzeichnen, und da man sie sich nicht aus dem Herzen reißen, sondern allenfalls durch ergänzende Entwicklung anderer Funktionen abmildern kann, müssen wir uns mit ihr als unserem inneren Schicksal abfinden. Das wird um so besser möglich sein, wenn unsere Partner/innen uns einerseits so bewußt als möglich anerkennen, andererseits uns Grenzen setzen, um Extreme zu verhindern.

Im allgemeinen leben die Menschen eine mäßige Intro- oder Extraversion. Manchmal ist es sogar ungewiß, ob das eine oder andere überwiegt. Gelegentlich hatte ich sogar den Eindruck, daß einige Menschen ihre Orientierung nach innen oder nach außen ohne allzu große Anstrengung situationsbedingt ändern können. Das habituelle Vorherrschen einer Funktion hingegen kann man normalerweise nicht ohne weiteres ändern.

Das verletzte Fühlen in der Öffentlichkeit, illustriert am Beispiel des Golfkrieges

Die Verletzbarkeit des Fühlorgans bringt es mit sich, daß Fühlfrauen wesentlich häufiger in Ängste verfallen, und nicht alle sind in der Lage, durch eine denkerische Anstrengung der Ängste Herr zu werden. Das verletzte Fühlen muß dann weitgehend verdrängt werden, weil der «Schmerz» kaum zu ertragen ist, und das bringt wiederum Ängste mit sich.

Irak und Iran führen einen mörderischen achtjährigen Krieg. Es gibt immerhin eine Million Tote und Verletzte. Radio und Fernsehen berichten darüber. Auch Bilder von durch irakisches Giftgas getöteten Kurdenkindern werden gezeigt. Das Fühlen der Deutschen mit Fühldominanz wird angerührt. Es ist entsetzlich. Das Fühlen ist verletzt, aber die Verletzung hält sich in Grenzen, weil das kriegerische Geschehen weit entfernt ist und die eigenen Belange nicht berührt. Da das Fühlen eine Nähefunktion ist, gibt es kaum öffentliche Reaktionen. Die irakischen oder iranischen Botschaften sind aus diesem Grunde nicht von Demonstranten belästigt. Der achtjährige Krieg hat keinen Friedensapostel auf die Straße getrieben, und die Friedensbewegung beschränkte sich auf individuelle Empörung im Rahmen des trauten Heimes. Dort ist man (mit Recht) entsetzt und bedauert. Man hofft auf die Friedensbemühungen der UNO, und schließlich ist das Fühlen wegen der Ferne des Geschehens nicht mehr irritiert. Lediglich die «Denker» beschäftigen sich mit den Ereignissen, organisieren Kurdentransporte und Spezialkliniken, um sich in der Behandlung von Giftgasverbrennungen zu üben. Es gibt hier eine relativ neue Ursache mit spezifischen Wirkungen. Diesen gilt die Aufmerksamkeit.

Das Fühlen entschuldigt sich: «Was soll man machen, es ist alles so weit weg, und wir haben keinen Einfluß darauf.»

Dann überfällt der Irak Kuwait und besetzt es. Man weiß, daß Irak über Giftgas verfügt, an der Atombombe bastelt und mit Raketen nicht nur bis Teheran, sondern auch bis Jerusalem schießen kann. Man weiß auch, daß der (intuitive!) Sadam Hussein einen «heiligen» und folglich die Massen begeisternden Krieg führen will. Er ist so gefährlich wie Hitler. Das wissen aber eigentlich nur die «Denker», denn das Denken sammelt Daten und registriert sie, auch dann, wenn die Ereignisse in zeitlicher und räumlicher Ferne liegen. Für die deutschen Fühlfrauen und Fühlmänner aber ist das kriegerische Geschehen zu weit weg. Die durch die Medien vermittelten Nachrichten und Bilder berühren das Fühlen zwar, und das Urteil der Fühlfunktion ist eindeutig: «Der Krieg ist böse!» Aber die Verletzung des Fühlens hält sich noch in Grenzen: keine Menschenmenge protestiert bei der irakischen Botschaft, und niemand legt vor der kuwaitischen Blumen nieder.

Dann kommen die Stellungnahmen der UNO und die Beschlüsse des Sicherheitsrates. Der militärische Aufmarsch der Amerikaner beginnt. Indirekt wird auch die Nato verwickelt, und es besteht die Möglichkeit des Einsatzes deutscher Soldaten im Rahmen der Nato in der Türkei. Die alten Denkmänner erinnern sich daran, daß Amerika schon einmal die Kastanien aus dem Feuer holen mußte, als es im 2. Weltkrieg darum ging, die Tyrannei Hitlers zu brechen. Sie wissen: ihre Freiheit verdanken sie Amerika und ihr physisches Überleben auch (Marschallplan).

Das Fühlen aber reagiert völlig anders: Die bedrohlichen Ereignisse sind näher gerückt, und der eigene Pelz ist bedroht. Der Krieg ist plötzlich gefühlsmäßig real geworden – ganz im Gegensatz zum irakisch-iranischen oder irakisch-kuwaitischen Krieg. Zwischen Krieg und Krieg ist für das Fühlen ein großer Unterschied: rückt er in die Nähe, wird er konkret. Man nähert sich der Schmerzgrenze.

Nachdem sich alles, was Rang, Würde und Kompetenz hat, bei Sadam die Klinke in die Hand drückte im aussichtslosen Bemühen, Hussein zum Einlenken und zum Frieden zu bewegen, ist klar: Sadam Hussein will den Frieden nicht. Immerhin läßt er die Geiseln (Kinder und Erwachsene) frei, um nicht ganz als Verbrecher dazustehen, aber er darf nun die «Mutter aller Kriege» führen. Man kann nur hoffen, daß diese Mutter nicht allzu viele Kinder kriegt.

Der Krieg der UNO-Truppen beginnt termingerecht. Das Fühlen ist schwer verletzt: Kein Zweifel, der Krieg ist etwas sehr Böses, mag er hundertmal gerechtfertigt sein. Für das Fühlen ist auch der gerechte Krieg ein extrem Böses. Rechtfertigungsversuche der Kriegführenden weist es zurück, auch mit an sich fadenscheinigen Begründungen, z. B. «kein Blut für Öl!». (Als ob es den Ölkäufern nicht gleichgültig wäre, wer ihnen das Öl verkauft.) Die Kriegführung an sich ist eine Angelegenheit des Denkens und dementsprechend der Technik. Mit denkerischen Mitteln soll der Gegner kampfunfähig bzw. kriegsunfähig gemacht werden. Daß dabei Menschen getötet und verletzt werden, ist sozusagen ein unvermeidlicher Nebeneffekt.

Für das Fühlen aber ist es der Haupteffekt, also der, der unbedingt vermieden werden muß, denn das ist das eigentlich Böse am Krieg: die Morderei und die Verstümmelei, der Tod «Unschuldiger». Dem Fühlen ist jeder Preis recht, um das zu verhindern.

Und so gingen vor allem Frauen und Fühlmänner auf die Straßen und demonstrierten für den Frieden. Es liegt in der «Logik» des Fühlens, daß es dort demonstriert, von wo *jetzt* die Gefahr ausgeht: Die Botschaft Amerikas ist der Ort der Anklage, weil man schließlich wegen seinem Truppenaufmarsch in Bedrängnis geriet. Die Botschaft Iraks existiert praktisch nicht, weil für das Fühlen nicht Irak Krieg führt, sondern Amerika. Das Denkprinzip von Ursache und Wirkung, Grund und Folge ist völlig unwirksam. Es existiert für das Fühlen schlichtweg nicht, und «denkerische» historische Fakten sind ohne jede Bedeutung. Und so muß die Polizei geprügelt werden statt der Gangster.

Insgeheim meint das Fühlen, daß durch gute und friedliche Gefühle das Böse am besten zu entmachten ist und daß Zorn, Grausamkeit und Machthunger sich schließlich durch die Kraft der Liebe zumindest abmildern lassen. Und so *mahnt* das Fühlen, man möge vom Bösen ablassen, d. h., die Verwicklung mit dem Bösen sei grundsätzlich zu vermeiden. Wenn Irak schon böse sein soll (kriegerische Besetzung Kuwaits), warum müssen es dann die UNO und die USA im Besonderen gleich auch sein und womöglich noch schlimmer. Zudem gehört der irakisch-kuwaitische Krieg der Vergangenheit an und ist als solcher nicht mehr real. Aber der Krieg Amerikas gegen Irak, der ist real, weil er eben jetzt geschieht und unter Umständen die eigene Haut berührt. Und so gibt es *Mahnwachen* und beeindruckende Menschenketten mit Kerzen. Sie *fordern,* werfen vor und wirken zugleich etwas egoistisch, denn solange das Böse sozusagen weit weg ist, mahnen und fordern sie nicht.

Die Verletztheit des Fühlens führt zu dessen partieller Verdrängung, und dies ermöglicht den Durchbruch von Ängsten. So war der Aufbruch der Friedensdemonstranten deutlich angstgeprägt. Hamstereinkäufe größeren Stils waren die Regel, und das Ausland wunderte sich darüber, wie leicht die Deutschen ihren Kopf verlieren und wie schlecht ihr Denkorgan ausgebildet ist, d. h., wie ungeschickt sie sich anstellen, wenn es Ängste zu bewältigen gilt. Das Wort «hysterisch» blieb nicht unausgesprochen.

Wohlweislich gab es eine Nachrichten- und Bildsperre, und das sicher nicht nur aus militärischen Gründen. Den führenden Denkern ist es nicht entgangen, daß es notwendig ist, dem Fühlen sozusagen die Nahrung zu nehmen: je weniger Nachrichten, je weniger Bildübertragungen, um so weniger wird das Fühlen verletzt, um so unkonkreter (ferner) wird der böse Krieg, um so weniger Ängste gibt es. Und so war dann auch die Entwicklung.

Noch etwas anderes, was für das Fühlen charakteristisch ist, wurde deutlich: Ist das Fühlen zu sehr verletzt, wird es *ohnmächtig*. Die Menschen hatten auch deutlich ihre Angst und ihre Ohnmacht zum Ausdruck gebracht und zugleich den Ausweg gewiesen. Ein großer Teil von ihnen wandte sich nämlich an Gott («Not lehrt beten»), veranstaltete Friedensgebete und erinnerte sich wieder daran, daß es Kirchen gibt, die in sogenannten guten Zeiten überwiegend leer bleiben. Ist doch für die meisten Menschen die Tatsache, daß es ihnen gut geht, kein Grund zum Dankesgebet. Im Augenblick der Ich-Schwächung hingegen (Angstzustände) und der ohnmächtigen Desorientierung kann man gar nichts Besseres tun, als sich an den guten Gott zu wenden.

Für das Individuum heißt das, sich vertrauensvoll einer übergeordneten Instanz unterzuordnen: «Wo ich nicht mehr weiterkomme, muß Gott die Führung übernehmen», was vom psychologischen Standpunkt aus die einzig richtige Lösung ist. Es handelt sich nämlich um eine Einstellungsänderung des Bewußtseins, *die auf jeden Fall hilft.* In tiefenpsychologischer Sicht stellt sich das Ich auf den Gotteskomplex ein und beschwört seine gute und hilfreiche Seite. Vereinfacht und verallgemeinernd kann man sagen: «Wie man in den Wald hineinruft, so tönt es zurück.» Wenn das Ich sich an den Gotteskomplex wendet und um Hilfe bittet, dann erwartet es einen guten und keinen bösen Gott. Selbst dann, wenn das Gebet die äußeren Ereignisse nicht zum Guten wenden kann, wird der Mensch und das Ich auf jeden Fall durch sein inniges, intensives und dauerhaftes Gebet gestärkt. Natürlich wendet sich im Erleben kein Ich an den Gotteskomplex, sondern der Mensch wendet sich an Gott, wie auch immer er ihn sich vorstellen mag.

Der Golfkrieg hat besonders junge Menschen betroffen, deren Fühlen die Hauptfunktion darstellt. Die Fühlverletzung war deutlich zu sehen. Sie kuschelten sich eng aneinander, um die Verletzungen heilen zu lassen, gleichzeitig ermahnten sie die Erwachsenen, doch zu bedenken, wie schrecklich der Krieg ist. Manche Kriegsveteranen empfanden das als Arroganz, denn sie wußten nun wirklich, was Krieg bedeutet. Die älteren hatten natürlich doch mehr Verständnis. Man kann von einem jungen Menschen, dem kaum ein Haar ernstlich gekrümmt wurde und der friedens- und wohlfahrtsgesättigt (übersättigt?) sich nur als Denker vorstellen kann, was Krieg bedeutet, nichts anderes erwarten. Hier gilt auch das Gesetz: Wenn junge Menschen von für sie neuen Ereignissen berührt werden, finden sie das als etwas Außergewöhnliches, was andere Menschen noch gar nicht erlebt haben können. «So sehr, wie wir uns lieben, hat noch niemand geliebt!» «So schmerzlich, wie wir den Krieg erleben, hat ihn noch niemand erlebt.» Es könnte ja auch wahr sein. Vielleicht leben die jungen Menschen sehr viel bewußter und daher qualitativ anders als die älteren, die mehr der Lebensmaxime anhängen: «Es gibt nichts Neues unter der Sonne, es ist alles schon einmal dagewesen.» Ich denke, daß das nur die halbe Wahrheit ist. Selbst, wenn es prinzipiell «dasselbe» ist, ist es im Konkreten doch nicht dasselbe. So auch der Golfkrieg. Er hatte mit anderen Kriegen eigentlich nur gemeinsam, daß eben Krieg geführt wird. Das Neue daran aber war, daß er von der Völkergemeinschaft sanktioniert wurde, um klarzustellen, daß sich auch in Zukunft keine Angriffskriege lohnen und sie nicht mehr geduldet werden. Der Krieg soll in Zukunft geächtet und wie ein Verbrechen behandelt werden, genauso, wie die Polizei einem Mörder die Waffe wegnimmt und ihn dingfest macht.

Es scheint sich eben doch ein *höher differenziertes Gerechtigkeitsbewußtsein* entwickelt zu haben, das heißt, das *Fühlen* hat sich auch höher differenziert. Es ist nämlich das Fühlen, welches primär das Unrecht wahrnimmt, und es ist das *Denken,* das diese Thematik aufnimmt und sekundär in einem neuen Rechtssystem (letztendlich in weltweiter Ausdehnung) *kodifiziert.* Ich werde auf den Unterschied zwischen Recht (Justiz) und Gerechtigkeit noch zurückkommen.

Die öffentliche Bedeutung der Fühlfunktion

Das Fühlen ist die eigentliche *soziale Fühlfunktion,* insofern es eine *nahe Beziehung* herzustellen sucht. Ganz im Gegensatz zum Denken will das Fühlen Distanz auflösen, Kontakt herstellen, Gemeinschaft bilden, Wärme und Geborgenheit herstellen und das Gute tun. Man soll sich wohlfühlen. Zwei Menschen mit Fühldominanz fühlen sich wohl und finden sich im andern wieder.

Sie verlieben sich allerdings selten ineinander, aber sie können manchmal lebenslange Freundschaften herstellen. Während Menschen mit Denkdominanz sich in Menschen mit Fühldominanz verlieben nach dem Satz: «Gegensätze ziehen sich an», verbinden sich Menschen mit Fühldominanz gerne mit Menschen mit derselben Fühldominanz nach dem Satz: «Gleich und Gleich gesellt sich gern.» Das eine ist ein Angezogensein, das andere ein Bezogensein, das erste schafft Spannung, das zweite Entspannung.

Der klassische Fall dieser Beziehungskonstellation tritt dann ein, wenn zwei ineinander verliebte Paare sich besuchen. Da die Gegensatzbindungen bereits «abgesättigt» sind, finden sich die Frauen mit Fühldominanz gerne zusammen. Sie finden sich sympathisch, erzählen sofort von ihren Gefühlen (und von ihren mit dem Fühlen häufig verbundenen Empfindungen), und es entsteht eine sympathische, angeregte und wohltuende Atmosphäre. Die beiden Männer mit Denkdominanz haben endlich Gelegenheit, sich über verschiedene, des Denkens würdige Objekte zu unterhalten, über berufliche und persönliche Interessen ihres Denkens. Ihre Begegnung ist anregend und kann zu Diskussionen und Analysen führen (z. B. in der Politik, im Weltgeschehen, in den technischen Errungenschaften). Dabei ist bemerkenswert, daß Unterschiede viel besser akzeptiert werden als zum Beispiel verschiedene Gefühlsurteile der beiden Frauen. Das Denken und Denkunterschiede sind wesentlich weniger verletzend (das Denken bewahrt ja die Distanz!), und zwei «Denker» mit zum Beispiel verschiedenen politischen Denkansätzen und Resultaten können Gegner werden, ohne daß dies die Freundschaft ernsthaft tangieren muß – immer vorausgesetzt, die Diskussion bleibt sachlich. Beide suchen ja nach der Wahrheit. Auch bei bestehenden Differenzen in der denkerischen Erfassung der Wahrheit und beim Streit um die Wahrheit können Männer mit Denkdominanz weiter miteinander verbunden bleiben. Sie brauchen auch nicht in ständigem Kontakt miteinander zu sein. Selbst wenn sie sich nur sehr selten treffen, können sie wieder dort anknüpfen, wo sie aufgehört haben. Schätzen sich beide, können sie sich auch nach vielen Jahren wieder treffen, sei es zwanglos und durch Vermittlung der Frauen, sei es, weil der eine oder andere ein Problem hat und nun mit dem anderen «Denker» eine Lösung anstrebt.

Alle *sozialen Errungenschaften der Menschheit* wurden durch die Fühlfunktion angeregt und von der Denkfunktion akzeptiert. Die Denker mögen keine sozialen, durch Fühlen in Gang gesetzten Aufregungen (denn sie stören das Denken) und beschäftigen sich denkerisch mit den *Forderungen des Fühlens,* um sie einigermaßen zu neutralisieren. Auf diese Weise sind grundsätzlich alle sozialen Institutionen, Hilfswerke, das gesamte soziale Auffangnetz und auch die soziale Marktwirtschaft zustande gekommen. Aufgrund des Druckes der Fühlfunktion, die zum Beispiel darauf dringt, daß es soziale Ungerechtigkeiten, Benachteiligungen, sozial zu beschützende Menschen und Gruppen gibt, und daß wir eigentlich international eine einzige Menschheit bilden. Vorwiegend wegen dieses Druckes bequemt sich dann auch die Denkfunktion, durch Maßnahmen und Gesetze diesen *verletzten Gefühlen gerecht zu werden.* Der Denker verlangt nicht so sehr soziale Gerechtigkeit, weil er es selbst fühlt, sondern weil er als wahr erkennt, daß solche Unterschiede existieren, und daß es richtig ist, durch Schaffung von Institutionen diese Gefühlsverletzungen zu mildern oder gar auszuschalten.

Auch die Gewerkschaften sind aufgrund des Fühlens zustande gekommen. Sie kämpfen gegen die Ausbeutung der Arbeitnehmer durch die denkerisch zustande gekommene Industrie und Wirtschaft. Es ist ungerecht, daß der Arbeitnehmer Not leidet, während der Arbeitgeber sich in seinem Reichtum sonnt. Das Fühlen ist Anwalt der (gefühlten) Gerechtigkeit. Aus dem denkerisch überarbeiteten Fühlen von Gerechtigkeit und Ungerechtigkeit ist die Denkinstitution der Justiz sekundär entstanden, in welcher dann das Fühlen selbst aber wiederum ausgeschaltet ist, weil sonst dieses Denkinstitut nicht gut funktioniert.

Ursprünglich ist alles «Sozialistische» und auch «Kommunistische» dem *Gefühlsfrust* entsprungen. Genossen und Genossinnen, Proletarier und «die Unterdrückten» überhaupt suchen untereinander ein Wir-Gefühl, verschaffen sich wechselseitig Nähe, Wärme, Solidarität und vermitteln auch Geborgenheit und Schutz im öffentlichen Leben. Sie achten auf die Gefühle des Neides, der Mißgunst, der Ungerechtigkeit, und auf dieser Basis *fordern* sie den Ausgleich, wie es der Fühlfunktion entspricht.

Wir haben nun die Fühlfunktion, sie gewissermaßen isoliert betrachtend, charakterisiert und auch die Fühldominanz dargelegt, wie sie sich in den Fühltypen manifestiert. Dabei ist das introvertierte Fühlen zu kurz gekommen. Vom Fühlen kann ich nur dort sprechen, wo es sichtbar ist, also beim vorwiegend extravertierten Fühlen. Das Fühlen der introvertierten Fühlfrau spürt man zwar, aber es strahlt nicht aus, ist also nur schwer erfahrbar. Zudem wehrt sie das Gegenüber ab, sobald man sich zu intensiv mit ihr beschäftigt. Daher beschränkten sich die Beispiele im ersten Teil vorwiegend auf das extravertierte Fühlen. Bei Denkdominanz funktioniert das Denken genau gleich, ob der Denkmann intro- oder extravertiert ist (und das ist im Falle des Denktyps durchaus erfahrbar!), und es gibt keinen Grund, dasselbe nicht auch bei der introvertierten Fühlfrau anzunehmen.

Das dem Fühlen konforme Denken der Frau

Die gesonderte Betrachtung der Denk- und der Fühlfunktion könnte den Eindruck vermitteln, daß bei dominanter Fühlfunktion jedes Denken der Verdrängung anheimfällt und folglich minderwertig ist. Das hieße dann, die Fühlfrau könne überhaupt nicht vollwertig denken. Das Umgekehrte müßte man dem Denkmann unterstellen, nämlich, daß er nicht vollwertig fühlen kann. So liegen die Verhältnisse aber nicht. Die Alltagserfahrung zeigt, daß Fühlfrauen sehr wohl denken und Denkmänner fühlen können. Wäre dem nicht so, müßte man davon ausgehen, der Mensch unterliege innerlich einer totalen Spaltung, insofern die beiden Gegensatzfunktionen Fühlen und Denken in einem *unvereinbaren Gegensatz* stünden.

Nun ist es sicher richtig, daß die beiden Funktionen Gegensätze darstellen. Damit aber Gegensätze überhaupt entstehen, muß es auch etwas Verbindendes zwischen ihnen geben, sonst würden sie gar nicht wahrgenommen. Ich will nun versuchen, dieses Verbindende herauszustellen.

Ich habe schon vermerkt, daß die Fühlfrau normalerweise nur das denken kann, was sie fühlt, und daß der Denkmann nur das fühlt, was er denkt. Das bedeutet, daß das Denken der Frau mit ihrem Fühlen konform geht und das Fühlen des Mannes mit seinem Denken, anders gesagt, daß das weibliche Denken dem Fühlen aufruht, das Fühlen gewissermaßen zur Grundlage hat. Es ist normalerweise kein vom Fühlen losgelöstes Denken. Dasjenige Denken jedoch, das sich mit dem Fühlen nicht oder schlecht vereinbaren läßt, bleibt in der Verdrängung.

Man kann sich das bildlich so vorstellen, daß die Verdrängungsinstanz keine totale Sperre verhängt, sondern vielmehr wie ein *Filter* wirkt, und daß die Zensur nur jenes Denken passieren läßt, welches der Fühlfunktion nützlich und dienlich ist.

Das Fühlen haftet am Konkreten und am konkret und bildhaft Vorstellbaren. Die Verdrängungszensur wird also nur ein solches Denken «durchlassen», das die Nähe, das Unmittelbare, das Konkrete und Anschauliche nicht wesentlich stört oder überschreitet. Das abstrakte Denken, das ein *Nachfühlen* zum guten Teil ausschließt oder sich auf nüchterne Information und Datenerfassung beschränkt, ist dabei weitgehend ausgeschlossen. Ein Denken zum Beispiel, das sich mit unvorstellbaren astronomischen Entfernungen befaßt und mit Millionen von Lichtjahren gleichsam um sich wirft, ist nicht mehr nachfühlbar, und die Fühlfrau müßte die so vermittelten Daten auswendig lernen. Bis zu einem gewissen Grad kann sie das auch, aber sie wird sich nicht wohl dabei fühlen, auch weil die Daten in keinem anschaulichen und das Fühlen anrührenden Zusammenhang stehen.

Die Überforderung der Fühlfrau (des Fühlmannes) durch zu hohe Denkansprüche – Prüfungsängste

Sollte die Fühlfrau aber ein Studienfach gewählt haben, wo es gilt, sich viele abstrakte Daten anzueignen, zum Beispiel höhere Mathematik, Zivil- und Verwaltungsrecht oder Ökonomie, Logik oder Philosophie, wird sie in Schwierigkeiten kommen, während ihr alles, was mit Pädagogik, Sport oder überhaupt mit Menschen zu tun hat, näher liegt, weil es sich um Fächer handelt, die anschaulich und konkret sind, dem Fühlen entgegenkommen, und nicht das pure Auswendiglernen von Informationen erheischen.

Gewiß kann die Fühlfrau auch abstrakte Fächer meistern. Das geht aber nur, *wenn sie ihr Fühlen vernachlässigt und in extremen Fällen weitgehend verdrängt.* Auf diese Weise kommt die Gegenfunktion zum Tragen, und sie bewältigt den schwierigen Lehrstoff nahezu ebenso gut wie ein Mann. Es hat dann ein «Umschlag» stattgefunden: Sie lebt jetzt wenigstens vorübergehend mit der Denkfunktion *auf Kosten der Fühlfunktion,* die der Verdrängung anheim gefallen ist. Das aber führt zu Angstzuständen, die sich verständlicherweise genau auf die Ereignisse beziehen, derentwegen die Frau ihr Fühlen verdrängt hat, nämlich auf das Lernen und auf die Prüfungen, bei denen sie das Resultat ihrer denkerischen Anstrengungen unter Beweis zu stellen hat.

Da die Frau nichts mehr für den Lernstoff fühlen kann und seiner völlig überdrüssig ist, kostet es sie eine derartige Anstrengung, sich hinter die Bücher zu setzen, daß sie das Lernen immer wieder hinausschiebt oder lieber schläft oder tatenlos und freudlos die Tage (und auch die Nächte) verbringt. So verlängert sich das Studium oft über Jahre hin. Je länger das Studium dauert, um so intensiver werden ihre Ängste. Ihr Fühlen wird immer kindlicher, und am Ende kann sie den Ort der Prüfung nur betreten, wenn die Mutter oder eine andere Bezugsperson sie gleichsam an der Hand dorthin begleitet. In Extremfällen flüchten sich die Frauen in die Klinik in der Hoffnung, die Ärzte würden ihnen soweit helfen können, daß sie von der Klinik aus in die Prüfungsräume gelangen.

In anderen Fällen hat die Verdrängung der Fühlfunktion zur Folge, daß die Frau die Beziehungen zu anderen Menschen abbricht, jeden Freier abweist und alle Kräfte dafür einsetzt, um sich dem phobisch gefürchteten Lehrstoff nähern zu können. Ein freiwilliges Aufgeben des Studiums ist in vielen Fällen gar nicht mehr möglich. Der Ehrgeiz und die Berücksichtigung der vielen Studienjahre lassen das nicht mehr zu. Nur wenn es (nach der Prüfung) gelingt, den verhängnisvollen Verdrängungsprozeß wieder rückgängig zu machen und der Fühlfunktion wieder zu ihrer Dominanz zu verhelfen, kann die Entstehung einer Angstneurose vermieden werden.

Nicht selten sind es unglücklich verlaufene und sehr verletzende Liebesbeziehungen, die die Frau mehr unbewußt als bewußt dazu treiben, einen männlich-denkerischen Ehrgeiz zu entwickeln und die schwere bis schwerste Gefühlsverletzung genau dadurch weiter zu betreiben. Bei den Fühlmännern, die dieselbe Lern- und Prüfungsphobie befallen kann, sind es in der Regel kindliche Verletzungen der Fühlfunktion aufgrund einer unglücklichen Mutter-Kind-Beziehung. Leistungsbewußte Eltern können einer solchen Entwicklung Vorschub leisten. Einigen Frauen gelingt es, durch Aufrechterhaltung eines prekären Gleichgewichts zwischen Fühl- und Denkfunktion glimpflich davonzukommen, im allgemeinen wohl nur mit Hilfe eines Therapeuten.

Ich führe diese weit verbreiteten, durch die Leistungsgesellschaft und Emanzipation der Frau mitbedingten Prüfungsängste an, um klarzustellen, daß es nicht ungefährlich ist, seinen Standpunkt, die Beibehaltung der dominanten Funktion, aufzugeben. Gewiß kann sich der Mensch auch «umkrempeln», aber er bezahlt einen hohen Preis dafür.

Es gibt, wie schon erwähnt, ein dem Fühlen völlig konformes und ihm dienendes Denken der Frau, das wesentlich dazu beiträgt, ihre psychische Entwicklung zu fördern, was schließlich zur Verwirklichung der *weiblichen Weisheit* führen kann. Ich verstehe darunter ein *typisch weibliches Wissen, das der Mann mit Denkdominanz nicht erreichen kann.* Ihm ist es aber möglich, die *männliche Weisheit* zu erlangen.

Wie wir schon angedeutet haben, hat das Fühlen eine ihm eigene «Das-ist»-Wahrnehmungsfähigkeit, wobei das «Das-ist» oder «Es-gibt» *wertend* erfaßt wird. Diese wertende Qualität des Fühlens ist sein größtes Vorrecht, und wir haben schon gesehen, was geschieht, wenn die wertende Qualität der Frau verlorengeht und sie vom Ehrgeiz und Machtstreben überwältigt wird. Eine Gefahr, die immer dann besteht, wenn das Denken in eher primitiver Form das Fühlen überschwemmt oder gar durch völlige Verdrängung beseitigt. Die Qualität der Wertung des Fühlens darf also auf keinen Fall verlorengehen.

Das Fühlen hat aber auch die Qualität der Nähe und des Verhaftetseins ans Konkrete, mit der Folge, daß es oft «klebt» und auch bedrängt und manchmal nicht ohne Arroganz vorwirft und mahnt, gelegentlich mit dem Beigeschmack von Aufsässigkeit und Rechthaberei. Dadurch wird das Fühlen unbeweglich und distanzlos, und der Horizont wird eingeengt.

Werden positive Denkanteile zugelassen, ist es aber möglich, das Verhaftetsein in allen seinen Formen abzumildern und sogar aufzuheben, ohne das Werten aufzugeben. Dadurch wird das Fühlen beweglicher. Das Fühlurteil «das ist gut (böse)», «das ist sympathisch (unsympathisch)» besteht aber weiter und ist nach wie vor unbeirrbar. Jedoch bleibt das Fühlen dann nicht mehr darauf «hocken», wodurch es seinen Mahn- und Vorwurfscharakter verliert. Auch drängt es nicht mehr auf mehr oder weniger fordernde Art darauf, das Böse müsse geändert werden. Vielmehr nimmt das Element der Duldung einen weit größeren Raum im positiven Sinne ein. Dank der vermehrten Distanz wird das Fühlen viel weniger verletzbar, wodurch die Akzeptanzfähigkeit sehr stark verbessert wird. Durch die «Beimischung» dieser Anteile der Denkfunktion wird das Fühlen in seinem Kern in keiner Weise tangiert, weil es Wertung und Wärme beibehält, die eher nachteiligen Qualitäten der Nähe und Unbeweglichkeit hinsichtlich der Verhaftung am Objekt aber schrittweise verliert, samt der damit verbundenen und relativ hochgradigen Verletzbarkeit.

Dadurch gewinnt das Fühlen vor allem die Fähigkeit, die *Übersicht* zu erlangen und *Zusammenhänge fühlend zu erfassen*. Das einzelne Konkrete verliert an Gewicht und Bedeutung zugunsten der Vielfalt des Konkreten, wodurch eine Art von «Weltzusammenhangsfühlen» entsteht und ein Zugang zum Erfühlen der Zeitabläufe. Das Gute und Böse der Geschichte oder des menschlichen Lebens wird dann in ganz eigenartiger Weise fühlend erfahren, ohne daß sich das Fühlen in Gut und Böse verrennt und sich am Bösen und Schlimmen aufreibt. Die gewonnene Distanz dazu ändert auch die Perspektive, wodurch die Polarisierung von Gut und Böse relativiert wird, da beide einen sinnträchtigen Zusammenhang bilden, durch welchen die Qualität des Ewigen hindurchscheint. Nicht, daß damit jedes Konkrete oder alle Zusammenhänge zum Symbol des Ewigen würden. Es handelt sich nicht um ein «Symbolfühlen». Vielmehr werden die Ereignisse, deren Ablauf und die Objekte, die sie ausmachen, als ein Ganzes erfühlt, dem zeitliche (vergängliche) und überzeitliche (ewige) Werte zukommen. Die Objekte sind dann zwar nach wie vor konkret, wirken aber wie Abkömmlinge einer fernen und das Konkrete transzendierenden Welt.

Ich bin mir bewußt, daß es mir als Mann nur annähernd gelingen kann, dieses hochentwickelte Fühlen der Frau zu beschreiben und in Worte zu fassen, weil es für den direkten denkerischen Zugriff weitgehend unzugänglich ist. Andererseits dürfte es aber auch für die Frau selbst sehr schwierig sein, diesen Zustand des Fühlens auszudrücken. Es ist das durch die Verbindung mit positiven Denkelementen entstandene «Distanzfühlen», was diesen

Zustand einzigartig macht. Hier wird das Konkret-Zeitliche und das Abstrakt-Ewige «zusammengefühlt». Die Frau bewegt sich dann so sicher und frei und der Welt zugetan, als ob sie *nicht* mehr von dieser Welt wäre! Sie hat auch zu sich selber ein sehr inniges und zugleich distanziertes Verhältnis. Selbst im Sterben vermittelt sie den Eindruck, einfach nur «hinüberzugehen» in eine Welt, mit der sie fühlend schon als Lebende in einer vertrauten Beziehung stand.

Die Denkfunktion in der Öffentlichkeit

Die Justiz – Parallelen zum typischen Verhalten des Denkmannes

Die psychischen Wahrnehmungsfunktionen sind nicht nur eine individuelle Angelegenheit. Wo viele Menschen zusammenleben, werden sie sich auch im gesellschaftlichen Leben als Institutionen oder Brauchtum niederschlagen und sichtbar werden. Da der Mensch mit ihnen und durch sie lebt, erweisen sie sich im positiven Sinne als notwendig und lebenserhaltend. Was die Denkfunktion anbelangt, finden wir sie in Aktivität und als Institution vor allem in den Bereichen der Hochschulen, der Technik und Industrie, in allen Verwaltungsinstitutionen und in der Justiz. Mit letzterer werden wir uns jetzt kurz beschäftigen, weil hier die Charakteristika des Denkens besonders gut zum Ausdruck kommen.

Die Denkfunktion will die Wahrheit innerhalb eines bestimmten Bereiches. Bei der Justiz handelt es sich um den gesetzlichen Bereich, der durch Gesetzbücher gekennzeichnet ist. Der Richter hat herauszufinden, ob Paragraphen verletzt wurden oder nicht. Ist das Gesetz verletzt worden, ist der Betreffende schuldig. Er muß aber erst schuldig gesprochen werden. Schuldig sprechen kann man nur, wenn herausgefunden wird, ob es wahr ist, daß das Gesetz verletzt wurde. Der Richter ist also die Amtsperson, welche die Wahrheit finden muß. Er muß (beruflich) denken, um die Wahrheit zu finden. Findet er sie nicht und entscheidet doch, geschieht ein Justizirrtum, den der Richter fürchtet. Oder er gibt dem Zweifel den Vorrang: «In dubio pro reo» (im Zweifelsfalle für den Angeklagten). Lieber verzichtet er auf ein Urteil. Dies aber bedeutet: «Es ist wahr, daß du dieses Gesetz verletzt hast.»

Das Denken liebt nicht nur die Wahrheit. Es will die Wahrheit auch beweisen, damit sie gesichert ist. Daher ist die Wahrheitsfindung und deren Abstützung auf Beweise das Hauptanliegen der Richter und der Denkfunktion, und wir finden im *Gerichtssaal das Denken in Reinkultur.* Damit das Denken gut funktioniere, darf es nicht gestört werden. Der Richter in seinem Amt darf sich nicht durch Fühlen irritieren lassen oder durch sonstige Erregung. *Er darf nicht gestört werden.* Die vorgeschriebene *Ruhe im Gerichtssaal* soll das gute Denken garantieren. Aufrufe zur Ruhe mit dem Hammer und die Androhung der Saalräumung sollen garantieren, daß keine Gefühle störend eingreifen können. Man spricht vom «gefühllosen Richter».

Aber auch wer wann sprechen darf, wird von der Prozedur oder/und vom Richter bestimmt. Er «erteilt das Wort» und er «entzieht» es. Man hat zu schweigen, falls man nicht zum Reden aufgerufen ist. Sprechen ist, besonders für den Beklagten oder Angeklagten, gefährlich. «Von jetzt an kann jede Aussage gegen Sie verwendet werden.» Er braucht jemanden, der an seiner Stelle spricht, er hat einen Anwalt oder «Fürsprech(er)», wie man in der Schweiz sagt.

In mancher Mann-Frau-Beziehung ist es ähnlich. Er (als Denker) braucht seine Ruhe. Sein Denken darf nicht gestört werden. Er muß auch geschont werden, wenn er «abschalten» will. Im Grunde will er nur die Denkbahn ändern, das Denken in andere Bahnen lenken (zum Beispiel Nachrichten hören, ein Buch oder die Zeitung lesen). Am liebsten würde er alle Geräusche abstellen, wie auch Zudringlichkeiten, mit denen er sich unprogrammgemäß denkerisch wieder einlassen soll. «Jetzt laß mich endlich in Ruhe, ich brauche meine Ruhe, ich will ungestört sein.»

Der Mann neigt dazu, mehr oder weniger offen *das Wort zu entziehen.* Oft sagt er zur Frau: «Sei jetzt endlich still», «Halt's Maul», «Ach du mit deinem blöden Gerede!», und die Frau, die etwas von ihm will, tut dann gut daran zu fragen: «Darf ich dich einen Augenblick stören?», um seinen Unmut abzuschwächen. «Verzeih mir Liebling, aber es ist wirklich sehr dringend!» Wenn sie sich an ihn wendet, ist sie bereits ein zumindest potentieller Störenfried. Und wenn der Mann sagt: «Jetzt hör mir mal gut zu!», dann heißt das in erster Linie: «Ich entziehe dir das Wort», so wie schon im Neuen Testament bei Paulus nachzulesen ist: «Mulier in ecclesia taceat» (die Frau hat in der Kirche zu schweigen).

Das Denken als «Fernfunktion» braucht und schafft Distanz vor allem zur Nahfunktion des Fühlens. Der Angeklagte hat «Distanz» zum Richter zu wahren. Es geht nicht, daß er ihn freundlich begrüßt oder ihm gar die Hand geben will. Das wäre ja ein Kontakt(!), und der stört das Denken. Der Beklagte oder Angeklagte darf, wenn das Gericht den Saal betritt, nur ehrerbietig aufstehen und sich erst wieder hinsetzen, wenn der Richter durch andeutende Gesten das gestattet. Der Angeklagte darf auch vorher oder während der Beweisaufnahme keinen Kontakt zum Richter aufnehmen. Die persönliche Berührung könnte in ihm Gefühle wekken, Sympathie oder Antipathie (was dem «Gut» und «Böse» der Fühlfunktion entspricht), und das würde sein Denken stören.

Durch Gefühlsentzug beziehungsweise -entleerung wird die Sachlichkeit garantiert, die Objektivität, die Orientierung an der Sache. Der Angeklagte muß also pures Objekt des Denkens bleiben. Der Richter soll natürlich seine Aufmerksamkeit voll auf ihn richten, aber bitteschön ohne Gefühlsregung oder zumindest -äußerung. Er soll sich aufführen wie ein Automechaniker, der den Defekt des Autos sucht: distanziert, unverbindlich, höflich, sachlich, kühl und ein wenig von oben herab. Nur so kann man denkerisch die Wahrheit finden. Er wird die Widersprüche in den verschiedenen Aussagen denkerisch überprüfen, bis er zur Logik bzw. Folgerichtigkeit gelangt. Und wenn irgend jemand redet im Gerichtssaal, dann in Manier des Denkens mit sachlicher Argumentation und immer auf dem Hintergrund der Paragraphen. Denn deren Verletzung steht zur Diskussion. Es ist gleichgültig, ob der Angeklagte gut oder böse oder beides ist. Es ist auch gleich, ob er mit einer guten Tat das Gesetz übertreten hat oder mit einer bösen. Die Denkfunktion urteilt über Wahr und Falsch, und nicht über Gut und Böse. Nur in letzter Instanz kann der Verteidiger gewisse Gefühle ansprechen: «Der arme Angeklagte, er stammt aus schlimmen sozialen Verhältnissen, er ist ein schwer gekränktes Kind, er war immer verstoßen», usf. Das ändert aber bestenfalls am Strafmaß etwas, nicht an der Verurteilung (falls nicht die sogenannte «Schuldunfähigkeit» vorliegt).

In der Justiz ist die Denkfunktion institutionalisiert, ritualisiert und auch sanktioniert. Letzteres bedeutet, daß sie eine Art von Heiligsprechung erfahren hat (sanctus = heilig). Sie erfolgt durch *Mitwirkung der Intuition:* Man ahnt: Gott hat ihr die letzte Würde verliehen. Die Intuition in ihrer höheren Form findet eine Nebenfunktion: Mit ihrer Hilfe werden Motive gesucht und vielleicht gefunden. Dabei werden diese nicht fühlend und verstehend erfaßt, sondern ihr Vorhandensein wird intutitiv zu Bewußtsein gebracht. Auch im *Individuum* findet man die Intuition oft als Nebenfunktion und als «zweites Standbein», die der Hauptfunktion dienend zur Seite steht. Wir haben dann einen Denktyp mit Intuition als Zweitfunktion in untergeordneter, aber auch ausgleichender Stellung.

Intuition und Empfinden stehen zum Denken nicht in Gegensatz wie das Fühlen. Deshalb stören sie das Denken grundsätzlich nicht, sofern sie ihre Rolle als Nebenfunktionen oder «zweites Standbein» behalten.

Unterschiede zwischen Recht und Gerechtigkeit, dem Wahren und dem Guten

Wer nicht als Advokat, als Zeuge oder Kronzeuge im Sinne der Anklage oder der Verteidigung oder als «Denkgehilfe» (Experte, Gutachter) vor Gericht erscheinen soll, wird es mit gemischten Gefühlen tun. Schon die auf die Bewahrung und Förderung der Denkfunktion ausgerichtete Gestaltung des Gerichtes läßt zwiespältige Gefühle aufkommen. Irgendwie fühlt man sich unterlegen und als möglicher Schuldiger. Ein Verdikt (verum = das Wahre, dicere = sagen), also ein Wahrspruch ist zwar wahr, aber er braucht nicht gut und schon gar nicht gerecht zu sein. Je nach Gefühlslage nimmt das Publikum das Gerichtsurteil mit Genugtuung oder mit Empörung zur Kenntnis. Erst wenn das Wahrsein mit dem Gutsein zusammenfällt, also Denken und Fühlen weitgehend übereinstimmen, wird dies als «Gerechtigkeit» erfahren. Tun sie es nicht, erweckt das den Eindruck der «Ungerechtigkeit». («Die Kleinen hängt man, die Großen läßt man laufen!»)

Der Richter empfindet eine gewisse Genugtuung, wenn der Angeklagte weinend zusammenbricht und ein Geständnis ablegt. Denn das Geständnis ist der gesuchte Beweis, der Beleg für die Wahrheit. Das Denken ist befriedigt. Daß er gestanden hat, wirkt sich eventuell auf das Strafmaß aus, und seine Tränen können Ausdruck der Reue sein (*vielleicht* ein gutes Zeichen, daß er die Straftat nicht mehr begehen will), aber sie befriedigen das Gefühl des Richters nicht, sofern er ein Denktyp ist, noch gestatten sie ein *ausgedrücktes* Mitleid des Richters: «Es tut mir leid, ich fühle mit Ihnen», denn er muß ihn ja verurteilen: «Das Falsche (= die Verletzung des Paragraphen) muß bestraft werden.»

Solange die Frau denkerisch gut argumentiert, ist der Mann an der Diskussion mit ihr interessiert. Schweift sie vom Thema ab, reagiert sie gefühlshaft oder verfällt sie ins Weinen, hat sie bereits verspielt. «Wenn du mit deinen Argumenten nicht weiterkommst, dann weinst du einfach!» Sie hat verloren, er verurteilt sie, sie ist ihm nicht ebenbürtig.

Ganz ähnlich ist es vor Gericht. Man ist dem Richter während seiner Amtsführung nicht ebenbürtig, auch dann nicht, wenn er keine Toga trägt. Das Denken feiert uneingeschränkt seine Triumphe. Kühle, Sachlichkeit, Distanziertheit, Ordnung über alles und strikte Berücksichtigung der «Geleise», nämlich der Prozedur und der Form, bringen es mit sich, daß der freiwillig oder unfreiwillig im Prozeß verwickelte Mensch sich nicht selten wie vor einer Dampfwalze fühlt, die ihre unerbittliche Eigengesetzlichkeit hat, gemäß der sie sich bewegt. Der Durchschnittsmensch geht jedenfalls mit Unbehagen vor Gericht.

Der Justiz als Justiz ist es gleichgültig, ob ein Mensch vorwiegend böse ist oder vorwiegend gut. Es gibt zwar Paragraphen, in denen «verwerfliche Motive» besonders bei der Zumessung des Strafmaßes *vorschriftsmäßig* zu berücksichtigen sind, aber ein selbständiges Wertfühlen ist ausgeschlossen, und sollte es der Richter als Person zulassen, darf er es im Urteil nicht mitberücksichtigen, weil es nicht außerhalb der Paragraphen existieren darf. Daher rührt es, daß Urteile vom Publikum oft als ungerecht aufgenommen werden. Der Verbrecher wird als «böse» eingeschätzt, während er vor Gericht «nur» nach Paragraphen beurteilt wird. Für das Publikum fällt das Urteil oft zu milde aus, weil sein Bösesein nicht mitberücksichtigt wird. Umgekehrt fallen Urteile über Angeklagte, für die das Publikum eine gewisse Sympathie hegt oder gar Mitgefühl oder Verständnis aufbringt, für dieses viel zu streng aus. Die Justiz befriedigt das Gerechtigkeitsgefühl im allgemeinen eher selten, und *gefühlsmäßig* vermeidet es der Mensch, mit den Gerichten persönlich etwas zu tun zu haben, es sei denn, er habe dort beruflich als Anwalt, Staatsanwalt, Richter, Experte oder Berichterstatter zu arbeiten.

Ursprung der Justiz als Einschränkung der Rache

Die im Laufe der Menschheitsgeschichte sich immer weiter entwickelnde Vorherrschaft des Denkens konnte sich nur deshalb etablieren, weil es dem primitiven Fühlen den Kampf angesagt hat. Dieses Fühlen ist sehr unterentwickelt, und man findet es naturgemäß bei Denkmännern mit nur mäßig entwickelter Denkfunktion, vorwiegend also bei Männern überhaupt. Hier ist nämlich das Fühlen völlig unreif, also extrem verletzlich und mit dem Machtkomplex unmittelbar verbunden. Durch ein Nichts kann die männliche Eitelkeit angerührt werden und brutale Gefühlsausbrüche auslösen. Durch Nichtigkeiten wird sofort die «Ehre» des Mannes angekratzt und muß durch neue Gewalttätigkeiten «wiederhergestellt» bzw. gesühnt werden. Blut- und Stammesrache spielen in der Menschheitsgeschichte eine große Rolle, und es ist unübersehbar, daß sie keiner Justiz unterstehen. Hier ist jeder sein eigener Richter und Strafvollstrecker. Noch vor wenigen Jahrzehnten gab es Duelle aus fadenscheinigen Gründen: Ein Mann «beleidigt» die Dame eines Herrn, indem er sie sehr auffällig anschaut, und schon fordert dieser ihn zum Duell auf. Beim Kampf ist allerdings «kaltes Blut», also Gefühlsbeherrschung verlangt. In noch primitiveren Zuständen hätte der Herr dem Mann hinterhältig aufgelauert und ihn umgebracht. Die Söhne des Getöteten hätten dann die nunmehr erneut «notwendige» Bestrafung des Mörders «ehrenhalber» übernommen und vollstreckt. So nahm der Kreislauf kein Ende. Das primitive und unterentwickelte Fühlen ist auch bei geringer Kränkung der Rache ausgeliefert, und sei es nur als Reaktion auf eine Verletzung. Die heutigen männlichen Wutausbrüche geben davon ein spätes Zeugnis ab, und auch die Gerichte haben noch heute vor «Affekthandlungen» einen gewissen Respekt. Sie werden als Totschlag eingeordnet, im Gegensatz zum kühl vorgeplanten Mord. Der Betreffende konnte sich nicht mehr «steuern», das heißt, die Gefühle brannten mit ihm durch.

Ich denke, daß die Justiz als organisiertes Denken *ursprünglich* vorwiegend zwei Ziele verfolgte im Zuge der Unterdrückung beziehungsweise Abmilderung der Auswirkungen primitiver Gefühle. Zunächst mußte die Rache überhaupt verboten werden. Da die Rache durch Schädigung provoziert wird, mußte der Schädiger in die Schranken verwiesen bzw. unschädlich gemacht werden. Das konnte nur dadurch geschehen, daß die Rache nicht mehr vom Geschädigten selbst getätigt werden durfte, sondern vom Richter. Es fand eine Verschiebung statt. Der Mensch soll nicht mehr selbst richten, wenn er geschädigt wird, sondern die Rache dem Richter übertragen (religiös: «Mein ist die Rache, spricht der Herr!»). Dadurch ist eine Instanz geschaffen, welche die Racheausführung nicht nur dem Betroffenen entzieht, sondern auch einen *Aufschub* erzwingt. Das Denken hatte erkannt, daß die Fühlfunktion am Jetzt und am Konkreten haftet und daß das *Verstreichen von Zeit* die Gefühlswallungen etwas glättet und damit dem Denken wieder eine gewisse Funktionstüchtigkeit ermöglicht.

Das Denken hatte auch erkannt, daß die *Gefühlsreaktionen auf Verletzungen unproportional* sind. Herr A. will Herrn B. im Auto überholen. Dieser hindert eine Zeitlang das Überholmanöver. Herr A. kriegt eine unbeschreibliche Wut: «Den Kerl könnte ich totschlagen.» Hunderttausende sich selbst beobachtende deutsche Autofahrer können diese «Gefühlsgedanken» bestätigen. Das verletzte Fühlen (Herr A. will der Mächtigere sein! Herr B. will es verhindern und dadurch selbst der Mächtigere werden!) ist also nicht verhältnismäßig und in seiner Reaktion alles andere als angemessen. Und so kommt es zu Handgreiflichkeiten auf der Straße – natürlich unter Männern.

Der Verletzer ist in unserem Beispiel Herr B., weil er Herrn A. nicht überholen läßt. Herr A. rächt sich, indem er ihn «totschlägt». Es ist also die Rache von Herrn A., die das Gericht übernehmen und «angemessen» festsetzen muß, indem es eine Ordnungsstrafe erläßt. *Ursprünglich ist es die wichtigste Aufgabe einer zivilisatorischen Justiz, die Rache des Geschädigten einzuschränken und abzumildern.* Wir kritisieren gerne den alttestamentarischen Satz: «Auge um Auge, Zahn um Zahn» und erkennen nicht, wie hochstehend diese Justiz bereits ist. Unser Autofahrer «tötet» aus einem viel geringeren Anlaß; die erste Reaktion darauf, daß mir jemand einen Zahn ausschlägt, ist wohl die, daß ich ihm sein ganzes Gebiß zertrümmern möchte. Die vom verletzten minderwertigen Fühlen ausgehenden Gewalttätigkeiten müssen, wenn der Richter ihre Ausführung ersetzt, erheblich und milder geahndet werden, soll der Kreislauf der Gewalt unterbrochen werden. Wird ein Mörder durch Gerichtsurteil hingerichtet, wird der Kreislauf nicht unterbrochen. Nur in extremer Notwehr (Tyrannenmord, Erledigung des zu allem entschlossenen Geiselnehmers durch gezielte Schüsse, usf.) wäre Tötung richtig. Aber das Gericht befindet sich nicht in Notwehr und soll frei sein von Rachegefühlen, ja von Gefühlen überhaupt.

Die schrittweise Entwicklung der Justiz hat mehr und mehr zu einer Versachlichung von Verletzungen geführt und ist bemüht, so wenig brutale Gewalt als möglich anzuwenden. In diesem Sinne schützt sie den Angeklagten. Die durch Gefühle diktierte «Lynchjustiz» des Volkes oder einer Gruppe muß unter allen Umständen verhindert werden, und auch das sogenannte «gesunde Volksempfinden» darf nicht zur Leitschnur der Justiz werden ... kurz, Gefühle sind nicht gefragt.

Wie sehr im Sinne der Unterdrückung des primitiven Fühlens der Angeklagte geschützt wird, zeigt sich noch heute. In der Mehrzahl der Fälle hält sich der Richter in der Zuteilung des Strafmaßes unter der Forderung des Staatsanwaltes. Der Angeklagte muß unter allen Umständen einen Verteidiger (Pflichtverteidiger) haben, Prozedur und Form müssen peinlich eingehalten werden. Die Beweiserhebungen und die Interrogation müssen sich unter Ausschluß der Folter abwickeln, die Gesundheit des Angeklagten muß erhalten bleiben. Er darf in seinen vitalen Bedürfnissen nicht beschränkt oder erniedrigt werden. Er darf lügen und die Unwahrheit sagen, ohne deshalb zusätzlich bestraft zu werden. Er hat mehrere Instanzen zur Verfügung, an die er appellieren kann, usw.

Das Denken im Schlepptau des verletzten und minderwertigen Fühlens – Das dekadente Denken des Mannes – Die Phallokratie

Im ganzen handelt es sich im Laufe der Geschichte um ein Ringen des Denkens gegen das primitive und unterentwickelte Fühlen, aus dem die kriminellen Straftaten entstehen. Dieser Kampf wird besonders dort schwierig, *wo sich das Denken in den Dienst des minderwertigen und verletzten Fühlens begibt.* In diesem Fall ruht das Fühlen nicht mehr auf dem Denken auf, sondern erfolgt im Schlepptau und unter dem Diktat des Fühlens. Adolf *Hitler* ist ein Beispiel dafür: Als Kind und im Krieg in seiner Fühlsphäre tief gekränkt, bewegt sich sein ganzes Denken darum, wie er die erlittenen Verletzungen rächen und die eigenen Demütigungen wieder wettmachen kann. Er ist nicht mehr das hilflose Kind und der geschlagene Gefreite, sondern der große Feldherr, der sich, weltzerstörend, rächt für alle Gefühlsnot, die er erleiden mußte. Trotz seiner hysterischen Anfälle, wenn ihm etwas nicht genehm war, seine Eitelkeit also wieder verletzt wurde, spannte er seine ganzen denkerischen Kräfte dafür ein, sich zu rächen und durch Macht unangreifbar zu machen. Er wurde zur Magd seiner primitiven Gefühle und hat als solche den Standpunkt des vollwertigen Denkens aufgegeben.

Individuelle und organisierte Kriminalität beruht letztendlich auf einer sehr minderwertigen und verletzten Fühlfunktion und auf einem Denken, das die Rachepläne des Fühlens mit großen denkerischen Bemühungen durchzusetzen versucht. Raffiniertheit, Lügen, Skrupellosigkeit und Machtgier leiten das Denken, das in extrem intelligenter Weise die Fäden spinnt, um andere zu schädigen und zugleich den Gerichten zu entkommen. Das Fühlen ist hier viel zu unterentwickelt und primitiv, als daß noch ein wirkliches Wertfühlen vorhanden sein könnte. Für die Denkfunktion ist das ohne weiteres möglich, da sie, isoliert betrachtet, wertblind bzw. wertindifferent ist. *Solange sie aber die Dienerin unterentwickelter Gefühle ist, ist eine Gefühlsreifung im Rahmen der Denkdominanz nicht möglich.* Erst wenn das Denken sich freimacht vom Gefühlsdiktat der Verletztheit und der Rache und sich vom Machtkomplex distanziert, wird es wieder dominant, und erst dann kann das Fühlen reifen und, in wesentlichen Anteilen gefiltert, dem Denken erneut dienen.

Die Entwicklung der Justiz ist das mühsam errungene Ziel des Denkens, das minderwertige, primitive und wegen Kontamination mit dem Machtkomplex gewalttätige und rachesüchtige Fühlen unter Kontrolle zu halten und über die Jahrhunderte hin einzudämmen. All die Denker, die am Bau dieses Gebäudes mitwirkten, hatten sicher auch ein Bedürfnis, ihr persönliches Denken vor den eigenen primitiven Gefühlen zu schützen. Gerade die primitiven und gewalttätigen Gefühlsregungen der Männer

Frauen gegenüber wurden durch männliche Gesetzgeber unter Strafe gestellt und die Machtallüren der Männer Frauen gegenüber in die Schranken gewiesen.

Jeder Mann ist als Kind der Macht und Verfügungsgewalt der Mutter naturgemäß ausgesetzt. Unter ungünstigen Umständen wurde er dann nicht nur beschützt, sondern auch verletzt, unterdrückt und geschädigt. Die Notwendigkeit für das männliche Kind, sich von der Allmacht der Mutter zu lösen und ihrem Einfluß zu entkommen, bringt es mit sich, daß, wenn die Ablösung nicht gelingt, eine Fehlentwicklung einsetzt und das Fühlen extrem infantil bleibt. Diese Männer kehren den Spieß gleichsam um und nehmen «Rache» an der «Suprematie der Mütter» und tendieren dazu, die Frau so zu beherrschen, wie sie selbst von der Mutter beherrscht wurden. Mußten sie Demütigungen, Zurückweisungen oder Gefühlskälte hinnehmen, werden sie selber die Frauen demütigen, sie kränken oder gefühlskalt werden. Es entwickelt sich eine Art *Phallokratie*. Die kindlichen Frustrationen werden im Erwachsenenalter auch sexualisiert. Nicht selten wird die Sexualität dafür eingespannt, die Rachetendenz auch oder vornehmlich auf diesem Gebiet auszuleben. So entsteht der auch chronisch sich verfestigende Drang, die Frau sexuell zu belästigen, Obszönitäten primitiver Natur auszuleben, Frauen sexuell zu vergewaltigen oder auf den Strich zu schicken. Zuhälter und Bordellbesitzer sind solche muttergebundenen Männer, deren Denken auf heimlicher Rache basiert. Das gibt es natürlich auch auf subtilere Weise. Der gemeinsame Nenner ist aber immer der gleiche: Das Denken wurde dekadent (oder hat sich überhaupt nur sehr schlecht entwickelt) und verfiel dem eigenen unterentwickelten und minderwertigen Fühlen, dem es gehorcht und in dessen Dienst es denkt. Das Denken wurde dem primitiven Machtkomplex geopfert. Es hat seine Würde preisgegeben und den Kampf um die relative Unabhängigkeit des Denkens vorübergehend oder definitiv verloren. Selbst wenn diese Männer sehr intelligent, raffiniert und mit allen Wassern gewaschen sind, haben sie das Entwicklungsziel verfehlt und stellen ein gefährliches Zerrbild der Männlichkeit (und des Denkens) dar.

Auf niedrigem Niveau rekrutieren sich daraus jene, die selten ohne Anzüglichkeiten auskommen. Sie nutzen jede Gelegenheit, Frauen «anzumachen», «aufzureißen», ihnen in die Pobacken zu zwicken oder sie sonstwie zu betatschen. Zum Schluß sind es dann in ihren Augen die Frauen, die sie verführen, weil die Frauen eigentlich alle potentielle Huren sind. Sie projizieren ihren eigenen Mist auf die Frauen und sind nicht in der Lage, eigene Gefühle von denen anderer zu unterscheiden. Sie sind weit davon entfernt, irgendwelche Erkenntnisse über sich selbst anzustreben und sind unfähig, eigene Projektionen zu erkennen.

Auf höherem Niveau sind solche Männer verheiratet, geschäftlich ständig unterwegs und in der Bar oder im vornehmen Nightclub die galantesten «Freier», die sehr einfühlsam und verstehend mit den Frauen umgehen. Sie verheimlichen ihre gute Ehe nicht, lassen aber deutlich erkennen, daß die neue Bekanntschaft sie wie noch nie vorher innig berührt habe. Sie produzieren als sachkundige Profis alle Zärtlichkeiten und Gefälligkeiten der Welt und vereinbaren Treffs an Tagungen oder Weekend-Begegnungen auf Geschäftsreisen. Sie telefonieren mit der neu Umworbenen so lange, bis die vielleicht einsamen oder in der Klimax stehenden Frauen ihnen verfallen. Sie werden dann elegant und stilvoll mißbraucht und – fallengelassen. Er, der Mann, hat wieder gezeigt, wer Herr im Hause ist. Etliche Geschäftsleute, Politiker, aber auch Juristen und hohe Staatsbeamte haben ein solches «Privatleben». Sie tun das dann mit der Bemerkung «einfache Bettgeschichten» ab. Sie leben, wenigstens zeitweise, ihre minderwertigen Gefühle und Machtgelüste aus. Der vornehme, diskrete Rahmen und großzügige Geldzuwendungen schützen sie in der Regel vor der Rache der enttäuschten Frauen. Bei diesen Männern ist das Ziel der Beherrschung primitiver Gefühle durch Denken nicht gelungen, und ihnen verdankt der Mann seinen weithin schlechten Ruf bei den Frauen.

Allein schon unter diesen Gesichtspunkten ist die Anstrengung des Denkens, seine differenzierte Suprematie auszubauen und zu erhalten, von größter kultureller und zivilisatorischer Bedeutung. Die Entwicklung der Justiz ist im Rahmen der weitgehenden Beherrschung und Eindämmung des minderwertigen Fühlens im Mann selbst eine Errungenschaft ersten Grades. Eine schlechte Justiz und schlechte oder überholte Gesetze sind fast immer besser als gar keine. Gewiß gab und gibt es Epochen, in denen die Justiz selbst minderwertigen Machtgefühlen dient, wie etwa in nationalsozialistischen oder kommunistischen Zeiten. Es sind durchwegs Epochen minderwertigen, dekadenten Denkens. Jedoch werden sie von der Geschichte weggefegt. Die im kollektiven Unbewußten vorherrschenden progressiven Tendenzen, die Denkfunktion zu stützen, zu verfeinern und zu stärken, bewirken den positiven Entwicklungsprozeß und treiben ihn – über die Jahrhunderte hinweg – vorwärts. Dabei muß das Leid, die primitive Gefühlswelt zu opfern, ertragen werden.

Zum dekadenten Denken gehört auch dasjenige, das sich mit vorgegebenen Denkgebäuden und Ideologien identifiziert, also sich mit seinen Denkobjekten gleichsetzt. Genau das tut ein entwickeltes Denken nicht, insofern es distant und kritisch gegenüber Ideologien bleibt. Werden solche «Denker» mit ihren «Lehren» eins, wirken sie nicht nur verkrustet, sondern auch ausgesprochen unbeweglich und dumm. E. Honecker mag als Beispiel dienen. Man hörte von ihm immer nur die gleichen Sätze, Worte, Begriffe, «Lehren». Wie dargestellt, erfolgt die Identifizierung mit dem Denkgebäude aufgrund eines verletzten Fühlens, das Denken verläuft dann im Schlepptau und wird auf diese Weise dekadent.

Gesetze und Verträge als kollektive Frucht des Denkens

Eine weitere Errungenschaft des Denkens im Zuge der Einschränkung primitiven und daher unstabilen Fühlens und den damit verbundenen Machtgefühlen sind alle Vertragswerke und *Verträge überhaupt*. Auch erlassene Gesetze haben vertraglichen Charakter. Die Gesetzesparagraphen sind Ausdruck von verpflichtenden Verträgen, an die der Staatsbürger sich zu halten hat. Sie regeln das Leben und reglementieren es auch. Sie lassen nicht allen Gefühlen Spielraum, und insofern schränken sie es auch ein. Allzu große Macht- und Willkürgefühle sollen in ihren Auswirkungen beschnitten werden.

Verträge sind eine Frucht des Denkens. Das Fühlen haftet zu sehr am konkreten Einzelfall und an der Gegenwart. Es überschaut nicht die Zusammenhänge zwischen Ursache und Wirkung über die Zeit hin. Verträge werden *vorsorglich* abgeschlossen unter Berücksichtigung wahrscheinlicher, möglicher oder auch sicherer künftiger Ereignisse, die das Denken erfaßt. Ein Nichtangriffspakt zum Beispiel wird abgeschlossen, um einen möglichen Angriff heute friedlicher Nationen zu verhindern. Ein Vertragsbruch wäre ein Sieg primitiven Machtfühlens und somit ein Rückschritt. Mit dem Ausbau der Feuerwehr oder der Polizei sollen zerstörerische Ereignisse äußerer und innerer Natur von vornherein «vertraglich» verhindert werden. «Für den Fall, daß es brennt, rückt die Feuerwehr vor Ort», lautet der Vertrag. «Wenn ein Verbrechen geschieht, erscheint die Polizei.» Das steht im voraus fest und ist berechenbar. Die Polizei soll den Ausbruch niedriger Gefühls- und Gewaltakte und -reaktionen möglichst verhindern. Die Machtausübung ist vom einzelnen auf die Staatsmacht und die Justiz übertragen worden aufgrund einer großen denkerischen Anstrengung. Das widerstrebt dem Fühlen häufig, und schon gar dem primitiven Fühlen. Für dieses sind Polizisten Bullen und Plattfüßer, also irgendwie verachtenswert.

Aber selbst das entwickelte Fühlen kann den Sinn dieser Denkinstitutionen nicht immer erfassen. Zum Beispiel im Golfkrieg hat man gesehen, daß das Fühlen Vergangenheit und Zukunft schlecht übersieht und Ursache und Wirkung leicht verwechselt: Die UNO-Polizei soll die Hände vom gefährlichen Verbrecher Irak wegziehen und nach Hause gehen, denn sonst gibt es Krieg! Zu Ende gedacht würde das bedeuten: «Schafft die Polizei ab, und das Verbrechertum hört auf.» Analog wäre dann die Feuerwehr die Ursache des Feuers. Auf dem Einhalten von Verträgen zu bestehen, ist eine Forderung des Denkens, das sich damit ohne Macht in seiner Stellung halten kann, wenn es der Gewalt der Primitivität gegenübersteht, der einschränkende Gesetze und Verträge zuwider sind.

Die Ehe als Vertrag und Verpflichtung

Auch der *Eheschluß* ist eine Art von Vertrag zwischen den Partnern, dessen Garant früher das Sakrament der Ehe war und heute in weniger rigoroser Weise der Staat ist, der unter bestimmten Bedingungen auch befugt ist, den Vertrag wieder aufzuheben (Ehescheidung). Der Vertrag sieht offenbar voraus, daß es emotionale Situationen geben wird, durch welche der eine oder andere Partner zum Vertragsbruch verleitet wird. Baut sich eine Gemeinschaft nur auf der naturgemäß labilen Grundlage des Fühlens auf, ist sie in ständiger Gefahr des Auseinanderbrechens. Der Ehevertrag sollte ursprünglich verhindern, daß die Partner sich aufgrund von negativen Gefühlsausbrüchen sofort trennen mit Argumenten wie: «Jetzt liebe ich dich nicht mehr, und folglich kannst du gehen» oder «Du warst so ekelhaft mit mir, daß ich dich nicht mehr sehen will», usf. Positiv soll der Vertrag beide Partner dazu anhalten, sich mit der eigenen Gefühlslage und der des anderen zu beschäftigen, statt sofort die Flinte ins Korn zu werfen. Die Vertragstreue kann zu Einsichten und Einstellungsänderungen und zur weiteren Entwicklung des Fühlens und Denkens führen, was kaum möglich ist, wenn jeder unter dem Druck einer momentanen Gefühlslage vom anderen wegläuft. *Verträge* bringen es mit sich, daß man gewisse *Verpflichtungen* eingeht, deren Gültigkeit auch bei wechselnder Gefühlslage bestehen bleibt.

Die Idee, der Eheschluß bedeute eine vertragliche Verpflichtung, ist dem Fühlen nicht unbedingt konform, weil Situationen eintreten können, in denen das Fühlen mit der Fortführung der

Ehe durchaus nicht mehr einverstanden ist. Bei der heutigen generellen «Aufwertung der Gefühle» hat daher die Ehe als Vertrag kein sehr hohes Ansehen, weshalb viele eine «Ehe ohne Vertrag», also ohne Heiratsurkunde, bevorzugen. Diese vertragslosen «Ehen» brauchen durchaus nicht schlecht zu sein, da sie versuchen, ein «Stück Papier» durch eine innere Verpflichtung zu ersetzen. Sie werden allerdings oft auch geführt, um der Verpflichtung zu entgehen und um die Dauer der Ehe von der Dauer der positiven Gefühle abhängen zu lassen. Das Denken hat hier einen Teil seines Primates verloren, insofern Verträge ein Produkt des Denkens und auf das Denken zugeschnitten sind. Folgerichtig wird aber auch hier der Gesetzgeber versuchen, durch Gesetze die nicht-vertragliche Ehe doch «unter Vertrag» zu bringen, das heißt zum Beispiel die Trennung und ihre Folgen zu reglementieren. So kann das Paar zwar dem Ehevertrag entrinnen, aber es fällt dann stillschweigend unter andere gesetzliche Bestimmungen.

Im ganzen wird aber der Eheschluß doch als «bindender» erlebt als das vertraglose Zusammenleben. Die Idee, daß nicht nur Gefühl und Projektion verbinden und binden, sondern auch die Verpflichtung und eine gewisse wechselseitige Verantwortlichkeit, ist eine Frucht des Denkens auf höherer Ebene, um Beständigkeit zu erreichen. Seine zivilisatorische und kulturelle Bedeutung kann kaum überschätzt werden.

«Zurück zur Natur» – Das Denken als Ursache der «Gebrochenheit» der menschlichen Natur

Zweifellos möchten wir vom Gefühl her oftmals diesem Gesetzesspinnennetz entgehen, also die Suprematie des Denkens von uns abschütteln und wieder «natürlich» werden, um uns ohne Zwang der «Natur» hinzugeben. Der alte Drang «zurück zur Natur» wird in jedem Leben einmal lebendig, und er hat individuell eine positive und zunächst entlastende Funktion, weil eine *einseitige* und ausschließliche Dominanz des Denkens tatsächlich zu

Gleichgewichtsstörungen und psychischen Erkrankungen führt. Mancher «Aussteiger» zum Beispiel hat auf diese Weise versucht, sein Leben zu ändern und erträglicher zu gestalten, und der Traum von der «Südseeinsel» beinhaltet einen Versuch, der Herrschaft des Denkens zu entkommen, um sich dem «einfachen Fühlen und Empfinden» hinzugeben, was eine Art von Geborgenheit und Natureinheit vermittelt, ein Aufgehobensein ohne nennenswerte Konflikte, zumindest vorübergehend.

Unter dem Gesichtspunkt der Menschheitsentwicklung ist diese Regression in Urzustände jedoch nicht möglich. Die menschliche Natur selbst hat durch die Entwicklung des Denkens und seiner Objektivierung der Welt ein neues Element, eine neue Funktion geschaffen, die tatsächlich im Gegensatz zur und im Widerstreit mit der «alten» Natur besteht. Der grundsätzliche Zustand des Menschen ist in dieser Hinsicht tatsächlich ein solcher der *Gebrochenheit*. Die Natur selbst hat ein Werkzeug geschaffen, das sich gegen sie selbst wenden und sie beherrschen und unterdrücken kann, so daß die Natur im Menschen gespalten ist, wie ja auch Bewußtheit und Unbewußtheit in einem Spannungsverhältnis stehen. Dieses In-Gegensätze-eingespannt-Sein macht die Natur des Menschen aus. Ihre Auflockerung ist zwar möglich und vorübergehend auch notwendig, aber die Spannungsauflösung ist auf Dauer nicht möglich, weil die innere Natur das nicht zuläßt. Wir freuen uns zwar, wenn wir dem Gesetz ein Schnippchen schlagen und erfolgreich ein wenig Wein oder Zigaretten über die Grenze schmuggeln konnten: Eine vorübergehende Entspannung im kleinen. Die Strafe für ein solches «Husarenstück» wäre nicht sehr gefährlich gewesen. Aber dasselbe im großen Stil zu tun, würde unser Leben beängstigen und aus der Bahn werfen. Wir können das Denken und die Resultate dieses Denkens aus inneren und äußeren Gründen nicht mehr über Bord werfen, so, wie es unmöglich ist, daß alle Menschen ununterbrochen Urlaub machen. Es wäre ein «Leben ohne Denken».

Organisation, Arbeit, Geld

Das Denken ist vor allem aufgrund seiner Verhaftung an das Ursache-Wirkungsprinzip in der Lage, die innere, vor allem aber die äußere Natur zu verändern. Den *aktiven Eingriff* in die Natur und deren Benutzung nennen wir *Arbeit.* Durch Arbeit wird ein zukünftiges Ziel erreicht, wobei die einzelnen Schritte zu dessen Verwirklichung berechenbar sind, also nicht einer «Vision» folgen, sondern dem Prinzip: «Wenn ich zuerst das tue und dann das andere, dann kommt das Erwünschte heraus.» Ich muß zum Beispiel einen Stein auf den anderen legen, um schließlich eine Mauer gebaut zu haben. Arbeit ist nicht irgendeine Beschäftigung, die in sich selber sinnvoll und befriedigend ist. Sie ist auch keine Instinkthandlung wie das Essen oder der Höhlen- und Nestbau einiger Tiere. *Durch Arbeit wird ein Programm mit Hilfe von Organisation und Arbeitsteilung verwirklicht.* Das Programm wird denkerisch erzeugt, wie der Entwurf und die Schaffung des Modells. Dazu gehören gewisse Kenntnisse der Naturgesetze und ihrer praktischen Anwendung sowie die Berechnung der Ziele und Arbeitsvorgänge. Die Einführung der Technik und der Werkzeuge ist eine Frucht des Denkens, die auf der Basis von Fühlen nie möglich gewesen wäre.

Auch das Geld ist eine «Erfindung» des Denkens. Der antike Tauschhandel vom Typ «Ich gebe dir ein Schaf, und du gibst mir zehn Hühner» erfolgte auf der Basis des *materialen Wertfühlens,* das sich am Konkreten orientiert. Mit dem Denken setzt ein Abstraktionsprozeß ein: «Alle Tauschobjekte können durch Geld ersetzt werden.» Ich tausche Geld gegen Ware ein, wobei der Wert der Ware durch den Wertbetrag des Geldstückes berücksichtigt wird. Damit wird der Handel steuer- und berechenbar und verliert gleichzeitig die unmittelbare Buntheit und Lebendigkeit (Objektnähe!) des Tauschhandels. Ein Stück Fühlen ist durch Denken ersetzt worden. Die Nüchternheit und Distanz, die allem anhaften, was mit Geld zu tun hat, legen davon Zeugnis ab.

Wir verdanken somit dem Denken auch die gesamte Wirtschaft, Ökonomie, das Bankwesen und alles, was mit Finanzen zu tun hat. Zum Tauschhandel braucht man weder Denken noch Studium. Heute ist ohne Schulung und denkerische Bearbeitung keine Ökonomie mehr möglich. Es ist offenkundig, daß auch die Schulen ein Produkt des Denkens sind. Insbesondere die Fachschulen sind die Orte, wo das Denken mit seinem künftigen Arbeitsgebiet vertraut gemacht und eingeübt wird. Die Prüfung ist dann die Instanz, die bestätigt, ob das Denken in bezug auf das Fachgebiet gut funktioniert oder nicht. Es wird nicht gefragt, ob der Prüfling gut fühlen, sondern nur, ob er gut denken kann.

Fast das gesamte öffentliche Leben ist durch das Denken bestimmt und wird durch Denken unterhalten. Daß dabei unweigerlich auch Gefühle zu berücksichtigen sind, weiß das Denken und räumt ihnen ein gewisses Plätzchen ein. Aber im ganzen ist das Leben «knallhart» geworden, was Arbeitsforderung, Können und denkerische Fähigkeit anbelangt. Man bedauert, daß man Gefühle verletzt und Bedürfnisse nur eingeschränkt zuläßt, aber de facto ist es das kühle und sachliche Denken, welches unser Leben bestimmt und den Sieg davonträgt.

Um so bedeutsamer werden die Belange des Fühlens in der Privatsphäre und in den Paarbeziehungen. Hier nämlich hat das Fühlen einen hohen Stellenwert und gegenüber der Denkfunktion eine sehr wichtige kompensatorische, also ausgleichende Bedeutung. Die Fühlfrau wird extrem wichtig.

Ich will damit sagen, daß «Arbeit» im heutigen Sinne eine Frucht und Forderung des Denkens ist und daß die Denkfunktion dort voll in Tätigkeit ist. Es muß jedoch Bereiche geben, in denen das Denken und Fühlen etwas kompensiert wird, was nur im privaten Bereich möglich ist. In der Paarbeziehung ist es naturgemäß die Fühlfrau, der diese kompensatorische Aufgabe als Hilfe für den Denkmann zukommt, weshalb *unter psychologischen Gesichtspunkten* der Existenz und dem Dasein der Fühlfrau im privaten Bereich ein weit größeres Gewicht zukommt als ihrer Existenz als arbeitendes Wesen, weil sie die

Trägerin des entwickelten Fühlens ist, dessen Funktionieren bei der Arbeit als Denkprodukt ja gerade nicht gefragt ist.

Arbeit als Frucht des Fühlens und Empfindens

Ich möchte noch die Frage aufwerfen, wie denn die Arbeit bei unseren frühen Vorfahren während des Matriarchates ausgesehen haben mag, als das Denken noch in kümmerlichen Ansätzen fast verborgen war und die kollektiv wirksame Hauptfunktion das Fühlen darstellte. Die «Arbeit» der Männer bestand im Jagen und Heimschaffen der Beute, wozu sehr wenig Denken, aber mehr «Einfühlen» und «Wittern» nötig war. Die Erfindung von einfachen Werkzeugen und Jagdgerät war mehr das Resultat von Intuition und gefühlsmäßigem «Probieren» als denkerischer Leistung. Neue «Erfindungen» ließen Jahrtausende auf sich warten, und es waren vorwiegend Instinkte und Ahnungen, welche die Menschen lenkten. Arbeit in unserem Sinne existierte also nicht.

Dennoch waren die Menschen beschäftigt und nicht nur dem Vollzug von Riten hingegeben, obwohl diese sicher eine zentrale Rolle spielten. Ich ordne die Betätigungen der Urmenschen als intuitive, empfindungs- und gefühlsmäßig bestimmte Handlungen ein, die sich wie ein Ritual wiederholten und (wie auch heute noch) mit den Lebensbedürfnissen und Überlebenstrieben im Zusammenhang standen. Wenn ein heutiger Denkmann von seiner Arbeit an der Maschine nach Hause kommt, und das Wochenende ist da, wird er sich nicht nur ausruhen wollen. Er möchte sein Denken zwar abschalten, aber sich dennoch betätigen. Er kann dann zum Beispiel das Laub im Garten rechen, Bäume beschneiden oder in seinem Schrebergarten «arbeiten». Dieses «Arbeiten» dient ihm zur Entspannung. Er braucht dabei kaum etwas zu denken. Vielmehr empfindet und fühlt er seine Beschäftigung und fühlt sich deshalb wohl. Und so gibt es viele Beschäftigungen, die gefühls- und empfindungsmäßig ausgeführt werden und kaum einer «Organisation» oder «Programmierung» bedürfen.

Ein weiteres Beispiel gefühls- und empfindungsmäßiger Beschäftigung sind Handarbeiten wie Stricken, Weben, Töpfern und Basteln. Wir haben heute technisch vollendete Strick- und Webfabriken, und jede Menge von Strickwaren sind auf dem Markt. Dennoch lieben es etliche Frauen, sich mit Handarbeiten abzugeben, was sie aber nicht als «Arbeit», sondern als beschauliche Tätigkeit erleben. Sie fühlen dabei und empfinden, aber sie brauchen so gut wie nichts zu denken oder sich gar anzustrengen. Würde man sie allerdings (denkerisch) «programmieren» und ihnen vorschreiben: Soundsoviele Pullover innerhalb einer Woche, dann würde es «richtige» Arbeit werden, und das Fühlen würde sich weigern, das zu tun.

Ich denke, daß die frühgeschichtlichen Arbeiten wie Weben, Stricken, Spinnen, Flechten, Keramik, Kochen und wohl auch Waschen und Reinigen solche dem Fühlen und Empfinden entsprungene Tätigkeiten waren, womit sich naturgemäß die Frauen ganz unprogrammiert beschäftigten, denn *sie* hatten die Gefühlsstabilität! Noch heute empfinden wir Stricken, Weben, Sammeln und Flechten als «weibliche» Arbeit, wie auch die Betreuung des Hauses und die Führung des Haushaltes. Bei allen Bemühungen, die auch ein Mann bei der Verrichtung der Hausarbeit aufbringen kann: Er wird sie eher selten so gut verrichten können wie die Frau, weil ihm als Denkmann einfach das Gefühl dafür fehlt. Er mag Könnerschaft im Bügeln und Staubsaugen entwickeln, aber er wird dies nur selten (als Denkmann!) mit Gefühl machen. Etwas anders steht es, wenn er mit einer dominanten Empfindungsfunktion lebt oder ein Fühlmann ist.

Die Hausfrau

Nun ist die Hausarbeit zweifellos zur eigentlichen Arbeit «entartet», die nicht mehr immer «mit Gefühl» von den Frauen verrichtet wird. Das hängt damit zusammen, daß die Hausarbeit täglich vorprogrammiert ist und jeden Tag erledigt werden muß, soll das

Haus nicht auf Dauer verkommen. Es ist sicher dieser weitgehende und zivilisatorisch bedingte Sachzwang, der das Fühlen der Frau einengt und auch kränkt. Diese Arbeit wird, weil ursprünglich vom Fühlen und unorganisiert getan, insbesondere vom Denkmann nicht immer als eigentliche Arbeit angesehen. Man sieht das Produkt dieser Arbeit kaum, weil es gleich wieder verschwindet. Kaum ist das Essen zubereitet, wird es gegessen. Die gemachten Betten sind täglich wieder gebraucht, die saubere Wäsche ist bald wieder schmutzig, der Fußboden ebenfalls. Nur wenn die Hausarbeit nicht getan wird, fällt das Fehlen der Arbeit auf.

Man kann sagen, daß es dieser Mangel an Anerkennung der Hausarbeit und dieses Man-sieht-nicht-was-getan-wurde zusammen mit den ewig sich wiederholenden Handgriffen ist, was zum Überdruß der Frauen führt, die nur im Haushalt tätig sind. Sie werden dafür nicht bezahlt und ernten selten Dank. Ihre Arbeit wird «selbstverständlich». Richtigerweise meinen viele Männer, die Verrichtung der Hausarbeit gehöre zur Natur der Frau, weil sie diese Tätigkeiten «mit Gefühl» macht. Das stimmt für frühzeitliche Verhältnisse und im Hinblick auf sehr anspruchslose, bescheidene kollektive Umstände und für Zeiten, als die Mühe noch selbstverständlich war. Durch die entwicklungsbedingten Veränderungen haben sich aber auch die Umstände geändert, so daß die Hausarbeit zur wirklichen und programmierten Arbeit geworden ist. Sicherlich hängt die damit verbundene Störung des Fühlens und ihre negativen Folgen etwa in Form des Sauberkeitszwanges mit der Vorprogrammierung und Unausweichlichkeit der Hausarbeit zusammen. Es ist sehr verständlich, daß sich viele Frauen eine «richtige» und bezahlte Arbeit außerhalb des Hauses suchen, selbst dann, wenn sie die Hausarbeit zusätzlich zu erledigen haben. Das Gefühl der Befreiung und der vermehrten Unabhängigkeit von Haus, Mann und Kind entschädigt die Frau vom Einerlei der Hausarbeit, besonders dann, wenn der Mann und die Kinder wenigstens innerhalb gewisser Grenzen auch häusliche Pflichten übernehmen.

«Von der Wiege bis zur Bahre: Formulare, Formulare ...» – Bürokratie und Amtsstellen

Das ganze Gewicht der mittlerweile zur Diktatur herangewachsenen Vorherrschaft des Denkens und seiner Folgen in der Öffentlichkeit erkennen wir an der *Bürokratie* und ihrer Gehorsamsforderung. Kaum ist der Mensch geboren, wird Tag und Stunde dieses Ereignisses offiziell niedergeschrieben. Man ist aktenkundig geworden, bevor man selber denken kann. Das ganze Dasein des Menschen prädestiniert ihn zum Lieferanten von Daten, festgeschrieben in offiziellen Büchern, mit Stempeln und Beamtenunterschriften versehen. Schulanfang und -ende sind verbrieft. Zeugnisse und Noten, Examina und Titel stehen irgendwo vermerkt. Ob der Mensch heiratet oder stirbt oder den Wohnsitz wechselt, was auch immer er öffentlich tut oder läßt: es gibt immer eine Stelle, die schriftlich davon Notiz nimmt. Er wird nicht nur krank, sondern er wird auch krank*geschrieben*. Die Krankheitsbefunde werden schriftlich niedergelegt. Verschwindet ein Mensch einfach, kann er nach vorgeschriebener Zeit für tot erklärt werden. Verdient er Geld, interessiert sich sofort das Finanzamt für ihn, und lebt er in Armut, kennt ihn das Wohlfahrtsamt.

Kaum ist der Mensch geboren, hat er einen Namen, eine Nationalität, einen Status. Es ist vorgeschrieben, wann er zur Schule muß und ob und welcher Religion er angehört. Das Gesetz schreibt vor, wann er volljährig ist, ob und wann und unter welchen Umständen er zum Militärdienst muß. So schafft das Denken Ordnung und Reglement, wo immer man hinschaut, und gibt dem Leben ein Gefüge. Wer nicht hineinpaßt oder rebelliert, für den sind bereits Alternativen vorgesehen. Das Denken sieht in diesem Sinne immer voraus. Ist eine Lücke vorhanden, wird sie sicher bald durch neue gesetzgeberische Maßnahmen geschlossen. Neue Ämter sind für neue Situationen zuständig. So leben wir alle in einem dichten Netz von Vorschriften und Reglementierungen. Das Denken läßt nicht mit sich spaßen. Will man nicht scheitern, muß man sich dem stillschweigenden oder lauten Herrschaftsanspruch des Denkens in seiner öffentlichen Organisation fügen. Es ermöglicht gemeinschaftliche Ordnungen und schafft eine Welt von vielen Vorhersagbarkeiten. Das Denken sagt: «Wenn dieses Ereignis eintritt, dann hat dieses und jenes zu erfolgen.» Dabei nimmt das Denken nur sehr wenig Rücksicht auf Gefühle oder anderslautende Bedürfnisse. Alle Vorschriften haben einen Sinn oder Zweck und sind in einer Zivilisation (die ja primitive Gefühle und vom Machtkomplex ausgehende Willkür beschränken will) nicht mehr abzuschaffen.

Es besteht kein Zweifel daran, daß die alles umfassende Vorschriftenwelt, wie sie in der Bürokratie zum Ausdruck kommt, Sicherheit, Ordnung, Überschaubarkeit und auch Planbarkeit gestattet. Aber es ist offensichtlich, daß ein Übermaß an Bürokratie das Leben auch schwer beeinträchtigt, weshalb man oftmals am liebsten der Unerbittlichkeit der Vorschriften im einzelnen, jedoch auch der Gesamtvorherrschaft des Denkens entkommen möchte. Staatsmänner verlangen öfters «unbürokratische» Lösungen. Jedoch verhindert die Gesetzes- und Vorschriftsmaschinerie, dieser riesige kollektive Denkapparat, die Lösung selbst. Sind alle Instanzen der Kontrolle und der «Absicherung» durchlaufen, kommt die Lösung oft zu spät.

Der Verwaltungsapparat hat eine eigene Dynamik, wie alle öffentlichen Institutionen, die Geschöpfe des Denkens sind. Manch einer ist glücklich, wenn er dort einen Posten oder ein Pöstchen auf Lebenszeit ergattert, weil ihm dann gleichsam nichts mehr passieren kann. Denken gibt Sicherheit, und die Zugehörigkeit zu einer der öffentlichen Institutionen gewährt auch finanzielle Absicherung und Altersvorsorge. Das sind bereits Privilegien und mehr oder weniger ausgeprägte Machtpositionen. Wie schnell und ob überhaupt ein bürokratischer Weg zum ersehnten Ende gelangt, hängt auch vom guten Willen der Beamten bzw. der Angestellten ab. Je monumentaler der entsprechende Verwaltungsapparat ist und je mehr Gefühle meist «egoistischer» Art durch ihn eingedämmt oder kanalisiert werden müssen, um so anfälliger werden die Menschen für Korruption und «Gefälligkeiten», um die Herzlosigkeit und die teilweise Lebensfeindlichkeit der Paragraphen abzumildern oder zu umgehen. Man muß sich auf jeden Fall «durchwinden», um vielleicht sogar erfolgreich den Tücken und feindlichen Vorschriften zu entgehen. Es sind nicht nur die Bösen und Habgierigen, die von den Vorschriften gehemmt werden. Es sind vielmehr oft edle, fähige und wertvolle Menschen, die sich im Gestrüpp der Paragraphen verirren und unter Umständen in irgendeiner Hinsicht scheitern.

Allgemein können wir feststellen, daß das Denken und seine Institutionen die Ursache des gewaltigen zivilisatorischen Fortschrittes sind. Jedoch ist auch unverkennbar, welche Last das Denken und seine Folgen dem Menschen aufbürdet. Manch einer würde gerne auf Komfort, Bücher und Denken überhaupt verzichten und in menschenleeren Urwäldern Zuflucht suchen, falls es sie noch gäbe, um dem ganzen Denkballast zu entkommen und um nur noch die Gefühle und Empfindungen zu leben. Aber die innere Entwicklung erlaubt das nur vorübergehend, und wir müssen uns dem *Entwicklungszwang* beugen. Das «Zurück zur Natur» ist, wenn überhaupt, nur noch im ganz privaten Rahmen und auch dort nur sehr begrenzt möglich. Ein Leben ohne Geld, Arbeit, Beruf, Obdach und Ausweispapiere dürfte nur noch für sehr wenige möglich sein. Es gibt kaum mehr Klöster, und der Gestrandete benötigt doch wieder ein Wohlfahrtsamt oder Asyl, das sich seiner annimmt. Nur Blumen, Liebe und Musik, verbunden mit kindlichem Gottvertrauen, das ist zwar ein bezaubernder und sympathischer Weg, jedoch die Welt und das Leben mit seinen Wechselfällen sprechen eine andere Sprache.

Letzten Endes kann man nur hoffen, daß die Fühlfunktion die Kälte des Denkens und seiner Institutionen, zum Beispiel der Verwaltung, etwas erwärmt. Wohl jeder weiß, was es bedeutet, wenn man einem hilfsbereiten und etwas mitfühlenden Beamten begegnet, der einige Freundlichkeit entgegenbringt, vor dieser oder jener Paragraphenfußangel warnt und einen Weg weist, der nicht ganz so schlimm ist. Das wird ihm allerdings nicht immer leichtgemacht, bedenkt man die Gefühlskränkung der wirklich oder vermeintlich Benachteiligten und deren Forderungen manchmal drohender oder gar befehlender Art, mit denen sie vor die Schalter treten. Dem Konflikt zwischen Fühlen und Denken kann man offenbar nirgends entgehen.

Anhang

Das beziehungslose Verhältnis in einigen Formen der Freudschen Psychoanalyse – Frauengruppen als Gegenposition

Es gibt unter den Psychoanalytikern Freudscher Observanz solche, die es persönlich (oder auf die Theorie gestützt) ablehnen, eine wirkliche Beziehung zu ihren Patienten einzugehen. Die Patientin (der Patient) liegt auf der Couch, der Therapeut (die Therapeutin) sitzt hinter dem Kopfende. Dadurch kommt die Patientin (der Patient) in eine untergeordnete und auch hilflose Lage. Ziel dieses Settings ist es, Regressionen in kindliche Zustände zu begünstigen, infantile Zustände wiederzubeleben in der Hoffnung, irgendwann werde eine Progression eintreten und das traumatisierende kindliche «Material» werde auf diese Weise aufgearbeitet. Der Patient wird angehalten, alles, was ihm durch den Kopf geht oder in den Sinn kommt, auszusprechen, und sei es noch so widersinnig, obszön oder böse. Der Analytiker kann diese Einfälle «deuten» oder hinterfragen, aber er soll sich selbst nicht einbringen. Er fungiert als Projektionsschirm, der «mit freischwebender Aufmerksamkeit» einfach zuhört, jedoch keine Ratschläge erteilt, Richtungen weist oder klare Stellungen nimmt. Fragen des Patienten beantwortet er nicht ober übergeht sie, oder er stellt Gegenfragen. Auf diese Weise frustriert er den Patienten in seiner Mutter- oder Vater-Suche. Der Patient soll sich dieser seiner unerfüllten Sehnsüchte bewußt werden und schließlich auf deren Erfüllung verzichten, um erwachsen und autonom zu werden. Auch soll er lernen, Frustrationen auszuhalten und mitzuerleben, wie seine Aggressionen ins Leere fallen oder aber eine Deutung erfahren vom Typ: «Sie wollen den Vater umbringen».

Vom Patienten her gesehen ist dieses Setting wohl nützlich bei Denktypen, bei denen es ja auf eine denkerische Bearbeitung ihrer Emotionalität und ihres Fühlens ankommt. Wie eine Fühlfrau aber mit dieser Methode zurechtkommt, war mir schon immer schleierhaft. Ihre natürliche und gesunde Kontaktsuche wird nämlich Stunde um Stunde frustriert, ihre hilflose Unterlegenheit ständig neu dokumentiert. Sie wird von der Erhabenheit denkerischer Deutung vorwiegend erdrückt. Hat sie sich im (männlichen) Denken genügend geübt, wird sie das psychoanalytische Unternehmen im ursprünglichen Freudschen Setting als intellektuelle Spielerei kritisieren und, wenn sie Glück hat, ablehnen.

Vom Therapeuten her gesehen *entspricht die Freudsche Psychoanalyse* bestens *dem introvertierten Denktyp.* Er wehrt die Außenwelt (und damit den Patienten) ab und schafft Bedingungen, daß dieser ihm nicht zu nahetreten kann. Er wird «klein» gehalten, soll aber «alles sagen». Der Analytiker erfährt alles über ihn, aber er selbst gibt nicht das Geringste von seiner Person preis. So wissen die Patienten(-innen), die über Jahre hin liegend und hilflos ihre Intimitäten preisgegeben haben, nicht einmal, ob ihr Therapeut verheiratet ist, Kinder hat, und manchmal nicht einmal, wo er wohnt.

Diese Psychoanalytiker haben offenbar Berührungsängste. Sie beschäftigen sich auch kaum mit anderen psychoanalytischen Theorien, außer denen Freuds und seiner Nachfolger. Sie verschanzen sich hinter ihrer Idee (Theorie), in die sie verliebt sind, und schaffen künstlich eine sterile Denkatmosphäre. Von ihnen selbst als Person kommt aber nichts, vor allem keine Gefühlsäußerung. Sie brauchen keine Fragen zu beantworten und brauchen nicht Stellung zu nehmen. Die einzige zugelassene (und vorher durch «Arbeitsbündnis» festgelegte) Beziehungsform und der einzige feste «Standpunkt» ist eine bestimmte Idee (Theorie), der sich jedermann unterzuordnen hat. Sie selbst bleiben «unberührt», unsichtbar und meist schweigend hinter dem Kopf des Patienten. Von Beziehung im Sinne von lebendigem Begegnen kann hier wohl keine Rede sein.

Für den introvertierten Denker ist dieses Setting das Idealste, was ihm passieren kann. Selbst wenn er sich innerlich dem Patienten in irgendeiner Weise emotional zuwendet, hat er das in der Selbstanalyse als Gegenübertragung zu analysieren. Ein Teilnehmen und Teilnehmenlassen ist (von der Theorie her) verboten, denn es könnte zu realen Verwicklungen führen, die der Introvertierte bekanntlich scheut.

Um so verstehbarer ist es, wenn sich besonders Fühlfrauen von solchen Denktypen und mit Hilfe von deren Denksystemen nicht therapieren lassen wollen. Sie wollen eben nicht nur in «Denkmanier» verstanden und interpretiert werden. Sie wollen nicht in der intellektuellen Dürre eines sich im Kreise drehenden Denkens umkommen.

Auch aus diesen und ähnlichen Gründen ziehen es Frauen vor, sich in *Gruppen* zusammenzufinden, um ihre Weiblichkeit zu pflegen und zum Ausdruck zu bringen. In *Frauengruppen* wird zwar auch in bezug auf Männer diskutiert, um eine bessere Abgrenzung zu ihnen zu ermöglichen und um sich besser bewußt zu werden, worunter sie durch die Männer leiden. Das eigentliche und mehr oder weniger unausgesprochene Ziel ist aber die Förderung des Fühlens und Empfindens durch Bewegung, Berührung, mimischen, gestischen und verbalen Gefühlsausdruck und Tanzen, wodurch auch bestimmte Fühl- oder Intuitionsinhalte zum gestalteten Ausdruck gelangen sollen. Dabei wird eine denkerische bzw. theoretische Bearbeitung dessen, was die Frauengruppe tut, weitgehend unterlassen oder doch nur am Rande oder oberflächlich abgehandelt – auch deshalb, weil es sich eigentlich für die therapeutischen Zwecke erübrigt. Die rein denkerische Bearbeitung würde dem Ziel der Fühlförderung eher schädlich als nützlich sein.

Denkmänner können natürlich mit dem Tun der Frauengruppen nichts oder wenig anfangen. Sie dulden sie aber, falls sie nicht ausgesprochen männerfeindlich sind, mit einigem kopfschüttelnden Unverständnis. Für sie, die Denkmänner, käme dabei nichts heraus. Was soll ein Denkmann damit anfangen, wenn eine Fühlfrau in der Gruppe emphatisch ausruft: «Oh, heute fühle ich diesen wunderschönen Morgen!» Für ihn ist es eben «Morgen», der gewiß auch schön ist, aber was soll der Ausruf, der Reigen um ihn, dieses Mitschwingen mit dem Morgen. Mancher Denkmann wird insgeheim zu sich bemerken: «Haben die nichts Besseres zu tun?» Oder: «Es sind halt Frauen. Am besten läßt man sie machen.» Und so wird erneut ersichtlich, wie verschieden therapeutische oder lebensbewältigende und -fördernde Maßnahmen sein können, je nachdem, welche psychischen Hauptfunktionen vorliegen.

Männergruppen (falls sie aus Denkmännern bestehen) haben nicht denselben Stellenwert wie *Frauengruppen*. Sie sind nicht äquivalent. Männergruppen, die sich zur Pflege des Fühlens und der Gefühle treffen, kommen selten über ein eher primitives Kneipenniveau hinaus, ist doch die Fühlfunktion dieser Männer minderwertig. In der Regel ist die Kneipe mehr ein Muttersatz und hat nur selten eine fördernde, sondern eher hindernde, wenn nicht gar «verschlingende» Funktion. Männergruppen, die sich regelmäßig zum Diskutieren zusammenfinden, fördern wohl das Denken auch nicht besonders, außer es handle sich um Fragen des Berufes, den alle Teilnehmer ausüben. Der *«Stammtisch»* der Männer dient mehr dem Spiel und einer sich in Grenzen haltenden freundschaftlichen Geselligkeit, wenn möglich unter Ausschluß der Frauen, von deren Erwartungen und Anforderungen die Männer für ein paar Stunden Urlaub nehmen möchten. Hier können verhaltene Gefühle gepflegt werden und mit Hilfe von Alkohol etwas mehr zur Geltung kommen. Insofern kann der «Stammtisch» eine kompensierende Funktion ausüben.

Man kann sagen, daß Frauengruppen die Hauptfunktion, also das entwickelte Fühlen, pflegen. Männer, die ihr Denken pflegen wollen, können es nur bedingt und begrenzt in Gruppen tun, weil das Denken eher Distanz schafft als Verbindungen. Wollen sie in Gruppen Gefühle aufleben lassen, sind diese naturgemäß eher primitiv und auch aggressiver Natur, weil Denkmänner, sobald sie gefühlshaft reagieren, extrem verletzlich sind, und daher laut und gelegentlich gewalttätig reagieren.

Über die Entstehung der Introversion – Die Ebenbürtigkeit von Intro- und Extraversion

Die vorwiegende Einstellung der Wahrnehmungsfunktionen auf innere oder äußere Objekte bestimmt, ob ein Mensch mehr einem introvertierten oder extravertierten Typus angehört. So wie der Gegensatz zwischen Denktyp und Fühltyp nicht enden wollende Mißverständnisse heraufbeschwört, so verstehen sich Introvertierte und Extravertierte in der Regel schlecht, weil jeder nur von seinem Standpunkt aus urteilt und große Mühe hat, auch einen entgegengesetzten Standpunkt als vollwertig anzuerkennen. Wo die Innenwelt aufgewertet ist (Introversion), wird die Außenwelt notwendigerweise etwas abgewertet und umgekehrt. Das hängt mit der energetischen Besetzung der verschiedenen Objekte zusammen.

Vom Gesichtspunkt der Introversion aus sind Extravertierte völlig von äußeren Dingen abhängig, obwohl diese doch gar nicht so wichtig sind. Sie sind oberflächlich und töricht, weil sie sich von der Welt so stark beeinflussen lassen und materiellen Gütern hinterherjagen. Sie lieben die weltlichen Dinge, und das allein schon ist verdächtig. Alles Weltliche vergeht und ist eher böse als gut (während die «Ideen» des Introvertierten «ewig» weil «geistig» sind). Extravertierte sind also von den Dingen verführt, und sie meinen, die Welt sei das Wichtigste. Zudem sind sie habgierig, machtbesessen und unersättlich, weshalb sie die Welt nur ausbeuten, plündern und schlußendlich zerstören. Sie gehören zu den Massenmenschen, und wegen ihnen gibt es Kriege. (Während der Introvertierte eher bedürfnislos, Einzelgänger und dem Frieden verpflichtet ist – denn er fürchtet die Welt!).

Vom Gesichtspunkt der Extraversion aus sind Introvertierte gemeinschaftsfeindlich bis asozial, wenn nicht gar beziehungsunfähig. Sie ziehen nie ganz mit und haben ständig Sonderwünsche, besondere Ansichten und schießen mit Vorbehalten quer. In ihrer Gegenwart fühlt man sich nicht wohl wegen abweisender Kontaktfeindlichkeit und mangelnder Gesprächsbereitschaft. Sie sind eigenbrödlerisch, überheblich und egoistisch. Alles dreht sich um sie selbst. Sie sind realitätsfremd und vertreten unhaltbare Ideen. Irgendwie «spinnen» sie und sind eigentlich *nicht normal*. Der Extravertierte hält sich selbst und seine Einstellung für die Norm und auch für das Maß dessen, was psychisch gesund ist und was nicht. Dieser Norm genügt der Introvertierte nicht oder zu wenig und ist deshalb korrektur- und erziehungsbedürftig. Demnach ist «gesund» und «normal» das, was sich nach außen orientiert und Gemeinschaft pflegt. Der Extravertierte fragt sich, ob der Introvertierte überhaupt etwas Nützliches denkt, fühlt oder empfindet. Jedenfalls ist die innere Welt für den Extravertierten etwas Unwichtiges. Im ganzen ist der Introvertierte eher abartig oder an der Grenze der Norm. Zudem verbirgt er sich, spricht wenig, drückt sich nicht aus ..., all das kann in den Augen der Extraversion nicht normal sein, jedenfalls ist Introversion weniger wert. So lauten in etwa die Vorurteile.

Nun kann man tatsächlich die Auffassung vertreten, der Introvertierte sei eigentlich krank, weil er die Welt fürchtet, sie abwehrt oder sie einfach übersieht, also so tut, als ob sie nicht da wäre. Ich persönlich bin auch der Auffassung, daß der Introvertierte die äußere Welt nicht ganz als wirklich erlebt, also nicht imstande ist, einen *Realbezug* zu ihr herzustellen. Er paßt sich ihr oft sehr gut an, um keine kritischen oder feindlichen Reaktionen erleben zu müssen. Das aber ist ein Abwehrmuster und keine positive Beziehung. In der Tat glaube ich, daß der Introvertierte die Außenwelt fantasiert und träumt, mit seinen Vorstellungen von und seinen Ideen über die Welt lebt und überzeugt ist, die Welt sei wirklich so. *Er träumt sich die Außenwelt sozusagen zurecht*. Er macht sich sein Bild von ihr, findet auch Ausschnitte der Weltwirklichkeit, die dem Bild tatsächlich entsprechen. Alles was dem Bild nicht entsprechen will, spart er aber aus, nimmt es nicht zur Kenntnis oder betrachtet es als unbedeutend oder vernachlässigenswert.

Es muß einen Grund dafür geben, warum die Außenwelt so negativ besetzt bzw. abgelehnt und durch ein Fantasiebild ersetzt wird. Die Auffassung von der Negativität der Außenwelt muß dadurch zustande gekommen sein, daß der Introvertierte als Kind, Säugling oder Embryo sehr schmerzliche Erfahrungen gemacht hat, deren Verdrängung nicht voll geglückt ist, was zur Abwehr der meines Erachtens ursprünglichen Extraversion geführt und den Weg zur Introversion, zur Hinwendung zur Innenwelt, geebnet bzw. determiniert hat, wo keine verletzenden Erlebnisse stattgefunden haben. Der Introvertierte wäre dann ursprünglich und der Disposition nach extravertiert gewesen und wäre aus unerträglicher Not ein Introvertierter geworden. Er hat da gleichsam eine böse Welt verlassen, um sich in einer besseren niederzulassen.

Nach diesem Konzept wäre die Introversion eine spezielle Neurose, eine Charakterneurose, aus der heraus gelegentlich auch eine Psychose (sogenannte «Geisteskrankheit») entstehen kann. Damit wäre die Kritik der Extravertierten wenigstens zum Teil bestätigt.

Das wird durch folgenden Gedankengang bestätigt: Alle Lebewesen müssen einen erbarmungslosen Kampf ums Leben und Überleben führen. Der Feind ist immer außen, und alle Aufmerksamkeit richtet sich nach außen zur Abwehr der Gefahren. Die Nahrungssuche ist an äußere Objekte gebunden ebenso wie die Vermehrung. Wir wissen natürlich nichts oder wenig über das Innenleben der Tiere. Wir beobachten nur «Stimmungen», die sich auf äußere Anreize beziehen. Sie sind ihrerseits instinktverankert. Einzelgängertum im Tierreich ist zahlenmäßig seltener, daher kommen solche Tiere als Beute weniger in Frage. Auch das ist eine Überlebensstrategie gegenüber äußeren Feinden. Die «Tierahnenreihe» würde also die Theorie, Introversion sei a-normal (nicht die Norm), stützen.

Wir haben keine tiefgreifenden Kenntnisse darüber, ob Introversion und Extraversion *genetisch* vorherbestimmt, also vererbt, sind. Sicher ist aber, daß die menschliche Natur die Existenz von Introversion überhaupt möglich macht und sie zumindest als Ausweg aus schlimmen Situationen entwickelt hat und als *Möglichkeit weitervererbt*. Sie ermöglicht einen durch schwere Traumatisierung in Gang gebrachten Verdrängungsprozeß durch einen grundsätzlichen Orientierungswechsel von außen nach innen und auf diesem Wege ein befriedigendes Leben.

Das wäre aber erst auf menschlicher Ebene im Laufe der Entwicklungsgeschichte wirklich geworden und wäre traumatisch bedingt und bei hochgradiger seelischer Verletzung nicht mehr reversibel. Man könnte sich aber auch vorstellen, daß zwar eine Traumatisierung stattgefunden und zur Introversion geführt hat, daß aber später durch günstige Bedingungen eine gewisse Bearbeitung der Verletzung stattfinden konnte, mit dem Ergebnis einer erneuten Orientierungsmöglichkeit nach außen.

Ich vertrete dieses letztere Konzept und die Auffassung, die Introversion sei durch pränatale und postnatale Traumata zustande gekommen. Auch die Tortur der Geburt mag in schweren Fällen dieselbe Wirkung nach sich gezogen haben.

Wie so oft ist die Natur aber Meisterin darin, aus einem Nachteil einen Vorteil, sozusagen aus der Not eine Tugend, hervorgehen zu lassen. Im Falle der Introversion möchte ich sogar soweit gehen zu sagen, daß es ohne sie kaum eine geistige und zivilisatorische Entwicklung gegeben hätte. Die eigentlichen Objekte der Introversion sind das, was wir Ideen nennen. Ihre gute Wahrnehmung ist ursprünglich nur durch Introversion möglich. Das Aufsteigen neuer, erstmalig ins Bewußtsein eindringender Ideen wird zwar durch unbewußte Archetypen reguliert und gelegentlich durch äußere Anreize konstelliert. Es ist jedoch das Ich und sein Bewußtsein, das positive Energie in die Ideen hineinverlegt und sich dadurch mit ihnen beschäftigt. Nur durch Introversion ist es möglich, «Dinge» zu entdecken, die es in der Außenwelt überhaupt nicht gibt. Die Außenwelt ist zum Beispiel nicht mit Zahlen bevölkert, und keine Idee wächst auf einem Apfelbaum. Die Zahl Pi (π), eine «transzendente» Zahl, existiert nur als Idee, und dank ihr lassen sich (gedachte) Kreise und Kugeln berechnen. Allein schon die Tatsache, daß man überhaupt etwas messen und berechnen sowie daraus sogar allgemeingültige Gesetze ableiten kann, ist der Introversion zu verdanken. Die Infinitesimalrechnung *Descartes'* wurde genauso durch Innenschau erfaßt wie die Struktur des Benzolringes durch *Kekulé.* Auch Gott, Teufel, Engel, Dämonen und Geister sind in der äußeren Welt nicht vorzufinden, genausowenig wie das Leben nach dem Tod. Ideen wie Gerechtigkeit, Freiheit und die Schriftentwicklung sind geistige Kräfte, die als Ideen nur in der Innenwelt vorkommen.

Erst zu einem sehr viel späteren Zeitpunkt wurde der ursprünglich reine «innere Geist» zu einem «objektiven Geist», der vor allem in Büchern, aber auch in der Kunst seinen Niederschlag fand und Bestandteil des *kollektiven Bewußtseins wurde.* Nun kann sich auch der Extravertierte damit beschäftigen, denn jetzt sind die Ideen und ihre praktische Verwirklichung in den menschlichen Einrichtungen, und damit außen! Die Aufgabe der Extraversion ist, die «Richtigkeit» und «Wahrheit» der Ideen daraufhin zu überprüfen, ob und inwieweit sie mit der äußeren Wirklichkeit übereinstimmen. In der Regel sind es auch die Extravertierten, die die Ideen aufgreifen, an ihnen weiterarbeiten und sie in vielen Bereichen realisieren. So sind grosso modo die Erfinder Introvertierte. Die Extravertierten sind die Prüfer und Umsetzer ins Leben nach außen. Daher rührt es, daß der Introvertierte das sät, was der Extravertierte erntet.

Die früheste uns bekannte menschliche Tätigkeit ist die religiöse. Sie setzt die Idee vom Göttlichen voraus. Dieses kommt in der äußeren Welt nicht vor. Die Extraversion kann es ursprünglich nicht erfassen. Der Extravertierte konnte nur sehen, wie der introvertierte Intuitive vom Göttlichen oder Heiligen ergriffen war, mitteilte, was er erlebte, und rituelle Handlungen verlangte, wie die Anrufung der göttlichen Geister oder des einen Gottes, zum Beispiel bei der Bestattung oder Verbrennung der Toten. Vielleicht hat der Mensch überhaupt die ersten Häuser nicht für sich, sondern für die Toten – und für die Götter oder für Gott – gebaut.

Entwicklungsgeschichtlich gaben also die Introvertierten den Anstoß und lieferten die Ideen für die gesamte kulturelle, religiöse, zivilisatorische, künstlerische und wissenschaftliche Entwicklung der Menschheit. Trotz der traumatischen Entstehung der Introversion ist sie der Extraversion sicher mindestens ebenbürtig.

In der Paarbeziehung finden sich öfters beide Typen vor. Trotz (oder wegen) ihrer Gegensätzlichkeit üben Extraversion und Introversion eine wechselseitige Anziehungskraft aus, so als ob beide Partner etwas hätten, was dem anderen fehlt. Diese Aussage stimmt allerdings nicht ganz, insofern zum Beispiel der introvertierte Denker in sich ein extravertiertes Fühlen hat. Nur ist dieses derartig unterentwickelt, daß er selbst zu seiner Bereicherung damit wenig anfangen kann. Die Partnerin mit ihrem hochentwickelten extravertierten Fühlen bildet so sein Spiegelbild. Wegen der Unbewußtheit der Gegensatzfunktionen und ihrer Objektorientierungen geraten dann beide aber bald aneinander: Der introvertierte Denker ist durch das extravertierte Fühlen seiner Frau oft empfindlich gestört, und die Frau beklagt sich über die Unzugänglichkeit und Gefühlsarmut ihres Mannes, der sie vernachlässigt. Ich glaube, daß nur die wechselseitige Kenntnisnahme und das Verstehen und die Akzeptanz der Verschiedenheiten der beiden psychischen Grundstrukturen ein gedeihliches Zusammenleben und Entwicklungsmöglichkeiten gestatten.

Es ist sehr wichtig, daß der introvertierte Denkmann seine Gedanken und die damit verbundenen Gefühle auszudrücken versucht und seiner Frau (als Außenobjekt) entgegenkommt. D. h., er muß ein gewisses *extravertiertes Verhalten* lernen. Dadurch wird er natürlich kein Extravertierter, insofern nur das Verhalten modifiziert wurde. *Verhaltensänderung erleichtert das Leben, ändert aber innerlich nichts*. Die extravertierte Fühlfrau wird sich vielleicht im Verhalten so ändern, daß sie ihren introvertierten Denkmann nicht ständig mit ihren Gefühlen überschwemmt. Aber auch dann, wenn sie bei ihm sehr zurückhaltend geworden ist und ihr Fühlen dosiert, ändert das an der Grundstruktur nichts. Jedoch wird dadurch ein naturgegebenes Spannungsfeld entschärft, ein Brückenschlag und auch sehr tiefgreifende Kommunikationen können dadurch möglich sein. Will allerdings keiner der

Partner etwas lernen, dürfte die Ehe schwierig, verletzend, wenn nicht gar unmöglich werden.

Zusammenfassung der Erfassensmodi der vier psychischen Wahrnehmungsfunktionen

Abschließend möchte ich die Verschiedenheit der Erfassungsmodi der vier psychischen Wahrnehmungsfunktionen bildlich, modellhaft und graphisch darstellen. Es handelt sich um eine Vorstellungshilfe, in welcher Weise sich die Beziehungen zwischen Subjekt (Ich) und Objekt gestalten. Diese Beschreibung und die Abbildung beziehen sich auf eine durchschnittliche bzw. ausgeglichene energetische Besetzung der Objekte.

Die *Intuition* nimmt den Kern des Objektes, seine Vergangenheit und Zukunft wahr. Sie durchdringt das Objekt wie Röntgenstrahlen. Sie «berührt» es aber nicht, ahnt aber sein «Wesen», seine «Essenz». Ferne und Nähe sind der Intuition indifferent. Sie partizipiert am Objekt durch Identifikation.

Die *Empfindung* nimmt die Oberfläche des Objektes wahr. Sie dringt nicht ins Objekt ein, haftet auch nicht daran, und es ist ihr gleichgültig, wie das Objekt innen aussieht. Sie benötigt die Nähe zum Objekt, und sie braucht die *Wiederholung* des Wahrnehmungsaktes selbst oder der Exposition des Objektes. Sie muß ihr Objekt immer wieder neu sehen, neu hören, sich immer wieder neu «bewegen». Die Empfindung partizipiert an der Oberfläche des Objektes und tastet es gleichsam ständig neu ab.

Das *Fühlen* umfühlt «das Objekt», «umarmt» es gleichsam und macht es zu «seinem» Objekt. Es bedarf der Nähe, und es haftet daran. Es läßt nur schlecht los (im Gegensatz zur Empfindung).

Das *Denken* nimmt als einzige psychische Wahrnehmungsfunktion das Objektsein des Objektes wahr und partizipiert nicht daran. Es distanziert sich immer vom Objekt und läßt es als solches bestehen. Wie auch immer das Objekt beschaffen sein mag: es bleibt ein Gegenstand, eine an sich bestehende «Sache».

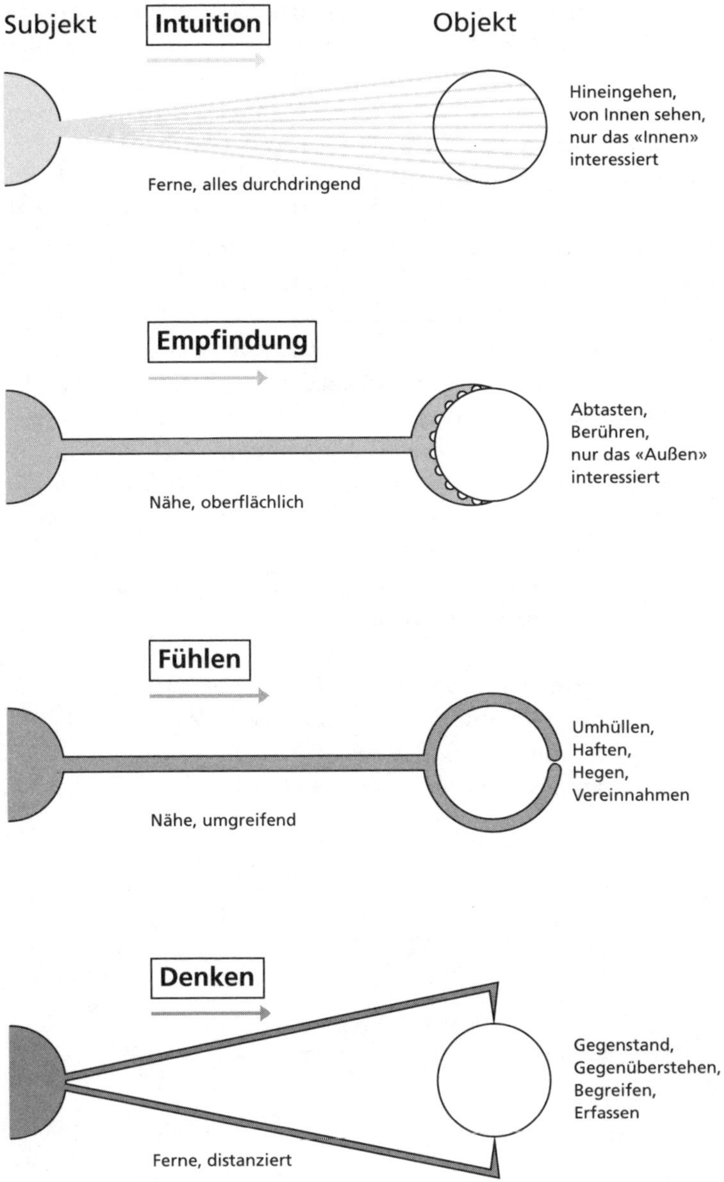
Subjekt
Intuition
Objekt
Hineingehen,
von Innen sehen,
nur das «Innen»
interessiert
Ferne, alles durchdringend
Empfindung
Abtasten,
Berühren,
nur das «Außen»
interessiert
Nähe, oberflächlich
Fühlen
Umhüllen,
Haften,
Hegen,
Vereinnahmen
Nähe, umgreifend
Denken
Gegenstand,
Gegenüberstehen,
Begreifen,
Erfassen
Ferne, distanziert

Die Intuition partizipiert durch Identifikation an ein und jedem. Die Empfindung partizipiert nur oberflächlich. Das Fühlen partizipiert stark durch «Umhüllen». Im Gegensatz zur Intuition setzt es sich mit dem Objekt aber nicht ganz gleich. Es bleibt etwas anderes als das Subjekt. Das Denken vollzieht die Subjekt-Objektspaltung. Obwohl das Subjekt das Objekt «ergreift» und «begreift», bleibt das Objekt ein Fremdes, ein wirkliches Nicht-Ich. Erst durch Denken wird das Objektsein als solches erfaßt. Durch das Denken isoliert sich das Ich von allem, mit dem es durch Fühlen, Intuition oder Empfindung verbunden bleibt. Ich und Objekt bleiben immer «aus-einandergesetzt», unterschieden, getrennt. Die durch Denken hergestellte Beziehung zwischen Ich und Objekt ist durch Distanz und Trennung charakterisiert. Die Beziehung definiert sich geradezu als Getrenntsein: «Wir sind aufeinander durch Getrenntsein bezogen.» Oder: *«Weil ich von dir unterschieden bin, existierst du als du und ich als ich.»* «Da du anders bist, beschäftige ich mich mit dir.» Dieses «Du» kann eine Galaxie, eine Ameise, ein Zellvorgang oder ein Mensch sein.

In positiver Aussage kann man sagen:

Die Intuition gibt dem Leben Tiefe,
die Empfindung verleiht ihm Schönheit,
das Fühlen erfüllt es mit Wärme,
das Denken erhellt es mit Klarheit.

Danksagung

An dieser Stelle möchte ich Herrn Dr. Martin Weber für sein Interesse und seine Einsatzbereitschaft für die vorliegende Arbeit danken. Mein besonderer Dank gilt Herrn Prof. Dr. Bernd Götz, der mit ungewöhnlicher Anteilnahme die Niederschrift des Buches begleitete und durch ständige Anregungen und auch kritische Hinweise die Vollendung des Buches nachhaltig förderte. Seine Gattin, Frau Regina Götz, war mir nicht nur für die Durchsicht und Korrektur des Buches wertvoll, sondern ich verdanke ihr auch durch ihre Reaktion auf den Text manche Bestätigung und Ermutigung.

Anthony Stevens

Das Phänomen C. G. Jung

Biographische Wurzeln einer Lehre

Das vorliegende Buch bietet dem Laien einen gut lesbaren, allgemeinverständlichen Einstieg in die Psychologie von C. G. Jung. Es bietet aber auch denen, die mit seinen grundlegenden Vorstellungen schon vertraut sind, einen neuen, sehr anregenden Zugang zu Werk und Persönlichkeit, denn der Autor betrachtet nicht nur die *biographischen* Grundlagen der Jungschen Konzepte, sondern auch deren *biologische* Wurzeln.
Im ersten Teil stellt er Jung und sein Werk in den historischen und zeitgenössischen Zusammenhang hinein und gibt eine prägnante Einführung in die «klassischen» Jungschen Begriffe wie Anima, Archetyp, Selbst etc., die anhand ihrer Verbindung mit den biologischen Voraussetzungen des menschlichen Lebens und Erlebens erläutert werden. Im Hauptteil betrachtet er den Lebenszyklus allgemein – «das archetypische Programm» –, seine Realisierung in Jungs Leben und die Bedeutung dieser Entwicklung für sein Werk.

WALTER-VERLAG